UTB **2300**

Eine Arbeitsgemeinschaft der Verlage

Beltz Verlag Weinheim · Basel
Böhlau Verlag Köln · Weimar · Wien
Wilhelm Fink Verlag München
A. Francke Verlag Tübingen und Basel
Haupt Verlag Bern · Stuttgart · Wien
Lucius & Lucius Verlagsgesellschaft Stuttgart
Mohr Siebeck Tübingen
C. F. Müller Verlag Heidelberg
Ernst Reinhardt Verlag München und Basel
Ferdinand Schöningh Verlag Paderborn · München · Wien · Zürich
Eugen Ulmer Verlag Stuttgart
UVK Verlagsgesellschaft Konstanz
Vandenhoeck & Ruprecht Göttingen
Verlag Barbara Budrich Opladen · Farmington Hills
Verlag Recht und Wirtschaft Frankfurt am Main
WUV Facultas Wien

Probleme der Philosophie
Texte aus der neueren Diskussion

Hrsg. von Chr. Jäger, M. Quante und M. Willaschek

Kurt Bayertz (Hrsg.)

Warum moralisch sein?

2. Auflage

Ferdinand Schöningh

Paderborn · München · Wien · Zürich

Kurt Bayertz, Prof. Dr. phil., Professor für praktische Philosophie an der Universität Münster. Forschungsschwerpunkte: Ethik, angewandte Ethik, politische Philosophie, Anthropologie. Ausgewählte Publikationen: GenEthik. Probleme der Technisierung menschlicher Fortpflanzung, Reinbek 1987. Als Herausgeber: Verantwortung. Prinzip oder Problem?, Darmstadt 1995. Politik und Ethik, Stuttgart 1996. Solidarität. Begriff und Problem, Frankfurt a. M. 1998.

Bibliografische Informationen der Deutschen Bibliothek

Die Deutsche Bibliothek verzeichnet diese Publikation in der Deutschen Nationalbibliografie; detaillierte bibliografische Daten sind im Internet über http://dnb.ddb.de abrufbar.

Gedruckt auf umweltfreundlichem, chlorfrei gebleichtem
Papier (mit 50 % Altpapieranteil)

2. Auflage 2006

© 2002 Ferdinand Schöningh, Paderborn
(Verlag Ferdinand Schöningh GmbH, Jühenplatz 1, D-33098 Paderborn)
ISBN 3-506-99515-4

Internet: www.schoeningh.de

Printed in Germany.
Herstellung: Ferdinand Schöningh, Paderborn
Einbandgestaltung: Atelier Reichert, Stuttgart

UTB-Bestellnummer: ISBN 3-8252-2300-0

Inhaltsverzeichnis

Vorwort

Daß man moralisch sein soll, scheint klar zu sein. Doch was können wir jemandem antworten, der uns fragt, *warum* man es sein soll? – Es dürfte nicht eben leicht fallen, auf diese seltsame, ja provokative Frage spontan eine befriedigende Antwort zu geben. Und wie steht es mit der Philosophie? Kann sie uns aus der Verlegenheit helfen? Tatsächlich ist die Frage, warum man moralisch sein soll, in der philosophischen Literatur sehr früh gestellt und immer wieder aufgegriffen worden. Platon widmete ihr mit der *Politeia* eine seiner gewichtigsten Schriften. In den nachfolgenden Jahrhunderten trat die Beschäftigung mit dieser doch so grundlegenden Frage allerdings in den Hintergrund. Erst seit dem 19. Jahrhundert häufen sich die Bemühungen um eine Antwort wieder, um in der zweiten Hälfte des 20. Jahrhunderts einen Höhepunkt zu erreichen.

Die vorliegende Sammlung stellt einige der wichtigsten Texte vor, die zu dieser Thematik veröffentlicht wurden; sie soll damit einen Einblick in eine noch anhaltende, hierzulande jedoch zu wenig beachtete Diskussion geben. Die Auswahl ist aus mehreren Seminaren hervorgegangen, die ich an den Universitäten Göttingen und Münster abgehalten habe; ich hoffe daher, daß sie sich auch an anderer Stelle als nützlich erweisen wird.

Ich danke den Herausgebern dieser Reihe für ihre Bereitschaft, den Band in die vorliegende Reihe aufzunehmen. Außerdem danke ich Birger Brinkmeier für die Übersetzung der englischen Beiträge.

Münster, im Februar 2002   *Kurt Bayertz*

Kurt Bayertz

Einleitung:
Warum moralisch sein?

I. ZWEI PROBLEME MIT DER MORAL

1. – Stellen wir uns zwei Situationen vor, in denen Menschen ein moralisches Problem haben. In der *ersten* Situation findet jemand (nennen wir ihn Karl) an einsamer Stelle eine Brieftasche. Ihr Inhalt besteht aus mehreren tausend Euro sowie der Visitenkarte des Besitzers: es handelt sich um einen stadtbekannten Immobilienspekulanten.

Karl weiß natürlich, daß er die Brieftasche ‚eigentlich‘ ihrem Besitzer zurückgeben sollte; dennoch zögert er. Der Grund seines Zögerns liegt darin, daß er als Mitglied des örtlichen „Solidaritätskomitees gegen den Hunger in der Dritten Welt“ weiß, daß die gefundene Summe ausreichen würde, um eine mittelgroße Meerwasserentsalzungsanlage in einem afrikanischen Dorf zu bauen; eine solche Anlage würde etlichen Familien einen ausreichenden Lebensunterhalt als Bauern ermöglichen. Karl empfindet einerseits die Verpflichtung zur Rückgabe des Geldes; andererseits aber auch die Verpflichtung, den vom Hunger bedrohten Dorfbewohnern zu helfen. – Auch in der *zweiten* Situation findet jemand (nennen wir sie Karla) an einsamer Stelle die Brieftasche eines reichen Immobilienspekulanten mit mehreren tausend Euro. Auch Karla kennt die grundsätzliche moralische Verpflichtung, Gefundenes zurückzuerstatten; und auch sie zögert. Der Grund dafür ist jetzt aber ein anderer. Karla möchte nämlich seit langem einen Urlaub in einem komfortablen Golfhotel auf den Bahamas verbringen, von dem ihr gutbetuchte Freunde vorgeschwärmt haben; die gefundene Summe würde ausreichen, diesen Urlaub zu finanzieren.

Karl und Karla sind beide gleichermaßen reflektierte Menschen und fragen sich daher ernsthaft, was sie in ihrer jeweiligen Situation tun sollen. Doch obwohl sich die jeweilige Situation beider durchaus ähnelt, unterscheiden sich ihre Überlegungen grundlegend. Für Karl geht es um die Frage, was die Moral in dieser spezifischen Situation von ihm fordert. Er befindet sich im Zwiespalt zwischen zwei moralischen Forderungen und fragt sich, welche von ihnen schwerer wiegt, d.h. er fragt, was das moralisch Richtige *ist*. Wir können annehmen, daß er seine Überlegungen anstellt, weil ihm daran gelegen ist, das moralisch Richtige zu tun. – Anders im Falle Karlas. Ihr ist völlig klar, was das moralisch Richtige ist: nämlich das gefundene Geld zurückzugeben. Karla hat in diesem Fall schon die Antwort, die Karl noch sucht. Sie fragt aber, ob sie das moralisch Richtige auch *tun soll*. Was bei Karl bereits vorausgesetzt war, wird bei Karla zum Problem: *Soll ich moralisch sein?* Und wenn ja: *Warum?*

2. – Wenn wir das philosophische Denken als die ‚Verlängerung‘ und theoretische Radikalisierung von Überlegungen begreifen, die Menschen gelegentlich unter alltäglichen Bedingungen anstellen, dann können wir die beiden skizzierten Situationen als Illustrationen von zwei verschiedenen Projekten der Moralbegründung auffassen. Das erste dieser Projekte bezieht sich auf den *Inhalt der Moral*; d. h auf

die Frage, *welche* Forderungen die Moral an uns stellt und *warum* sie diese Forderungen (und nicht irgendwelche anderen) an uns stellt. In den meisten Fällen ist das philosophische Projekt der Moralbegründung in genau diesem Sinne aufgefaßt worden: als Begründung des Inhalts der Moral. Es geht dann beispielsweise um die Argumente, die dafür sprechen, daß man gefundene Gegenstände ihrem Besitzer zurückgibt, daß man Versprechen hält, daß man niemanden kränkt, verletzt oder gar tötet.

Wir haben aber bereits gesehen, daß hier etwas Wichtiges vorausgesetzt wird. Wer fragt ‚Was muß ich tun, um moralisch richtig zu handeln?' oder ‚Warum muß ich gerade *das* tun, um moralisch richtig zu handeln?', der hat in der Regel bereits die Absicht, sich in seinem Handeln an der Auskunft, die er erhalten wird, zu orientieren. Diese Voraussetzung ist aber nicht *notwendigerweise* gegeben. Es wäre zwar ungewöhnlich, wenn jemand fragte, was das moralisch Richtige ist, um dann etwas anderes zu tun; aber es ist immerhin möglich. Und vor allem: man kann handeln, ohne sich die Frage nach dem moralisch Richtigen überhaupt zu stellen. Weder das Moralisch-Sein noch das Moralisch-Sein-Wollen versteht sich von selbst. Das zweite Begründungsprojekt bezieht sich daher auf die *Geltung der Moral* bzw. auf die *Gründe ihrer Verbindlichkeit*. Hier steht nicht zur Debatte, welche Arten von Handlungen die Moral vorschreibt oder verbietet; sondern warum man sich an derlei Vorschriften halten soll. Es geht um die Beantwortung der Frage: ‚Warum soll ich moralisch sein?'.

Beide Begründungsprojekte sind nicht in jeder Hinsicht unabhängig voneinander und sind in der Literatur auch nicht immer hinreichend klar unterschieden worden. Sie müssen gleichwohl analytisch voneinander getrennt und können separat diskutiert werden.[1] In den Beiträgen des vorliegenden Bandes geht es um das zweite Begründungsprojekt; die ihm zugrundeliegende Frage ‚Warum soll ich moralisch sein?' werde ich im Folgenden kurz als die *W-Frage* bezeichnen.[2]

---

[1] Vgl. vor allem Tugendhat. *Vorlesungen über Ethik*, S. 27ff, 79-97; sowie Tugendhat, *Dialog in Leticia*, S. 43ff, 120ff. Leist, *Die gute Handlung*, S. 49ff. – Die vollständigen bibliographischen Angaben zu den in dieser Einleitung zitierten Arbeiten finden sich in der Bibliographie am Schluß dieses Bandes.

[2] An dieser Stelle können die verschiedenen Bedeutungen nicht näher erläutert werden, die die W-Frage annehmen kann. Weiter unten wird noch darauf hinzuweisen sein, daß (1) zwischen ‚warum soll *ich*...' und ‚warum soll *man*...' zu unterscheiden ist [cf. S. 23f.] und (2) zwischen ‚moralisch *sein*' und ‚mora-

II. DER KONFLIKT MIT DEM SELBSTINTERESSE

3. – Obwohl sie in dieser expliziten Formulierung erst sehr spät[3] auftritt, ist die W-Frage der Sache nach bereits am Beginn der europäischen Ethik gestellt und zum Gegenstand des philosophischen Denkens gemacht worden. In seinem Dialog *Gorgias* läßt Platon einen Herrn namens Kallikles mit der starken These auftreten, daß ein gutes Leben nur derjenige führen könne, den sich von den herrschenden moralischen Konventionen nicht beeindrucken lasse, sondern konsequent seine eigenen Interessen vertrete. Im ersten Buch der später verfaßten *Politeia* meldet sich ein Gesinnungsgenosse des Kallikles mit ähnlichen Ansichten zu Wort: Wer gerecht ist, so meint Thrasymachos, hat allenthalben das Nachsehen gegenüber dem, der ungerecht ist.[4] Und das heißt natürlich: Zumindest diejenigen, die stark genug sind, eine solche Position durchzuhalten, haben bessere Gründe ungerecht als gerecht zu sein. In den hier wiedergegebenen Passagen der *Politeia* [S. 35-47] greifen Glaukon und Adeimantos die markigen Thesen des Thrasymachos auf; sie machen sie sich nicht zueigen, doch wiederholen und systematisieren sie die – im damaligen Athen offenbar ausgiebig diskutierten – antimoralischen Argumente. Sie sehen in ihnen eine Herausforderung, der sie selbst nichts entgegenzusetzen haben und bitten daher Sokrates um eine Widerlegung.

Dabei kommt schon in dieser ersten Exposition das zentrale Problem zum Ausdruck, auf dem die W-Frage beruht: Die strukturelle Spannung zwischen den Forderungen der Moral und dem Selbstinteresse jedes Individuums. Mit dem Begriff ‚Moral' bezeichnen wir ein System von Regeln, Idealen oder Tugenden, dessen Funktion vor allem darin besteht, Handlungen zu verhindern, die den elementaren

---

lisch *handeln*'. [cf. S. 27f.] Die verschiedenen möglichen Bedeutungen der W-Frage werden auch in den hier abgedruckten Beiträgen von Baier [S. 97-129] und Bradley [S. 69-95] diskutiert. – Seitenangaben in eckigen Klammern beziehen sich auf den hier vorliegenden Band.

3 Sie findet sich erstmals in dem hier abgedruckten Aufsatz von Bradley aus dem Jahre 1876 [S. 69-95].

4 Platon, *Politeia* 343d. Bei Platon ist von „Gerechtigkeit" die Rede. Den Begriff ‚Moral' im modernen Sinne kennt die Antike nicht; was bei Platon unter „Gerechtigkeit" verhandelt wird, entspricht aber im Groben unserem Moralbegriff. – Zur W-Frage bei Platon vgl. Stemmer, „Der Grundriß der Platonischen Ethik".

Interessen *anderer* Menschen abträglich sind.[5] Es gehört beispielsweise zu den elementaren Interessen jedes Individuums, nicht betrogen, nicht verletzt und nicht getötet zu werden; und aus genau diesem
Grund verbietet es die Moral, andere Menschen zu betrügen, zu verletzen oder zu töten. Thrasymachos bringt dies – eher beiläufig, aber
treffend – dadurch zum Ausdruck, daß er sagt, die Gerechtigkeit sei
„der Vorteil eines anderen"[6]. Das heißt: Jede Moral legt den handelnden Individuen Beschränkungen auf; sie verbietet ihnen daher
bestimmte Handlungen, deren Ausführung in ihrem Interesse wäre
und gebietet ihnen Handlungen, deren Ausführung nicht in ihrem
Interesse liegt, um auf diese Weise die Interessen *anderer* zu schützen.
Der Fall Klara illustriert dies: Sie soll die Brieftasche zurückgeben,
obwohl es in ihrem Interesse wäre, sie zu behalten und den Inhalt für
die gewünschte Urlaubsreise zu nutzen.

Jeder Handelnde ist dieser strukturellen Spannung zwischen Forderungen der Moral und dem eigenen Interesse ausgesetzt. Und wenn
wir uns klarmachen, daß die W-Frage auch so formuliert werden kann
‚Warum soll ich etwas tun, was meinen eigenen Interessen widerspricht?', so leuchtet unmittelbar ein, daß jeder Handelnde einen guten und nachvollziehbaren Grund hat, sie zu stellen.

4. – Trotz dieser Nachvollziehbarkeit ist die Bedeutung der W-Frage
durchaus nicht eindeutig. Dies gilt vor allem dann, wenn man ihre
pragmatische Dimension berücksichtigt; also betrachtet, *wer* sie
jeweils stellt. Tatsächlich kann sie von sehr unterschiedlichen Positionen und Voraussetzungen aus aufgeworfen werden. Ohne Anspruch
auf Vollständigkeit erheben zu wollen, seien vier solcher ‚Positionen'
kurz skizziert. *Zunächst* können wir uns vorstellen, daß sie von einem
Kind gestellt wird. Ermahnt, daß man bestimmte Dinge nicht tut, weil
sie unmoralisch sind, kann ein Kind fragen ‚Warum soll ich mein
Schwesterchen nicht ärgern?' oder allgemeiner ‚Warum soll ich moralisch sein?'. Ein *zweiter* Fall wäre dann gegeben, wenn eine erwachsene Person in einer bestimmten Situation fragt, warum sie hier und
jetzt moralisch sein soll. Typischerweise wird dies dann der Fall sein,
wenn diese Situation so beschaffen ist, daß der Verstoß (wahrschein-

---

5 Diesen Moralbegriff hat Gert in seinem Buch *Morality. Its Nature and Justification* ausführlich dargelegt. Er ist natürlich nicht unumstritten: vgl. Leist,
Die gute Handlung, S. 18-25, passim. Vgl. auch den Beitrag von Gert
[S. 247-271].
6 *Politeia* 343c; sowie 367c [= S. 47].

lich) unbemerkt bleiben wird; und/oder daß der Verstoß keinen (oder nur einen geringen) Schaden anrichten wird. Das Klara-Beispiel fällt offensichtlich in diese Kategorie. – Obwohl sich beide Fälle durchaus unterscheiden, haben sie doch eine Reihe von Gemeinsamkeiten. Dazu gehört, daß die W-Frage ad hoc gestellt wird, d. h. situationsbezogen und ohne prinzipiellen Anspruch; sie hat keinen theoretischen oder weltanschaulichen Hintergrund hat, sondern findet ihren Anlaß in einem punktuellen Konflikt von Moral und Selbstinteresse.

Man kann in einem solchen Konfliktfall aber auch einen Schritt weiter gehen und fragen ‚Warum soll ich *überhaupt* moralisch sein?‘. Es geht dann nicht mehr um einzelne Situationen, sondern um eine grundsätzliche Einstellung gegenüber der Moral: Es geht darum, ob man den ‚moralischen Standpunkt‘ einnehmen, d. h. sich als ein Mensch verstehen soll, der *immer* moralisch zu handeln beabsichtigt. Diese Verallgemeinerung der Frage führt offensichtlich zu einer erheblichen Verschärfung und wer sie negativ beantwortet reiht sich ein in die Gruppe der *Amoralisten* vom Schlage eines Kallikles oder Thrasymachos. Damit haben wir der *dritten* Position bereits ihren Namen gegeben: Als „Amoralismus" wird eine philosophische Position bezeichnet, die den Vorschriften der Moral prinzipiell ihre Autorität und Verbindlichkeit abspricht. Die Moral ist demnach eine bloße Konvention, der man sich immer dann entziehen sollte, wenn sie dem eigenen Interesse widerspricht.[7]

Bevor ich auf den Amoralismus zurückkomme, sei noch die *vierte* Position angesprochen, die oft als ‚Immoralismus‘ bezeichnet wird. Der Immoralist behält sich selbst nicht nur das Recht vor, jederzeit gegen die moralischen Regeln zu verstoßen, wenn ihm dies als klug erscheint; für ihn besteht in diesem Verstoß ein wichtiges Ziel seines Handelns. In seinem Roman *Der Jüngling* läßt Fedor Dostojewski die Hauptfigur folgendes über einen solchen Immoralisten berichten: „Ein überaus kluger Mensch hat einmal unter anderem gesagt, daß nichts schwerer sei, als auf die Frage zu antworten: ‚Warum soll ich unbedingt edel sein?‘ Sehen sie, es gibt drei Arten Schufte in der Welt:

---

[7] Das philosophiehistorisch klassische Beispiel dafür bieten Sophisten wie Kallikles und Thrasymachos. Eine neuere Position dieser Art hat Bittner mit der These vertreten, daß moralische Gesetze nur für denjenigen Gültigkeit haben, der sie sich selbst gibt; sie lassen sich aber nicht als Forderungen an andere richten. Auf die Frage ‚Soll ich moralisch sein?‘ lautet seine Antwort daher: „Wenn du willst, ja, sonst nicht." *Moralisches Gebot oder Autonomie* S. 167.

erstens die naiven Schufte – das sind die, die überzeugt sind, daß ihre Schuftigkeit der höchste Edelmut sei; zweitens die verschämten Schufte – das sind die, die sich der eigenen Schuftigkeit zwar schämen, dabei aber doch bei ihrer Schuftigkeit unbedingt beharren. Und schließlich einfach Schufte, sagen wir: *echte* Schufte oder Vollblutschufte. Erlauben Sie: ich hatte einen Schulkameraden, einen gewissen Lambert, der sagte mir mal, als er erst sechzehnjährig war, daß er, sobald er mit seiner Mündigkeit sein Erbe erhalte, als größtes Vergnügen sich die Wonne leisten werde, Hunde mit Brot und Fleisch zu füttern, wenn die Kinder der Armen Hungers sterben; und wenn sie nichts hätten, womit sie ihre Öfen heizen könnten, werde er einen ganzen Holzhof kaufen, das Holz auf freiem Felde aufstapeln und das Feld heizen, den Armen aber werde er auch nicht einen Scheit geben. Das waren *seine* Gefühle! Nun sagen Sie mir, bitte, was ich einem solchen *echten* Schuft auf die Frage, warum er denn unbedingt edel sein solle, antworten könnte."

5. – Es dürfte leicht einsehbar sein, daß die W-Frage von einem Kind gestellt, eine andere Frage ist, als die von einem Menschen à la Lambert gestellte W-Frage; und daß die Antworten in beiden Fällen anders sein müssen.[8] Interessanter sind die beiden mittleren Fälle, vor allem die Position des Amoralisten. In der philosophischen Literatur ist die W-Frage seit Platons Zeiten vornehmlich in diesem Sinne verstanden worden: Als die Frage ,Was haben wir dem Amoralisten zu sagen?'. Der Grund dafür liegt natürlich darin, daß der Amoralismus eine *prinzipielle* Position darstellt, die – wie im Fall von Kallikles oder Thrasymachos – mit Argumenten vertreten wird und daher auch (hoffentlich) mit Argumenten widerlegt werden kann.

Dabei wird man allerdings nicht vergessen dürfen, daß es sich bei den Amoralisten dieses Typus' um eine philosophische Fiktion handelt. Auf der freien Wildbahn des wirklichen Lebens wird man solche Amoralisten kaum jemals treffen; sie leben ausschließlich in der philosophischen Literatur; und es ist nicht unwichtig, sich den Grund dafür klarzumachen. Jemand, der seinen Amoralismus (etwa durch das öffentliche Stellen der W-Frage) zu erkennen gibt, wird sofort das

---

8 Im Hinblick auf das Kind (oder eine andere unvoreingenommene Person) dürfe die „moralische Antwort" Gerts [S. 250ff.] vollkommen hinreichend sein. Ob einem Immoralisten à la Lambert überhaupt mit Argumenten beizukommen ist, kann bezweifelt werden; statt Philosophie dürfte hier Psychotherapie (und gegebenenfalls die Polizei) vonnöten sein.

Mißtrauen seiner Mitmenschen provozieren und von diesen gemieden werden. Wer sich von einem wohlhabenden Onkel eine größere Summe Geld leihen möchte, wäre schlecht beraten, wenn er die entsprechende Bitte mit der Versicherung verbinden würde: ,Im übrigen habe ich keine Ahnung, warum man moralisch sein soll'. Dasselbe gilt für einen Politiker, der im Rahmen einer Fernsehdiskussion um Wählerstimmen wirbt: Ein offenes Bekenntnis zum Amoralismus wäre seinen Wahlchancen nicht eben günstig. – Sowohl im persönlichen Umgang mit anderen Menschen, als auch im Hinblick auf die Ausübung öffentlicher Ämter *verlangen* wir von jedem Individuum, daß es moralisch handelt. Wer auch nur Unsicherheiten in diesem Punkt erkennen gibt, präsentiert sich als ein unzuverlässiger Charakter oder als ein potentieller Schuft – und wird entsprechend behandelt.

Dies erklärt, warum die W-Frage in der sozialen Realität nicht gestellt wird (obwohl doch jeder guten Grund hat, sie zu stellen); und warum sie auch in der philosophischen Literatur lange Zeit hindurch nur selten gestellt und zum Gegenstand eingehender Reflexion gemacht wurde. Oft genug ist sie als geradezu verwerflich abgelehnt worden. Schon Cicero bezeichnet diejenigen als „verbrecherisch und gottlos", die nur darüber nachdenken, ob sie moralisch handeln sollen oder nicht: „Denn schon in ihrem Zweifel liegt die Untat...".[9] Und der Graf von Shaftesbury läßt keinen Zweifel daran, was er von Leuten hält, die fragen „warum sollte ein Mensch im Dunkeln rechtschaffen sein? Wie ein Mensch beschaffen sein muß, um diese Frage zu stellen, möchte ich nicht sagen. Was aber jene anbelangt, die aus keinem anderen Grunde rechtschaffen sind als aus Furcht vor dem Galgen oder Kerker, so möchte ich, wie ich gestehen muß, eben nicht ihre Gesellschaft oder Bekanntschaft suchen."[10] Die Auffassung, daß es unmoralisch ist, zu fragen, warum man moralisch sein soll, ist der wohl entscheidende Grund dafür, daß die W-Frage erst im Verlauf des 19. Jahrhunderts intensivere Beachtung fand und daß der größte Teil der einschlägigen Arbeiten erst in der zweiten Hälfte des 20. Jahrhunderts erschien.

---

[9] Cicero, *De officiis*, III, 37.
[10] Shaftesbury, *Sensus Communis*, S. 97f.

III. IST DIE FRAGE SINNLOS?

6. – Abgesehen von diesen moralischen Bedenken sind gegen die W-Frage noch zwei weitere Einwände erhoben worden, die eine nähere Betrachtung verdienen. Der erste davon besagt, daß die Frage inkohärent und damit sinnlos sei; es könne aus prinzipiellen Gründen keine angemessene Antwort auf sie geben. In einem ebenso provokativen wie einflußreichen Aufsatz hat Prichard [S. 49-68] diese These auf eindrucksvolle Weise vertreten. Der zentrale Gedanke dieses Aufsatzes kann in der klassischen Form eines Dilemmas formuliert werden:

> *Entweder* wird die Frage durch Angabe *moralischer* Gründe beantwortet; *dann* haben wir ein zirkuläres Argument vor uns, denn man muß offenbar bereits auf dem Boden der Moral stehen, um moralische Gründe zu akzeptieren. *Oder* es werden *nicht-moralische* Gründe angeführt (z.B. Klugheitsüberlegungen); *dann* wird die Moral auf ein außermoralisches Fundament gestellt, d. h. es wird eine falsche Art von Gründen bemüht.

Von verschiedenen Autoren sind ähnliche Argumente gegen die W-Frage vorgebracht worden.[11] Andererseits sind die beiden Teilbehauptungen Pritchards aber auch nicht unwidersprochen geblieben. Im Hinblick auf das erste ‚Horn‘ des Dilemmas haben verschiedene Autoren die Auffassung vertreten, daß die Berufung auf moralische Gründe zwar zirkulär, deswegen aber noch nicht sinnlos sei. Sofern wir es nicht mit einem verstockten Amoralisten zu tun haben, kann schon der Hinweis auf die Funktion der Moral (andere vor Schaden zu bewahren) ein hinreichender Grund dafür sein, ihren Vorschriften zu folgen.[12] Eine ausführlichere Betrachtung verdient das zweite ‚Horn‘ des Dilemmas, da es eine sehr einflußreiche Auffassung voraussetzt, nach der die Moral essentiell zweckfrei ist. Handlungen, die durch außermoralische Ziele oder Interessen motiviert sind, können demnach grundsätzlich nicht als ‚moralisch‘ gelten (freilich sind sie auch nicht notwendigerweise moralwidrig). Der wichtigste Vertreter dieser Moralauffassung ist Immanuel Kant, für den ein Handeln nur dann als ‚moralisch‘ gelten kann, wenn es *um der Moral willen* (Kant:

---

[11] Vgl. Simmel, *Einleitung in die Moralwissenschaft* Bd. 1, S.27f. Melden „Why be Moral?". Toulmin, *An Examination of the Place of Reason in Ethics*. Singer, *Generalization in Ethics*. Dagegen Baier [S. 97].
[12] Vgl. den Beitrag von Gert [S. 250ff.].

„aus Pflicht") erfolgt. Ein „kategorischer" Imperativ zeichnet sich dadurch aus, daß er vollkommen unbedingt ist, d. h. unabhängig von allen äußeren Faktoren gilt; er hat keine weitere Voraussetzung als die Vernunft. Prichard ist zwar kein Kantianer, seine Position ist der Kantischen aber in einem Punkt ähnlich: In der strikten Abtrennung der moralischen von der außermoralischen Welt. Nach Prichard hat das moralische Handeln seinen Ursprung und Grund in einem „Gefühl der Verpflichtung" [S. 52, 53]. Wenn ein Individuum dieses Gefühl (aufgrund mangelhafter Erziehung) nicht hat, so wird man es nicht durch philosophische Argumente und/oder durch die Mobilisierung außermoralischer Gesichtspunkte erzeugen können. Genau diese Abtrennung der Moral von der außermoralischen Welt hat nun den Widerspruch etlicher Autoren gefunden. Die Moral, so wenden sie ein, ist kein Selbstzweck, sondern soll den Menschen und ihrem Wohlergehen dienen. Sie hat daher – entgegen den Auffassungen von Kant oder Prichard – einen essentiellen Bezug auf außermoralische Instanzen: auf menschliche Bedürfnisse und Interessen.[13]

Von Kant unterscheidet sich Prichard darin, daß er die Moral auf ein *Gefühl* – das bereits zitierte „Gefühl der Verpflichtung" – zurückführt, das seine Wurzeln in der Erziehung hat. Man muß nun die empirische Bedeutung der moralischen Erziehung keineswegs leugnen, um eine intuitionistische Deutung à la Prichard als problematisch zu erkennen, weil sie den Anteil von Rationalität, Vernunft, Argumentation etc. an der moralischen Erziehung minimiert. Das resultierende Problem kann seinerseits in der Form eines Dilemmas präsentiert werden:

> *Entweder* spielen rationale Gründe und Argumente in der moralischen Erziehung überhaupt keine Rolle; *dann* handelt es sich um eine bloße Abrichtung oder Dressur. *Oder* Gründe und Argumente spielen eine Rolle; *dann* müssen sie auch explizit gemacht und philosophisch analysiert werden können.

7. – Während der zuletzt diskutierte Einwand auf die *theoretische* Unmöglichkeit einer angemessenen Antwort abhebt, zielt der dritte auf ihre *pragmatische Wirkungslosigkeit*. Angenommen es gelänge uns, eine theoretisch stringente Antwort auf die Frage zu finden: Kön-

---

[13] Der hier abgedruckte Text von Gauthier [S. 189-211] formuliert einen solchen Moralbegriff auf besonders nachdrückliche Weise. Vgl. auch die Texte von Baier und Gert.

nen wir ernstlich davon ausgehen, daß sich ein hartgesottener Amoralist von ihr beeindrucken lassen und in einen gütigen und gerechten Menschen verwandeln würde? Man muß nicht intuitionistisch argumentieren, um diese Frage negativ zu beantworten. Robert Nozick hat die Aussichtslosigkeit des Versuchs, den Amoralisten zu bekehren mit folgender Überlegung plausibel gemacht.[14] Angenommen, wir könnten unserem Amoralisten beweisen, daß die von ihm vertretene Auffassung X ihn dazu verpflichtet, moralisch zu sein. Er hat dann drei Optionen: Er kann aufhören (1) unmoralisch zu handeln, (2) X zu vertreten, oder (3) konsistent zu sein. Was wird er tun? Wahrscheinlich wird er uns sagen: ,Wenn das so ist, gebe ich es am besten auf, konsistent zu sein'. Mit einem Wort: Der Amoralist kann sich jedem noch so stringenten Argument zugunsten der Moral entziehen.

So unbestreitbar dieser Einwand ist, so fraglich ist aber auch, was durch ihn bewiesen wird. *Zunächst* liegt es in der Natur von Argumenten, daß man sich ihnen entziehen kann; Argumente können als solche niemals ,zwingen'. Darin liegt eine praktische Grenze jeglicher Philosophie (und Theorie überhaupt). Hätte man etwas anderes erwarten sollen? Die Vorstellung, daß es Jack the Ripper oder Adolf Hitler nur an guten Argumenten dafür gefehlt habe, moralisch zu sein, ist grotesk. Wenn manchen Menschen nicht mit Argumenten beizukommen ist, sondern nur mit der Polizei, sollte dies nicht als ein Argument gegen Argumente, sondern als ein Argument gegen diese Menschen angesehen werden. *Zum zweiten* muß der ,Sinn' der W-Frage nicht allein von den praktischen Wirkungen ihrer Beantwortung abhängen. Selbst wenn wir mit unserer Antwort keinen einzigen Amoralisten überzeugen und keinen einzigen Schurken zur Konversion bringen, können wir aus der Frage und ihrer Beantwortung möglicherweise einiges über die Moral lernen. Ihr Ertrag läge dann nicht auf der praktischen, sondern auf der theoretisch-spekulativen Ebene. *Drittens* schließlich ist daran zu erinnern, daß man die W-Frage nicht nur vom Standpunkt des unbelehrbar verhärteten Amoralismus aus stellen kann; Glaukon und Adeimantos sind ebenso ein Beispiel dafür wie das bereits erwähnte Kind, dem bestimmte Handlungen mit dem Hinweis auf die Moral verboten (oder geboten) werden. Wenn unsere Antwort in solchen Fällen praktisch aussichtsreicher ist, als im Falle

---

[14] Nozick, *Philosophical Explanations*, S. 408. Ähnlich (und unter Berufung auf Nozick) argumentiert Williams im zweiten Kapitel seines Buches *Ethics and the Limits of Philosophy*.

eines Amoralisten, dann muß dies nicht daran liegen, daß unsere *Argumente* im zweiten Fall schlechter sind als im ersten. Wie Kavka [S. 155-188] hervorhebt, hängt die tatsächliche Überzeugungskraft unserer Antworten auf die W-Frage nicht allein vom Inhalt dieser Antwort ab, sondern auch von ihren Adressaten.

Diese Überlegungen richten sich gegen ein vorschnelles Abtun der W-Frage als unmoralisch, als sinnlos oder als wirkungslos. Aber sie beweisen natürlich noch nicht, daß eine schlüssige und plausible Antwort auf sie gegeben werden kann; letztlich ist dies nur dadurch möglich, daß man eine solche Antwort *gibt*. – Nun sind in der philosophischen Debatte mehr Antworten vorgeschlagen worden, als in dieser Einleitung referiert und diskutiert werden können. Ich werde mich daher mit einer Skizze von vier wichtigen Gruppen von Antworten begnügen, die durch bestimmte gemeinsame Grundannahmen gekennzeichnet sind.[15] Dabei werden auch einige der *Probleme* benannt, auf die diese Antwort-Typen stoßen.

IV. DAS SPEKTRUM DER ANTWORTEN

8. – Eine erste Möglichkeit besteht darin, sich zur Beantwortung der W-Frage auf *metaphysische Instanzen* zu berufen, d. h. auf überempirisch existierende Gegebenheiten, von denen eine moralische Verbindlichkeit ausgeht. In der Geschichte des ethischen Denkens sind vor allem die *Götter* (oder Gott), das *Naturrecht*, sowie objektive *Werte* als solche Instanzen ins Spiel gebracht worden. Die gesuchte Antwort lautet dann: *Man soll moralisch sein, weil eine dieser Instanzen es verlangt oder erfordert.* In der aktuellen philosophischen Diskussion spielen solche Ansätze eine eher untergeordnete Rolle; in der Vergangenheit war ihr Einfluß wesentlich größer.

Betrachten wir zunächst die Berufung auf Gott. Nach dem Zeugnis des Alten Testaments hatte Gott dem Volk Israel in Gestalt der Zehn Gebote einen Kanon von Gesetzen gegeben, deren Verbindlichkeit von Jesus nachdrücklich bekräftigt wurde (Matth. 5, 17ff). Auf der

---

[15] Eine andere Klassifikation findet sich bei Almeder, *Human Happiness and Morality*, S. 119-150.

Basis des christlichen Glaubens lag es daher nahe, die Moral als ein Gebot Gottes aufzufassen. Die W-Frage war damit eindeutig und einfach beantwortet: *Man soll moralisch sein, weil Gott es befohlen hat.* – Gegen diese Lösung können mehrere Einwände erhoben werden. Besonders naheliegend ist der Hinweis darauf, daß die Voraussetzung, auf der diese Antwort beruht, heute nicht mehr als allgemein akzeptiert gelten kann: Daß es Gott gibt. Mit dieser Antwort wird die Verbindlichkeit der Moral an den Glauben geknüpft, und wo dieser nicht mehr gegeben ist, besteht kein Grund mehr, moralisch zu sein. Die Berufung auf das Gebot Gottes würde daher die Autorität der Moral in modernen, säkularen Gesellschaften nachhaltig unterminieren; unter den Bedingungen einer solchen Gesellschaft bedarf es einer weltanschaulich möglichst neutralen Begründung der Moral.

Ein weiterer, in sich sehr heterogener, Typus ethischer Theorien beruft sich auf objektive, d. h. vom Menschen unabhängig existierende *Ideen* oder *Werte*, an denen sich die Individuen in ihrem Handeln zu orientieren haben. Dies könnte etwa die Idee des Guten oder der Wert der Gerechtigkeit oder der Harmonie sein. Zu den unterschiedlichen Ausprägungen dieses Ansatzes gehört die Platonische Ideenlehre; die Wertethik von Max Scheler und Nikolai Hartmann; der von G.E. Moore, H.A. Prichard u.a. vertretene Intuitionismus; und auch die neuerdings von Hans Jonas entwickelte teleologische Naturethik kann hier eingeordnet werden. Unter den in der vorliegenden Auswahl vertretenen Texten kommt der von Bradley [S. 69-95] diesem Typus am nächsten. Im Mittelpunkt steht hier der Begriff der „Selbstverwirklichung", der seine historischen Wurzeln in der Ethik Platons und Aristoteles' hat und auch in der Moralphilosophie von Bradleys Zeitgenossen T.H. Green eine zentrale Rolle spielt. Wie auch bei diesen Autoren wird „Selbstverwirklichung" auch von Bradley nicht in einem subjektivistisch-individualistischen Sinne (etwa als die Befriedigung beliebiger Präferenzen) verstanden, sondern als die Eingliederung des Individuums in ein umfassendes, organisches, harmonisches Ganzes, das allen Individuen objektiv vorgegeben ist. Grundlegend für diesen Ansatz ist somit eine holistische Metaphysik, die den Individuen ihren entscheidenden Lebenszweck vorgibt: Glied des unendlichen Ganzen zu werden.

Allen metaphysischen Auffassungen ist gemeinsam, daß sie von einer Doppelnatur der jeweils postulierten metaphysischer Instanzen ausgehen: Es handelt sich zum einen um zwar überempirische aber ‚objektiv' existierende Tatbestände oder Sachverhalte; zum anderen geht von ihnen ein normativ verbindlicher Anspruch aus. In dieser

Doppelnatur liegt zugleich aber auch eines der zentralen Probleme dieses Ansatzes. Zunächst wird man bedenken müssen, daß hier außerordentlich starke metaphysische Annahmen gemacht werden, die nicht leicht zu begründen oder zu ‚beweisen' sind. Angesichts der erheblichen Bedeutung der Moral für das friedliche und gedeihliche Zusammenleben der Menschen erscheint es als fraglich, ob man ihre Verbindlichkeit von solchen Voraussetzungen abhängig machen sollte. John Mackie hat darauf aufmerksam gemacht, daß objektive Werte recht „absonderliche" Gegenstände sein müssen;[16] sie passen nicht recht in das uns bekannte ‚Mobiliar der Welt'. Die uns aus dem Alltag vertrauten oder von den Naturwissenschaften nahegebrachten Gegenstände sind normativ neutral; von ihnen geht kein Sollen aus. Genau das aber müßte bei *Werten* der Fall sein. Die Vertreter eines solchen Ansatzes müssen also plausibel machen, wie von objektiv existierenden Tatbeständen oder Sachverhalten eine normative Verbindlichkeit ausgehen kann. Es besteht hier eine wichtige Differenz zur Idee göttlicher Gebote. Da die Götter (oder Gott) als personale Wesen gedacht werden, macht es wenig Schwierigkeiten zu verstehen, wie die von ihnen ‚erlassenen' Gebote normativ verbindlich sein können: Personen können, sofern sie über die entsprechende Autorität verfügen, Befehle erteilen. Wie aber soll man die Behauptung verstehen, daß auch Tatbestände oder Sachverhalte (Ideen, Werte) Befehle erteilen können?

9. – Während sich die bisher angeführten Ansätze auf metaphysische Instanzen berufen, nimmt ein zweiter Typus von Theorien auf ein empirisches Phänomen Bezug: Auf das *Wohlergehen von Menschen*. Auch diese Auffassung kann in verschiedenen Varianten vertreten werden; besonders einflußreich war und ist die Hobbessche Variante. Wir stellen uns zu diesem Zweck einen Zustand vor (Hobbes nennt ihn den „Naturzustand"), in dem die Menschen *ohne* moralische Regeln zusammenleben. Alle Individuen verfolgen ihre jeweiligen Interessen, und dabei wird es zwischen ihnen zwangsläufig zu Konflikten kommen, die nach dem ‚Recht des Stärkeren' entschieden werden. Da niemand davon ausgehen kann, in allen Konflikten der ‚Stärkere' zu sein, kann niemand ein friedliches Leben führen und die Früchte seiner Arbeit genießen. Moral ist mithin aus Gründen der Sicherheit notwendig. Zwar legen die moralischen Regeln jedem Indi-

---

[16] Mackie, *Ethik*, S. 43-49. – Eine Kritik an Mackie findet sich z.B. bei Nagel, *The View from Nowhere*, Kap. VIII.

viduum bestimmte Beschränkungen seiner Freiheit auf, zugleich aber eröffnen sie ihm die Möglichkeit eines vergleichsweise sicheren Lebens. Hinzu kommt, daß auch Kooperation zwischen den Individuen nur möglich ist, wenn diese sich dabei an Regeln halten. – Die Moral wird hier als eine Art von Vertrag aufgefaßt, den die Individuen zu ihrem gegenseitigen Nutzen miteinander schließen. Die in diesem Band gedruckten Aufsätze von Baier [S. 97-129], Gert [S. 247-271], Gauthier [S. 189-211] und Kavka [S. 155-188] knüpfen an diese kontraktualistische Idee an und entwickeln sie auf unterschiedliche Weise weiter.

Dieser Ansatz liefert eine im Prinzip ebenso einfache wie überzeugende Antwort auf die W-Frage: *Man soll moralisch sein, weil dies im besten Interesse aller ist.* Er betrachtet das Menschengeschlecht gewissermaßen aus der Vogelperspektive und dabei zeigt sich, daß die Existenz der Moral für das *aggregierte* Wohl aller Individuen förderlich ist. Treffend weist Baier darauf hin, daß seine Überlegungen auf einem Vergleich zweier Welten beruhen: „eine, in der moralische Gründe immer von jedermann vorrangig vor eigennützigen Gründen behandelt werden, und eine andere, in der das Umgekehrte gilt. Und wir können sehen, daß die erste die bessere Welt ist, weil wir sehen können, daß die zweite Welt von der Art sein würde, die Hobbes als den Naturzustand beschreibt."[17]

Zu einem anderen Ergebnis kommen wir aber dann, wenn wir die Situation nicht mehr aus der Vogelperspektive betrachten, sondern konsequent aus der Perspektive der *ersten Person Singular*: „Warum soll *ich* moralisch sein?". Den Fluchtpunkt, auf den die Überlegungen bezogen sind, bildet nun nicht mehr das aggregierte Wohl *aller* Individuen, sondern das individuelle Wohl der jeweiligen Person; die Frage lautet nun nicht mehr, was *insgesamt* der bestmögliche Weltzustand ist, sondern welcher Zustand *für mich* der beste ist. In den bisherigen Formulierungen der W-Frage war zwischen der allgemeinen Variante (‚Warum soll *man* moralisch sein?') und der individuellen Variante (‚Warum soll *ich* moralisch sein?') nicht systematisch unterschieden worden. Damit wurde aber, wie wir uns leicht klarmachen können, eine wichtige Differenz überspielt.

Betrachten wir die beiden Welten Baiers noch einmal aus der individuellen Perspektive. In Welt A (der moralischen Welt) geht es allen besser als in Welt B (der amoralischen Welt). Zweifellos hat daher

---

[17] Baier, *Der Standpunkt der Moral*, S. 288.

jeder einen guten Grund, die Welt A der Welt B vorzuziehen. Dies gilt
selbstverständlich auch für das betreffende Individuum: Auch ihm
ginge es in Welt A besser als in Welt B und somit hat es einen guten
Grund, die Welt A vorzuziehen. Allerdings sind die Überlegungen, die
ein Individuum anstellen könnte, damit noch nicht zuende. Jedenfalls
dann nicht, wenn wir annehmen, daß dieses Individuum ausschließlich an seinem eigenen Wohl interessiert ist. Eine solche Annahme
müssen wir machen, wenn wir Argumente gegen den Amoralisten finden wollen: Argumente also, die eine Person zu überzeugen vermögen, die zwar rational ist, aber nicht schon moralisch.

Die weitergehende Überlegung, die eine solche Person anstellen
könnte, nimmt ihren Ausgangspunkt von der Tatsache, daß moralische
Vorschriften die Handlungsfreiheit jedes Individuums einschränken.
Wer moralisch sein möchte, darf bestimmte Dinge nicht tun, obwohl er
sie möglicherweise gern tun würde; und er muß andere Dinge tun,
obwohl er sie möglicherweise gern unterlassen würde. Obwohl der
Amoralist sich daher der Vorteile bewußt ist, die er – wie alle anderen
– in Welt A hätte, muß er doch auch den *Preis* in Rechnung stellen, den
ihn das Leben in Welt A kosten würde: eine empfindliche Ein-
schränkung seiner Handlungsfreiheit. Es wird sich ihm somit die
Schlußfolgerung aufdrängen, daß es für ihn zwar *gut* wäre, in Welt A zu
leben, aber *noch besser,* wenn er dabei seine Handlungsfreiheit behalten könnte. Unter dieser Voraussetzung würde er alle Vorteile genießen,
die das Leben in einer moralischen Umwelt mit sich bringt, zusätzlich
aber noch jene Freiheiten nutzen können, die der „Naturzustand" bietet. Für den Amoralisten ergibt sich aus diesen Überlegungen eine klare Präferenzordnung: (1) Am schlechtesten ist für ihn der „Naturzustand", d. h. eine Welt ohne Moral; (2) besser ist für ihn eine Welt, in
der alle – er selbst eingeschlossen – moralisch sind; (3) und am besten
ist für ihn eine Welt, in der alle anderen moralisch sind, er selbst aber
(als einziger) die Möglichkeit zu unmoralischem Handeln hat. Für den
Amoralisten ist das *Trittbrettfahren* die optimale Strategie.

Kurzum: Die Bezugnahme auf das Gemeinwohl liefert zwar einen
exzellenten Grund, warum *man* moralisch sein soll (im Sinne von:
warum es für alle besser ist, wenn alle moralisch handeln). Sie setzt
damit aber voraus, daß jeder Handelnde ein Interesse daran hat, daß es
allen gut geht; daß also jeder Handelnde bereits moralisch motiviert
ist. Individuen, die nur an ihrem *eigenen* Wohlergehen interessiert
sind, werden sich durch den Verweis auf das Gemeinwohl nicht beeindrucken lassen. Für sie lautet die W-Frage daher auch nicht „Warum
soll *man* moralisch sein?", sondern „Warum soll *ich* moralisch sein?".

10. – Zur Debatte steht damit, ob wir auch auf diese ‚egoistisch verschärfte‘ Variante der W-Frage eine Antwort zu geben vermögen. Können wir auch einem Menschen, der ausschließlich an seinem eigenen Wohlergehen interessiert ist, einen Grund nennen, weshalb er moralisch sein soll? Manches spricht dafür, daß unser Begründungsprojekt damit vollkommen aussichtslos geworden ist. Die Moral verlangt von uns, daß wir unserem Handeln aus Rücksicht auf andere bestimmte Schranken auferlegen. Warum sollte jemand, dem andere Menschen grundsätzlich gleichgültig sind, solche Schranken akzeptieren? Um einen Egoisten oder Amoralisten zu überzeugen, müßte man ihm demonstrieren, daß die Moral *für ihn* nützlich und vorteilhaft ist; dies scheint aber vollkommen unmöglich zu sein, wenn Thrasymachos recht hat, daß die Gerechtigkeit der „Vorteil eines anderen" ist. Anders ausgedrückt: Der gesuchte Ansatz müßte plausibel machen, daß der eingangs dargestellte strukturelle Konflikt zwischen Moral und Eigeninteresse nur scheinbar besteht; daß Moral und Klugheit – wenn sie nur richtig verstanden werden – konvergieren. Wenn dies gelänge, dann könnten wir dem Amoralisten eine auch ihn überzeugende Antwort auf die W-Frage geben: *Du sollst moralisch sein, weil es in deinem eigenen Interesse ist!*

Platon war der erste Philosoph, der dieses Kunststück versucht hat. In der *Politeia* versucht Sokrates nicht mehr und nicht weniger als den Nachweis, daß Gerechtigkeit (=Moralität) die notwendige Bedingung für das jeweils individuelle Glück darstellt. Dies ist eine außerordentlich starke Behauptung, für die er zwei Hauptargumente anführt. (a) Ausgehend von der These, daß die Neigung zu unmoralischem Handeln ihren Ursprung in den ungezügelten Trieben des jeweiligen Individuums hat, diagnostiziert Platon bei unmoralischen Menschen eine notwendig unausgeglichene, unharmonische Struktur der „Seele"; ein glückliches Leben ist für diese in sich zerrissenen, von Leidenschaften gepeitschten Existenzen aus inneren Gründen unmöglich. (b) Überdies werden die ungerechten Menschen nach ihrem Tode im Jenseits bestraft, während die Guten belohnt werden. – Der Platonische Ansatz ist später von der Stoa noch radikalisiert worden; nach stoischer Auffassung ist die Tugend eine nicht nur notwendige, sondern auch hinreichende Bedingung für Glück. In der Gegenwart kommt die Position von Philippa Foot der Platonischen Auffassung relativ nahe, die eine begriffliche Beziehung zwischen Tugend und Glück behauptet.[18]

---

[18] Vgl. die Aufsätze „Moral Beliefs" und „La vertu et le bonheur". Vgl. auch Smith, *Viable Values*, die die Überzeugung vertritt, daß ein Leben und Han-

Die meisten Autoren halten die Platonische Ansicht jedoch für empirisch falsch: In der realen Welt sind die Beziehungen zwischen Moral und Glück kontingent.[19]

Wer in der heutigen Debatte eine Konvergenz von Moral und Klugheit behauptet, vertritt meist eine in zwei Hinsichten schwächere Variante dieses Ansatzes. Zum einen wird die anspruchsvolle und vieldeutige Idee des Glücks durch Begriffe wie „Interesse" oder „Präferenz" ersetzt; zum zweiten wird zwischen dem moralischen Handeln und der Befriedigung der eigenen Interessen kein notwendiger (geschweige denn hinreichender) Zusammenhang, sondern nur eine Erhöhung der Wahrscheinlichkeit postuliert. Die Antwort auf die W-Frage lautet dann: *Du sollst moralisch sein, weil dies – zumindest auf lange Sicht und im Allgemeinen – die Wahrscheinlichkeit erhöht, daß deine Interessen befriedigt werden!* Zur Stützung dieser Antwort können mehrere Argumente angeführt werden. Zunächst ist darauf hinzuweisen, daß Verstöße gegen die Moral zumindest gelegentlich zu unangenehmen Reaktionen der Umwelt führen; dabei ist nicht nur an formelle Sanktionen (durch Polizei und Justiz) zu denken, sondern auch an informelle, wie sie in dem oben angeführten Zitat von Shaftesbury angedeutet werden. Zweitens vermindern diejenigen, die nicht moralisch sind, ihre Chancen zur Kooperation mit anderen Menschen und müssen daher auf die mit dieser Kooperation verbundenen Vorteile verzichten. Beide Argumente sind bereits in klassischen philosophischen Theorien vertreten worden (z.B. von Hobbes und Hume) und werden in der Gegenwart in unterschiedlichen Varianten vertreten.[20]

Ein drittes Argument besagt, daß unmoralische Individuen keine Möglichkeit haben, nicht-instrumentelle Beziehungen zu anderen Menschen einzugehen. Einer egoistischen Person sind andere Menschen gleichgültig, echte Freundschaft oder Liebe bleiben ihr daher

---

deln in Übereinstimmung mit den moralischen Werten die Grundlage für das individuelle Wohlergehen sei: „Flourishing is thus at once the means to value and the end of value. It is the reason to be moral." (S. 148).

[19] Zum Verhältnis von Glück und Moral vgl. Nagel, *The View from Nowhere*, Kap. X; Seel, *Versuch über die Form des Glücks*, S. 191-255.

[20] Vgl. die Texte von Gauthier [S. 189-211] und Hare [S. 145-153]. – Hinzuweisen ist dabei auch auf die neueren Bemühungen um eine Präzisierung der klassischen Argumente durch spieltheoretische Überlegungen. Zu nennen ist hier das Buch von Gauthier, *Morals by Agreement*; oder Hegselmann, „Was könnte dazu motivieren, moralisch zu sein? Überlegungen zum Verhältnis von Moralität und Klugheit".

verwehrt und damit auch die Möglichkeit eines guten Lebens. Wem aber, so argumentiert Bernard Williams, an einem beliebigen anderen Menschen etwas liegt, der hat im Grunde bereits einen Fuß auf das Gebiet der Moral gesetzt. Wenn wir uns den Amoralisten nicht als einen pathologischen Fall vorstellen, sondern als eine Person, die Zuneigung oder Mitgefühl für irgendwelche andere Menschen empfindet, so ist der Amoralismus schon nicht mehr durch eine chinesische Mauer vom ‚moralischen Standpunkt‘ getrennt.[21]

So plausibel die beiden ersten Argumente grundsätzlich sind: Sie sind es eben nur ‚grundsätzlich‘. Es leuchtet zwar ein, daß sich moralisches Handeln *auf lange Sicht und im Allgemeinen* auszahlt; man wird aber nicht behaupten können, daß bei *allen* Verstößen gegen die Moral mit Sanktionen oder mit einer Gefährdung von Kooperationschancen gerechnet werden muß. Denken wir an Karla: Sie hat die Brieftasche unter günstigen Bedingungen gefunden und geht daher nur ein sehr kleines Risiko ein, etappt zu werden. Wenn sie eine gewiefte Amoralistin ist, wird sie aus dem obigen Argument die Schlußfolgerung ziehen, daß es zwar klug ist, im Allgemeinen moralisch zu handeln, doch jetzt, wo die Situation günstig ist, ihren Interessen zu folgen.[22] Haben wir dieser Schlußfolgerung noch etwas entgegenzusetzen?

Das hier aufgeworfene Problem ist nicht lösbar, solange wir die W-Frage als eine auf das *punktuelle Handeln* bezogenen Frage auffassen. Wenn Karla fragt ‚Warum soll ich in dieser (für mich günstigen) Situation moralisch handeln?‘, dann werden wir ihr – vorausgesetzt sie ist nur an ihrem eigenen Wohlergehen interessiert – kein überzeugendes Argument bieten können. Anders sieht die Sache aus, wenn wir die W-Frage verallgemeinern. Wir fragen dann nicht: ‚Hat Karla *in dieser Situation* einen Grund, moralisch zu *handeln*?‘; sondern ‚Hat Karla einen Grund, sich *generell* als ein moralischer Mensch zu verstehen, d.h. moralisch zu *sein*?‘. Verstehen wir die W-Frage in diesem zweiten Sinne, so müssen wir Argumente für die These beibringen,

---

21 Williams [S.213-221]. Denselben Gedanken hat Raz in seinem Aufsatz „The Amoralist" weiter ausgebaut. Demgegenüber macht Nielsen [S. 223-246] deutlich, daß selektive Formen der Zuneigung und des Mitgefühls durchaus möglich (und empirisch nicht eben selten) sind.

22 Die Parabel vom Ring des Gyges [S.38-39] präsentiert eine Person, für die die Situation *immer* günstig ist und wirft damit die W-Frage in ihrer denkbar radikalsten Variante auf: Hat jemand, der niemals Sanktionen zu befürchten hat, Gründe moralisch zu sein?

daß es für jeden Menschen insgesamt und auf lange Sicht vorteilhaft ist, ein Gewissen bzw. einen moralischen Charakter auszubilden, *auch* wenn dies im Einzelfall und kurzfristig mit Nachteilen verbunden sein mag. Anders ausgedrückt: Wir müssen dann nicht mehr zeigen, daß es sich in jedem einzelnen Fall ‚lohnt‘, moralisch zu sein; es genügt, wenn wir zeigen, daß es sich im Allgemeinen, über ein ganzes Leben hinweg ‚lohnt‘. Auch wenn eine Handlung (wie die Rückgabe der Brieftasche) *isoliert betrachtet* in Termini des Selbstinteresses nachteilig ist, kann doch der Charakter oder die Haltung, aus der sie entspringt insgesamt gesehen für das betreffende Individuum von Vorteil sein.[23] – Überlegungen dieser Art gehören zu den Gründen, die in der neueren ethischen Debatte zu einer Wiederbelebung von tugendethischen Ansätzen geführt haben, die den charakterlichen Dispositionen der Individuen wieder jene Bedeutung zuschreiben, die sie in den ethischen Theorien der Antike oder des Mittelalters stets besessen haben.

Grundsätzlich bewegt sich jeder Versuch, Moral und Klugheit zu ‚versöhnen‘, in einem Spannungsfeld. Auf der einen Seite dürfte es schwierig sein, eine plausible und motivierende Antwort auf die W-Frage zu geben, ohne dabei in *irgendeinem* Sinne auf das Selbstinteresse der Individuen Rücksicht zu nehmen. Welchen Grund sollte ich haben, moralisch zu sein, wenn dies immer und überall gegen mein Interesse verstößt? Philippa Foot hat diesen Gedanken sehr pointiert formuliert, als sie schrieb, in Platons *Politeia* werde davon ausgegangen, „wenn die Gerechtigkeit kein Gut für den Gerechten ist, dann begingen die Morallehrer, die sie als eine Tugend empfehlen, einen Betrug. Das meine ich ebenfalls...“[24] – Auf der anderen Seite aber wird die Versöhnungsthese um so unplausibler, je enger man die Verbindung zwischen Klugheit und Moral knüpft. Abwegig dürfte die stoische These sein, daß Moralität eine notwendige und hinreichende Bedingung für Glück (Wohlergehen, Interessenbefriedigung) ist; auch die schwächere Behauptung, daß sie nur eine notwendige Bedingung ist, dürfte empirisch nicht haltbar sein. Lediglich die These, daß Moralität die Wahrscheinlichkeit des eigenen Wohlergehens fördert oder (noch schwächer), daß Moralität dem eigenen Wohlergehen nicht notwendigerweise entgegengesetzt ist, dürfte vertretbar sein.[25] Damit

---

[23] Vgl. Hare [S.145-153], Gert [S.247-271], Kavka [S. 155-188]; sowie Foot „Moral Beliefs"; Sayre-McCord, „Deception and Reasons to be Moral"; Gauthier, *Morals by Agreement* S. 182ff.

[24] Foot „Moral Beliefs" , S. 65; heftige Kritik daran äußert Philipps, „Does it Pay to Be Good?".

bleibt eine ‚Lücke‘ zwischen Klugheit und Moralität: Es ist nicht *immer* klug, moralisch zu sein.

11. – Der letzte hier vorzustellende Ansatz möchte genau diese Klugheitslücke schließen. Er möchte zeigen, daß Menschen *immer* einen Grund haben, moralisch zu handeln: Wenn sie nur vernünftig sind. Ein solcher Nachweis ist natürlich nur möglich, wenn man von einem bestimmten Vernunftbegriff ausgeht. Auch die Vertreter der Versöhnungsstrategie behaupten, daß es (insgesamt gesehen) vernünftig ist, moralisch zu sein. Dabei identifizieren sie aber ‚Vernunft‘ mit ‚Klugheit‘; für sie ist vernünftig bzw. rational das, was den eigenen Interessen dient. Da mit einem solchen subjektivistischen Rationalitätsbegriff die besagte ‚Lücke‘ nicht überbrückt werden kann, muß man von einem Begriff *objektiver* Vernunft ausgehen, wenn man eine Antwort auf die W-Frage geben will, die nicht nur ‚insgesamt gesehen‘, ‚im Allgemeinen‘ oder ‚auf lange Sicht‘ gültig ist; sondern den handelnden Individuen *immer* und *überall* einen Grund liefert, moralisch zu sein. Diese Antwort lautet: *Du sollst moralisch sein, weil dies objektiv vernünftig ist!*.

Der klassische Vertreter einer solchen Strategie ist Immanuel Kant. Die zentrale Idee seiner Moralphilosophie besteht darin, daß menschliche Individuen in ihrem Handeln zwar ihren subjektiven „Neigungen" (oder Interessen) nachgehen; daß sie als vernunftbegabte Wesen zugleich aber über die Fähigkeit verfügen, von dieser subjektiven Perspektive zu abstrahieren und ihr Handeln und seine Folgen von dem neutralen Standpunkt eines objektiven und unparteilichen Beobachters zu bewerten. Handlungen, die von diesem zweiten Standpunkten aus keine Billigung finden können, sind als unmoralisch anzusehen. Erinnern wir uns ein letztes Mal an Karla. Aus ihrer subjektiven Perspektive betrachtet und nach Maßgabe ihrer persönlichen Interessen hat sie Grund, die gefundene Brieftasche zu behalten. Als ein vernünftiges Wesen vermag sie jedoch eine distanziert-neutrale Position gegenüber sich selbst und ihrem Vorhaben einzunehmen; sie kann sich fragen, ob

---

25 Auch diese schwächere Behauptung gilt nur unter zwei Voraussetzungen. (a) Wir können nicht erwarten, daß sich jede einzelne moralische Handlung ‚lohnt‘, sondern nur ein moralisches Leben insgesamt; wir müssen also von einer tugendethischen Konzeption ausgehen, wie sie oben skizziert wurde. (b) Es müssen, wie Baier [S.117ff.] zu Recht betont, einigermaßen gerechte soziale Verhältnisse bestehen, so daß der moralisch Handelnde nicht stets ‚der Dumme‘ ist.

ihr Vorhaben (genauer: die dieses Vorhaben zum Ausdruck bringende Maxime) von einem neutralen Standpunkt aus gebilligt werden kann. Zu diesem Zweck muß sie sich fragen: Könnte ich wollen, daß *alle* Menschen nach einer solchen Maxime handeln (nämlich: Gefundene Wertgegenstände nicht zurückzugeben, wenn man von ihnen profitieren kann). Dies kann Karla nach Kant *nicht* wollen: „Wenn wir nun auf uns selbst bei jeder Übertretung einer Pflicht Acht haben, so finden wir, daß wir wirklich nicht wollen, es solle unsere Maxime ein allgemeines Gesetz werden, denn das ist uns unmöglich, sondern das Gegentheil derselben soll vielmehr allgemein ein Gesetz bleiben; nur nehmen wir uns die Freiheit, für uns (oder auch nur für diesesmal) zum Vortheil unserer Neigungen davon eine Ausnahme zu machen."[26] Es ergibt sich in solchen Fällen ein „Widerspruch in unserem eigenen Willen"[27]: Subjektiv und nach Maßgabe ihrer eigenen Interessen will Karla die Brieftasche behalten, aus der objektiv-neutralen Perspektive aber will sie, daß gefundene Wertgegenstände ihrem Besitzer zurückgegeben werden. Dieser Widerspruch zeigt, daß ihre Absicht moralisch nicht akzeptabel ist.

Der rationalitätstheoretische Charakter des Kantischen Ansatzes kommt nicht zuletzt darin zum Ausdruck, daß in ihr ein Widerspruch als Kriterium der moralischen Falschheit fungiert. Zugrunde liegt dem die These, daß es irrational ist, Widersprüche im Denken (oder Wollen) hinzunehmen. Damit wird zwar eine *objektive* Antwort auf die W-Frage ermöglicht; zugleich liegt hier aber auch ein Problem. Der diesem Ansatz zugrundeliegende Begriff von Rationalität ist außerordentlich stark und voraussetzungsreich; Tugendhat gebraucht die treffende Metapher von einer „fettgedruckt" verstandenen[28] Vernunft. Definiert man die Rationalität von vorn herein als objektiv und unparteilich, so droht die Antwort (Es ist vernünftig, moralisch zu sein!) auf eine petitio principii hinauszulaufen: Es wird vorausgesetzt, was zu beweisen wäre. Dies zeigt sich an der einfachen Rückfrage, die ein Amoralist stellen könnte, wenn man ihn mit dieser These konfrontiert: *Und warum soll ich rational sein (wenn dies gegen meine Interessen ist)?*. Wir scheinen somit vor einem rationalitätstheoretischen Problem zu stehen, das wieder einmal als Dilemma formuliert werden kann:

---

[26] Kant, *Grundlegung zur Metaphysik der Sitten*, S. 424.
[27] Ibid.
[28] Tugendhat, *Vorlesungen über Ethik*, S. 70. Zu Kants Vernunftbegriff vgl. auch die Kritik Gauthiers, *Morals by Agreement*, S. 6f.

> *Entweder* gehen wir von einem subjektiven Vernunftbegriff (Vernunft = Klugheit) aus; *dann* können wir zwar voraussetzen, daß jeder ein Motiv hat, vernünftig zu sein, *aber* es wird dann kaum gelingen, Klugheit und Moralität vollständig miteinander zu versöhnen. *Oder* wir gehen von einem objektiven Vernunftbegriff (Vernunft = Unparteilichkeit) aus; *dann* droht eine petitio principii und wir müssen nun einen Grund dafür angeben können, warum man vernünftig sein soll.

Kant scheint dieses Dilemma gesehen und für unlösbar gehalten zu haben.[29] Dessenungeachtet ist sein Ansatz in der ethischen Debatte nach wie vor wirkmächtig und einflußreich. Es gibt eine ganze Reihe von (im Detail durchaus unterschiedlichen) Versuchen, ihn zu reformulieren und zur Basis einer Antwort auf W-Frage zu nehmen.[30] In diesen Kontext gehört auch die von Karl-Otto Apel und Jürgen Habermas entwickelte *Diskursethik*, die das Kantische Prinzip der Vermeidung von Widersprüchen auf eine spezifisch pragmatisch-kommunikationstheoretische Weise umdeutet: Wer im Rahmen einer rationalen Diskussion fragt ‚Warum soll ich moralisch sein?' hat demnach implizit bereits jene moralischen Normen anerkannt, die er durch seine explizite Frage zur Disposition stellt.[31] Die Diskursethik geht von einem gegenüber Kant und der philosophischen Tradition deutlich veränderten Rationalitätsbegriff aus; für sie ist Vernunft kein im Inneren des Subjekts gleichsam ‚privat' sich abspielender Denkvorgang, sondern ein öffentlicher Prozeß der Argumentation und Kommunikation zwischen vielen Subjekten. Gleichwohl bleibt ihre Antwort auf die W-Frage nach wie vor genuin kantisch: *Du sollst moralisch sein, weil dies (in einem objektiven Sinne) irrational ist!* Ob und in welchem Sinne der Amoralist damit als ‚widerlegt' anzusehen ist, bleibt allerdings eine offene Frage. Selbst wenn man von einer argumentativen Widerlegung des Amoralimus ausgeht, wird man diesem Resultat

---

[29] So jedenfalls im dritten Abschnitt in der *Grundlegung zur Metaphysik der Sitten*. Zum Interpretation dieses „dunklen" Textes vgl. die Arbeiten von Henrich, „Die Deduktion des Sittengesetzes. Über die Gründe der Dunkelheit des letzten Abschnittes von Kants ‚Grundlegung zur Metaphysik der Sitten'"; und Schönecker, *Kant:* Grundlegung *III. Die Deduktion des kategorischen Imperativs.*

[30] Vgl. Gewirth, „Must one Play the Moral Language Game?" und *Reason and Morality.* Korsgaard, *The Sources of Normativity.* Nagel, *The Possibility of Altruism* und *The View from Nowhere.* Forst, „Praktische Vernunft und rechtfertigende Gründe".

[31] Vgl. Apel [S.131-143], sowie die dort angegebene Literatur.

keine allzugroße *motivierende* Kraft einräumen können. Es gibt, wie auch Habermas in neueren Arbeiten hervorhebt, keinen gesicherten Transfer von der diskursiv gewonnenen Einsicht zum Handeln. Der Zerfall der traditionellen Sittlichkeit, vor allem das damit sich rasch vergrößernde Motivationsdefizit, muß durch andere Mechanismen kompensiert werden. „Eine Vernunftmoral ist in dem Maße, wie sie in den Motiven und Einstellungen ihrer Adressaten nicht hinreichend verankert ist, auf ein Recht angewiesen, das normenkonformes Verhalten bei der Freistellung der Motive und Einstellungen erzwingt."[32] Ähnlich wie die oben konstatierte Klugheitslücke scheint es mithin auch eine Vernunftlücke zu geben, die – wie bereits Kant wußte[33] – darauf zurückzuführen ist, daß Menschen zwar vernunftbegabte, aber nicht (vollkommen) vernünftige Wesen sind.

V. ZUSAMMENFASSUNG

(1) Die Frage, warum man moralisch sein soll, klingt ungewöhnlich und provokativ. Dies liegt daran, daß die Vermutung nahe liegt, hinter dem ,Warum' verberge sich in Wahrheit ein ,Ob'. In der sozialen Realität aber ist es niemandem freigestellt, diese Frage nach seinem privaten gusto zu beantworten. Jede Gesellschaft übt einen nicht unerheblichen Druck auf ihre Mitglieder aus, moralisch zu sein. Verstöße gegen die Moral werden sanktioniert und in einigen besonders wichtigen Fällen (die im Strafgesetzbuch aufgeführt werden) sind die Sanktionen sogar institutionalisiert. Aus der Perspektive der Gesellschaft ist die Moral so wichtig, daß bereits das ernsthafte Stellen der Frage als ungehörig empfunden werden kann.

(2) Dieser (legitime) soziale Druck ändert nichts daran, daß sich die W-Frage jeder handelnden Person zumindest gelegentlich geradezu aufdrängt. Vor dem Hintergrund der strukturellen Spannung zwischen dem Selbstinteresse der Individuen und den Forderun-

---

[32] Habermas, *Faktizität und Geltung*, S. 148; sowie „Eine genealogische Betrachtung zum kognitiven Gehalt der Moral", S. 51.

[33] Kant, *Grundlegung zur Metaphysik der Sitten*, S. 412f.

gen der Moral wird sie sich fragen, warum sie etwas tun soll, was ihren Interessen widerspricht. Aus der Perspektive der ersten Person ist die W-Frage alles andere als sinnlos.

(3) Es gibt mehrere Antworten auf die W-Frage. Zumindest einige von ihnen geben gute Gründe dafür an, moralisch zu sein. Der Hinweis auf das gemeinsame Interesse aller oder die Aufforderung zu einem hypothetischen Rollentausch (wie ihn die Goldene Regel vorschreibt) bieten solche guten Gründe. Überzeugungskraft werden sie allerdings nur für diejenigen besitzen, die keine grundsätzlich egoistische Haltung einnehmen und der Moral gegenüber offen sind. Es ist daher stets zu beachten, von welcher Position aus die W-Frage gestellt wird.

(4) In der philosophischen Diskussion wird die W-Frage meist in einem radikaleren Sinne interpretiert: Als Frage eines Individuums, das nur an seinem eigenen Wohlergehen interessiert ist. Da für ein solches Individuum grundsätzlich nur Klugheitsgründe zählen, läuft die Aufgabe nun auf den (scheinbar paradoxen) Nachweis hinaus, daß es im eigenen Interesse ist, den eigenen Interessen nicht immer die Priorität einzuräumen. Dieser Nachweis aber läßt sich nur unter bestimmten Voraussetzungen führen, die nicht allgemein gegeben sind. Gegen den Amoralismus gibt es kein ,durchschlagendes' oder ,zwingendes' Argument. Der Egoismus und die Gleichgültigkeit gegenüber den Forderungen der Moral ist und bleibt für jeden Handelnden eine Option, die durch kein Argument beseitigt werden kann. Dies gilt nicht nur im Hinblick auf die triviale Einsicht, daß Argumente niemals einen faktisch-materiellen Zwang ausüben können; auch einen ,rationalen Zwang' durch Argumente gibt es nicht: Es ist nicht notwendigerweise irrational, bei günstiger Gelegenheit unmoralisch zu handeln.

(5) Aus der Sicht der Gesellschaft bedeutet dies, daß es unklug wäre, sich auf die Moralität der Individuen allein zu verlassen. Im Hinblick auf diejenigen, die moralischen Argumenten nicht zugänglich sind, muß sie sich (formelle wie informelle) Sanktionen vorbehalten. Vor allem aber sollte sie ihre Strukturen so einrichten, daß einerseits die ,günstigen Gelegenheiten' zum unmoralisch-Sein möglichst rar bleiben, und daß sich andererseits moralisches Handeln ,lohnt'.

Platon

Wert und Wesen der Gerechtigkeit

SOKRATES ERZÄHLT.

1. Ich nun glaubte nach dieser Aussprache weiterer Rede überhoben zu sein.[1] Doch siehe da, jetzt ward es klar: es war nur die Einleitung gewesen. Denn Glaukon, auch sonst immer vor allen anderen ausgezeichnet durch entschlossenes Auftreten bei allen Anlässen, gab sich auch jetzt nicht zufrieden mit des Thrasymachos Rückzug, sondern sagte:

GESPRÄCH.

Glaukon. Mein Sokrates, kommt es dir bloß auf den Schein an uns überzeugt zu haben, oder willst du in Wahrheit uns überzeugen, daß es in jedem Betracht besser ist gerecht zu sein als ungerecht?
Sokrates. Euch wirklich zu überzeugen wäre wohl mein Wille, wenn es nur in meiner Macht stünde.

---

[1] Die hier abgedruckte Passage enthält den Beginn des 2. Buches der *Politeia*.
Gegenstand der Diskussion des 1. Buches war die Gerechtigkeit (=Moral)
gewesen. Zuletzt hatte Thrasymachos die Ansicht vertreten, das Gerechte sei
„der Vorteil eines anderen", so daß „der gerechte Mann allenthalben gegen
den Ungerechten im Nachteil ist" (343c). Thrasymachos lobt daher die Starken, die es nicht nötig haben, gerecht zu sein: „So hat denn, Sokrates, die
Ungerechtigkeit, wenn nur gehörig im Großen verübt, etwas viel Kraftvolleres, Vornehmeres und Herrenmäßigeres als die Gerechtigkeit, und, wie ich
von Anfang an sagte, das eine, das Gerechte nämlich, ist der Vorteil des Stärkeren, das anderen aber, das Ungerechte ist das, was (unmittelbar) für die
eigene Person Nutzen und Vorteil schafft." (344d)
Sokrates gibt zwar seiner Mißbilligung dieser Ansicht Ausdruck, das
Gespräch im 1. Buch endet aber ohne ein klares Ergebnis. An dieser Stelle
setzt die hier abgedruckte Passage ein. Glaukon äußert sich unzufrieden mit
diesem Resultat und zwingt Sokrates, den Dialog wieder aufzunehmen und
die Untersuchung fortzusetzen. – Anm. des Herausgebers.

Glaukon. Also tust du nur nicht, was du willst. Denn sage mir: gibt es deiner Ansicht nach ein Gut von der Art, daß wir es zu haben wünschen nicht aus Verlangen nach den erhofften Folgen, sondern weil wir es um seiner selbst willen lieben, wie z. B. Fröhlichkeit und alle unschädlichen Vergnügungen, deren man sich eben erfreut, wenn man sie hat, ohne daß sie für die Folgezeit weitere Bedeutung haben?

Sokrates. Ich glaube wohl, daß es ein solches gibt.

Glaukon. Und ferner auch ein solches, das wir sowohl um seiner selbst willen lieben als auch um. seiner Folgen willen? z. B. einsichtig sein, sehen, gesund sein; denn was von dieser Art ist, das schätzen wir aus beiden Gründen.

Sokrates. Ja.

Glaukon. Auch noch eine dritte Art des Guten ist dir doch bekannt, zu der die Leibesübungen gehören, und die ärztliche Behandlung bei Krankheit und das Heilverfahren, sowie alles, was sonst dem Erwerb dient. Denn diese Dinge werden wir zwar als beschwerlich bezeichnen, aber doch auch als nützlich für uns, und um ihrer selbst willen würden wir sie uns niemals wünschen, wohl aber um des Lohnes willen und der übrigen Vorteile, die aus ihnen hervorgehen.

Sokrates. Ja, auch dieses dritte gibt es. Aber was nun weiter?

Glaukon. Zu welchem von diesen rechnest du nun die Gerechtigkeit?

Sokrates. Meines Erachtens gehört sie zu dem Schönsten, nämlich zu dem, was sowohl um seiner selbst willen wie wegen der daraus entspringenden Folgen von jedem geliebt werden muß, der glücklich werden will.

Glaukon. Die meisten, glaube mir, denken nicht so darüber, rechnen sie vielmehr zur beschwerlichen Gattung, der man des Lohnes wegen und um in den Augen der Welt gut dazustehen nachtrachten, an und für sich aber aus dem. Wege gehen muß als einer lästigen Sache.

2. *Sokrates.* Ich weiß recht wohl, daß dies die allgemeine Meinung ist, und aus diesem Grunde wird sie ja auch fortwährend schon von Thrasymachos getadelt, die Ungerechtigkeit dagegen gelobt. Aber ich gehöre, wie es scheint, zu den Leuten, die schwer von Begriffen sind.

Glaukon. Wohlan, so höre auch mich; vielleicht kommen wir dann zu einem Einverständnis. Denn es scheint mir, Thrasymachos hat doch eher als nötig sich von dir kirre machen lassen wie eine Schlange. Ich aber bin noch keineswegs befriedigt von dem Nachweis in Beziehung auf beides. Denn ich verlange Belehrung darüber, was jedes von beiden (Gerechtes und Ungerechtes) ist und welche Kraft es an und für sich hat als unserer Seele innewohnend, der Lohn aber und die Folgen, die sich aus ihnen ergeben, sollen dabei ganz außer Spiel bleiben. Ich werde also, wenn es dir recht ist, es so halten: ich werde die Ausführung des Thrasymachos wieder aufnehmen und erstens zeigen, wie beschaffen und woraus entsprungen die Gerechtigkeit nach dem Urteil der Leute ist; dann zweitens, daß alle, die sich ihrer befleißigen, dies nur ungern tun; denn sie halten es für etwas Notwendiges, nicht aber für etwas Gutes; drittens, daß sie recht daran tun, denn das Leben der Ungerechten ist ja weit besser als das der Gerechten – ihrer Behauptung nach. Denn ich, mein Sokrates, teile diese Meinung keineswegs. Indes werde ich doch unsicher durch das ohrenbetäubende Gerede, das ich von Thrasymachos und tausend anderen anhören muß, während ich für die Gerechtigkeit als ein höheres Gut denn die Ungerechtigkeit noch keinen Anwalt so habe sprechen hören, wie ich es wünsche. Ich wünsche sie aber gepriesen zu hören um ihrer selbst willen. Aber am ehesten glaube ich es nach von dir hören zu können. Daher will ich das ungerechte Leben recht geflissentlich loben und dir dadurch zeigen, auf welche Art ich hinwiederum von dir die Ungerechtigkeit getadelt und die Gerechtigkeit gepriesen hören möchte. So sieh denn zu, ob dir mein Vorschlag genehm ist.

Sokrates. Durchaus. Denn was gäbe es für einen Gegenstand, über den ein vernünftiger Mensch sich lieber recht oft unterhalten möchte, redend und hörend?

Glaukon. Sehr richtig. Höre also nun, was ich über den ersten der in Aussicht gestellten Punkte zu sagen habe, nämlich darüber, was die Gerechtigkeit ist und woraus sie entsprungen. Von Natur nämlich, sagen sie, sei das Unrechttun gut, das Unrechtleiden aber übel. Das Übel aber beim Unrechtleiden wiege schwerer als das Gute beim Unrechttun. Wenn die Menschen also wechselseitig Unrecht tun und Unrecht leiden und beides zu kosten bekommen, so erscheine es denen, die nicht in der Lage sind, dem letzteren zu entfliehen und das erstere zu wählen, vorteilhafter sich miteinander dahin zu vertragen, daß man weder Unrecht tue noch Unrecht leide. Und damit hätten sie denn den Anfang gemacht zur Gesetzgebung und zu Verträgen untereinander und das vom Gesetze Angeordnete hätten sie als Gesetzliches und Gerechtes bezeichnet. Dies sei denn der Ursprung und das Wesen der Gerechtigkeit, die ein Mittleres sei zwischen dem Besten, nämlich dem straflosen Unrechttun, und dem Schlimmsten, nämlich der Unfähigkeit sich zu rächen, wenn man Unrecht leide. Mit dem Gerechten aber, als einem Mittleren zwischen beide, lebe man sich zufrieden, nicht als wäre es etwas Gutes, sondern weil man Achtung davor habe aus Mangel an Kraft zum Unrechttun. Denn wer imstande sei Unrecht zu tun und sich wirklich als Mann fühle, der werde es weit von sich weisen mit irgendeinem sich dahin zu vertragen, weder Unrecht zu tun noch Unrecht zu leiden. Denn er müßte ja auch geradezu von Sinnen sein. Dies also, mein Sokrates, ist ihrem Wesen nach die Gerechtigkeit und von dieser Art ist sie, und dies ihr Ursprung, wie die Rede geht.

3. Daß aber diejenigen, die sich der Gerechtigkeit befleißigen, dies nur aus Mangel an Kraft zum Unrechttun, also mit innerem Widerstreben tun, davon können wir am ehesten eine deutliche Vorstellung gewinnen, wenn wir in Gedanken folgendes machen: wir geben beiden, dem Gerechten wie dem Ungerechten, volle Freiheit zu tun was sie nur wollen, und dann gehen wir ihnen nach, um zu sehen, wohin die Begierde sie führen wird. Da würden wir denn den Gerechten auf frischer Tat ertappen, wie er aus Habgier auf das nämliche Ziel losmarschiert wie der Ungerechte, das jedes Wesen von Natur erstrebt als etwas Gutes und von dem es nur gewaltsam durch das Gesetz abgelenkt wird zur Hochhaltung des Gleichen. Die Freiheit aber, die ich meine, wäre ungefähr der Art, daß sie ihnen eine Kraft gäbe ähnlich derjenigen, über die der Ahnherr des Lydiers Gyges der Sage nach gebot. Dieser sei nämlich, heißt es, ein Hirt gewesen im Dienste des damaligen Herrschers von Lydien; infolge nun eines heftigen Ungewitters und Erdbebens sei die Erde geborsten und es habe sich eine Kluft aufgetan an der Stelle, wo er seine Herde hütete; verwundert habe er denn zugeschaut und sei hinabgestiegen; und da habe er unter anderen wunderbaren Dingen, von denen die Fabel erzählt, auch ein hohles, ehernes Pferd erblickt mit kleinen Öffnungen, durch die er hineinguckte und innen einen Leichnam, wie es schien, gesehen habe von übermenschlicher Größe; von Schmucks an ihm aber nichts anderes als einen goldenen Ring an der Hand, den er abgezogen habe, worauf er dann wieder hinaufgestiegen sei. Als nun die Hirten ihre gewöhnliche Zusammenkunft hielten, um dem König den Monatsbericht abzustatten über die Vorgänge bei den Herden sei auch er erschienen, den Ring am Finger. Mitten unter den anderen sitzend habe er nun zufällig den Stein des Ringes nach dem Inneren der Hand in der Richtung auf seinen Leib zu gedreht; daraufhin sei er den Anwesenden unsichtbar geworden, und sie hätten von ihm als von einem Abwesenden gesprochen.
Darüber verwundert habe er durch einen Ruck am Ring den Stein wieder nach außen gedreht, worauf er wieder sichtbar geworden sei. Wie er dies nun gemerkt habe, habe er den Ring auf diese seine Kraft

hin ausprobiert und habe es bestätigt gefunden: immer, wenn er den Stein einwärts drehte, wurde er unsichtbar, wenn nach auswärts, sichtbar. Nach dieser Entdeckung habe er es unverzüglich zu erreichen gewußt, daß er unter denen war, die als Boten an den König geschickt wurden. Dort angelangt, habe er das Weib des Königs zum Ehebruch verleitet, mit ihr dem Könige nachgestellt, ihn ermordet und die Herrschaft an sich gerissen. Wenn es nun zwei solcher Ringe gäbe, und den einen der Gerechte, den anderen der Ungerechte sich ansteckte, so würde aller Vermutung nach wohl keiner so fest umpanzert sein, daß er bei der Gerechtigkeit verharrte und es über sich brächte sich fremden Gutes zu enthalten und es nicht zu berühren, angesichts der Freiheit, die er hätte, selbst vom Markte alles, wonach ihm gelüstet, unbedenklich wegzunehmen, in die Häuser einzudringen und beizuwohnen wem er wollte und zu morden und aus der Gefangenschaft zu befreien wen er nur wollte, und sich auch sonst alles zu erlauben wie ein Gott unter den Menschen. Bei solcher Handlungsweise aber würde er sich von dem anderen in nichts mehr unterscheiden und beide würden dem nämlichen Ziele nachgehen. Und das könnte man in der Tat als einen schlagenden Beweis dafür anführen, daß niemand aus freien Stücken gerecht ist, sondern nur unter dem Drucke des Zwanges, weil eben die Gerechtigkeit kein eigentliches Gut ist; denn jeder, der sich stark genug fühlt zum Unrechttun, der tut es auch, wo sich Gelegenheit dazu bietet. Hält doch jedermann die Ungerechtigkeit an sich für viel nützlicher als die Gerechtigkeit, und das mit Recht, wie der behaupten wird, vier über diese Frage urteilt. Denn wer im Besitze einer solchen Freiheit sich jedes Unrechtes enthalten und fremdes Gut nicht antasten wollte, den würde jeder, der es merkte, im Stillen für höchst unglücklich und töricht halten; in der Aussprache untereinander freilich würden sie ihn loben und sich dabei gegenseitig Sand in die Augen streuen, aus Furcht sonst Unrecht zu erleiden. Damit also verhält es sich so.

4. Was aber nun die Hauptsache betrifft, nämlich die Beurteilung des Lebens derer, über die wir reden, so werden wir den richtigen Standpunkt dafür gewinnen, wenn wir den Gerechten und Ungerechten in ihrer schärfsten Ausprägung einander gegenüberstellen; einen anderen Weg gibt es nicht. Wie wird sich nun diese Gegenüberstellung machen? So: wir wollen weder bei dem Ungerechten von seiner Ungerechtigkeit, noch bei dem Gerechten von seiner Gerechtigkeit den geringsten Abzug machen, sondern jeden von beiden als vollendeten Vertreter seiner Lebensrichtung hinstellen. Erstens also den Ungerechten: er handle wie die großen Fachmeister; ein auf der Höhe

seiner Kunst stehender Steuermann z. B. oder Arzt weiß das in seinem
Fach Unmögliche und Mögliche wohl zu unterscheiden an dem letzteren betätigt er seine Kunst, von dem ersteren läßt er die Hand; und
wenn ihm vielleicht einmal etwas fehl geht, so mangelt es ihm nicht
an Geschick den Fehler wieder gut zu machen. So mag denn auch der
Ungerechte, wenn er in vollem Sinne ungerecht sein soll, bei seinen
Freveltaten so geschickt zu Werke gehn, daß man nichts davon merkt;
wer sich ertappen läßt, den darf man nur für einen Stümper gelten lassen. Denn der Gipfel der Ungerechtigkeit ist: gerecht scheinen, ohne
es zu sein. Man muß also dem vollendeten Ungerechten die vollen-
detste Ungerechtigkeit zuteilen und keinen Abzug machen, sondern es
sich gefallen lassen, daß er trotz des größten Unrechts, das er verübt,
sich doch in den größten Ruf der Gerechtigkeit zu bringen weiß, und
wenn ihm etwa einmal etwas fehl geht, imstande ist es wieder gutzu-
machen, gleich fähig, sich überzeugend zu verteidigen, wenn eine seiner Freveltaten zur Anzeige gelangt, wie mit Gewalt durchzusetzen,
was ein gewaltsames Vorgehen fordert, gestützt auf seinen Mut und
seine Stärke und auf den Besitz von Freunden und Geld. Nachdem wir
so diesen in seiner Eigenart hingestellt haben, wollen wir den Gerechten in unserer Schilderung neben ihn stellen, einen schlichten und
edlen Mann, der, mit Aischylos zu reden, nicht gut *scheinen*, sondern
es *sein* will. Also mit dem Scheinen darf er nichts zu tun haben. Denn
wenn er gerecht scheint, so werden ihm, eben weil er als gerecht gilt,
Ehren und Geschenke zufallen. Es bleibt dann also unausgemacht, ob
er um der Gerechtigkeit willen oder um der Geschenke und Ehren willen ein solcher ist. Man muß ihm also nichts lassen als die Gerechtigkeit, und er muß das gerade Gegenteil bilden zu dem Vorigen: sich
jeden Unrechts enthaltend soll er mit dem größten Schein der Ungerechtigkeit umgeben sein, damit er die volle Probe der Gerechtigkeit
abgelegt habe dadurch, daß üble Nachrede und deren Folgen seinen
starren Sinn nicht im geringsten beugen; nein, unwandelbar soll er
bleiben bis zu seinem Tode, dem Scheine nach ungerecht sein Leben
lang, in Wahrheit aber gerecht, auf daß beide, auf denkbar höchster
Stufe, der eine der Gerechtigkeit, der andere der Ungerechtigkeit ste-
hend, daraufhin geprüft werden, wer von beiden der Glücklichere ist.

5. *Sokrates.* Sieh da, mein lieber Glaukon, welche gründliche Reini-
gung nimmst du mit den beiden Männern, wie mit Statuen, vor, zum
Zwecke ihrer vergleichenden Beurteilung.

    Glaukon. Nun, nach besten Kräften. Hat man sie aber so vor sich,
dann, glaube ich, ist es nicht mehr schwer nachzuweisen, welche Art

von Leben einen jeden von beiden erwartet. Dies muß also geschehen, und wenn die Farben dabei etwas stark aufgetragen werden, so darfst du nicht vergessen, daß nicht ich es bin, der diese Behauptungen aufstellt, sondern diejenigen, die der Ungerechtigkeit den Preis geben vor der Gerechtigkeit. Sie werden also sagen: bei solcher Gemütsverfassung wird der Gerechte gegeißelt, gefoltert, in Ketten gelegt und geblendet werden an beiden Augen und schließlich wird er nach allen Martern noch ans Kreuz geschlagen und so zu der Einsicht gebracht werden, daß es nicht das Richtige ist, gerecht *sein* zu wollen, sondern es *scheinen* zu wollen. Das Wort des Aischylos aber wäre weit richtiger vorn Ungerechten gesagt worden. Denn tatsächlich – so sagen sie – ist es der Ungerechte, der, weil er mit seiner Wirksamkeit auf dem Boden der Wirklichkeit steht und nicht dem Scheine lebt, nicht ungerecht scheinen, sondern es *sein* will

„Die tiefe Furche nutzend im Gemüt,
Woraus ihm edle Frucht, Entschluß und Rat erwächst"

nämlich erstens, daß er in der Stadt zu den Regierenden gehört weil er in dem Rufe der Gerechtigkeit steht, sodann, daß er heiratet, aus welchem Hause er will, und verheiratet an wen er will, daß er Geschäfte macht und Verbindungen eingeht mit wem er will und bei diesem allen stets seinen Vorteil und Gewinn findet, weil er sich aus dem Unrechttun kein Gewissen macht. Beteiligt er sich demnach auch an Wettkämpfen, privaten und öffentlichen so bleibt er da Sieger und übervorteilt seine Gegner; so gelangt er zu Reichtum und wird seinen Freunden ein Wohltäter, seinen Feinden aber ein Verderber; den Göttern bringt er Opfer und Weihgeschenke in Fülle und Glanz dar und weiß sich um die Götter und um die Menschen, denen er seine Gunst schenkt, weit besser verdient zu machen als der Gerechte, so daß er sich, wie nicht anders als billig, auch größeren Anspruch auf die Liebe der Götter erwirbt als der Gerechte. So sei, sagen sie, mein Sokrates, von seiten der Götter wie der Menschen dem Ungerechten ein besseres Lebenslos zugefallen als dem Gerechten.

SOKRATES ERZÄHLT.

6. Nachdem Glaukon das gesagt, hatte ich im Sinne etwas darauf zu erwidern, aber sein Bruder Adeimantos ergriff das Wort und sagte:

GESPRÄCH.

Adeimantos. Du glaubst doch nicht etwa, Sokrates, die Frage sei zur Genüge erörtert?

Sokrates. Warum sollte ich denn nicht?

Adeimantos. Gerade die Hauptsache, auf die es dabei ankommt, ist noch nicht zur Sprache gekommen.

Sokrates. So sei es denn hier, wie es im Sprichwort heißt: „es helfe dem Bruder der Bruder". Auch du mußt ihm zur Seite stehen, wenn er etwas übergangen hat. Was mich freilich anlangt, so genügt schon das von diesem Vorgetragene, um mich kampfunfähig zu machen und mich außer stand zu setzen, der Gerechtigkeit zu Hilfe zu kommen.

Adeimantos. Damit darfst du mir nicht kommen. Höre vielmehr noch das Folgende. Denn wir müssen uns auch auf die Reden einlassen, die im Gegensatz zu den eben von diesem vorgetragenen Reden die Gerechtigkeit preisen und die Ungerechtigkeit tadeln, auf daß es deutlicher werde, worauf, wie ich glaube, Glaukon eigentlich hinaus will. Es verkünden aber und predigen ihren Söhnen Väter und alle, denen die Sorge für andere obliegt, die Lehre, man müsse gerecht sein; dabei loben sie aber nicht etwa die Gerechtigkeit an und für sich, sondern den guten Ruf, den sie uns bringt, damit dem, der gerecht zu sein scheint, dieser Schein zu Ämtern und ehelichen Verbindungen und zu all dem verhelfe, was Glaukon vorhin aufgezählt hat als Lohn für den, der in dem Ruf des Gerechten steht. Aber sie machen noch mehr Aufhebens von dem guten Rufe. Denn auch den Beifall der Götter bringen sie mit ins Spiel und wissen wer weiß was für Herrlichkeiten herzuzählen, die die Götter angeblich den Frommen spenden, wie der brave Hesiod und Homer sagen jener so: die Götter machen, daß die Eichen für die Gerechten

> Eicheln tragen zu oberst und Bienen bergen im Stamme,
> Und mit zottigem Vlies (sagt er) sind schwer umhangen die Schafe

und noch vieles andere Gute verwandter Art. Und ähnlich äußert sich auch der andere; denn er sagt:

> Gleich dem Ruhme des guten und gottesfürchtigen Königs,
> Der die Gerechtigkeit schützt. Die fetten Hügel und Täler
> Wallen von Weizen und Gerste, die Bäume hangen voll Obstes.
> Fleißig werfen die Schafe, die Wasser wimmeln von Fischen.

Noch üppigere Herrlichkeiten als diese lassen Musaios und sein Sohn den Gerechten von den Göttern zuteil werden. Sie führen sie nämlich in ihrer Schilderung hinab in den Hades, lassen sie sich da lagern und veranstalten ein Frommännergelage; da lassen sie sie nun mit Kränzen geschmückt die ganze Ewigkeit im

Rausch dahinbringen, von dem Glauben beseelt, der schönste Lohn der Tugend sei ewige Trunkenheit. Andere geben dem Lohne aus Götterhand noch eine weitere Ausdehnung. Denn Kindeskinder, sagen sie, und ein dauerndes Geschlecht lassen die Frommen und Eidestreuen zurück. Dies und anderes der Art preisen sie an der Gerechtigkeit. Die Gottlosen dagegen und Ungerechten versenken sie irgendwo im Hades in den Schlamm und zwingen sie in einem Siebe Wasser zu tragen, noch bei Lebzeiten aber bringen sie sie in bösen Ruf und häufen auf sie alle die Qualen, die Glaukon von den Gerechten, von denen nämlich, die im Rufe der Ungerechtigkeit stehen, aufführte; andere Strafen kennen sie nicht. So also steht es mit dem Lob und Tadel für Gerechte und Ungerechte.

7. Außerdem betrachte, mein Sokrates, noch eine andere Art von Reden über Gerechtigkeit und Ungerechtigkeit, wie man sie in Prosa und von Dichtern hören kann.

Einstimmig nämlich tönt es aus aller Munde, die Mäßigkeit und Gerechtigkeit sei zwar etwas Schönes, aber dabei sei sie doch beschwerlich und mühselig; die Zügellosigkeit dagegen und Ungerechtigkeit sei eine vergnügliche Sache und leicht zu erlangen, anderseits zwar schändlich, aber nur der Meinung und dem Gesetze nach. Nützlicher ferner als das Gerechte, sagen sie, sei in der Regel das Ungerechte, und ohne weiteres sind sie bereit, Schurken, die über Reichtum und sonstige Machtmittel verfügen, glücklich zu preisen und zu ehren öffentlich und unter sich, anderseits aber solche Leute zu mißachten und zu übersehen, die etwa einflußlos und arm sind, wenn sie auch zugeben, daß sie besser sind als jene. Am unbegreiflichsten aber unter alle dem ist das, was man sie über Götter und Tugend sagen hört, nämlich auch die Götter ließen gar manchem Guten Unglück und ein elendes Leben zuteil werden, dem Entgegengesetzten aber ein entgegengesetztes Los. Bettelpriester nun und Wahrsager belagern die Türen der Reichen und reden ihnen ein, sie seien im Besitze einer ihnen von den Göttern verliehenen Kraft durch Opfer und Zaubersprüche jeden Frevel, den der Betreffende selbst oder seine Vorfahren verübt, zu sühnen unter Lustbarkeiten und Festen; und wolle einer einem Feinde ein Leid antun, so könnten sie für geringe Gegengabe jedem, dem Gerechten so gut wie dem Ungerechten, Schaden zufügen, indem sie angeblich mit Zaubersprüchen und Verwün-

schungsformeln die Götter dazu bereden könnten ihnen dienstbar zu
sein. Für all diese Reden berufen sie sich auf die Dichter als auf ihre
Zeugen, indem die einen für das leichte Hinübergleiten in die Bahn
des Lasters die Verse anführen:

> Hin zum Laster ist offen die Bahn, leicht kann man zu Hauf' es
> Haben; der Weg ist glatt und ganz in der Nähe dir wohnt es
> Vor die Trefflichkeit setzten den Schweiß die unsterblichen Götter,

und einen langen und steilen Weg hinauf. Die anderen berufen sich
dafür, daß die Götter von den Menschen sich ablenken lassen, auf
Homers, weil auch er gesagt hat:

> lenksam sind selber die Götter;
> Diese vermag durch Räuchern und demutsvolle Gelübde,
> Durch Weinguß und Gedüft ein Sterblicher umzulenken
> Flehend, nachdem sich einer versündiget oder gefehlet.

Und mit einem ganzen Haufen von Büchern des Musaios und Orphe-
us, der Sprößlinge der Selene und der Musen, wie sie sagen, warten
sie auf, nach denen sie ihre Opferhandlungen verrichten; und so bringen sie nicht nur einzelnen, sondern ganzen Gemeinwesen den Glauben bei, es gebe Befreiungen und Reinigungen von Freveltaten durch
Opfer und ergötzliche Spiele nicht nur für noch Lebende, sondern
auch für Gestorbene; diese nennen sie dann „Weihen", die uns von
den Qualen des
Jenseits befreien; wer aber nicht opfert, der muß sich auf schreck-
liche Dinge gefaßt machen.

8. Man stelle sich nun die Wirkung vor, die alles dies, mein lieber
Sokrates, d. h. alles, was man in dieser Art immer und immer wieder
zu hören bekommt über Tugend und Laster, wie es Menschen und
Götter mit der Schätzung derselben halten, auf die Seelen jugendli-
cher Hörer ausüben wird, die wohlbegabt und fähig sind, alles, was
sie hören, gleichsam im Fluge zu erfassen und daraus ihre Schlüsse
zu machen, wie man wohl beschaffen sein und welchen Weg man
wählen müsse, um seinen Lebenslauf aufs beste zurückzulegen. Wie
wird es ein solcher wohl halten? Er dürfte wohl aller Wahrscheinlichkeit nach jene pindarischen Worte zu sich sagen: „Soll ich *auf des
Rechtes Pfad hinauf gelangen zur Höhe der Burg oder durch des Tru-
ges Windungen* und so mir Schutz schaffend meinen Lebenslauf voll-
bringen? Denn was mir verheißen wird für den Fall, daß ich gerecht
bin und dabei ungerecht scheine, das, sagen sie, bringe keinen
Gewinn, sondern nur Drangsal und offensichtlichen Schaden; bin ich

hingegen ungerecht, habe mich aber dabei in den Ruf der Gerechtigkeit gesetzt, so wird mir ein Götterleben verheißen. Wenn nun der *Schein*, wie die Weisen mir künden, *auch die Wahrheit selbst überwältigt* und Herr ist über das Glück, so muß man es mit ihm halten und nur mit ihm. Als Portal und Verzierung muß ich rings um mich her ein Trugbild der Tugend malen, hinter mir her aber den *schlauen und verschmitzten Fuchs* des hochweisen Archilochos ziehen." „Ganz gut" – sagt da wohl einer –„aber es ist nicht leicht mit seiner Schlechtigkeit immer unbemerkt zu bleiben." Nun, leicht ist überhaupt nichts Großes, werden wir erwidern. Gleichwohl müssen wir, wenn wir glücklich werden wollen, diesen Weg einschlagen, folgend den Spuren der Reden. Denn um uns vor Entdeckungen zu schützen, werden wir Verschwörungen und Geheimbünde stiften, auch gibt es Lehrer der Überredung, welche die Kunst der Rede vor Volk und Gericht mitteilen; demzufolge werden wir es teils durch Überredung teils mit Gewalt dahin bringen, daß wir unserem Geschäft der Übervorteilung straflos nachgehen können. „Aber den Göttern gegenüber hilft doch kein Versteck und keine Gewalt." Nun, gesetzt, es gibt überhaupt keine Götter oder sie kümmern sich nicht um menschliche Dinge, müssen dann nicht auch wir uns aller Sorge um das Verborgenbleiben entschlagen? Gibt es aber Götter und tragen sie Sorge um uns, so stammt unser Wissen oder unsere Kunde um sie nirgends anders her als aus der Sage und aus den Dichtern, die sich mit dem Stammbaum derselben beschäftigen. Eben sie aber schildern die Götter als Wesen, die durch „Opfer und demutsvolle Gelübde" und Weihgeschenke sich umstimmen lassen. Ihnen also muß man entweder beides oder keines von beiden glauben. Ist ihnen nun zu glauben, dann gilt es nur frischweg zu freveln und zu opfern aus dem Ertrag unserer Freveltaten; denn ein gerechter Lebenswandel wird uns nur Straflosigkeit von seiten der Götter einbringen, von Gewinn aber aus ungerechtem Handeln kann für uns nicht die Rede sein; sind wir dagegen ungerecht, dann wird es uns an Gewinn nicht fehlen, und was unsere Übertretungen und Verfehlungen anlangt, so werden wir durch Gebete die Götter umstimmen und straflos davonkommen. „Aber in der Unterwelt werden wir doch büßen müssen für unsere Freveltaten hier oben, entweder selbst oder unsere Kindeskinder." Aber, mein Freund – wird die wohlberechnete Antwort lauten – die Weihen haben doch auch ihre große Kraft und die von Schuld erlösenden Götter, wie die größten Gemeinwesen bezeugen und die Söhne der Götter, die als erkorene Dichter und Propheten der Götter uns verkünden, daß es sich so verhält.

9. Was gäbe es also noch für einen Grund die Gerechtigkeit der größten Ungerechtigkeit vorzuziehen? Sie, die Ungerechtigkeit, brauchen wir nur mit einer erheuchelten Wohlanständigkeit zu umkleiden, um im Leben und nach dem Tode bei Göttern und Menschen uns alles nach Wunsche gehen zu sehen, wie der Spruch der Meisten und Berufensten lautet. Wie wäre es nun nach all dem Gesagten möglich, mein Sokrates, daß irgendeiner, dem Geistesgaben oder Geld oder Körperkraft oder hohe Abkunft als Machtmittel zu Gebote stehen, sich dazu verstehen sollte, die Gerechtigkeit hochzuhalten und nicht vielmehr zu lachen, wenn er sie loben hört? Denn, mag einer auch imstande sein das Vorgetragene als falsch zu erweisen, und klar erkannt haben, daß die Gerechtigkeit das Beste ist, so ist er doch gewiß voller Nachsicht gegen die Ungerechten und zürnt ihnen nicht, sondern weiß, daß nur, wen eine gottbegnadete Naturanlage das Unrechttun verabscheuen läßt, oder wer zu wissenschaftlicher Erkenntnis gelangt ist, sich desselben enthält, unter den anderen dagegen nicht ein einziger aus freien Stücken gerecht ist, sondern nur durch Unmännlichkeit oder Alter oder sonst eine Schwäche zum Tadler des Unrechttuns wird, weil ihm die Kraft dazu fehlt. Und daß dem so ist, ist klar. Denn sobald einer dieser Tadler zu Kräften kommt, ist er auch der erste, der Unrecht tut, so viel er nur immer vermag. Und an alle dem ist nichts anderes schuld als das, wovon diese ganze Rede ausgegangen ist, die wir, ich und dieser da, an dich, mein Sokrates, richteten, nämlich: Du Wunderbarer, von euch allen, die ihr Lobredner der Gerechtigkeit zu sein behauptet, von den allerfrühesten Heroen an, von denen noch Kunde geblieben ist, bis zu den jetzigen Menschen hat kein einziger jemals die Ungerechtigkeit anders getadelt oder die Gerechtigkeit anders gelobt als im Hinblick auf Ruf, Ehre und Geschenke, die sie uns bringen. Jede von beiden an sich aber in ihrer eigenartigen Kraft, mit der sie im Innersten der Seele wohnt und sich vor Göttern und Menschen verborgen hält, hat noch niemals jemand weder in Versen noch in gewöhnlicher Rede hinreichend geschildert, nämlich die eine als das größte aller übel, die der Seele anhaften, die Gerechtigkeit aber als das größte Gut. Denn wäre von Anfang an euere Rede auf diesen Ton gestimmt gewesen und hättet ihr uns von Jugend auf diese Überzeugung beigebracht, dann hätten wir nicht nötig uns einander zu bewachen, daß wir kein Unrecht tun, sondern jeder wäre selbst sein Wächter, aus Furcht, durch Unrechttun dem größten Übel in sich eine Stätte zu bereiten.

Dieses, mein Sokrates, vielleicht aber auch noch mehr als dies könnte Thrasymachos und wohl noch mancher andere über die

Gerechtigkeit und Ungerechtigkeit vorbringen und damit das Wesen beider verdrehen, auf eine unwürdige Art, wie mir wenigstens scheint. Wenn ich aber – denn ich brauche dir nichts zu verbergen – in meiner Darstellung die Farben so stark wie nur möglich auftrage, so geschieht das nur deshalb, weil ich von dir das Gegenteil hören möchte. Du mußt uns also nicht nur darlegen, daß die Gerechtigkeit besser ist als die Ungerechtigkeit, sondern was eine jede von beiden an und für sich aus dem, dem sie innewohnt, macht, um so, die eine ein übel, die andere ein Gut zu sein. Den Schein aber mußt du weglassen, wie Glaukon es forderte. Denn wenn du nicht von beiden den wahren Schein entfernst und den falschen ihnen zusprichst, dann – so werden wir sagen – lobst du nicht das Gerechte, sondern den Schein, und tadelst nicht das Ungerechtsein, sondern das Ungerechtscheinen, und forderst dazu auf, im geheimen ungerecht zu sein und stimmst dem Thrasymachos darin bei, daß das Gerechte ein fremdes Gut ist, der Vorteil des Stärkeren, das Ungerechte aber der eigene Vorteil und Nutzen, für die Schwächeren dagegen der Nachteil. Da du dich nun dazu bekannt hast, daß die Gerechtigkeit zu den größten Gütern gehöre, die des Besitzes wert sind nicht nur um der daraus sich ergebenden Folgen willen, sondern noch viel mehr um ihrer selbst willen, wie Sehen, Hören, Einsicht und (nicht zu vergessen) Gesundheit und was es sonst noch Gutes gibt, das seiner eigenen Natur nach gediegen ist, nicht etwa dem Scheine nach so hebe nun eben den Nutzen hervor, den die Gerechtigkeit an und für sich dem, dem sie innewohnt, bringt, sowie anderseits den Schaden der Ungerechtigkeit. Den Lohn aber und Schein laß andere loben. Denn von den andern würde ich es mir gefallen lassen, wenn sie im Lob der Gerechtigkeit und im Tadel der Ungerechtigkeit so verfahren, daß sie an ihnen immer nur den Ruf und den Lohn preisen oder verächtlich machen, von dir aber nicht, du müßtest es denn geradezu fordern: denn du hast dein ganzes Leben lang auf nichts anderes dein Augenmerk gerichtet als hierauf. Gib uns also nicht nur den Nachweis, daß die Gerechtigkeit besser ist als die Ungerechtigkeit, sondern was jede von beiden an und für sich aus dem, dem sie innewohnt, mag er nun vor Göttern und Menschen verborgen bleiben oder nicht, macht, und wie sich so die eine als ein Gut, die andere als ein Übel erweist.

H. A. Prichard

Beruht die Moralphilosophie auf einem Irrtum?

Es kommt wahrscheinlich für die meisten, die sich mit Moralphilosophie beschäftigen, eine Zeit, wo sie ein unbestimmtes Gefühl der Unzufriedenheit mit dem gesamten Gegenstande verspüren. Und dieses Gefühl der Unzufriedenheit nimmt gewöhnlich eher zu als ab. Dies liegt nicht so sehr daran, daß die Positionen oder gar die Argumente einzelner Denker nicht überzeugend scheinen – obwohl dies sicher stimmt – sondern vielmehr daran, daß das Ziel der ganzen Sache zunehmend unklar wird. „Was", so wird gefragt, „lernen wir denn wirklich durch die Moralphilosophie?" „Was versuchen Bücher über Moralphilosophie wirklich zu zeigen, und wenn ihr Ziel klar ist, warum sind sie so wenig überzeugend und haben so etwas Künstliches an sich?" Ferner: „Warum ist es so schwierig, etwas Besseres dafür vorzulegen?" Bei mir persönlich hat diese wachsende Unzufriedenheit zu der Überlegung geführt, ob der Grund nicht vielleicht darin liegt, daß die Moralphilosophie, zumindest was man gewöhnlich darunter versteht, einen Versuch darstellt, eine Scheinfrage zu beantworten. In diesem Artikel wage ich die Behauptung, daß die Existenz der gesamten Disziplin, so wie sie gewöhnlich aufgefaßt wird, auf einem Irrtum beruht, und zwar auf einem Irrtum, der mit jenem vergleichbar ist, auf dem, wie ich glaube, die gewöhnlich „Erkenntnistheorie" genannte Disziplin beruht.

Wenn wir über unsere eigene geistige Entwicklung oder über die Entwicklung der Moralphilosophie nachdenken, so sind wir uns nicht im unklaren über die Natur jenes Verlangens, in dem die Moralphilosophie ihren Ursprung hat. Jedem, der, präpariert durch seine Erziehung, schließlich und endlich die Last der vielfachen Verpflichtungen des Lebens spürt, wird es irgendwann einmal lästig, ihnen nachzukommen, und er erkennt, daß es auf Kosten von Interessen geht. Wenn ihn so etwas beschäftigt, so wird er sich zwangsläufig die Frage stellen: „Gibt es wirklich einen Grund, warum ich so handeln soll, wie ich nach meiner bisherigen Überzeugung handeln sollte? Kann es nicht sein, daß ich die ganze Zeit über mit dieser meiner Überzeugung einer Täuschung erlegen bin? Könnte ich nicht mit gutem Recht einfach darauf schauen, daß es mir gut geht?" Doch da er wie Glaucon das Gefühl hat, daß er irgendwie schließlich doch in dieser Weise handeln sollte, verlangt er einen *Beweis* dafür, daß dieses Gefühl richtig ist. M. a. W., erfragt, „*Warum* soll ich diese Dinge tun?" und seine und unsere Moralphilosophie ist ein Versuch, darauf eine Antwort zu geben, d. h. durch einen Reflexionsprozeß einen Beweis für die Wahrheit dessen zu liefern, was er und wir vor jeder Reflexion unmittelbar oder ohne Beweis geglaubt haben. Diese geistige Situation scheint eine enge Parallele zu jener aufzuweisen, in der die Erkenntnistheorie ihren Ursprung hat. Genauso wie uns die Erkenntnis, daß Pflichterfüllung die Realisierung unserer Interessen oft wesentlich beeinträchtigt, zu der Frage führt, ob wir das, was wir gewöhnlich unsere Pflicht nennen, wirklich tun sollten, so führt uns – wie es etwa bei Descartes der Fall war – die Einsicht, daß wir und andere in unserem Erkennen Irrtümern ausgesetzt sind, im allgemeinen zu der Frage, ob wir uns bisher nicht ständig geirrt haben. Und genauso wie wir einen auf allgemeine Überlegungen über das Handeln und das menschliche Leben gegründeten Beweis dafür zu finden versuchen, daß wir in der gewöhnlich „moralisch" genannten Weise handeln sollten, so wollen wir wie Descartes durch einen Prozeß der Reflexion über unser Denken einen Test für das Wissen finden, d. h. ein Prinzip, durch dessen Anwendung wir zeigen können, daß ein bestimmter Zustand des Geistes wirklich ein Wissen war, ein Zustand, der *ex hypothesi* unabhängig von dem Reflexionsprozeß existierte.

Wie ist nun die moralische Frage beantwortet worden? Soweit ich sehen kann, fallen die Antworten – bedingt durch die Sache selbst-durchweg in zwei Kategorien. *Entweder* sie besagen, daß wir das und das tun sollten, weil es, wie sich zeigt, wenn wir die Tatsachen voll erfassen, zu unserem Besten sein wird, d. h., wie ich lieber sagen würde, weil es wirklich zu unserem Vorteil oder besser noch zu unserem Glück sein wird; *oder* sie besagen, daß wir das und das tun sollten, weil etwas, das bei der Handlung oder durch sie realisiert wird, gut ist. M. a. W., der angegebene Grund ist entweder das Glück des Handelnden oder die Tatsache, daß gewisse Begleitumstände der Handlung gut sind.

Um die Prävalenz der ersteren Kategorie von Antworten zu sehen, muß man sich nur die Geschichte der Moralphilosophie ansehen. Um klare Fälle zu nehmen, Platon, Butler, Hutcheson, Paley und Mill suchen – jeder auf seine eigene Weise – im Grunde den einzelnen davon zu überzeugen, daß er auf die sogenannte moralische Weise handeln solle, indem sie ihm zeigen, daß es ihm wirklich zum Glück gereichen werde. Platon ist vielleicht das signifikanteste Beispiel, da er von allen Philosophen derjenige ist, dem wir zuletzt einen Irrtum in diesen Fragen nachsagen würden, und ein Irrtum auf seiten dieses Philosophen wäre ein Zeichen dafür, wie tief der Hang zu diesem Irrtum tatsächlich sitzt. Um zu zeigen, daß Platon Moralität tatsächlich durch ihre Rentabilität rechtfertigt, muß man lediglich darauf hinweisen, (1) daß allein die Formulierung der von ihm angegriffenen These, nämlich daß Gerechtigkeit ein ἀλλότριον ἀγαθόν sei, impliziert, daß jede Widerlegung zeigen muß, daß Gerechtigkeit ein οἰκεῖον ἀγαθόν ist, d. h. wie der Kontext zeigt, wirklich zum eigenen Vorteil gereichen muß, und (2) daß der Ausdruck λυστελεῖν nicht nur für das Problem, sondern auch für seine Lösung den Schlüssel liefert.

Die Tendenz, ein Handeln nach moralischen Regeln auf diese Weise zu rechtfertigen, ist durchaus natürlich. Denn wenn wir uns, wie es oft vorkommt, die Frage stellen „Warum sollen wir das und das tun?", so geben wir uns damit zufrieden, daß man uns entweder davon überzeugt, daß dies eine Konsequenz hat, die unseren Wünschen entspricht (zum Beispiel daß die Einnahme einer bestimmten Medizin unser Leiden kurieren wird) oder daß die Handlung selbst – was sich zeigt, wenn wir uns ansehen, worum es geht – etwas ist, das wir wollen oder gerne mögen, zum Beispiel Golfspielen. So wie die Frage gestellt ist, läßt sie einen gewissen Widerwillen oder eine Indifferenz gegenüber der Handlung erkennen, aber durch die Antwort werden wir gewillt, sie zu tun. Und dieser Prozeß scheint genau das zu sein, was wir erwarten, wenn wir zum Beispiel fragen „Warum sollen wir zu unserem eigenen Nachteil unseren Verpflichtungen nachkommen?"; denn genau die Tatsache, daß die Erfüllung unserer Verpflichtungen der Befriedigung unserer Wünsche zuwiderläuft, hat ja diese Frage erst hervorgebracht.

Die Antwort ist natürlich keine Antwort, denn sie kann uns nicht davon überzeugen, daß wir unseren Verpflichtungen nachkommen sollten. Selbst wenn sie, gemessen an ihrem eigenen Anspruch, Erfolg hat, bringt sie uns lediglich dazu, daß wir ihnen nachkommen *wollen*. Kant hat wirklich nur auf diese Tatsache hingewiesen, als er hypothetische und kategorische Imperative unterschied, wenn er auch die Natur dieser Tatsache dadurch verunklart hat, daß er seine sogenannten „hypothetischen Imperative" fälschlicherweise als Imperative beschrieb. Doch wenn diese Antwort keine Antwort ist, welche andere Antwort kann dann gegeben werden? Nur, so scheint es eine Antwort, die die Verpflichtung, etwas Bestimmtes zu tun, darauf gründet,

daß entweder eine Konsequenz der Handlung oder die Handlung
selbst *gut* ist. Angenommen man sagt uns auf die Frage, ob wir wirklich in der gewöhnlich „moralisch" genannten Weise handeln sollten,
daß diejenigen Handlungen richtig sind, die zum Glück führen. Wir
fragen sofort: „Zu wessen Glück?" Wenn man uns sagt „Zu unserem
eigenen Glück", dann werden wir zwar unsere Skrupel, so zu handeln,
verlieren, doch das Gefühl, daß wir so handeln sollten, wird uns deshalb noch nicht vermittelt. Aber wie läßt sich dieses Ergebnis vermeiden? Offenbar nur dadurch, daß man eines der folgenden beiden Dinge gesagt bekommt, nämlich *entweder*, daß das Glück etwas ist, das
an sich gut ist, und daß wir *deshalb* alles tun sollten, was dazu führt,
oder daß das Streben nach Glück selbst gut ist, und daß die Tatsache,
daß die entsprechenden Handlungen an sich gut sind der Grund dafür
ist, warum wir sie tun sollten. Der Vorteil, den dieser Rekurs auf die
Tatsache, daß etwas gut ist, mit sich bringt, besteht darin, daß der
Bezug auf Wünsche vermieden und statt dessen auf etwas Unpersön-
liches und Objektives Bezug genommen wird. Auf diese Weise scheint
es möglich, die Auflösung von Verpflichtungen in Neigungen zu vermeiden. Doch gerade aus diesem Grund ist es für die Effektivität der
Antwort von entscheidender Bedeutung, daß sie die Auffassung, die
Wahrnehmung, daß etwas gut sei, erwecke notwendigerweise den
Wunsch danach, weder enthält noch zur Folge hat. Andernfalls löst sie
sich, indem sie das Gefühl der Verpflichtung durch Wünsche oder
Neigungen ersetzt, in eine Form der ersteren Antwort auf und verliert
so, was ihr spezieller Vorteil zu sein scheint.

Nun scheint mir, daß beide Formen dieser Antwort versagen, wenn
auch jede aus einem anderen Grund.

Betrachten wir die erste Form. Hier haben wir, was man „Utilitarismus" im allgemeinen Sinn nennen könnte, bei dem also das, was
gut ist, nicht auf Vergnügen beschränkt ist. Sie fußt auf der Unterscheidung zwischen etwas, das selbst keine Handlung ist, aber durch
eine Handlung hervorgebracht werden kann, und der Handlung, durch
die es hervorgebracht wird, – und behauptet, daß wir dann, wenn
etwas, das keine Handlung ist, gut ist, die Handlung vollziehen *sollten*, die dies direkt oder indirekt hervorbringt.[1]

Doch diese Argumentation muß, wenn sie das Gefühl, zu einer
Handlung verpflichtet zu sein, wiederherstellen soll, ein Zwischenglied voraussetzen, nämlich die weitere These, daß das, was gut

---

[1] Vgl. Rashdalls *Theory of Good and Evil*. Hastings Rashdall, *Theory of Good
and Evil,* vol. i, Oxford: Clarendon Press 1907, S. 138.

ist, sein sollte.[2] Die Notwendigkeit dieses Zwischengliedes ist offensichtlich. Ein „sollte" kann, wenn es überhaupt abgeleitet werden soll, nur von einem anderen „sollte" abgeleitet werden. Dieses Zwischenglied setzt außerdem stillschweigend ein anderes voraus, nämlich daß die Erkenntnis, was gut, aber selbst keine Handlung ist, sollte sein, eben gerade jenes Gefühl der Gebotenheit oder Verpflichtung involviert, das durch den Gedanken an die Handlung, die zu diesem Guten führt, erweckt werden soll. Andernfalls wird diese Argumentation nicht dazu führen, daß wir die Verpflichtung fühlen, es durch die Handlung herbeizuführen. Ohne Zweifel ist sowohl dieses Zwischenglied als auch seine Implikation falsch.[3] Das Wort „sollte" bezieht sich auf Handlungen und zwar allein auf Handlungen. Die richtige Ausdrucksweise ist daher niemals „Das und das sollte sein", sondern „Das und das sollte ich tun". Selbst wenn wir manchmal sagen müssen, daß die Welt oder etwas in ihr nicht so ist, wie es sein sollte, so meinen wir damit in Wirklichkeit, daß Gott oder irgendein Mensch etwas nicht getan hat, was er hätte tun sollen. Und man stellt lediglich eine andere Seite dieser Tatsache fest, wenn man betont, daß wir uns nur zu etwas verpflichtet fühlen können, das in unserer Macht steht; denn es sind Handlungen und zwar nur Handlungen, die – zumindest unmittelbar – in unserer Macht stehen.

Vielleicht kann man die Inadäquatheit dieser Auffassung am besten sehen, wenn man erkennt, daß sie unseren tatsächlichen moralischen Überzeugungen nicht entspricht. Angenommen wir fragen uns, ob unser Gefühl, daß wir unsere Schulden zurückzahlen oder die Wahrheit sagen sollten, aus der Erkenntnis stammt, daß wir mit diesen Handlungen etwas Gutes herbeiführen, zum Beispiel materielles Wohl für A oder richtige Annahmen bei B, d. h. angenommen wir fragen uns, ob es dieser Aspekt der Handlung ist, der uns zu der Erkenntnis führt, daß wir sie tun sollten. Unsere Antwort lautet sofort und ohne Zögern „Nein". Wenn wir als weiteres Beispiel das Gefühl nehmen, daß wir gegenüber zwei Parteien gerecht handeln sollten, so haben wir, sofern möglich, noch weniger Bedenken, eine ähnliche Antwort zu geben, denn das Gute liegt möglicherweise -und oft tatsächlich-nicht auf der Seite der Gerechtigkeit.

---

2   Rashdall wenn ich ihn richtig verstehe, fügt dieses Zwischenglied ein (vgl. ibid. S. 135-6).

3   Wenn wir etwas „gut" nennen, z. B. irgendein Gefühl oder irgendeine Eigenschaft eines Menschen, dann denken wir normalerweise nicht im Traum daran zu sagen, daß es sein sollte.

Es läßt sich bestenfalls behaupten, daß die utilitaristische Auffassung in folgendem recht hat, nämlich darin, daß wir ohne die Erkenntnis, daß ein Ergebnis einer Handlung gut ist, nicht erkennen würden, daß wir die Handlung tun sollten. Wenn wir Wissen nicht für eine gute Sache hielten – so könnte gesagt werden – so wären wir nicht der Ansicht, daß wir die Wahrheit sagen sollten; wenn wir Schmerz nicht für etwas Schlechtes hielten, so würden wir es nicht für falsch halten, jemandem – ohne einen speziellen Grund – Schmerzen zuzufügen. Doch dies heißt nicht, daß die Tatsache, daß Irrtum schlecht ist, der Grund dafür ist, daß es falsch ist zu lügen, oder daß die Tatsache, daß Schmerz etwas Schlechtes ist, der Grund dafür ist, daß wir anderen nicht ohne einen speziellen Anlaß Schmerzen zufügen sollten.[4]

Ich glaube, daß wir gerade deshalb, weil diese Form der untersuchten Auffassung so offensichtlich mit unserem moralischen Bewußtsein unvereinbar ist, versucht sind, die andere Form dieser Auffassung anzunehmen, nämlich daß die entsprechende Handlung an sich gut ist, und daß das an sich Gute dieser Handlung der Grund dafür ist, daß sie getan werden sollte. Es ist diese Form, die stets den größten Anklang fand; denn die Tatsache, daß die Handlung selbst gut ist, scheint enger mit der Verpflichtung, sie zu tun, zusammenzuhängen als die Tatsache, daß bloß ihre Konsequenzen oder Ergebnisse gut sind. Wenn daher Verpflichtung darauf gegründet werden soll, daß etwas gut ist, dann, so scheint es, sollte dies die Handlung selbst sein. Diese Auffassung erhält außerdem Plausibilität aus der Tatsache daß wohl am deutlichsten jene Handlungen moralische Handlungen sind, auf die der Ausdruck „an sich gut" anwendbar ist.

Trotz allem ist diese – wenn auch weniger oberflächliche – Auffassung gleichermaßen unhaltbar. Sie führt nämlich genau zu jenem Dilemma, mit dem jeder konfrontiert ist, der das von Kants Theorie des guten Willens aufgeworfene Problem zu lösen versucht. Um dies zu sehen, brauchen wir uns nur die Natur der Handlungen anzusehen, auf die wir den Ausdruck „an sich gut" anwenden.

Es besteht sicher kein Zweifel, daß wir gewisse Handlungen billigen und sogar bewundern, und ebenso, daß wir sie als gut beschreiben

---

[4] Man beachte: Wäre die Tatsache, daß Schmerz etwas Schlechtes ist, der Grund dafür, daß wir anderen keine Schmerzen zufügen sollten, so wäre dies gleichermaßen ein Grund dafür, daß wir uns selbst keine Schmerzen zufügen sollten. Doch wenn wir auch sagen würden, daß es Dummheit ist, sich selbst mutwillig Schmerzen zuzufügen, käme uns nicht der Gedanke, es als falsch zu beschreiben.

würden und zwar als an sich gut. Es ist jedoch, glaube ich, ebenso unzweifelhaft, daß unsere Billigung und unsere Verwendung des Ausdrucks „gut" stets im Hinblick auf Motive erfolgt und sich auf Handlungen bezieht, die tatsächlich getan worden sind und deren Motiv wir zu kennen glauben. Die Handlungen, die wir billigen und die wir als an sich gut beschreiben würden, lassen sich zudem in zwei und zwar nur in zwei Arten einteilen. Es sind entweder Handlungen, die der Handelnde vollzogen hat, weil er dachte, er sollte sie tun, oder Handlungen, deren Motiv ein Wunsch war, der durch irgendwelche positiven Gefühle wie etwa Dankbarkeit, Zuneigung, Zusammengehörigkeitsgefühl oder Gemeinsinn geweckt wurde. Der aus Büchern über Moralphilosophie bekannteste solcher Wünsche ist wohl jener, der dem zugeschrieben wird, was man vage „Nächstenliebe" nennt. Der Einfachheit halber übergehe ich den Fall von Handlungen, die zum Teil aus einem solchen Wunsch heraus und zum Teil aus Pflichtgefühl getan wurden; denn selbst wenn alle guten Handlungen aus einer Kombination dieser Motive heraus getan werden, wird das die Argumentation nicht beeinträchtigen. Das Dilemma liegt in folgendem: Wenn das Motiv, in bezug auf das wir eine Handlung für gut halten, in dem Gefühl der Verpflichtung besteht, dann ist das Gefühl, daß wir sie tun sollten, von unserer Erkenntnis, daß sie gut ist, nicht nur nicht abgeleitet, unsere Erkenntnis, daß sie gut ist, setzt dieses Gefühl vielmehr voraus. M. a. W., in diesem Fall *setzt* die Erkenntnis, daß die Handlung gut ist, offensichtlich die Erkenntnis *voraus*, daß die Handlung richtig ist, während nach der zur Debatte stehenden Auffassung die Erkenntnis, daß die Handlung gut ist, zu der Erkenntnis *führt*, daß sie richtig ist. Andererseits: wenn das Motiv, in bezug auf das wir eine Handlung für gut halten, irgendein an sich guter Wunsch ist, etwa der Wunsch, einem Freund zu helfen, dann wird die Erkenntnis, daß die Handlung gut ist, ebenfalls nicht das Gefühl der Verpflichtung hervorrufen, sie zu tun. Denn wir können nicht das Gefühl haben, daß wir eine Handlung tun sollten, deren Vollzug *ex hypothesi* allein durch den Wunsch, sie zu tun, veranlaßt wird.[5]

Der Fehlschluß, der dieser Auffassung zugrunde liegt, ist folgender: Während die Tatsache, daß man die Richtigkeit einer Handlung darauf gründet, daß sie an sich gut ist, impliziert, daß sich letztere Eigen-

---

5 Es ist, glaube ich, dieses letztere „Horn" des Dilemmas, dem Martineau's Auffassung zum Opfer fällt. Vgl. James Martineau, *Types of Ethical Theory*, Oxford: Clarendon Press 1885, Teil II, Buch I.

schaft auf das Motiv bezieht, hat in Wirklichkeit die Richtigkeit oder Nicht-Richtigkeit einer Handlung mit der Frage der Motive überhaupt nichts zu tun. Wie nämlich beliebige Beispiele zeigen, reden wir von der Richtigkeit einer Handlung nicht in dem weiteren Sinn, in dem wir das Motiv in die Handlung miteinbeziehen, sondern in dem engeren und geläufigeren Sinn, in dem wir Motiv und Handlung unterscheiden und unter einer Handlung lediglich das bewußte Herbeiführen von etwas verstehen, ein Herbeiführen, das bei unterschiedlichen Gelegenheiten oder bei verschiedenen Leuten durch unterschiedliche Motive veranlaßt werden kann. Die Frage „Sollte ich meine Rechnungen bezahlen?" bedeutet in Wirklichkeit einfach „Sollte ich es bewerkstelligen, daß meine Geschäftspartner in den Besitz dessen kommen, was ich ihnen durch meine früheren Handlungen explizit oder implizit versprochen habe?" Es gibt hier keine Frage – und kann keine geben –, ob ich meine Schulden aus einem bestimmten Motiv bezahlen sollte. Zweifellos wissen wir, daß wir, wenn wir unsere Rechnungen bezahlen, ein Motiv dabei haben, doch wenn wir uns überlegen, ob wir sie bezahlen sollten, sehen wir die Handlung zwangsläufig getrennt von dem Motiv. Selbst wenn wir wüßten, was unser Motiv beim Vollzug dieser Handlung wäre, wären wir einer Antwort auf die obige Frage nicht ein bißchen näher.

Außerdem, wenn wir schließlich unsere Rechnungen aus Angst vor dem Gericht bezahlen, so haben wir dennoch getan, *was* wir tun sollten, selbst wenn wir es nicht getan haben, *wie* wir es sollten. Mit dem Versuch, Motive einzubringen, begeht man einen Fehler, der jenem Fehler gleicht, den man mit der Annahme begeht, daß man es wollen könne zu wollen. Das Gefühl haben, daß man seine Rechnungen bezahlen sollte, heißt, *dazu veranlaßt* werden, sie zu bezahlen. Doch das, wozu man veranlaßt werden kann, muß stets eine Handlung sein – allerdings keine Handlung, zu der man in einer bestimmten Weise veranlaßt wird, d. h. eine Handlung aus einem bestimmten Motiv; denn dann würde man dazu veranlaßt werden, veranlaßt zu werden, was unmöglich ist. Die hier zur Debatte stehende Auffassung involviert jedoch genau diese Unmöglichkeit, da sie den Sinn von „Ich sollte das und das tun" in Wirklichkeit zurückführt auf den Sinn von „Ich sollte in einer bestimmten Weise dazu veranlaßt werden, es zu tun."[6]

---

6   Es wird hier natürlich nicht bestritten, daß eine Handlung, die aus einem bestimmten Motiv vollzogen wurde, gut sein kann; es wird lediglich bestritten, daß die Richtigkeit einer Handlung davon abhängt, daß sie aus einem bestimmten Motiv vollzogen wurde.

Soweit hatten meine Ausführungen hauptsächlich negativen Charakter, sie bilden jedoch, glaube ich, eine nützliche wenn nicht notwendige Einleitung zu dem, was ich in dieser Sache für richtig halte. Dies will ich nun darzulegen versuchen. Zuerst gebe ich dabei wieder, was meiner Ansicht nach die wirkliche Natur unserer Wahrnehmung oder Erkenntnis moralischer Verpflichtungen ist, und das Ergebnis verwende ich dann zur Klärung der Frage nach der Existenz der Moralphilosophie.

Das Gefühl der Verpflichtung zu einer bestimmten Handlung oder die Richtigkeit dieser Handlung ist absolut primär (d. h. von nichts anderem abgeleitet) bzw. unmittelbar. Die Richtigkeit einer Handlung besteht darin, daß sie in einer Situation einer bestimmten Art ein Ergebnis einer bestimmten Art A herbeiführt, wobei die genannte Situation in einer bestimmten Beziehung B des Handelnden zu anderen oder zu seiner eigenen Natur besteht. Zur Erkenntnis dieser Richtigkeit sind u. U. zwei Präliminarien notwendig. Es kann sein, daß wir den Konsequenzen der betreffenden Handlung genauer nachgehen müssen als bisher, um zu erkennen, daß wir mit dieser Handlung A herbeiführen. So sehen wir vielleicht nicht, daß es falsch ist, eine bestimmte Geschichte zu erzählen, solange wir nicht erkennen, daß wir damit die Gefühle eines unserer Zuhörer verletzen. Es kann des weiteren sein, daß wir die in der Situation involvierte Beziehung B berücksichtigen müssen, von der wir bisher keine Notiz genommen haben. Beispielsweise sehen wir vielleicht nicht die Verpflichtung, X ein Geschenk zu machen, solange wir uns nicht daran erinnern, daß er uns eine Gefälligkeit erwiesen hat. Doch gesetzt den Fall, daß wir durch einen Prozeß, bei dem es sich natürlich nur um einen Prozeß allgemeiner und nicht moralischer Überlegungen handelt, zu der Erkenntnis gelangen, daß wir mit der geplanten Handlung das Ergebnis A in einer Beziehung B herbeiführen werden, dann erkennen wir die Verpflichtung unmittelbar oder direkt, wobei diese Erkenntnis eine Tätigkeit des *moralischen* Denkens ist. Wie erkennen zum Beispiel, daß wir dem X, der uns einen Dienst erwiesen hat, die genannte Gefälligkeit gerade deshalb erweisen sollten, weil es sich um eine Gefälligkeit gegenüber jemandem handelt, der dem potentiellen Handelnden einen Dienst erwiesen hat. Diese Erkenntnis ist unmittelbar, und zwar in genau demselben Sinn, in dem eine mathematische Erkenntnis unmittelbar ist, zum Beispiel die Erkenntnis, daß diese dreiseitige Figur deshalb, weil sie dreiseitig ist, drei Winkel haben muß. Beide Erkenntnisse sind in dem Sinne unmittelbar, als uns in beiden der Einblick in die Natur des jeweiligen

Gegenstandes unmittelbar zu der Erkenntnis führt, daß ihm das entsprechende Prädikat zukommt, und man stellt diese Tatsache lediglich von der anderen Seite aus fest, wenn man sagt, daß in beiden Fällen die erkannte Tatsache evident ist.

Die Plausibilität der Ansicht, daß Verpflichtungen nicht evident sind, sondern begründet werden müssen, liegt in der Tatsache, daß eine als „Verpflichtung" bezeichnete Handlung vielleicht unvollständig angegeben ist, was meiner Darstellung zufolge heißt, daß die Präliminarien für die Erkenntnis der Verpflichtung unvollständig sind. Wenn wir zum Beispiel die Handlung, sich gegenüber X mit einem Geschenk zu revanchieren, lediglich als „Dem-X-Ein-Geschenk-Machen" bezeichnen, so scheint es – und ist es tatsächlich – notwendig, einen Grund anzugeben. M. a. W., immer wenn eine moralische Handlung in dieser unvollständigen Weise betrachtet wird, ist die Frage „*Warum* soll ich es tun?" völlig berechtigt. Diese Tatsache legt – fälschlicherweise – nahe, daß es selbst dann, wenn die Art der Handlung vollständig angegeben ist, immer noch notwendig ist, einen Grund anzugeben oder, m. a. W., einen Nachweis zu erbringen.

Die in Verpflichtungen verschiedenster Art involvierten Beziehungen sind natürlich selbst sehr unterschiedlich. In gewissen Fällen handelt es sich bei dieser Beziehung um eine Beziehung zu anderen, die aus einer – von ihnen oder von uns vollzogenen – zurückliegenden Handlung resultiert. Die Verpflichtung, sich für einen Gefallen zu revanchieren, involviert eine Beziehung, die aus einer zurückliegenden Handlung dessen, der uns den Gefallen erwiesen hat, resultiert. Die Verpflichtung, eine Rechnung zu bezahlen, involviert eine Beziehung, die aus einer – von uns vollzogenen – zurückliegenden Handlung resultiert, bei der wir entweder gesagt oder zumindest zu verstehen gegeben haben, daß wir für etwas, das wir verlangt und erhalten haben, eine bestimmte Gegenleistung erbringen würden. Auf der anderen Seite impliziert die Verpflichtung, die Wahrheit zu sagen, keine derart bestimmte Handlung. Sie involviert eine Beziehung, die darin besteht, daß andere darauf vertrauen, daß wir die Wahrheit sagen, eine Beziehung also, deren Erkenntnis das Gefühl hervorruft, daß wir es ihnen schuldig sind, die Wahrheit zu sagen. Auch die Verpflichtung, die Gefühle eines anderen nicht zu verletzen, involviert keine spezielle Beziehung zwischen uns und dem anderen, d. h. keine andere Beziehung als jene, die dadurch gegeben ist, daß wir beide Menschen sind, und zwar Menschen in ein und derselben Welt. Es scheint zudem, daß die in einer Verpflichtung involvierte Beziehung nicht unbedingt eine Beziehung zu einem anderen zu sein braucht. So sollten wir akzeptieren, daß es eine Verpflichtung gibt, unsere natürliche Ängstlichkeit oder Habsucht zu überwinden, und daß dies keine Beziehungen zu anderen involviert. Dennoch ist auch hier eine Beziehung involviert, nämlich eine Beziehung zu unserer eigenen Disposition. Daß es unsere Sache ist, auf unsere Disposition positiv einzuwirken und nicht die Sache anderer oder zumindest nicht in demselben Maße, hat seinen Grund einfach darin, daß sie zwar von uns aber nicht von anderen direkt modifiziert werden kann.

Die negative Seite von all dem ist natürlich, daß wir nicht durch eine *Argumentation* d. h. durch nicht-moralische Überlegungen zur Erkenntnis einer Verpflichtung gelangen, und dies insbesondere nicht durch eine Argumentation, die als Prämisse die ethische aber nicht moralische Erkenntnis, daß die Handlung oder eine Konsequenz der Handlung gut ist, enthält; d. h., daß unser Gefühl, daß eine Handlung richtig ist, aus der Erkenntnis folgt, daß sie oder irgendetwas anderes gut ist.

Es wird wahrscheinlich eingewendet werden, daß nach dieser Auffassung unsere verschiedenartigen Verpflichtungen ähnlich wie Aritoteles' Kategorien ein zusammenhangloses Chaos bilden, mit dem man sich unmöglich zufriedengeben kann. Denn danach setzt die Verpflichtung, sich für einen Gefallen zu revanchieren, oder seine Schulden zu bezahlen oder ein Versprechen zu halten, eine vorhergehende Handlung eines anderen voraus; bei der Verpflichtung, die Wahrheit zu sagen oder einem anderen keinen Schaden zuzufügen, ist dies dagegen nicht der Fall. Die Verpflichtung, unsere Ängstlichkeit abzubauen, wiederum involviert überhaupt keine Beziehungen zu anderen. Doch man hat auf jeden Fall ein wirksames *argumentum ad hominem* in der Tatsache, daß die verschiedenen Eigenschaften, die wir als gut anerkennen, z. B. Mut, Bescheidenheit, Wißbegierde genausowenig miteinander zusammenhängen. Wenn sich, wie es deutlich der Fall ist, ἀγαθά [gute Dinge] ἦ ἀγαθά [qua gute Dinge] voneinander unterscheiden, warum sollten sich nicht Verpflichtungen qua ihres verpflichtenden Charakters genauso voneinander unterscheiden? Wenn dies nicht so wäre, könnte es außerdem letztlich nur eine einzige Verpflichtung geben, was offensichtlich den Tatsachen widerspricht.[7]

---

[7] Zwei Einwände seien vorweggenommen: (1) daß Verpflichtungen nicht unmittelbar evident sein können, da viele Handlungen, die von den einen als Verpflichtungen angesehen werden, von anderen nicht so gesehen werden, und (2) daß das Problem, wie man angesichts kollidierender Verpflichtungen handeln sollte, unlösbar ist, wenn Verpflichtungen unmittelbar evident sind. Auf den ersten Einwand würde ich erwidern:

Einige Beobachtungen werden uns die Sache etwas klarer sehen lassen.

Erstens, da diese Auffassung ohnehin in expliziter Opposition zu jener Ansicht vorgebracht wurde, nach der, was richtig ist, davon abgeleitet wird, was gut ist, mag es den Anschein haben, als müsse sie selbst das Gegenteil davon involvieren, nämlich die Kantische Position, nach der sich, was gut ist, danach bestimmt, was richtig ist, nach der also eine gute Handlung deswegen gut ist, weil sie richtig ist. Dieser Schein trügt jedoch. Nach der vorgebrachten Auffassung liegt die Richtigkeit einer richtigen Handlung nämlich allein in der Handlung selbst, während das eigentliche Gut-Sein einer Handlung allein in ihrem Motiv liegt. Dies impliziert, daß eine moralisch gute Handlung nicht einfach deshalb moralisch gut ist, weil es eine richtige Handlung ist, sondern weil es eine richtige Handlung ist, die deshalb, weil sie richtig ist, d. h. aus einem Gefühl der Verpflichtung heraus vollzogen wurde. Und diese Implikation, das sei nebenbei bemerkt, scheint offenkundig richtig zu sein.

Zweitens, aus der Auffassung folgt: Wenn oder besser, soweit wir aus einem Gefühl der Verpflichtung handeln, verfolgen wir weder einen Zweck noch ein Ziel. Unter „Zweck" oder „Ziel" verstehen wir hier etwas, dessen Existenz wir wünschen, wobei uns dieser Wunsch dazu führt zu handeln. Gewöhnlich ist dieser Zweck etwas, das die Handlung herbeiführen wird, wie etwa, wenn wir uns umdrehen, um ein Bild anzusehen. Er kann jedoch auch in der Handlung selbst, d.h. im Herbeiführen von etwas liegen, wie etwa, wenn wir einen Golfball

---

(a) Daß die Erkenntnis einer Verpflichtung nur einem entwickelten moralischen Wesen möglich ist, und daß unterschiedliche Entwicklungsstufen möglich sind.

(b) Daß ein Nicht-Erkennen einer bestimmten Verpflichtung gewöhnlich daher kommt, daß das, was ich die Präliminarien dieser Erkenntnis genannt habe, – infolge mangelnder Überlegung – unvollständig ist.

(c) Daß die vorgebrachte Auffassung mit dem Eingeständnis konsistent ist, daß selbst der beste Mensch – infolge mangelnder Überlegung – für viele seiner Verpflichtungen blind ist, und daß sich letztlich zeigt, daß unsere Verpflichtungen sich fast auf unser gesamtes Leben erstrecken. Auf den zweiten Einwand würde ich erwidern, daß Verpflichtung verschiedene Grade zuläßt und daß es im Falle kollidierender Verpflichtungen bei der Entscheidung, was wir tun sollten, nicht um die Frage geht, „Welche der alternativen Handlungen führt zum Besseren?", sondern um die Frage, „Was ist die größere Verpflichtung?".

ins Loch befördern oder jemanden aus Rache töten.[8] Wenn wir nun
unter einem Zweck etwas verstehen, dessen Existenz wir wünschen,
wobei uns dieser Wunsch dazu führt zu handeln, dann verfolgen wir,
soweit wir aus einem Gefühl der Verpflichtung handeln, sicherlich
keinen Zweck – weder einen, der in der Handlung selbst, noch einen
der in einer ihrer Folgen besteht. Dies ist so offensichtlich, daß es
kaum erwähnenswert scheint. Daß ich dennoch darauf hinweise, hat
zwei Gründe. (1) Wenn wir uns die Bedeutung der Ausdrücke „Ziel"
und „Zweck" nicht genau ansehen, dann ist es leicht möglich, daß wir
unkritisch unterstellen, daß jede überlegte Handlung, d. h. jede eigentliche Handlung einen Zweck haben muß. Wir stehen dann in jedem
Fall vor einem Rätsel: sowohl wenn wir nach dem Zweck einer Handlung suchen, die aus einem Gefühl der Verpflichtung ausgeführt
wurde, als auch wenn wir auf solch eine Handlung die Zweck-Mit-
tel-Unterscheidung anzuwenden versuchen. In Wahrheit sieht es nämlich stets so aus: Da es keinen Zweck gibt, gibt es auch kein Mittel.
(2) Bei dem Versuch, das Gefühl der Verpflichtung darauf zu gründen,
daß wir etwas als gut erkennen, handelt es sich in Wirklichkeit um
einen Versuch, in einer moralischen Handlung einen Zweck zu finden,
und zwar in der Gestalt von etwas Gutem, das wir als etwas Gutes
wollen. Und die Erwartung, daß einer Verpflichtung die Tatsache, daß
etwas gut ist, zugrunde liegt, besteht nur so lange, wie wir nach einem
Zweck suchen.

Die These, daß wir, soweit wir aus einem Gefühl der Verpflichtung
handeln, keinen Zweck verfolgen, darf jedoch nicht mißverstanden
werden. Sie darf nicht so verstanden werden, als würde sie bedeuten
oder implizieren, daß wir, soweit wir so handeln, kein Motiv besitzen.
Zweifellos werden die Wörter „Motiv" und „Absicht" im normalen
Sprachgebrauch gewöhnlich als Korrelate behandelt: „Motiv" steht für
den Wunsch, der uns zum Handeln führt, und „Zweck" steht für das
Objekt dieses Wunsches. Doch dies hat seinen Grund lediglich darin,
daß wir bei der Suche nach dem Motiv der Handlung, etwa eines Ver-
brechens, gewöhnlich voraussetzen, daß die betreffende Handlung aus
einem Wunsch und nicht aus dem Gefühl der Verpflichtung resultier-

---

8   Der Hinweis, eine Handlung könne nicht ihr eigener Zweck sein, da der
    Zweck einer Sache nicht in der Sache selbst bestehen kann, stellt keinen Ein-
    wand dar. Denn strenggenommen besteht der Zweck nicht in dem Zweck der
    Handlung, sondern in dem Zweck, den *wir* damit verfolgen, und es liegt kein
    Widerspruch in der Auffassung; daß der Zweck, den wir mit unserem Han-
    deln verfolgen, in der Handlung selbst bestehen kann.

te. Im Grunde verstehen wir jedoch unter einem Motiv das, was uns zum Handeln bewegt. In der Tat hat auch ein Gefühl der Verpflichtung manchmal diese Funktion, und unserem normalen Empfinden nach würden wir ohne Zögern zulassen, daß das Motiv einer Handlung ein Gefühl der Verpflichtung gewesen sein könnte. Wunsch und Gefühl der Verpflichtung sind beides Formen oder Arten von Motiven.

Drittens, wenn die vorgebrachte Auffassung richtig ist, so muß man zwischen moralisch und tugendhaft als unabhängigen, wenn auch miteinander verwandten Arten des Gut-Seins scharf unterscheiden. Keines von beiden ist dann ein Aspekt von etwas, an dem auch das andere ein Aspekt ist; das eine ist auch nicht eine Form oder Art des anderen, noch ist das eine aus dem anderen deduzierbar. Gleichzeitig muß man zulassen, daß ein und dieselbe Handlung entweder tugendhaft oder moralisch oder beides sein kann. Und dies ist sicherlich richtig. Wie Aristoteles sah, muß eine Handlung, um tugendhaft zu sein, willentlich oder gern getan werden; als solche wird sie dann eben nicht aus einem Gefühl der Verpflichtung getan, sondern aus einem Wunsch, der an sich gut ist, da er aus einem an sich guten Gefühl resultiert. So ist das Motiv für einen Akt der Großmut der aus einem Mitgefühl für einen anderen resultierende Wunsch, diesem zu helfen; in einer Handlung, die nur tapfer ist und nicht mehr, d. h. in einer Handlung, die nicht gleichzeitig ein Akt der Solidarität oder Vaterliebe oder ähnliches ist, lassen wir es nicht zu, daß wir von Angstgefühlen beherrscht werden, und der Wunsch, das zu tun, kommt daher, daß man sich schämt, Angst zu haben. Das Gut-Sein einer solchen Handlung ist jedoch etwas anderes als das Gut-Sein einer Handlung, auf die wir den Ausdruck „moralisch" im strengen und engen Sinn anwenden, einer Handlung also, die aus einem Gefühl der Verpflichtung getan wird. Daß erstere gut ist, liegt daran, daß das Gefühl und der darauffolgende Wunsch an sich gut sind, und das Gut-Sein dieses Motivs ist etwas anderes als das Gut-Sein des eigentlichen moralischen Motivs, nämlich des Gefühls der Pflicht oder Verpflichtung. Dennoch kann zumindest in gewissen Fällen eine Handlung entweder tugendhaft oder moralisch oder beides sein. Man kann sich für einen Gefallen revanchieren entweder aus dem Wunsch, sich dafür zu revanchieren oder aus dem Gefühl, daß man es tun sollte, oder aus beiden Motiven zugleich. Ein Arzt kann sich um seine Patienten kümmern entweder aus einem Wunsch, der einem Interesse an seinen Patienten oder an der Ausübung seiner Fähigkeiten entstammt, oder aus einem Gefühl der Pflicht oder sowohl aus einem Wunsch als auch aus einem Gefühl der Pflicht. Außerdem, selbst wenn wir erkennen, daß die

Handlung in jedem Fall an sich gut ist, halten wir jene Handlung für die beste, in der beide Motive zugleich vorliegen. M. a. W., wir halten denjenigen für den wirklich Besten, in dem Tugend und Moralität vereint sind.

Es mag der Einwand gebracht werden, daß die Unterscheidung zwischen den beiden Arten von Motiven unhaltbar ist, und zwar aus dem Grunde, weil zum Beispiel der *Wunsch*, sich für einen Gefallen zu revanchieren, lediglich die Manifestation dessen ist, was sich selbst als das *Gefühl der Verpflichtung* sich zu revanchieren manifestiert, und zwar immer dann, wenn wir statt an die mit der Handlung verbundene Erkenntlichkeit an die damit verbundenen Unannehmlichkeiten – etwa einen Verlust oder Mühen – denken. Ich glaube jedoch, es läßt sich zeigen, daß die Unterscheidung haltbar ist. Im analogen Fall der Rache nämlich, besteht zwischen dem Wunsch, das Unrecht zurückzuzahlen und dem Gefühl, daß man das nicht tun sollte, – beides führt ja in jeweils entgegengesetzte Richtungen – in der Tat ein klarer Unterschied; und die Deutlichkeit dieses Unterschiedes macht es unproblematisch, zwischen dem Wunsch, sich für eine Wohltat zu revanchieren und dem Gefühl, daß man dies tun sollte, einen parallelen Unterschied anzunehmen.[9]

Die genannte Auffassung impliziert ferner, daß eine Verpflichtung ebensowenig auf eine Tugend gegründet bzw. aus dieser abgeleitet werden kann, wie eine Tugend aus einer Verpflichtung abgeleitet werden kann. Im letzteren Fall würde eine Tugend darin bestehen, daß man einer Verpflichtung nachkommt. Die genannte Implikation ist sicher richtig und auch von Bedeutung. Nehmen wir den Fall der Tapferkeit. Es ist nicht richtig, wenn man anführt, daß wir tapfer handeln sollten, weil Tapferkeit eine Tugend ist. Dies ist und muß unrichtig

---

[9] Diese scharfe Unterscheidung zwischen Tugend und Moralität als koordinierten und unabhängigen nach Formen des Gut-seins wird eine Tatsache erklären, die ansonsten schwierig zu erklären ist. Wenn wir uns der Lektüre von Büchern über Moralphilosophie einmal irgendeine lebendige Darstellung menschlichen Lebens und Handelns -wie wir sie etwa bei Shakespeare finden – ansehen, dann werden wir wohl am meisten darüber erstaunt sein, wie wenig die moralphilosophischen Diskussionen mit den Tatsachen des konkreten Lebens zu tun haben. Kommt die nicht zum großen Teil daher, daß sich die Moralphilosophie – durchaus zu Recht – auf das Faktum der Verpflichtung konzentriert hat, daß jedoch unter denen, die wir am meisten bewundern und deren Leben von größtem Interesse ist viele sind, in deren Leben das Gefühl der Verpflichtung zwar möglicherweise einen wichtigen aber keinen dominierenden Faktor darstellt?

sein, da, wie wir am Ende sehen werden, das Gefühl einer Verpflichtung, tapfer zu handeln, eine Kontradiktion involvieren würde. Wie
ich an früherer Stelle betont habe, können wir nämlich nur eine Verpflichtung fühlen zu *handeln*; wir können nicht eine Verpflichtung
fühlen, *aus einem bestimmten Wunsch zu handeln*, in diesem Fall etwa
dem Wunsch, seine Angstgefühle zu überwinden – ein Wunsch, der
daher kommt, daß wir uns dieser Angstgefühle schämen. Wenn außerdem das Gefühl der Verpflichtung, in einer bestimmten Weise zu handeln, zu einer Handlung führt, dann wird es eine Handlung sein, die
aus einem Gefühl der Verpflichtung getan wird und infolgedessen –
falls die obige Analyse der Tugend richtig ist – kein Akt der Tapferkeit ist.

   Die irrtümliche Annahme, es könne eine Verpflichtung geben, tapfer zu handeln, scheint zwei Ursachen zu haben. Erstens gibt es oft
eine Verpflichtung zu Handlungen, die die Überwindung und Kontrolle der dabei auftretenden Furcht involvieren, zum Beispiel die Verpflichtung, an einem Abgrund entlang zu gehen, um für ein Familien-
mitglied einen Arzt zu holen. Hier ist das Handeln gemäß der
Verpflichtung äußerlich – wenn auch nur äußerlich – dasselbe wie ein
wirklicher Akt der Tapferkeit. Zweitens gibt es eine Verpflichtung,
tapfer zu werden, d. h. solche Dinge zu tun, die uns dazu befähigen,
später tapfer zu handeln, und dies wird vielleicht mit einer Verpflichtung, tapfer zu handeln, verwechselt. Dieselben Überlegungen lassen
sich natürlich *mutatis mutandis* auch bei den anderen Tugenden
anstellen.

   Die Tatsache – falls es eine ist –, daß Tugend keine Grundlage für
Moralität ist, kann erklären, was ansonsten sehr schwierig zu erklären
ist, nämlich das extreme Gefühl der Unzufriedenheit, das eine genaue
Lektüre der Aristotelischen *Ethik* hervorruft. Warum ist die *Ethik* so
enttäuschend? Ich glaube, nicht deshalb, weil sie zwei grundverschiedene Fragen so beantwortet, als ob es sich um ein und dieselbe Frage
handeln würde, nämlich: (1) „Worin besteht das glückliche Leben?"
und (2) „Worin besteht das tugendhafte Leben?" Der Grund liegt
vielmehr darin, daß Aristoteles nicht das tut, was wir als Moralphilosophen von ihm erwarten würden, nämlich uns davon zu überzeugen,
daß wir das, was wir unserer bisherigen unreflektierten Überzeugung
nach tun sollten, tatsächlich tun sollten, bzw. uns andernfalls zu sagen,
was denn die anderen Dinge sind – falls es solche gibt –, die wir wirklich tun sollten, und uns zu beweisen, daß er recht hat. Nun, wenn das
stimmt, was ich eben behauptet habe dann kann eine systematische
Darstellung des tugendhaften Charakters dieses Verlangen unmöglich

erfüllen. Sie kann uns bestenfalls nur die Details einer einzigen Verpflichtung klarmachen, nämlich der, daß wir uns zu besseren Menschen machen. Doch dadurch erfahren wir noch nicht, was wir im Leben als Ganzem tun sollten, und warum. Die Annahme, wir würden das dadurch erfahren, käme der Annahme gleich, daß Selbst-Vervollkommnung unsere einzige Aufgabe im Leben ist. Es ist daher nicht überraschend, daß uns Aristoteles' Darstellung des guten Menschen fast nur von akademischem Wert erscheint, mit geringem Bezug auf das, was wir wirklich wissen wollen und was Platon wie folgt formuliert: οὐ γὰρ περὶ τοῦ ἐπιτυχόντος ὁ λόγος, ἀλλὰ περὶ τοῦ ὅντινα τρόπον χρῆ ζῆν. [Denn es ist nicht von etwas Beliebigem die Rede, sondern davon, auf welche Weise man leben soll.]

Ich *kritisiere* Aristoteles hier natürlich nicht deshalb, weil er diesem Verlangen nicht Genüge leistet sondern nur insofern, als er uns hier und da glauben macht, er beabsichtige, es zufriedenzustellen. Denn meine Hauptthese lautet, daß dieses Verlangen nicht erfüllt werden kann, und zwar deshalb nicht, weil es illegitim ist. Somit drängt sich die Frage auf: „Gibt es überhaupt so etwas wie Moralphilosophie, und wenn ja, in welchem Sinne?"

Wir sollten zuerst den – wie es scheint – parallelen Fall der Erkenntnistheorie betrachten. Wie bereits an früherer Stelle betont, führt bei jedem von uns, der einigermaßen reflektiert ist, die Häufigkeit der eigenen und der Irrtümer anderer irgendwann einmal zwangsläufig zu der Überlegung, daß wir uns alle infolge irgendeiner fundamentalen Unvollkommenheit unserer Fähigkeiten *immer* geirrt haben könnten. Eine Folge davon ist, daß gewisse Dinge, von denen wir vorher ohne Zögern gesagt hätten, daß wir sie *wüßten* wie z. B. daß 4 x 7 = 28, plötzlich Zweifeln ausgesetzt sind; wir können nur noch sagen, wir glaubten, wir wüßten sie. Zwangsläufig folgt ein Suchen nach irgendeiner allgemeinen Methode, mit der wir uns dessen versichern können, daß ein bestimmter Zustand des Geistes tatsächlich ein Zustand des Wissens ist. Und dies wiederum involviert die Suche nach einem Kriterium des Wissens, d. h. nach einem Prinzip, durch dessen Anwendung wir entscheiden können, daß ein bestimmter Zustand des Geistes tatsächlich Wissen ist. Die Suche nach diesem Kriterium und, wenn es gefunden ist, seine Anwendung wird „Erkenntnistheorie" genannt. Diese Suche impliziert nun folgendes: Das Wissen, daß A B ist, erhält man nicht direkt, indem man sich die Natur von A und B ansieht, das Wissen, daß A B ist, erlangt man in dem vollen oder vollständigen Sinn vielmehr nur dadurch, daß man zuerst weiß, daß A B ist, und dann – durch die Anwendung eines Kriteriums, wie etwa des

Descartes'schen Prinzips, daß das wahr ist, was wir klar und deutlich erkennen – weiß, daß man es weiß.

Nun läßt sich leicht zeigen, daß der auf diesem spekulativen oder allgemeinen Fundament basierende Zweifel, ob A B ist, wenn er wirklich echt ist, niemals beseitigt werden könnte. Denn wenn man, um wirklich zu wissen, daß A B ist, zuerst wissen muß, daß man es weiß, dann muß man, um zu wissen, daß man es weiß, natürlich zuerst wissen, daß man weiß, daß man es weiß. Doch – und das ist wichtiger – es läßt sich ebenso leicht zeigen, daß dieser Zweifel gar kein echter Zweifel ist, sondern auf einer Konfusion beruht, deren Aufdeckung den Zweifel beseitigt. Denn wenn wir *sagen*, wir zweifeln daran, daß wir uns tatsächlich in einem Zustand des Wissens befanden, so *meinen* wir damit, wenn wir überhaupt etwas damit meinen, daß wir daran zweifeln, daß unsere vorherige *Annahme richtig* war, eine Annahme, die sich so beschreiben ließe: wir *glaubten*, daß A B ist. Um daran zu zweifeln, daß unser vorheriger Zustand ein Zustand des Wissens war, dürfen wir ihn nicht für ein Wissen, sondern nur für eine Annahme halten, und unsere Frage kann dann lediglich lauten: „War diese Annahme richtig?" Doch sobald wir sehen, daß wir unseren vorherigen Zustand eigentlich nur für einen Zustand des Glaubens halten, sehen wir auch, daß das, woran wir nun zweifeln, nicht dasselbe ist, wie das, wovon wir zuerst *sagten*, daß wir daran zweifeln, nämlich daß ein vorangehender Zustand des Wissens wirklich ein Wissen war. Um den Zweifel zu beseitigen, sind lediglich zwei Dinge notwendig: einmal, daß wir die wirkliche Natur unserer Überzeugung, z. B. daß 7 x 4 = 28, richtig einschätzen und dadurch sehen, daß es sich nicht bloß um einen Zustand des Glaubens, sondern um einen Zustand des Wissens gehandelt hat, zum anderen, daß wir feststellen, daß wir in dem darauffolgenden Zweifel in Wirklichkeit gar nicht daran gezweifelt haben, daß diese Überzeugung wirklich ein Wissen war, sondern vielmehr daran, daß eine Überzeugung anderer Art, nämlich eine Annahme, daß 7 x 4 = 28, richtig war. Wir sehen dann, daß ein auf spekulativen Fundamenten basierender Zweifel zwar möglich ist, daß von diesem Zweifel aber nicht das betroffen ist, was unserer ursprünglichen Ansicht nach davon betroffen war, und wir sehen weiterhin, daß ein Zweifel dieser letzteren Art unmöglich ist.

Daraus ergeben sich zwei Schlußfolgerungen. Erstens, wenn wir, wie es gewöhnlich der Fall ist, unter „Erkenntnistheorie" jenes Wissen verstehen, das die Antwort auf die Frage „Ist das, was wir bisher für Wissen hielten, tatsächlich ein Wissen?" liefert, dann gibt es so etwas nicht und kann es nicht geben, und die Annahme, es könne etwas derartiges geben, beruht einfach auf einer Konfusion. Es kann keine Antwort auf eine illegitime Frage geben, es sei denn die, daß die Frage illegitim ist. Dennoch handelt es sich hier um eine Frage, die wir so lange stellen werden, solange wir die zwangsläufige Unmittelbarkeit des Wissens nicht erkannt haben. Und es ist ein definitives Wissen, das uns sagt, daß Wissen unmittelbar ist und durch das weitere Wissen, daß es Wissen war, weder verbessert oder bestätigt werden kann noch verbessert oder bestätigt zu werden braucht. Dieses definitive Wissen beseitigt den zwangsläufigen Zweifel, und sofern unter „Erkenntnistheorie" dieses Wissen zu verstehen ist, kann man – selbst wenn dieses Wissen nur das Wissen ist, daß es keine Erkenntnistheorie in dem früheren Sinne gibt – sagen, daß es in diesem Sinne Erkenntnistheorie gibt.

Zweitens, angenommen wir zweifeln einmal wirklich daran, daß zum Beispiel 7 x 4 = 28, und angenommen dies hat seinen Grund in einem echten Zweifel daran, daß unsere gestrige Annahme, 7 x 4 =28, richtig war, einem Zweifel, der tatsächlich nur aufkommen kann, wenn wir die wirkliche Natur unserer gestrigen Oberzeugung nicht mehr parat haben, d. h. uns nicht mehr daran erinnern können und daher der Ansicht sind, wir hätten das alles nur geglaubt. Es ist klar, daß das einzige Mittel, diesen Zweifel zu beseitigen, darin besteht, es noch einmal auszurechnen. Oder, um der Sache eine allgemeine Form zu verleihen: Wenn wir einmal daran zweifeln, daß es wahr ist, daß A, wie wir einmal dachten, B ist, dann liegt das Mittel, diesen Zweifel zu beseitigen, nicht in irgendeinem Reflexionsprozeß, sondern darin, daß wir jene Untersuchung der Natur von A und B, die zu dem Wissen führt, daß A B ist, nochmal anstellen.

Betrachten wir vor dem Hintergrund dieser Überlegungen die Parallele, wie sie, so scheint mir – wenn auch mit gewissen Unterschieden–, die Moralphilosophie aufweist. Das Gefühl, daß wir gewisse Dinge tun sollten, entsteht in unserer unreflektierten Überzeugung und ist eine Tätigkeit des moralischen Denkens, die durch die verschiedenen Situationen, in denen wir uns vorfinden, ausgelöst wird. Auf dieser Stufe ist unsere Einstellung zu diesen Verpflichtungen durch blindes Vertrauen gekennzeichnet. Doch in dem Maße, in dem wir erkennen, daß die Erfüllung dieser Verpflichtungen unseren Interessen widerspricht, entsteht zwangsläufig der Zweifel, ob diese Verpflichtungen letztlich wirklich obligatorisch sind, d. h. ob unser Gefühl, daß wir gewisse Dinge nicht tun sollten, nicht eine Täuschung ist. Wir wollen dann *bewiesen* haben, daß wir so handeln sollten, d. h. wir wollen davon überzeugt werden, und zwar durch einen Prozeß, der als Argumentationsprozeß von anderer Art ist als unsere ursprüngliche und unreflektierte Erkenntnis. Dieses Verlangen ist, wie ich zu zeigen versuchte, illegitim.

Es folgt daher erstens: Wenn, wie es fast überall der Fall ist, unter „Moralphilosophie" jenes Wissen zu verstehen ist, das dieses Verlangen erfüllen würde, dann gibt es kein solches Wissen, und alle Versuche, es zu erlangen, sind zum Scheitern verurteilt, weil sie auf einem Irrtum beruhen, nämlich dem Irrtum zu glauben, man könne beweisen, was nur direkt durch einen Akt moralischen Denkens erfaßt werden kann. Trotzdem stellt sich dieses Verlangen obwohl illegitim -zwangsläufig so lange ein, wie wir den Reflexionsprozeß nicht weit genug getrieben haben, um uns der Evidenz – unserer Verpflichtungen, d. h. der Unmittelbarkeit ihrer Wahrnehmung, bewußt zu werden. Diese Erkenntnis ihrer Evidenz ist definitives Wissen, und soweit – und nur soweit – der Ausdruck „Moralphilosophie" auf dieses Wissen und auf das Wissen von der parallelen Unmittelbarkeit, mit der das Gut-sein der verschiedenen Tugenden und gute Dispositionen allgemein wahrgenommen werden, beschränkt ist, soweit gibt es so etwas wie Moralphilosophie. Aber da dieses Wissen Zweifel beseitigen kann, die oft das gesamte Leben beeinflussen, ist es, wenn auch nicht umfassend, so doch wichtig und sogar lebenswichtig.

Zweitens, angenommen wir zweifeln einmal wirklich daran, ob wir zum Beispiel unsere Schulden bezahlen sollten, und angenommen dies hat seinen Grund in einem echten Zweifel daran, ob unsere frühere Überzeugung, daß wir es tun sollten, richtig ist, einem Zweifel also, der tatsächlich nur aufkommen kann, wenn wir uns an die wirkliche Natur dessen, was wir jetzt unsere vergangene Überzeugung nennen, nicht mehr erinnern. Das einzige Mittel, diesen Zweifel zu beseitigen, liegt darin, daß wir uns in eine Situation begeben, die diese Verpflichtung nach sich zieht, oder -falls unsere Phantasie stark genug ist – uns vorstellen, wir wären in dieser Situation, und dann die moralischen Fähigkeiten unseres Denkens das ihre tun lassen. Oder, um der Sache eine allgemeine Form zu verleihen: Wenn wir tatsächlich daran zweifeln, ob es wirklich eine Verpflichtung gibt, A in einer Situation B herbeizuführen, dann Liegt das Mittel, diesen Zweifel zu beseitigen, nicht in irgendeinem generellen Denkprozeß, sondern in der unmittelbaren Konfrontation mit einem speziellen Beispiel für die Situation B und der darauffolgenden direkten Erkenntnis der Verpflichtung, in dieser Situation A herbeizuführen.

F. H. Bradley

Warum soll ich moralisch sein?[1]

Warum soll ich moralisch sein? Die Frage ist ganz natürlich, und doch erscheint sie merkwürdig. Sie ist anscheinend eine Frage, die wir stellen sollten, und doch haben wir dabei das Gefühl, uns vom moralischen Standpunkt gänzlich zu entfernen.

Die Frage „Warum?" zu stellen, ist vernünftig; denn die Vernunft lehrt uns, nichts blind, nichts ohne Zweck oder Ziel zu tun. Sie lehrt uns, daß das Gute zu etwas gut sein müsse, und was zu nichts gut ist, sei überhaupt nicht gut. Und daher halten wir es für gewiß, daß auf der einen Seite ein Zweck ist und auf der anderen Mittel; und daß wir nur dann mit Recht sagen können, die Mittel seien gut, wenn der Zweck gut ist und die Mittel ihm förderlich sind. Es ist also vernünftig, sich stets zu fragen „Warum soll ich es tun?"

Hier aber erscheint die Frage merkwürdig. Denn die Moralität (auch sie ist Vernunft) lehrt uns, daß wir sie nie wirklich wahrgenommen haben, wenn wir sie nur als gut zu etwas anderem betrachten. Sie sagt, daß sie ein Zweck sei, den man um ihrer selbst willen begehrt, nicht aber als Mittel zu etwas außer ihr Liegendem. Wenn du sie erniedrigst, verschwindet sie; damit sie bleibt, müssen wir sie lieben, nicht bloß benutzen. Daher haben wir mit der Frage „Warum?" unsere liebe Not, denn sie setzt voraus und geht selbstverständlich davon aus, daß die Tugend in diesem Sinn unwirklich, und was wir glauben, falsch sei. Sowohl die Tugend als auch das Fragen nach dem Warum

---

[1] Es sei hier angemerkt, daß das Wort „moralisch" drei Bedeutungen hat, die in diesem Aufsatz dem Kontext entsprechend unterschieden werden müssen. (1) Das Moralische ist dem *Nicht*-Moralischen entgegengesetzt. Die moralische Welt, oder die Welt der Moralität, ist der natürlichen Welt entgegengesetzt, in der es Moralität nicht geben kann. (2) In der moralischen Welt moralisch handelnder Subjekte ist „moralisch" dem *Un*moralischen entgegengesetzt. (3) Ebenfalls in der moralischen Welt, und dem moralischen Teil der moralischen Welt, ist „moralisch" überdies auf die *persönliche* Seite des moralischen Lebens und der moralischen Institutionen beschränkt. Es steht für die *innere* Beziehung dieses oder jenes Willens zur allgemeinen, nicht zur ganzen, äußeren wie inneren, Verwirklichung der Moralität.

scheinen vernünftig, aber miteinander unverträglich zu sein; und man
fährt sicher besser, wenn man die Tugend nicht gleich zugunsten dieser Frage verwirft, sondern vielmehr nach der Natur des Warum fragt.

Warum soll ich tugendhaft sein? Warum soll ich? Kann es etwas
Bescheideneres geben? Kann etwas weniger anmaßend sein? Es ist
kein Dogma; es ist nur eine Frage. Und doch kann eine Frage (vielleicht muß sie sogar) eine mehr oder weniger stillschweigende Voraussetzung enthalten; mit anderen Worten: ein Dogma. Sehen wir uns
an, was mit unserer Frage vorausgesetzt wird.

In ‚Warum soll ich moralisch sein?‘ war das ‚Warum soll ich?‘ ein
anderer Ausdruck für „Was ist das Gute an der Tugend?" oder vielmehr „Wofür ist sie gut?"; und wir haben gesehen, daß wir mit der
Frage „Ist Tugend als Mittel gut, und wieso?" in der Tat voraussetzen,
daß Tugend nur als Mittel gut ist. Das der Frage zugrundeliegende
Dogma ist daher ganz offenbar entweder (1) die allgemeine Aussage,
daß nur Mittel gut sind, oder (2) die besondere Behauptung dieser
Aussage im Fall der Tugend.

Zur Erklärung: Die Frage „Wofür?" oder „Wozu?" ist entweder allgemein anwendbar oder nicht. Sie gilt überall, oder sie soll nur hier
gelten. Nehmen wir als erstes an, daß sie überall gelten soll.

Dann (1) halten wir es für selbstverständlich, daß nichts an sich gut
ist; daß nur die Mittel für etwas anderes gut sind; daß „gut", mit einem
Wort, = „gut für", und zwar gut für etwas anderes. Dies wäre der allgemeine Grundsatz, nach der die Tugend beurteilt werden müßte.

Niemand würde vielleicht einen solchen Grundsatz ausdrücklich
formulieren, trotzdem dürfte es keine Zeitverschwendung sein, ihn zu
untersuchen.

Das Gute ist ein Mittel; ein Mittel ist ein Mittel für etwas anderes,
das ein Zweck ist. Ist der Zweck gut? Nein; wenn wir an unserem allgemeinen Grundsatz festhalten, ist er als Zweck nicht gut; das Gute
war immer gut für etwas anderes, und zwar als Mittel. Um gut zu
sein, muß der Zweck ein Mittel sein, und immer so weiter in einem
Prozeß ohne Ende. Wenn wir jetzt fragen: „Was ist gut?", dann müssen wir antworten: „Es gibt nichts, was *nicht* gut ist, denn es gibt
nichts, was man nicht auch als förderlich betrachten kann für etwas,
das ihm äußerlich ist. Alles ist bezogen auf etwas anderes. Und das
Wesen des Guten besteht darin, daß es kraft einer anderen Sache existiert, und wieder einer anderen Sache bis in alle Ewigkeit. Alles *ist*
etwas anderes; so lautet das Ergebnis, zu dem wir schließlich gelangen, wenn wir darauf beharren, daß unser Grundsatz allgemein
anwendbar sei.

Aber vielleicht brauchen wir das eben Gesagte gar nicht; denn jene, welche die Frage „Warum?" anfangs gestellt haben, dachten nicht an etwas Allgemeines. Das Gute war für sie kein unendlicher Prozeß leerer Unterscheidungen. Sie haben ein praktisches Interesse; sie verstehen unter dem Guten (das sie als Mittel bezeichnen), und müssen darunter auch verstehen, ein Mittel zu einem Zweck an sich; letzteren nehmen sie in allen Dingen an, und sie hängen ihn unbewußt allen Dingen an, die für sie angenehm sind. Würden wir sie beispielsweise fragen: „Tugend ist ein Mittel, so wie alle anderen Dinge auch, und überdies ein Mittel für alle anderen Dinge. Die Tugend ist ein Mittel für Lust, Schmerz, Gesundheit, Krankheit, Reichtum, Armut, und sie ist ein Gut, weil sie ein Mittel ist; und das gilt auch für Schmerz, Armut usw. Sie sind alle gut, weil sie Mittel sind. Meint ihr das mit der Frage „Warum?", dann würden sie mit Nein antworten. Und sie würden deshalb mit Nein antworten, weil etwas als Zweck und deshalb als gut aufgefaßt, und weil es dogmatisch vorausgesetzt wurde.

Wie wir sehen, ist die allgemeine Anwendung der Frage „Wofür?" oder „Wozu?" widerlegt. Die Frage gilt nicht überall, und wir müssen nun zweitens ihre besondere Anwendung auf die Tugend betrachten.

(2) Hier wird etwas als Zweck vorausgesetzt, und es wird außerdem vorausgesetzt, daß dieser *nicht* die Tugend ist. Von daher stellt sich die Frage: „Ist Tugend ein Mittel zu einem bestimmten Zweck, der das Gute ist? Ist Tugend gut? Und warum? D. h.: Als welchem Gut förderlich ist es gut?" Das Dogma „A oder B oder C ist ein Gut an sich" rechtfertigt die Fragestellung „Ist D ein Mittel zu A, B oder C?" Es ist dieser dogmatische Charakter der Frage, den wir herausstellen wollten. Es wird stillschweigend vorausgesetzt, daß ihre Vernünftigkeit, so formuliert, als wäre sie allgemein, sich auf ein bestimmtes Gebiet beschränkt. Unsere Antwort muß daher so lauten: „*Wenn* eure Formel (wie ihr eingesteht) nicht auf alles anwendbar ist, mit welchem Recht nehmt ihr dann an, daß sie auf die Tugend anwendbar ist?" „Seid tugendhaft, auf daß ihr glücklich seid (d. h. zufrieden)." Doch warum glücklich sein, und nicht vielmehr tugendhaft? „Die Lust aller ist ein Zweck." *Warum* aller? „Meine Lust." *Warum* meine? Eure Erwiderung muß lauten, daß es sich eurer Ansicht nach so verhält, und daß ihr bereit seid, über die These zu streiten, daß etwas anderes als Tugend der Zweck an sich sei. Dazu sind auch wir bereit, und wir werden zu beweisen versuchen, daß dies eine irrige These ist. Aber selbst wenn uns das nicht gelingt, haben wir doch hoffentlich deutlich gemacht, daß die Frage „Warum soll ich moralisch sein?" auf der Behauptung beruht, es gebe einen Zweck an sich, bei dem es sich

nicht um die Moralität handelt[2]; und einen dermaßen wichtigen Punkt darf man nicht für selbstverständlich halten.

Es ist schon ganz richtig, daß die Frage „Warum soll ich moralisch sein?" *ipso facto* bedeutet, eine bestimmte Auffassung von der Moralität zu haben, das heißt vorauszusetzen, daß die Tugend ein Mittel ist zu etwas anderem als sie selbst. Es ist aber ein Irrtum anzunehmen, daß die allgemeine Frage nach dem Warum irgendeine Präsumption für oder gegen irgendeine bestimmte Theorie zulasse. Wenn eine Theorie auf dem „Wofür?" fußen könnte als einer rationalen Formel, die immer gelten und immer erfüllt sein müßte, dann wäre sie in dieser Hinsicht zweifellos im Vorteil. Wir haben aber gesehen, daß alle Doktrinen, auch wenn sonst überhaupt keine Übereinstimmung zwischen ihnen besteht, gleichermaßen das „Wofür?" verwerfen und eben darin übereinstimmen müssen, denn sie alle müssen einen Zweck haben, der kein bloßes Mittel ist. Und wenn dem so ist, ist es dann nicht töricht anzunehmen, daß sie mit einer Begründung der Tugend irgendein Argument zugunsten des Hedonismus liefert, wenn sie für ihren eigenen Zweck überhaupt keine Begründung liefern kann? Liegt es nicht auf der Hand, daß man einen Zweck haben muß, wenn man eine Ethik hat; einen Zweck, der jenseits des Warum im Sinne des Wofür liegt; und daß dann die Frage wie vor zweitausend Jahren lautet: „Angenommen, es gibt einen Zweck, *was* ist dieser Zweck?" Und wie schon die Vernunft und die Geschichte lehren, setzt diese Frage nicht auch schon eine hedonistische oder irgendeine andere Antwort voraus.

Die Behauptung, der Zweck sei Lust, werden wir an anderer Stelle erörtern. Es liegt aber unmittelbar auf der Hand, daß in direktem Widerspruch zur Stimme des moralischen Bewußtseins steht, wer Tugend als ein bloßes Mittel für einen jenseits liegenden Zweck ansieht.

Dieses Bewußtsein, wenn es nicht von Selbstsucht entstellt und durch Sophisterei verblendet ist, ist davon überzeugt, daß es einfach unmoralisch ist, nach dem Warum zu fragen. Gutes um seiner selbst willen zu tun, ist Tugend; es um eines jenseits liegenden Zweckes oder

---

[2] „Die Frage selbst [Warum soll ich recht tun?] kann nur in einer Form gestellt werden, die voraussetzt, daß die utilitaristische Antwort die einzig mögliche ist. ... Die Worte ‚Warum soll ich' bedeuten ‚Was erreiche ich durch', ‚Welches Motiv habe ich für' diese oder jene Handlungsweise?" – [J. F.] Stephen (1873), *Liberty,* [*Equality, Fraternity,*] 2. Aufl., S. 361.

Objekts willen zu tun, ist niemals Tugend; und wer nur um eines Zweckes willen handelt, der nicht darin besteht, das Gute und Rechte zu tun, erweist sich als lasterhaft. Und die Theorie, der zufolge Tugend, ähnlich dem Gelderwerb, ein Mittel ist, das fälschlicherweise für einen Zweck gehalten wird, widerspricht der Stimme, die verkündet, daß die Tugend nicht nur ein Zweck an sich zu sein scheint, sondern auch ein solcher ist.[3]

---

3 Zwei Punkte verdienen hier erwähnt zu werden. (1) Es gibt eine Auffassung, die besagt: „Was Dich zum Handeln bringt, ist Lust (oder Schmerz); daher ist Lust (oder Schmerz) dein Motiv; sie (oder er) ist immer das Warum deiner Handlungen. Daß du es anders siehst, beruht auf einer psychologischen Illusion." Diese Auffassung betrachten wir in Essay VII. Es sei jedoch beiläufig angemerkt, daß diese Auffassung das Motiv, welches ein Objekt ist, das der Geist vor sich hat, mit dem psychischen Stimulus verwechselt, der kein Objekt ist, das der Geist vor sich hat, und der daher weder ein Motiv noch ein Warum ist, im Sinne eines zu erreichenden Zweckes.
(2) Es gibt eine andere Auffassung, welche die Moralphilosophie auf die Theologie zu gründen versucht, und zwar auf eine etwas grobschlächtige Theologie, die eigentlich nur in der Doktrin besteht, es gebe einen Strafrichter mit übermenschlichem Wissen und übermenschlicher Macht, der ein von ihm erlassenes Strafgesetzbuch anwendet. Man kann dies die ‚Tue es oder sei ver————t'-Theorie der Moral nennen; sie wird gegenwärtig wohl deshalb von Autoren vertreten oder zaghaft angedeutet, weil man mit ihr Löcher stopfen kann in Theorien, die ihrer Ansicht nach ohne eine solche Hilfe nicht wasserdicht wären; und (vermutlich) weniger deshalb, weil diese Theorie sie in den meisten Fällen völlig oder auch nur halbwegs überzeugt. Als theologische Doktrin interessiert uns diese Meinung hier nicht; wir wollen lediglich anmerken, daß sie als solche für uns das Wesen der Gottlosigkeit zu enthalten scheint; was aber die Moral betrifft, so meinen wir, daß sie nichts zur Moralphilosophie beiträgt, mag sie auch noch so wahr sein, es sei denn der Moralphilosophie geht es um die Mittel, durch die wir einfach Lust erlangen oder Schmerz vermeiden. Diese Theorie verwechselt nicht nur Moralität und Religion, sondern reduziert sie auch noch auf absichtliche Selbstsucht. Die Furcht vor einem Strafprozeß in der anderen Welt sagt uns nicht, was in dieser Welt moralisch richtig ist. Dem Gläubigen liefert sie lediglich ein selbstsüchtiges Motiv zum Gehorsam, während dem Ungläubigen kaum ein Motiv bleibt, manchmal sogar überhaupt keines. Ich kann nicht umhin zu bemerken, daß der feste Glaube an ein zukünftiges Strafgericht und die Furcht davor, soweit ich es ermessen kann, in den meisten Fällen den Geist nur wenig beeinflussen. Und die Tatsachen erlauben uns nicht anzunehmen, daß die Furcht vor Strafe in dieser Welt das Hauptmotiv ist, moralisch zu sein. In den meisten Fällen gibt es streng genommen *kein* weiteres Motiv. Jemand ist moralisch, weil er moralisch sein möchte;

Wenn wir uns also auf dieses, wie wir hoffen, allgemeine Bewußtsein berufen, was können wir dann antworten, wenn man uns die Frage stellt: „Warum soll ich moralisch sein?" im Sinne von: „Welchen
Vorteil bringt es mir?" Ich glaube, daß wir gut daran tun, hier alles zu
vermeiden, was das Angenehme der Tugend hervorhebt. Wir mögen
zwar glauben, daß sie alle denkbaren Freuden des Lasters übersteigt,
doch täten wir gut daran, uns zu erinnern, daß wir den moralischen
Standpunkt aufgeben, daß wir die Tugend erniedrigen und entehren,
wenn wir uns dazu überwinden, sie denen, die sie nicht um ihrer selbst
willen lieben, ihrer Wonnen zuliebe anempfehlen. Auf die gemeine
mechanische *banausia* mit ihrem ‚Was nützt' das Gute, Schöne oder
Wahre, der wir allenthalben begegnen, gibt es seitens der Freunde der
Wissenschaft, der Kunst oder der Religion und Tugend nur eine passende Antwort: „Wir wissen es nicht, und es kümmert uns auch nicht."
Das genügt als unmittelbare Antwort; wenn wir uns aber auf den
Standpunkt unseres Gegenübers stellen, können wir zurückfragen:
„Warum soll ich unmoralisch sein? Ist es nicht nachteilig, unmoralisch
zu sein?" Wir können fragen: „Ist deine Auffassung konsistent?
Befriedigt sie dich, und gibt sie dir, was du willst? Falls du zufrieden
bist, und insofern du zufrieden bist, sieh nach, ob du es nicht deshalb
und insofern bist, als du deiner Theorie untreu bist; insofern als du
nicht unmittelbar mit Blick auf das Angenehme lebst, sondern mit
Blick auf etwas anderes, oder mit überhaupt keiner Anschauung, sondern, wie du es nennen würdest, ohne irgendeinen „Grund". Wir glauben, daß im Grunde deines Herzens dein Zweck derselbe ist wie unserer, daß du dich über diesen Zweck aber nicht nur gründlich irrst,
sondern es im Grunde deines Herzens auch fühlst und weißt, oder es
zumindest tätest, wenn du nur darüber nachdächtest." Mehr sollten
wir meiner Ansicht nach nicht sagen.
Was sollen wir noch sagen? Mit jemandem, der sich auf den Standpunkt totaler Skepsis stellt, kann man nicht argumentieren. Man kann
ihm zeigen, daß er sich widerspricht; wenn er aber sagt: „Das küm-

---

und er möchte moralisch sein, teils weil es ihm aufgrund seiner Erziehung
zur Gewohnheit geworden ist, teils weil er sieht, daß er auf diese Weise
bekommt, was er will, während dies für das Gegenteil nicht gilt. In der Regel
bleibt er nicht deshalb „reell", weil er der Übel ansichtig wird, die ihm von
außen drohen können; und die Scham, die er angesichts der schlechten Meinung anderer empfindet, ist kein bloß äußeres Übel, das als solches auch
nicht einfach gefürchtet wird. Kurzum, ein Mensch ist mehr als die bloße
Abstraktion eines wirklichen oder möglichen Straftäters.

mert mich nicht" – dann hat es damit ein Ende. Genauso ist es mit jemandem, der sagt: „Ich werde tun, was mir gefällt, eben weil es mir gerade gefällt; und was Zwecke betrifft, so lasse ich keine gelten." Man kann ihm wohl zeigen, daß er sich tatsächlich anders verhält; und wenn er irgend etwas als Zweck behauptet, wenn er nur sagt: „Ich habe nur mich selbst als Zweck", dann kann man mit ihm argumentieren und versuchen, ihm zu beweisen, daß er sich hinsichtlich der Natur des von ihm angegebenen Zweckes irrt. Wenn er aber sagt: „Mich kümmert es nicht, ob ich moralisch oder vernünftig bin, noch, wie sehr ich mir widerspreche", dann hört alles Argumentieren auf. Wir, in deren Macht es steht, glauben, was vernünftig ist, muß (wenn es noch nicht ist) zumindest wirklich werden, und lehnen es ab, irgend etwas anderes gelten zu lassen. Da wir uns nämlich auf den Standpunkt der Vernunft stellen, können wir natürlich keinen weiteren Vernunftgrund angeben; aber wir stemmen uns mit unserer Vernunft gegen alles, was sich ihr zu widersetzen scheint, so daß alle bald einsehen müssen, daß moralische Verpflichtungen nicht verschwinden, wenn sie nicht mehr wahrgenommen oder geleugnet werden.

Hat also die Frage „Warum soll ich moralisch sein?" keinen Sinn, und läßt sich daher auch keine positive Antwort geben? Ja, die Frage hat überhaupt keinen Sinn; sie ist einfach bedeutungslos, es sei denn, sie ist gleichbedeutend mit der Frage „*Ist* die Moralität ein Zweck an sich; und wenn ja, wieso und in welcher Hinsicht ist sie ein Zweck?" Ist Moralität dasselbe wie der Zweck für den Menschen, so daß die beiden austauschbar sind; oder ist Moralität eine Seite, ein Aspekt oder ein Element eines Zweckes, der größer ist als sie selbst? Ist sie der ganze Zweck, aus allen Blickwinkeln betrachtet, oder ist sie nur eine Sicht auf das Ganze? Ist der Künstler moralisch, insofern er ein guter Künstler ist, oder ist der Philosoph moralisch, insofern er ein guter Philosoph ist? Sind ihre Kunst oder Wissenschaft und ihre Tugend eines, aus ein und demselben Blickwinkel betrachtet, oder handelt es sich um zwei Dinge oder um eines, aus zwei Blickwinkeln betrachtet?

Dies sind keine leicht zu beantwortenden Fragen, und wir können sie hier auch nicht erörtern. Wir haben den Leser jetzt so weit vorbereitet, daß er sich den folgenden Essays zuwenden kann. Bleibt uns nur noch die Aufgabe, darauf hinzuweisen, welches der allgemeinste Ausdruck für den Zweck an sich ist, für das letzte praktische Warum; wir finden ihn in dem Wort *Selbstverwirklichung*. Das Folgende ist nun eine Vorwegnahme noch zu erörternder Dinge; wir können daher nicht versprechen, das es schon verständlich ist; der Leser, der damit Schwierigkeiten hat, sollte besser gleich zu Essay III übergehen.

Wie läßt sich beweisen, daß der letzte Zweck Selbstverwirklichung ist? Es gibt hier nur eine Möglichkeit. Man muß wissen, was wir meinen, wenn wir „Selbst", „wirklich", „verwirklichen" und „Zweck" sagen; das zu wissen hieße, so etwas wie ein System der Metaphysik zu haben; und es auszusprechen hieße, dieses System darzulegen. Statt nun zu sagen, daß wir nicht genügend Platz haben, um unsere Auffassungen zu entwickeln, wollen wir offen bekennen, daß wir solche Auffassungen eigentlich nicht besitzen und deshalb unsere These nicht *beweisen* können. Wir können sie nur teilweise erläutern und können versuchen, sie plausibel zu machen. Es handelt sich um eine Formel, die erst in den nachfolgenden Essays mit Inhalt gefüllt wird, die wir aber schon hier dem Leser nahebringen wollen.

Man wird sogleich einwenden: „Gewiß gibt es Zwecke, die nicht mit mir identisch sind und außerhalb meiner Tätigkeit liegen, die ich aber trotzdem verwirkliche und, wie ich glaube, verwirklichen sollte." Wir müssen versuchen zu zeigen, daß der Einwand auf einem Mißverständnis beruht und als Tatsachenfeststellung unüberwindliche Schwierigkeiten mit sich führt.

Wenden wir uns zuerst an das moralische Bewußtsein und lassen uns von ihm über seinen Zweck berichten.

Moralität impliziert einen Zweck an sich; wir halten das für selbstverständlich. Etwas muß getan werden, ein Gut muß verwirklicht werden. Dieses Ergebnis ist aber für sich genommen noch nicht Moralität; Moralität unterscheidet sich von der Kunst darin, daß sie die Handlung nicht zu einem *bloßen* Mittel für das Ergebnis machen kann. Aber es gibt ein Mittel. Nicht nur, daß etwas getan werden muß; etwas muß von mir getan werden – *ich* muß die Handlung vollziehen, muß den Zweck verwirklichen. Moralität impliziert sowohl das zu Tuende, als auch, daß ich es tue; und wenn man beide als Zweck und Mittel betrachtet, dann kann man den Zweck nicht von den Mitteln trennen. Wenn man sich entschlösse, Zweck und Mittel zu vertauschen, und sagte, mein Tun ist der Zweck und das zu Tuende ist das Mittel, dann würde man nicht gegen das moralische Bewußtsein verstoßen; denn in Wahrheit greifen Mittel und Zweck hier gar nicht. Für mich bedeutet die Handlung meine Handlung, und jenseits der Handlung gibt es keinen Zweck. Dies zeigt sich auch in der Überzeugung, daß ein Mißerfolg, moralisch gesehen, mit einem Erfolg gleichbedeutend sein könne – etwa in dem Ausspruch, daß es nichts Gutes gebe als allein ein guter Wille. Kurzum, für die Moralität impliziert der Zweck die Handlung, und die Handlung impliziert Selbstverwirklichung. Das zeigt sich, wenn man daran zweifeln wollte, schon allein (beiläufig gesagt) am Gefühl der Lust, das mit dem Vollzug der Handlung einhergeht. Wenn sich nämlich in der Lust das Selbst fühlt und jene die Handlung begleitet, dann wird darin deutlich, daß sich im Vollzug der Handlung das Selbst entäußert.

Wir dürfen aber auf das moralische Bewußtsein nicht allzu viel Gewicht legen, denn man wird uns vielleicht daran erinnern, daß man es nicht nur erklären kann, sondern häufig auch schon, wie das Bewußtsein des Geizhalses, erklärt hat, und daß beide Geisteszustände Illusionen sind, die nach ein und demselben Prinzip erzeugt werden.

Lassen wir also das moralische Bewußtsein beiseite, und zerbrechen wir uns nicht den Kopf darüber, was wir unserer Ansicht nach tun sollten. Versuchen wir zu zeigen, daß das, was wir eigentlich tun, darin besteht, uns auf vollkommene oder unvollkommene Weise selbst zu verwirklichen, und daß wir unmöglich etwas anderes tun können; daß wir lediglich (vom Zufall einmal abgesehen) unsere Zwecke oder jene Objekte verwirklichen können, die wir begehren; und begehren können wir, mit einem Wort, nur das Selbst.

Wir glauben, daß dies von unseren psychologischen Hauptkontrahenten gern zugegeben wird. Wir möchten aber vermeiden, daß es auf eine Art und Weise geschieht, die es bedeutungslos werden läßt; diese Gefahr kann durchaus bestehen. Wir wollen nicht, daß der Leser sagt: „Oh ja, natürlich, die Relativität des Wissens – alles ist ein Bewußtseinszustand", und damit die Frage für erledigt erklärt. Falls der Leser glaubt, eine Dampflok sei nach ihrer Fertigstellung nichts[4] anderes als ein Geisteszustand derjenigen Person oder Personen, die sie hergestellt haben, oder die sie betrachten, so sind wir versucht zu

---

[4] Wir dürfen hier vielleicht anmerken, daß der gewöhnliche ‚philosophische‘ Mensch, der über ‚Relativität‘ redet, wirklich nicht zu wissen scheint, was er sagt. Er wird einem sagen, daß ‚alles‘ (oder ‚alles, was wir wissen oder wissen können‘ – zwischen dieser Formulierung und dem ‚alles‘ besteht praktisch gar kein Unterschied) auf das Bewußtsein bezogen sei – und er meint damit offensichtlich kein Bewußtsein, das nicht sein eigenes ist, wobei er, so würde ich denken, für einen Begriff des Geistes, der mehr umfaßt als den Geist dieser oder jener Person, nur ein Lächeln übrig hat. Und dann, vielleicht einige Seiten vorher oder danach, redet er über den Zustand der Erde bevor Menschen existierten. Wir möchten aber wissen, was das in aller Welt bedeutet; und um die Sache zu klären, schlagen wir die beiden folgenden Fragen vor – (1) Ist mein Bewußtsein etwas, das mich übersteigt, und wenn ja, in welchem Sinn? (2) Hatte ich einen Vater? Was meine ich damit, und wie kann ich eine Bejahung dieser Frage mit meiner Antwort auf Frage (1) vereinbaren?

sagen, daß wir eine derartig dumme Doktrin nicht vertreten. Wir würden ihre Vertreter vielmehr darauf aufmerksam machen, daß die Lokomotive vor ihrer Fertigstellung auf alle Fälle ein ganz anderer Geisteszustand ist als danach.

Ferner wollen wir nicht, daß der Leser sagt: „Gewiß, alle Objekte oder Zwecke, die ich zu verfolgen gedenke, sind als solche bloße Zustände meines Geistes – Gedanken im Kopf oder irgendwelche Zustände von mir, und wenn sie wirklich werden, werde auch ich wirklich." Denn obwohl es nur zu wahr ist, daß mein Gedanke als mein Gedanke nicht unabhängig davon existieren kann, daß ich ihn denke, und daher der von mir verfolgte Zweck als solcher ein Zustand von mir[5] sein muß, ist es doch nicht das, worauf wir hinauswollen. Alle meine Zwecke sind meine Gedanken, aber alle meine Gedanken sind nicht meine Zwecke. Und wenn wir mit Selbstverwirklichung meinten, daß in meinem Kopf die Vorstellung von einem zukünftigen äußeren Ereignis ist, dann sollte ich mich ganz praktisch verwirklichen, wenn ich merke, daß die Lokomotive zu entgleisen droht und es dann auch tut.

Ein begehrtes Objekt ist (als begehrtes) ein Gedanke, und zwar mein Gedanke; aber es kommt noch etwas hinzu und dieses Zusätzliche besteht, kurz gesagt, darin, daß ich es begehre. Bevor wir fortfahren, sollten wir von Rechts wegen eine Theorie des Begehrens entwickeln; aber wenn wir das könnten, könnten wir dabei nicht stehenbleiben. Wir sagen jedoch mit einiger Zuversicht, daß das Begehrte im Begehren in jedem Fall das Selbst sein muß.

Wenn wir die Theorie akzeptieren könnten, daß der Zweck oder das Motiv immer die Vorstellung eigener Lust (oder eigenen Schmerzes) ist, die mit dem vorgestellten Objekt verbunden ist, und die am Objekt das ist, was uns bewegt, und zwar das einzige, was uns wirklich bewegt, dann würde daraus unmittelbar folgen, daß wir einzig und allein auf einen Zustand unserer selbst hinzielen können.

Wir können diese Theorie jedoch nicht akzeptieren, da sie unserer Meinung nach die Tatsachen sowohl ignoriert als auch im Gegensatz zu ihnen steht (siehe Essay VII). Obwohl wir also nicht zugeben, daß das Motiv immer oder in den meisten Fällen in der Vorstellung eines Zustandes unseres fühlenden Selbst besteht, halten wir es doch für offensichtlich, daß nicht bewegt, was nicht begehrt wird, und daß wir selbst es sind, was begehrt wird. Denn alle Objekte oder Zwecke

---

[5] Beiläufig sei erwähnt, daß daraus nicht folgt, es handele sich um nichts anderes als ein Zustand von mir als dieser oder jener Person.

haben im Zusammenhang mit unserer Befriedigung gestanden oder (richtiger) sind in uns und als wir selbst gefühlt worden, oder auch: wir haben uns in ihnen gefühlt; und der einzige Grund, weshalb sie uns jetzt bewegen liegt darin, daß wir uns jetzt, wenn sie unserem Geist als Motive gegenwärtig sind, in ihnen bejaht oder bestätigt fühlen. Seinem Wesen nach bestünde demnach das Begehren eines Objekts in dem Gefühl, sich in der Vorstellung eines Etwas, das nicht wir selbst sind, bestätigt zu sehen, im Gegensatz zu dem Gefühl der Leere und Negation, das uns befällt, wenn es kein solches Objekt gibt; aus dieser spannungsvollen Beziehung entsteht Bewegung. Wenn dem so ist, dann wird nur das begehrt, womit wir uns identifizieren; und wir können auf etwas nur insofern abzielen, als wir darin auf uns selbst abzielen.

Doch lassen wir das eben Gesagte auf sich beruhen, da wir es hier nicht weiter entwickeln können und zudem kein besonderes Gewicht darauf legen; gleichwohl glauben wir, daß der Leser uns vermutlich so weit zustimmen wird, daß wir im Begehren in bestimmter Weise uns selbst oder einen Zustand unserer selbst wollen, sofern wir dies wollen, und daß es psychologisch unerklärlich wäre, wenn wir etwas anderes wollten.

Betrachten wir dies also als erwiesen; aber meinen wir das, wenn wir von Selbtverwirklichung reden? Läuft alles nur auf die Schluß-folgerung hinaus, daß wir einen Zustand unserer selbst zu verwirklichen suchen, wenn wir etwas zu verwirklichen suchen? Nein, denn das Selbst, das wir zu verwirklichen suchen, ist für uns ein Ganzes und keine Ansammlung von Zuständen. (Mehr dazu in Essay III.)

Wenn wir also beim Leser den Glauben an die Doktrin voraussetzen dürfen, daß das Gewollte ein Zustand des eigenen Selbst ist, dann möchten wir, darauf fußend, des weiteren behaupten, daß das ganze Selbst in seinen Zuständen gegenwärtig ist, und daß deshalb das Objekt, auf das wir abzielen, das ganze Selbst ist. Das meinen wir mit Selbstverwirklichung. Wenn das Begehrte ein Zustand des Selbst ist, kann man dann, so möchten wir fragen, Zustände des eigenen Selbst haben, die Zustände von nichts sind (vergleiche Essay I); kann es einem dann überhaupt gelingen, das Selbst als eine Ansammlung, einen Strom, eine Kette, eine Folge oder als ein Aggregat zu betrachten? Wenn man es sich nicht als ein bloßes einzelnes vorstellen kann, kann man es sich dann andererseits als ein bloßes vieles vorstellen, als bloße einzelne; oder sieht man sich nicht vielmehr genötigt, ob man nun will oder nicht, es als eines in vielen oder als viele in einen zu betrachten? Werden wir nicht gezwungen, das Selbst als ein Ganzes anzusehen, das weder bloß die Summme seiner Teile ist noch irgendein anderes Einzelding neben ihnen? Und müssen wir nicht sagen, daß das eigene Selbst zu verwirklichen immer die Verwirklichung eines Ganzen ist, und daß es in der Moral darum geht, das wahre Ganze zu finden, dessen Verwirklichung praktisch das wahre Selbst verwirklicht?

Diese Frage wird uns bis zum Ende dieses Bandes beschäftigen. Lassen wir sie in der Form, in der sie gestellt wurde, fürs erste außer acht, begnügen uns mit der Aussage, daß etwas zu verwirklichen heißt, das eigene Selbst zu verwirklichen, und schauen jetzt, unabhängig von irgendwelchen psychologischen oder metaphysischen Fragen, welche Zwecke von lebendigen Menschen tatsächlich verfolgt werden, und ob sie nicht in der Gestalt eines Ganzen auftreten.

Meiner Ansicht nach müssen wir uns bei diesem Punkt nicht allzu lange aufhalten; denn es scheint klar zu sein, daß wir, wenn wir uns fragten, was wir uns sehnlichst wünschen, auf einen allgemeinen Wunsch stießen, der unsere besonderen Wünsche einschließen und implizieren würde. Wenn wir uns nun dem Leben zuwenden, dann erkennen wir, daß niemand unzusammenhängende Zwecke verfolgt; man denkt über den Augenblick, über diese oder jene Lebenslage hinaus; einzelne Zwecke werden größeren Zwecken untergeordnet; jede Situation wird (bewußt oder unbewußt) als Teil einer umfassenderen Situation gesehen, und mit jeder beliebigen Handlung zielt man auf und verwirklicht man ein größeres Ganzes, das zwar nicht in der einzelnen Handlung als solcher wirklich ist, aber doch in der Gesamtheit aller Handlungen, die es ins Werk setzen. Wir brauchen hier nicht stehenzubleiben, weil man die Existenz größerer Zwecke, die kleinere Zwecke umfassen, nicht bezweifeln kann; und insoweit können wir sagen, daß das von uns verwirklichte Selbst mit Ganzheiten identifiziert wird, oder daß die Vorstellungen der von uns verwirklichten Zustände des Selbst mit Vorstellungen assoziiert sind, die für Ganzheiten stehen.

Trifft es aber auch zu, daß diese größeren Ganzheiten in einem Ganzen enthalten sind? Ich glaube schon. Ich habe nicht vergessen, daß wir in der Regel nicht *aus* einem Prinzip *heraus* oder mit dem Prinzip vor Augen handeln, und der Leser möge bitte nicht vergessen, daß es für uns zwar ein Prinzip als Grundlage oder Ziel geben kann, daß wir aber darüber nichts zu wissen brauchen. Ich will damit natürlich nicht sagen, daß jeder schon einmal auf die Idee gekommen ist, sich zu fragen, ob er auf ein Ganzes abziele, und worin das bestehe; denn dazu bedarf es einigen Nachdenkens, was nicht immer in ausreichendem Maße gelingt. Ich will damit auch nicht sagen, daß jeder konsistent handelt, daß keiner von seinem selbst gesetzten Zweck abweicht oder Zwecke verfolgt, die nicht unter seinen Hauptzweck fallen. Ich behaupte außerdem nicht, daß das Leben jedes einzelnen ein Ganzes bildet; manche Menschen verfolgen vielmehr Zwecke, die nicht im Einklang miteinander stehen, die unvereinbar sind und sich nicht in ein System bringen lassen.[6] Vielmehr sage ich, daß, wenn man sich das Leben eines normalen Menschen genau ansieht und die Zwecke betrachtet, die er (seinen Handlungen nach zu urteilen) im Auge hat, diese Zwecke dann, grob gesprochen, in einen Hauptzweck oder in ein Ganzes von Zwecken sich einfügen. Es heißt, daß „jeder einen anderen Begriff von Glück" habe; das trifft aber wohl kaum zu, solange man es nicht genauer ausführt. Gewiß, jeder hat *einen* Begriff von Glück, nämlich *seinen* Begriff, auch wenn er ihn nicht genau kennt. Die meisten Menschen führen ein Leben, mit dem sie leidlich zufrieden sind, und prüft man dieses Leben, dann erweist es sich als recht systematisch; es erweist sich als eine Sphäre, die weitere Sphären einschließt, wobei die niederen Sphären einzelne, von ihnen näher bestimmte Handlungen umfassen, während sie selbst dem Ganzen untergeordnet sind und von ihm näher bestimmt werden. Und die meisten Menschen haben eine mehr oder weniger ausgeprägte Idealvorstellung vom Leben – einen Begriff vom vollkommenen Glück, das im wirklichen Leben nie ganz erreicht wird. Und wenn man (natürlich nicht irgendeinen, sondern) den normalen ehrbaren und ernsthften Menschen nimmt, einen, der lang genug auf der Welt war und daher weiß, was er will, dann wird man entdecken, daß sein Begriff vom vollkommenen Glück oder idealen Leben nicht etwas Verstreutes, wie man sagen könnte, oder Zusammenhangloses meint, sondern daß ihm vielmehr eine Einheit vorschwebt, die, wenn man sie sich etwas genauer ausmalt, ein System darstellt, in dem das einzelne einem Ganzen dient.

Ohne mich darüber weiter auszulassen, möchte ich den Leser bitten, darüber nachzudenken, ob die Zwecke, die sich gewöhnliche Menschen setzen, nicht Ganzheiten und letztlich nicht Glieder eines größeren Ganzen sind; und, wenn dem so ist, ob wir nun, da dem so ist und wir (wie bereits festgestellt) nur uns selbst wollen können,

---

6 Daß diese Menschen im allgemeinen ein unglückliches Leben führen, weist darauf hin, daß der wahre Zweck ein Ganzes bildet. Unzufriedenheit entsteht aus dem Wissen oder dem Gefühl, daß das Selbst nicht verwirklicht wurde, und zwar deshalb nicht, weil es nicht als System verwirklicht wurde.

nicht sagen müssen, daß wir nicht nur auf die Verwirklichung des eigenen Selbst abzielen, sondern auf das eigene Selbst als Ganzes, insofern wir nämlich erkennen, daß es ein allgemeines Objekt des Begehrens gibt, mit dem das eigene Selbst identifiziert wird, oder (nach anderer Auffassung) mit dessen Vorstellung die Vorstellung von Lust verbunden ist.

Bisher haben wir versucht darzulegen, daß es unser Selbst ist, auf das wir abzielen, und zwar unser Selbst als Ganzes; mit anderen Worten, daß unser Selbst als Ganzes letztlich der Inhalt unseres Willens ist. Wir können hier vielleicht noch etwas mehr Klarheit schaffen, wenn wir die Form des Willens in Betracht ziehen – womit wir natürlich nicht andeuten wollen, daß die Form etwas Wirkliches ist unabhängig vom Inhalt.

In diesem Punkt sind wir verpflichtet, nur das zu behaupten, was unserer Meinung nach den Tatsachen entspricht. Im vorhergehenden Essay haben wir uns dahingehend geäußert, daß wir mit „Ich will dies oder das" wirklich etwas meinen. Wir wollen damit nicht (wenigstens nicht in der Regel) ein Selbst, das will, von einem Selbst, das nicht will, unterscheiden; vielmehr wollen wir damit das Selbst als Wille im allgemeinen von diesem oder jenem Objekt des Begehrens unterscheiden und zugleich die beiden identisch setzen; wir wollen damit sagen, dies oder jenes wird gewollt, oder der Wille hat sich in diesem oder jenem entäußert. Der Wille wird als Ganzes betrachtet, und zwar als Ganzes mit zwei Seiten oder Bestimmungen. Betrachten wir einen Willensakt, und damit die Sache noch deutlicher wird, wollen wir eine beliebige Willensentscheidung nehmen. Wir haben widerstreitende Wünsche, etwa A und B; wir befinden uns in einem inneren Zwiespalt, werden (sozusagen) in zwei Richtungen gezogen; wir können uns aber nicht wirklich in beiden bejahen. Eine Handlung bleibt aus; wir denken über die beiden Objekte des Begehrens nach, und wir sind uns bewußt, daß wir über sie nachdenken, oder (sofern unsere Sprache uns die Redeweise erlaubt) über ihnen nachdenken. Wir starren aber nicht nur solange vor uns hin, bis wir sozusagen entdecken, daß wir in eine der beiden Richtungen gegangen sind, uns für A oder B entschieden haben. Denn wir sind uns außerdem unserer selbst nicht einfach nur als etwas bewußt, das theoretisch über A und B steht, sondern auch als etwas, das praktisch über ihnen steht, als Konzentration, die nicht das eine oder das andere ist, sondern die Möglichkeit beider; die das gleichgültige Innere ist gegenüber einer Handlung, die A verwirklichen soll, oder einer Handlung, die B verwirklichen soll; die daher keine von beiden ist, und doch beiden überlegen. Kurzum, wir fühlen uns selbst nicht einfach nur in A und B, sondern haben uns auch von beiden unterschieden, als etwas, das über beiden steht. Dies ist die eine Bestimmung des Wollens, und es gibt wohl kaum einen besseren Namen dafür als den der allgemeinen Bestimmung oder Seite oder des allgemeinen Moments.[7] Über die zweite Bestimmung müssen wir sehr viel weniger sagen. Um zu wollen, müssen wir etwas wollen; die allgemeine Seite ist für sich noch gar kein Wille. Um zu wollen, müssen wir uns mit diesem, jenem oder einem anderen identifizieren; hier haben wir die besondere Seite oder die zweite Bestimmung im Wollen. Drittens ist das Wollen als Ganzes (und erst als Ganzes ist es Wollen) die Identität beider Bestimmungen und ist als Ganzes ihr Hinauswerfen oder Hinaussetzen ins äußerliche Dasein; ist sowohl die Verwirklichung der besonderen Seite, des Dies oder Das, was zu tun ist, als auch die Verwirklichung der inneren Seite des eigenen Selbst im Tun, wobei das eigene Selbst sich in beiden verwirklicht, wie sich am Gefühl der Lust zeigt. Diese Einheit der beiden Bestimmungen können wir das individuelle Ganze oder auch das konkrete Allgemeine nennen; auch wenn wir uns dieser verschiedenen Bestimmungen selten bewußt sind, wird doch jeder Willensakt, wenn man ihn analysiert, als ein solches Ganzes erkannt werden, daß er also verwirklicht, was in der Natur des Willens liegt.

Aber zu welchem Zweck haben wir diese Feststellung getroffen? Unsere Absicht war es, die Aufmerksamkeit des Lesers auf die Tatsache zu lenken, daß nicht nur das, was von Menschen gewollt wird, der

---

[7] Wie wir bereits im vorhergehenden Essay gesehen haben, lauern hier zwei Gefahren in Gestalt zweier einseitiger Auffassungen, Scylla und Charybdis. Die erste besteht darin, daß man die allgemeine Seite ganz übersieht, sogar als Element; die zweite besteht darin, daß man sie für mehr als ein Element ausgibt, daß sie für sich schon Wille sei. Gegen diese Auffassung muß betont werden, daß der Wille ist, was er will; daß, wer will, etwas wollen muß; daß man nicht die bloße Form des Willens wollen kann; daß außerdem die bloß formale Entscheidungsfreiheit, wäre sie wirklich, nicht nur *nicht* die wahre Freiheit wäre, sondern daß sie darüber hinaus eine metaphysische Fiktion ist; daß das Allgemeine nur als eine Seite des Ganzen wirklich ist und sich nur vom Ganzen her bestimmt; und daß im überlegtesten und scheinbar formellen Wollen das abstrahierte Selbst, das über dem Einzelnen steht, nicht nur die Abstraktion vom vorgestellten einzelnen Wunsch oder den vorgestellten einzelnen Wünschen ist, sondern auch vom ganzen Selbst, dem Selbst, das alle früheren Handlungen in sich birgt, und daß *die Abstraktion ebenso bestimmt wird durch das, wovon abstrahiert wird*, wie sie selbst ein Moment in der Bestimmung der konkreten Handlung ist.

von ihnen verfolgte Zweck, ein Ganzes ist, sondern auch daß der Wille selbst, unabhängig von irgendwelchen besonderen Objekten oder Inhalten betrachtet, ein ähnliches Ganzes ist; oder, um es in der richtigen Reihenfolge zu sagen: das Selbst ist in einem Ganzen von Zwecken verwirklicht, weil es ein Ganzes ist, und weil es nicht zufrieden ist, bis es sich selbst gefunden hat, bis der Inhalt der Form angemessen ist und dieser Inhalt verwirklicht ist; das ist es, was wir mit praktischer Selbstverwirklichung meinen.

„Verwirkliche dich selbst", „verwirkliche dich selbst als ein Ganzes", so lautet das Ergebnis des Vorhergehenden. Der Leser, so fürchte ich, ist dieser einleitenden Bemerkungen vielleicht schon überdrüssig, doch wird es sich am Ende zeigen, daß es besser ist, wenn wir hier noch ein wenig verweilen. Wir wissen jetzt nur, daß wir das eigene Selbst als *ein* Ganzes verwirklichen müssen; um *welches* Ganze es sich dabei handelt, wissen wir aber nicht, und das müssen wir noch eingehender betrachten.

Der von uns erstrebte Zweck (um es zu wiederholen) liegt darin, daß wir uns selbst als Ganzes finden und besitzen. Das ist unser theoretisches wie auch praktisches Ziel. In theoretischer Hinsicht wollen wir ein Objekt verstehen; wir wollen die Welt der sinnlich wahrnehmbaren Tatsachen weder beseitigen noch verändern, sondern wollen ihre Wahrheit ergründen. Die ganze Wissenschaft geht davon aus, daß man das „Nicht-Ich" wirklich verstehen kann; sie steht und fällt mit dieser Annahme. Solange eine Theorie unserem Geist fremd und andersartig vorkommt, solange sagen wir, daß wir die Wahrheit noch nicht gefunden haben; wir spüren den Impuls, immer weiter zu gehen, wir ändern unsere Auffassungen immer wieder, bis wir sie als ein konsistentes Ganzes vor uns sehen. Dann erst kommen wir zur Ruhe, denn wir haben die Natur unseres Geistes und zugleich die Wahrheit der Tatsachen gefunden. Ebenso in praktischer Hinsicht, mit einem Unterschied. Hier besteht unser Ziel nicht darin, das Gegebene so zu lassen, wie es ist, und nur seine Wahrheit zu finden, sondern wir wollen mit allen Mitteln, daß eine sinnlich wahrnehmbare Tatsache der Wahrheit unseres Selbst entspreche. Wir sagen: „Mein sinnlich wahrnehmbares Dasein ist so beschaffen, aber in Wahrheit bin ich nicht so; ich bin anders." Einerseits ist es eine Tatsache, daß ich und die für mich existierende Welt ganz verschieden sind; andererseits sagt mir meine Natur instinktiv, daß die Welt meine Welt ist. Aus diesem Impuls heraus handele ich; ich verändere die sinnlich wahrnehmbaren Tatsachen immer wieder, bis ich in ihnen nichts anderes mehr finde als mich selbst in die Tat umgesetzt. Dann besitze ich meine Welt, und

ich besitze sie erst, wenn ich meinen Willen in ihr gefunden habe; und
den finde ich erst, wenn ich eine Harmonie oder ein Ganzes habe im
Sinne eines Systems.

Sowohl in theoretischer wie auch in praktischer Hinsicht liegt mein
Zweck darin, mich selbst als ein Ganzes zu verwirklichen. Aber ist das
alles? Wollen wir in theoretischer Hinsicht lediglich eine *konsistente*
Anschauung? Wollen wir in prakischer Hinsicht lediglich ein *harmonisches* Leben? Sicher nicht. Eine Doktrin muß nicht nur einen inneren Zusammenhalt haben, sondern auch die Tatsachen zusammenhal-
ten. Wir können uns mit ihr nicht einfach deshalb zufriedengeben,
weil sie sich nicht widerspricht. Eine Theorie muß die Tatsachen
erfassen, und eine grundlegende Theorie muß alle Tatsachen erfassen.
Das gilt auch für die Praxis. Es ist kein menschliches Ideal, „das
Leben einer Auster" zu führen. Wir haben kein Recht, zuerst herauszufinden, was wir zufälligerweise sind und haben, um dann unsere
Wünsche danach auszurichten. Wir können es nicht, selbst wenn wir
es wollten, und die Moralität ruft uns zu, daß wir uns selbst untreu
werden, wenn wir es versuchen. Gegenüber den sinnlichen Tatsachen
in uns und um uns herum müssen wir immer und immer versuchen,
unser Imperium auszudehnen; wir müssen zumindest versuchen vor-
wärtszuschreiten, oder wir werden mit Sicherheit zurückgedrängt.

Selbstverwirklichung bedeutet also mehr als die bloße Behauptung
des Selbst als eines Ganzen.[8] Hier können wir vielleicht auf zwei Prinzipien verweisen, die Kant unter den Namen „Homogenität" und
„Spezifikation" aufstellte. Ungeachtet unserer Beziehung zu Kant
können wir sagen, daß das Ideal weder darin besteht, vollkommen
homogen, noch einfach darin, bis zum letzten Grad spezifiziert zu
sein; es besteht in der Kombination beider Elemente. Unser wahres
Sein ist weder das Extrem der Einheit noch das der Mannigfaltigkeit,
sondern die vollkommene Einheit beider. Und „Verwirkliche dich
selbst" bedeutet nicht „Sei ein Ganzes", sondern „Sei ein *unendliches*
Ganzes".

Bei diesem Wort, fürchte ich, wird der Leser, der noch nicht an uns
verzweifelt ist, innehalten und sich weigern, den Bereich des Unsinns
zu betreten. Aber warum soll es Unsinn sein? Wenn Dichter und Pre-
diger uns sagen, der Geist sei unendlich, haben die meisten das

---

8   Ich lasse hier die wichtige Frage außer acht, ob irgendein partielles Ganzes
     in sich konsistent sein *kann*. Wenn das nicht sein kann (was die bessere Auf-
     fassung zu sein scheint), dann werden wir nicht sagen müssen „Systemati-
     siere *und* dehne aus", denn das zweite wird im ersten impliziert sein.

Gefühl, daß es sich so verhält; und ist unsere Wissenschaft wirklich dahin gelangt, daß die Überzeugungen, die unseren höchsten Gefühlen entsprechen, theoretische Absurditäten sein müssen? Sollte die Philosophie, die uns solches sagt, sich ihrer Sache nicht sehr sicher sein? Wenn der Leser mir aber folgen will, dann, so glaube ich, werde ich ihm zeigen können, daß die Endlichkeit des Geistes eine sehr viel schwerer zu begründende These ist als seine Unendlichkeit.

Es wäre gut, wenn ich den Leser fragen könnte, was er unter „endlich" versteht. Da das nicht möglich ist, muß ich es sagen, daß endlich begrenzt oder abgeschlossen heißt. Endlich zu sein heißt, eines unter anderen zu sein, eines, das *nicht* anderes ist. Ein Endliches endet dort, wo das andere Endliche anfängt; es ist von außen begrenzt und kann nicht über sich selbst hinausgehen, ohne etwas anderes zu werden und somit zu vergehen.[9]

„Der Geist", so wird uns gesagt, „ist endlich; und wir sagen, er sei endlich, weil wir wissen, daß er endlich ist. Der Geist weiß, daß er selbst endlich ist." Dieser Doktrin müssen wir entgegentreten.

Unsere Antwort lautet, daß der Geist *nicht* endlich ist, eben weil er weiß, daß er endlich *ist*. „Das Wissen von der Grenze überwindet die Grenze." Es ist ein schreiender Selbstwiderspruch, daß das Endliche um seine eigene Endlichkeit wissen soll; und es ist nicht schwer, das zu erläutern.

Endlich bedeutet: von außen und durch Äußeres begrenzt. Das Endliche muß sich als ein solches wissen, oder eben nicht als endlich. Sofern sein Wissen nicht mehr gänzlich in es selbst fällt, insofern ist es nicht endlich. Es weiß, daß es von außen und durch Äußeres begrenzt wird, und das bedeutet, daß es vom Äußeren weiß. Und insofern ist es nicht mehr endlich. Wenn sein ganzes Sein in es selbst fiele, dann könnte es nicht wissen, indem es von sich selbst weiß, daß noch etwas außerhalb seiner existiert. Das tut es aber; daher ist die obige Annahme falsch.

Man stelle sich vor, jemand wäre in einem Zimmer eingeschlossen, und er sagte zu uns: „Meine Fähigkeiten beschränken sich völlig auf das *Innere* dieses Zimmers. Die Grenze des Zimmers ist die Grenze meines Geistes, und von daher kann ich überhaupt nicht wissen, was

---

[9] Wir müssen uns hier nicht über den inneren Widerspruch des Endlichen auslassen. Das Sein des Endlichen besteht darin, ganz in sich selbst zu sein, und dennoch, insofern es endlich ist, insofern ist es gänzlich von Äußerem bestimmt.

außerhalb ist." Würden wir nicht antworten: „Werter Herr, Sie widersprechen sich. Wenn es so wäre, wie Sie sagen, dann könnten Sie von
keinem Äußeren wissen, und folglich auch nicht von einem Inneren
als solchen. Sie sollten mit Ihrer Doktrin der ‚Relativität' ernst
machen und sie zu Ende denken"?

Ich fürchte, daß wir diesem einfachen Argument vielleicht nicht
ganz gerecht geworden sind. Wie dem auch sei, ich weiß jedenfalls
keine Antwort darauf; und solange wir keine gefunden haben, müssen
wir sagen, daß es nicht stimmt, daß der Geist endlich sei.

Wenn ich mich verwirklichen soll, dann muß ich es als Unendliches; und jetzt ist die Frage: „Was bedeutet unendlich?" Es ist allerdings besser, wenn man zuerst anführt, was es nicht bedeutet. Es gibt
darüber zwei falsche Auffassungen, die wir nacheinander erörtern
wollen.

(1) Unendlich ist nicht-endlich, und das bedeutet ‚end-los'. Was
bedeutet endlos? Nicht die bloße Negation von Ende, weil die bloße
Negation überhaupt nichts ist, und unendlich wäre somit = 0. Das
Endlose ist etwas Positives; es bedeutet eine positive Quantität, die
kein Ende hat. Jede beliebige Anzahl von Einsen ist endlich; eine Folge von Einsen aber, die unbegrenzt erzeugt wird, ist unendlich. Dies
ist der gebräuchlichste Sinn von unendlich, und wir werden sehen, daß
in diesem Sinn der Hedonismus an das Unendliche glaubt. Es liegt
jedoch auf der Hand, daß dieses Unendliche ein immerwährender
Selbstwiderspruch und, insofern es wirklich ist, nur endlich ist. Jede
echte Quantität hat ein Ende, über das sie nicht hinausgeht. „Steigere
die Quantität" heißt bloß: „Setze das Ende weiter weg"; damit aber
sagt man: „Setze ein Ende". „Steigere die Quantität unaufhörlich"
bedeutet: „Habe unaufhörlich eine endliche Quantiät, und sage unaufhörlich, daß sie nicht endlich sei." Mit anderen Worten: „Versetze das
Ende" impliziert, daß man mit eben dieser Versetzung und der Erzeu-
gung einer Folge ein neues Ende setzt, so daß wir immer noch eine
endliche Quantität haben.

(2) Oder aber das Unendliche ist *nicht* das Endliche im Sinne eines
Mehr an Quantität, sondern in dem Sinne, daß es etwas qualitativ
anderes ist. Das Unendliche ist nicht in der Welt begrenzter Dinge
angesiedelt, sondern existiert in einer eigenen Sphäre. Der Geist (z.
B.) ist etwas *neben* dem Aggregat seiner Zustände. Gott ist etwas
neben den Dingen dieser Welt. Dies ist das Unendliche, an das die
abstrakte Pflicht glaubt. Aber auch hier bedeutet das Unendliche am
Ende und gegen seinen Willen das bloß Endliche. Das Unendliche ist
etwas neben und gegenüber dem Endlichen, etwas außerhalb des End-

lichen, und ist daher selbst endlich, weil es von anderem begrenzt wird.

Der Geist ist weder in diesem noch in jenem Sinn unendlich. Was ist also der wahre Sinn von unendlich? Wie bereits angeführt, ist das Unendliche die Negation des Endlichen; es ist das Nicht-endliche. Aber anders als die beiden falschen Formen des Unendlichen läßt es das Endliche nicht so, wie es ist. Es sagt weder mit (1) „Das Endliche *soll* das Nicht-endliche *werden*" noch versucht es mit (2), es loszuwerden, indem es das Endliche verdoppelt. Es ist die wahrhafte Negation des Endlichen, so daß das Endliche verschwindelt, aber nicht, indem ihm ein Negatives gegenübertritt, sondern indem es in eine höhere Einheit aufgehoben wird, in der es als Element seinen ursprünglichen Charakter verliert und sowohl überwunden als auch aufbewahrt ist. Das Unendliche ist somit „die Einheit des Endlichen und Unendlichen". Das Endliche war von außen bestimmt, so daß man es tatsächlich immer zerteilte, wenn man es charakterisieren oder unterscheiden wollte. Wo auch immer man etwas definierte, wurde man sogleich an ein anderes und wieder an ein anderes verwiesen, und zwar deshalb, weil das für die Unterscheidung erforderliche Negative ein äußerliches anderes war. Im Unendlichen kann man unterscheiden, ohne zu zerteilen; denn es handelt sich hierbei um eine Einheit, die in sich untergeordnete Bestimmungen enthält, die sich zueinander negativ verhalten und daher voneinander unterscheidbar sind, während in jeder das Ganze zugleich so gegenwärtig ist, daß jede ihr Sein in ihrem Gegensatz hat und das eigene Leben von dieser Beziehung abhängt. Das Negative ist ebenso ihre Affirmation. Das Unendliche trägt also die Unterscheidung, und daher die Negation, in sich; es ist aber nur von sich selbst verschieden und wird nur durch sich selbst negiert. Weit davon entfernt, ein Etwas zu sein, das *nicht* ein Anderes ist, ist es vielmehr ein Ganzes, in dem sowohl das eine wie auch das andere bloße Elemente sind. Dieses Ganze ist daher durch und durch „bezogen", aber die Beziehung ist keine äußerliche; die Glieder sind Momente, in denen es sich auf sich selbst bezieht; es steht daher über der Beziehung und ist absolute Wirklichkeit. Das Endliche ist auf etwas *anderes* bezogen; das Unendliche ist auf *sich selbst* bezogen. Der Geist ist diese Art von Unendlichkeit. Das einfachste Sinnbild dafür ist der Kreis, die Linie, die in sich zurückkehrt, nicht die ins Unbestimmte gezogene Gerade; und besonders leicht greifbar ist dieses Unendliche, wenn man die Erfüllung des Begehrens betrachtet. Hier haben wir mich selbst und das mir Entgegengesetzte und die Rückkehr aus dem Entgegengesetzten; das Finden meiner selbst im anderen. Und hier sollte man sich daran erinnern, was wir oben über die Form des Willens sagten.

Wenn der Leser, dem diese Darstellung des Unendlichen neu ist, sie in irgendeiner Weise verständlich findet, dann wird er, glaube ich, auch den Sinn erkennen in unserer Redeweise „Verwirkliche dich als ein unendliches Ganzes" oder anders formuliert: „Sei in dir selbst spezifiziert, aber nicht durch irgend etwas dir Fremdes".

Doch sogleich wird eingewandt: „Die Moralität fordert uns auf, uns weiterzuentwickeln; sie sagt uns, daß wir weder uns selbst genug noch vollkommen sind, sondern daß ein Nicht-Ich existiert, das niemals gänzlich wir selbst wird. Davon einmal abgesehen, ist es offensichtlich, daß es sich bei Ihnen und mir, bei diesem Menschen und jenem, um endliche Wesen handelt. Wir sind nicht einer im anderen; wir müssen die eigenen Sphären mehr oder weniger begrenzen; was ich bin, bin ich mehr oder weniger durch externe Beziehungen, und ich bin nicht gänzlich in mir selbst enthalten. Ich soll also unendlich sein, soll nicht von äußerem begrenzt werden, und bin doch einer unter anderen, bin daher endlich. Es ist ja ganz gut und schön, wenn man mir sagt, daß ich in mir unendlich bin, die vollkommene Identität von Subjekt und Objekt – das möchte ich wohl noch glauben; trotzdem bin ich endlich."

Wir geben zu, daß dies ein starker Einwand ist. Ich *bin* endlich; ich bin sowohl unendlich *als auch* endlich, und deshalb ist mein moralisches Leben eine fortwährende Entwicklung. Ich muß mich entwickeln, weil ich ein anderes habe, das mit mir identisch werden soll, aber niemals ganz mit mir identisch ist; und daher befinde ich mich, so wie ich bin, mit mir im Widerspruch.

Es geht mir nicht darum, die bloße Quantität meines wahren Selbst zu steigern. Es geht mir darum, *nichts anderes als* mein wahres Selbst zu sein, mich aller externen Beziehungen zu entledigen, sie mir einzuverleiben und so gänzlich in mir enthalten zu sein.

Meine Bestimmung ist es, vollkommen homogen zu werden; das kann ich aber nur sein, wenn ich vollständig spezifiziert bin, und die Frage lautet jetzt: „Wie kann ich mich so ausdehnen, daß ich meine externen Beziehungen in mich aufnehmen kann?" Goethe[10] hat gesagt: „Sei ein Ganzes *oder* schliess' an ein Ganzes dich an"; doch darauf müssen wir antworten: „Du kannst kein Ganzes sein, *solange* du dich nicht einem Ganzen anschliesst."

---

[10] „Immer strebe zum Ganzen, und kannst du selber kein Ganzes
Werden, als dienendes Glied schliess' an ein Ganzes dich an."
Vier Jahreszeiten, 45.

Die Schwierigkeit ist die: Da ich begrenzt bin und daher kein
Ganzes, wie weit muß ich gehen, um ein Ganzes zu werden? Die Antwort lautet: Sei ein Glied in einem Ganzen. Hier hört deine Endlichkeit,
dein privates Selbst als solches auf zu existieren; es wird zur Funktion
eines Organismus. Du darfst kein Teil, sondern mußt ein Glied eines
Ganzen sein und mußt als solches dich selbst erkennen und wollen.

Das Ganze, dem du angehörst, spezifiziert sich in seine einzelnen
Funktionen und bleibt doch homogen. Es lebt nicht viele Leben, sondern ein Leben, das es aber doch nur in seinen vielen Gliedern leben
kann. Ebenso ist auch jedes einzelne Glied lebendig, aber nicht unabhängig vom Ganzen, das in ihm lebt. Der Organismus ist homogen,
weil er spezifiziert ist, und er ist spezifiziert, weil er homogen ist.

„Aber", so wird man fragen, „was heißt das für mich? Ich bleibe
ein Glied, und ich bin nicht andere Glieder. Je vollkommener der
Organismus, um so spezifizierter ist er, und um so stärker wird seine
Homogenität. Aber sein ‚mehr' bedeutet mein ‚weniger'. Die Einheit
ist die des Ganzen, daher mir äußerlich; und je größer die Spezifikation des Ganzen, um so spezieller, eingeschränkter, begrenzter und
weniger entwickelt werde ich."

Darauf antworten wir, daß dieser Einwand eine ganz augenfällige
und hoch bedeutsame Tatsache außer acht läßt: daß nämlich im moralischen Organismus die Glieder ihrer selbst bewußt sind, und zwar
ihrer selbst als Glieder. Ich erkenne mich selbst nicht als ein bloßes
Dies im Vergleich zu einem anderen, das mit mir nicht identisch ist.
Die Beziehungen der anderen zu mir sind keine bloß externen Beziehungen. Ich erkenne mich als Glied; das heißt, daß ich mir meiner
eigenen Funktion bewußt bin; es bedeutet aber auch, daß ich mir
bewußt bin, daß das Ganze sich in mir spezifiziert. Der Wille des
Ganzen will sich wissentlich in mir; der Wille des Ganzen ist der Wille der Glieder; indem ich also meine eigene Funktion will, weiß ich,
daß sich die anderen in mir wollen. Ich weiß ferner, daß ich mich in
den anderen will und in ihnen meinen Willen wieder als nicht meinen
Willen und zugleich als meinen finde. Es stimmt nicht, daß die Homogenität mir äußerlich ist; sie ist nicht nur in mir, sondern auch für
mich; und ohne mein Leben in ihr, ohne mein Wissen von ihr und
meine Hingabe an sie bin ich nicht ich selbst. Wenn sie aufhört, hört
auch mein Herz auf zu schlagen; wo sie triumphiert, frohlocke ich; wo
sie verstümmelt wird, leide ich; man zwinge mich, der Liebe zu ihr zu
entsagen, und ich vergehe. [Siehe auch Essay V.]

Die Unterscheidung zwischen getrennten Selbsten bleibt zweifellos
bestehen; der springende Punkt ist aber der folgende: Mein privates

Selbst sollte als solches in der Moralität nicht mehr existieren, und, insofern ich moralisch bin, hat es auch schon aufgehört zu sein. In moralischer Hinsicht habe ich mich erst dann verwirklicht, wenn mein persönliches Selbst ganz aufgehört hat, mein ausschließliches Selbst zu sein; wenn es nicht mehr ein Wille ist, der dem Willen anderer äußerlich ist, und in der Welt der anderen nur noch sich selbst findet.

„Verwirkliche dich als ein unendliches Ganzes" bedeutet: „Verwirkliche dich als das selbstbewußte Glied eines unendlichen Ganzen, indem du das Ganze in dir selbst verwirklichst." Wenn dieses Ganze wahrhaft unendlich ist, und wenn dein persönlicher Wille gänzlich mit ihm vereinigt ist, dann hast du zugleich die Extreme der Homogenität und Spezifikation in dir verbunden und bist zur vollkommenen Selbstverwirklichung gelangt. [...]

Fassen wir also die Ergebnisse des vorliegenden Essays zusammen. Wir haben (1) versucht zu zeigen, daß jede ethische Doktrin die Formel „Wofür?" als nicht allgemeingültig verwerfen muß, und daher keine Theorie auch nur den geringsten Vorteil daraus ziehen kann (außer gegenüber den Toren), sie ins Spiel zu bringen; daß jetzt für uns (wie damals für Hellas) die entscheidende Frage lautet: Da es einen Zweck gibt, welches ist dieser Zweck? (2) – und sollte dieser zweite Punkt sich als nichtig erweisen, muß dies nicht auch für den ersten gelten – haben wir uns bemüht, mit wenigen Worten darauf hinzuweisen, daß der letzte Zweck, mit dem Moralität identifiziert wird, oder unter den sie fällt, sich nicht anders ausdrücken läßt als durch Selbstverwirklichung.

ANMERKUNG

Auch wenn sie bereits Gesagtes wiederholen, können die folgenden Bemerkungen vielleicht von Nutzen sein.

Insofern es einen Zweck gibt, ist dieser Zweck auf jeden Fall Verwirklichung; er ist etwas, das es zu erreichen gilt, sonst ist er kein Zweck.

Und er impiziert Selbstverwirklichung, weil er von mir erreicht werden muß. Ich muß ihn durch meine Handlung in die Tat umsetzen; indem er wirklich wird, verwirklicht sich mein Wille, und mein Wille bin ich selbst. Daher ist jede Handlung auch Selbstverwirklichung, wie das Gefühl der Lust beweist.

„Ja", wird man einwenden, „das zeigt aber nicht, daß es nichts anderes als Selbstverwirklichung gibt. Der Inhalt der Handlung ist nicht das Selbst, sondern ist vielleicht etwas anderes, und dieses andere kann der Zweck sein. Der Inhalt ist der Zweck."

Das sagt sich so leicht; dabei übersieht man aber die psychologischen Schwierigkeiten. Wie kann man etwas wollen, das nicht das eigene Selbst ist; wie kann man ein fremdes Objekt begehren? Was wir begehren, muß in unserem Geist sein; wir müssen es uns denken; darüber hinaus müssen wir in einer bestimmten Beziehung zu ihm stehen. Wenn es der Zweck sein soll, müssen wir uns mit ihm eins und in ihm fühlen; und wie können wir das, wenn es nicht zu uns gehört und nicht zu einem Teil von uns geworden ist? Es ist witzlos zu sagen, „die Gedanken über das, was ist und sein soll, existieren in dir, sie sind in deinem Kopf, und dann setzt du sie in die Tat um; das ist Handlung"; denn diese Gedanken, sofern sie begehrt werden, sind nicht bloß *in* mir, sondern werden von mir auch als meine, idealerweise als ich selbst gefühlt, und deshalb handelt es sich hier, wenn sie in die Tat umgesetzt werden, um Selbstverwirklichung.

Oder wird man uns darüber aufklären, daß es „Unsinn ist, vom In-die-Tat-umsetzen zu sprechen. Wenn wir handeln, dann verändern wir, den Gedanken entsprechend, etwas in den Dingen und in uns selbst; die Dinge ähneln zwar den Gedanken, aber es werden, streng genommen, keine Gedanken verwirklicht, weil das sinnlos ist"? Wenn wir jedoch diese Auffassung vertreten, wird es nicht mehr möglich sein, die gewöhnliche Sicht des Denkens und Handelns zu erklären; wir würden dann nicht das Wirkliche erkennen, sondern etwas, das dem Wirklichen ähnlich ist, und wir würden nicht tun, was wir zu tun gedenken, beabsichtigen oder was wir im Sinn haben, sondern nur etwas, das ihm ähnlich ist. Das ist aber leider keine Handlung. Wenn ich nicht tue, was ich will, sondern nur etwas Ähnliches tue, dann ist es insofern, streng genommen, nicht meine Handlung, und würde mir auch nicht zugeschrieben. Eine Handlung setzt voraus, das der Inhalt auf beiden Seiten derselbe ist, mit einem Unterschied oder im Hinblick auf einen Unterschied. Sie setzt voraus, daß in die Tat umgesetzt wird, was im Geist war; und wenn man nicht der Meinung ist, daß etwas im Selbst sein und vom Selbst in die Tat umgesetzt werden kann, ohne die Natur des Selbst zu haben (die Schwierigkeiten, die mit dieser Auffassung einhergehen, würden einem unüberwindlich erscheinen), dann muß man zugeben, daß Wollen Selbstverwirklichung ist.

Aber zweifellos gibt es viele Leute, die, obwohl sie keine metaphysischen oder psychologischen Fragen aufwerfen, sondern sich nur auf

Tatsachen stützen, sagen würden: „Theorie hin oder her, wenn ich handle, dann verwirkliche ich sicherlich mehr als mich selbst. Ich sehe durchaus, daß mir das mißlingen kann; aber wenn ich mich einer Sache ganz hingebe und auf eigene Kosten dazu beitrage, sie in die Tat umzusetzen, wie kann es dann sein, daß ich nur mich selbst verwirkliche?"

Zweifellos handelt es sich um eine sehr ernstzunehmende Schwierigkeit, und wir können hier nicht so tun, als würden wir ihr auf den Grund gehen. Wir können aber darauf hinweisen, daß sie aus einem nicht haltbaren Vorurteil bezüglich des Selbst erwächst (d.h. aus seiner Identifikation mit dem einzelnen Selbst). Einerseits ist klar, daß Selbste einander ausschließen. Ich bin nicht Sie, Sie sind nicht er; und indem wir uns auf diesen Begriff von Ausschließlichkeit berufen, betrachten wir nun das Selbst als einen Abstoßungspunkt oder, wie wir es nennen, als ein bloßes Individuum. Von der Metaphysik einmal abgesehen, müssen wir aufgrund der Tatsachen aber bald einsehen, daß es sich hierbei nicht um etwas Wirkliches handelt, sondern um eine bloße Abstraktion unseres Geistes. Denn sobald wir uns dieses bloße „Individuum" als Handelnden vorstellen, ohne uns dabei groß um die Beziehung zwischen einzelnen Personen zu kümmern, erkennen wir, daß es etwas nach außen bringen und deswegen etwas in sich haben, daß es einen Inhalt haben muß und dann nicht mehr nur ein einfacher Punkt ist; wir fassen es jetzt als bloße Form auf. Deshalb versuchen wir jetzt, ihm einen Inhalt zu geben, der gänzlich in es selbst fällt, und den es nicht mit anderen teilt; da wir uns nun aufgrund dieser Annahme außerstande sehen, bestimmte Tatsachen zu erklären, vollziehen wir eine plötzliche Kehrtwendung, fallen ins andere Extrem und nehmen nun an, daß es die reine Überwindung seiner selbst verwirklicht; dabei übersehen wir, daß wir unsere Prämissen widerrufen, ohne sie widerlegt zu haben, und sehen uns jetzt sowohl mit der psychologischen Schwierigkeit konfrontiert, wie jemand aus sich herausholen kann, was nicht in ihm oder ein Teil von ihm war, als auch mit den Tatsachen, die bekunden, daß die interesselose Handlung eine Fiktion ist.

Wenn wir aber bereit sind, sei es aufgrund einer besseren Metaphysik oder der Hinwendung zu den Tatsachen, jene metaphysischen Vorurteile, die wir für bare Münze nahmen, jetzt aber als wertlos erkennen, aufzugeben, dann erkennen wir vielleicht auch, obwohl eine Person nicht „wie Zerberus drei Gentlemen zugleich" sein kann*, also

---

*   „You are not like Cerberus, three gentlemen at once, are you?" – Richard Brinsley Sheridan (1751-1816), anglo-irischer Dramatiker in *The Rivals* (1775), 4. Akt , 2. Szene. – Anm. d. Übers.

in dieser Hinsicht Ausschließlichkeit besitzt, daß Personen im Hinblick auf ihren Inhalt (der sie zu dem macht, was sie sind) keine solche Ausschließlichkeit besitzen; daß ich bin, was ich will, und will, was ich bin; daß ich durch den Inhalt näher bestimmt werde, und daß es überhaupt keinen Grund gibt, warum dieser Inhalt auf „dieses ich" beschränkt sein sollte. Im Falle sozialer Wesen ist das unmöglich; und daß man auf einen Menschen verweisen könnte, in dem sein abgeschlossenes Selbst den ganzen Inhalt seines Willens ausmacht, ist ausgeschlossen. Worin liegt aber dann die Schwierigkeit zu verstehen, daß mein Objekt mit dem Objekt anderer identisch ist, so daß ich, nachdem ich die Form meiner Persönlichkeit mit einem Leben gefüllt habe, das nicht allein meines ist, im Innersten meines Wesens objektive Interessen habe, mit denen ich mich identifiziert und verbunden habe; Dinge, die sein sollen, und die, wenn sie existieren, mir nicht dazu dienen, mein bloß privates Selbst zu befriedigen; so daß ich, da ich mich von dem, was mich zu dem macht, was ich bin, weder trennen kann noch will, mich selbst verwirkliche, indem ich jene Interessen verwirkliche, und mich nur verwirklichen kann, indem ich sie verwirkliche? (Wir werden darauf zurückkommen – siehe besonders Essay VII.)

Also, ebenso wie wir die Lehre akzeptieren müssen, daß „alles in einer Beziehung zum Selbst steht", sie aber ergänzen und korrigieren müssen durch die Lehre, daß „mein Selbst ebenfalls in Beziehungen steht", so müssen wir auch die Lehre der Theorie der Selbstbezogenheit akzeptieren, daß ich nur mich selbst wollen kann, müssen sie aber durch den Zusatz korrigieren, daß „aber das Selbst, das ich selbst bin, das meines ist, nicht nur ich bin". Daß alles Wollen Selbstverwirklichung ist, steht daher, wie man sehen kann, nicht im Widerstreit mit der Moralität.

Kommen wir zum Ende! Wenn man mich fragt, warum ich moralisch sein soll, dann kann ich nur folgendes antworten: Ich kann nicht daran zweifeln, daß ich jetzt bin und, da in diesem Sein ein Selbst involviert ist, das hier und jetzt sein soll, aber in diesem Hier und Jetzt nicht ist, deshalb nicht daran zweifeln kann, daß es einen Zweck gibt, den ich verwirklichen muß; und die Moralität ist auf jeden Fall in dieser Verwirklichung meiner selbst enthalten, wenn nicht gar damit äquivalent.

Wenn es absurd ist, nach dem tieferen Grund zu fragen, aus dem ich meine Existenz Erkennen und Wollen will, dann ist es genauso absurd nach dem tieferen Grund des darin Involvierten zu fragen. Die einzig vernünfige Frage lautet hier nicht „Warum?", sondern „Was?".

Was ist das für ein Selbst, das ich erkenne und will? Was ist seine wahre Natur, und was ist darin impliziert? Was ist das für ein Selbst, das ich in die Wirklichkeit umsetzen soll, und wie ist dieses Prinzip in den besonderen Formen seiner Verwirklichung gegenwärtig, lebendig und konkretisiert?

Kurt Baier

Moralische Gründe
und Gründe, moralisch zu sein

Seit dem Erscheinen von Prichards Aufsatz *Does Moral Philososphy Rest on a Mistake?* im Jahr 1912[1] haben viele Philosophen die Frage „Warum moralisch sein?" als illegitim betrachtet. Zunächst schien es so, als würde sich mit diesem Gedanken der Illegitimität eine ausweglos erscheinende Situation klären, in der sich sowohl jene befanden, die zwischen Pflicht und eigenem Interesse keinen echten Konflikt sahen, als auch jene, die einen solchen Konflikt zwar sahen, gleichwohl aber darauf beharrten, daß es immer rational sei, seine Pflicht zu tun, auch wenn dies den eigenen Interessen widerstreiten sollte. Die Schwäche dieses Gedankens trat aber bald offen zutage. Wenn es nämlich nicht legitim ist zu fragen, warum soll ich moralisch sein, dann *gibt* es womöglich auch keinen Grund, moralisch zu sein. Womöglich gibt es dann weder etwas, das dem Moralischsein wesentlich ist, noch etwas, das allein durch das Moralischsein hervorgebracht wird, so daß jeder einen hinreichenden Grund hätte, danach zu streben. Dann allerdings ist die Moral bloß eine Vorliebe „moralischer" Menschen, das heißt, solcher Menschen, die um des Moralischseins willen gerne moralisch sein *möchten.* Die Tugend ist wirklich ihr eigener Lohn, wenn auch nur für jene, die sich darum bemühen. Die Gebote der Moral zu befolgen, ist ungefähr so, als befolge man die Regeln des Schachspiels oder der Etikette: Man tut es, weil man gerne Schach spielen oder vornehm sein möchte, und weil man weder das eine tun noch das andere sein kann, ohne die relevanten Regeln zu befolgen[2]. Eine derartige Konzeption kann jedoch nicht deutlich

---

[1] In: *Mind,* Vol. XXI, No. 81. Deutsche Übersetzung: „Beruht die Moralphilosophie auf einem Irrtum?", in diesem Band, S. 49-68.

[2] Vgl. Philippa Foots jüngsten Aufsatz „Morality as a System of Hypothetical Imperatives", *Philosophical Review,* July, 1972, in dem diese Konzeption der Moral als autotelischer Tätigkeit verteidigt wird. Vgl. dazu kritisch W. K. Frankenas Aufsatz „The Philosopher's Attack on Morality", *Philosophy,* 46, 190, S. 345-356, sowie Foots Entgegnung „A Reply to Professor Frankena",

machen, warum wir uns schämen oder schuldig fühlen *sollen*, wenn
wir uns nicht für das moralische Unternehmen begeistern können,
oder wieso wir von anderen, die sich ebenfalls nicht dafür begeistern
können, vernünftigerweise erwarten können, daß sie moralisch sind.
Wenn wir rational sind, muß unsere Haltung gegenüber solchen Menschen entweder die folgende sein: „Wirklich jammerschade, du wirst
niemals erfahren, was dir da entgeht", oder aber diese: „Du tätest gut
daran, so zu tun, als ob dir daran gelegen wäre, sonst werden wir dafür
sorgen, daß du es bedauerst." Die erste Haltung würde implizieren,
daß es einzig und allein jemandes Privatsache ist, ob er moralisch oder
unmoralisch ist, eine Haltung, die einer unserer tiefsten Überzeugungen über die Moral zuwiderzulaufen scheint. Die zweite Haltung
scheint zu implizieren, daß der soziale Druck, der ausgeübt wird,
damit auch jeder moralisch ist, einfach darin besteht, daß die Vorlieben der herrschenden Gruppe den Abhängigen einfach aufgezwungen
werden.

Sowohl die egoistische Position, daß es zwischen Moral und Eigeninteresse keinen Konflikt geben könne, als auch die Position Prichards, daß es einen solchen Konflikt nicht nur geben kann, sondern
häufig auch gibt, daß aber die Frage, warum man moralisch und nicht
vielmehr selbstsüchtig sein soll, sinnlos sei, sind aus meiner Sicht
äußerst unbefriedigend. Sie stützen sich vor allem auf die Überzeugung, daß es keinen Grund geben kann, moralisch zu sein, wenn und
weil Pflicht und Interesse nicht notwendigerweise zusammenfallen.
Wenn man zeigen könnte, daß diese Überzeugung falsch ist, dann ver-
lören sowohl die egoistische Auffassung wie auch die Auffassung
Prichards jeglichen Reiz. In diesem Aufsatz werde ich dreierlei tun:
Im ersten Abschnitt erläutere ich eine bestimmte Interpretation der
Frage „Warum moralisch sein?", die meiner Meinung nach zwar nicht
die einzige, aber doch die wesentliche Interpretation ist, und der
zufolge diese Frage vollkommen in Ordnung ist; im zweiten Abschnitt
gebe ich auf diese Frage eine Antwort, die nicht voraussetzt, daß
Pflicht und Interesse zusammenfallen; im dritten Abschnitt schließlich
gehe ich auf einige Einwände ein, kläre einige weitverbreitete Verwechslungen auf und beseitige einige Mißverständnisse, die einer
günstigen Aufnahme meiner Antwort im Wege stehen.

Philosophy, 50, 194, S. 455-459. – Eine deutsche Übersetzung von Philop-
pa Foots Aufsatz ist erschienen in: Philippa Foot, *Die Wirklichkeit des Gut-
en. Moralphilosophische Aufsätze,* Frankfurt am Main: S. Fischer 1997, S.
89-107.

I.

1. Beginnen wir mit dem relativ unproblematischen Teil unserer Frage, nämlich mit „moralisch sein". Was die eine wichtige Bedeutung von „moralisch sein" betrifft, nämlich: „das Gegenteil von *amoralisch* sein", so können wir uns hier ganz kurz fassen. Der Amoralist ist jemand, der am moralischen Unternehmen nicht teilnimmt. Er spielt in der, wie es bei Butler heißt, „Institution der Moral" keine der dort vorgesehenen Rollen. Nicht nur daß er nicht (wie der Unmoralische) die Rolle des moralisch Handelnden spielt, d. h. die Rolle desjenigen, der versucht, sein Verhalten den Anforderungen der Moral anzupassen; er verteidigt sich nicht einmal, wenn andere ihn eines Vergehens beschuldigen, er beschuldigt andere nicht, wenn sie ein Unrecht begehen, fällt über sie auch kein Urteil, und versucht auch nicht, andere von ihren moralischen Überzeugungen abzubringen, wenn er glaubt, daß sie sich irren. Er ignoriert einfach das moralische Unternehmen. Es ist bezeichnend, daß (soweit ich weiß) kein Philosoph sich jemals über die Frage den Kopf zerbrochen hat, warum man nicht *a*moralisch sein soll. Ich glaube, daß der tieferliegende Grund der ist, daß jeder meint, es sei in seinem eigenen Interesse, daß andere moralisch sein sollten, und daß es deshalb in seinem Interesse liege, zumindest die moralischen Nebenrollen zu spielen, die dazu dienen, andere auf dem schmalen Pfad der Tugend zu halten. Wie dem auch sei, diese spezielle Interpretation der Frage werde ich hier nicht untersuchen, auch wenn es sich ganz offensichtlich um eine wichtige Bedeutung der Frage handelt, die zudem nicht einmal dem Einwand ausgesetzt zu sein scheint, illegitim zu sein.

2. Die zweite, häufiger vorkommende Bedeutung von „moralisch sein" ist: „das Gegenteil von unmoralisch sein", d. h. das Gegenteil von dem zu tun, was bekanntermaßen falsch ist, oder für das man gute Gründe hat anzunehmen, daß es falsch ist. Man kann zugeben, daß jeder ein Interesse daran hat, nicht *a*moralisch zu sein, ohne gleich zugeben zu müssen, daß zwischen den Anforderungen der Moral und den Ratschlägen des Eigeninteresses nie ein Konflikt besteht. Und man kann hervorheben, daß man in solchen Konfliktsituationen keinen hinreichenden Grund hat, moralisch zu sein, obwohl man durchaus einen Grund haben kann, *so zu tun*, als sei man moralisch, um nicht die Gutwilligkeit seiner Mitmenschen, von denen man abhängt,

aufs Spiel zu setzen. Um diese zweite Bedeutung von „moralisch
sein" geht es mir in diesem Aufsatz.

3. Schwieriger ist die Interpretation des ‚Warum' in „Warum moralisch sein?". Prichard weist mit Recht darauf hin, daß diese Frage
„einen gewissen Widerwillen oder eine Indifferenz gegenüber der
Handlung erkennen läßt"[3], und von daher wird die Frage naheliegenderweise als eine Bitte interpretiert, etwas anzuführen, das für diese
Handlung spricht, z. B. „damit sich unsere Verpflichtungen und unser
Verlust die Waage halten" oder allgemeiner noch „stets moralisch zu
sein, auch wenn es nicht in unserem Interesse liegt".

4. Man kann solche Bitten jedoch auf zweierlei Weise interpretieren,
die ich entsprechend als „Motivations"- sowie als „Validations"-Bitte
bezeichnen werde[4]. Ein paar Vorbemerkungen sollen diese Unterscheidung verdeutlichen.

5. Einige menschliche Verhaltensweisen, z. B. die Verengung der
Pupille, das Atmen, der Kniescheibenreflex und so weiter, lassen sich
erklären, ohne daß man auf die besonderen Vorstellungen Bezug
nimmt, die der Betreffende von seiner Umgebung hat. Mich interes-
sieren in diesem Aufsatz einzig und allein Verhaltensweisen, die man

---

[3]   In diesem Band, S. 51.

[4]   Meine Unterscheidung zwischen Motivationsbitten und Validationsbitten
     ähnelt der Unterscheidung zwischen „Antriebsgründen" und „Rechtferti-
     gungsgründen", die Frankena (in „Obligation and Motivation in Recent
     Moral Philosophy", S. 40-81) von Hutcheson übernimmt. Allerdings gibt es
     auch geringfügige Unterschiede. Erstens ist für Frankena die Frage „Warum
     soll ich ...?" als Bitte um einen Rechtfertigungsgrund die Bitte „um eine ethi-
     sche Rechtfertigung der beabsichtigten Handlung" (S. 44), während für mich
     die Validationsbitte die Bitte um einen Grund ist, der moralisch oder nicht-
     moralisch sein kann. Zweitens ist für Frankena die Frage „Warum soll ich
     ...?" als Bitte um einen Antriebsgrund die Bitte „um ein Motiv, es zu tun"
     (ebd.), während für mich die Motivationsbitte die Bitte um irgend etwas ist,
     das den Fragesteller motivieren würde, das Betreffende zu tun. Das braucht
     kein Motiv zu sein; es kann zum Beispiel eine Überlegung oder ein Beweis
     sein, daß zwei Arten von Überlegungen notwendigerweise zusammenfallen.
     Drittens lehne ich die von Frankena vertretene Auffassung ab, daß „ein
     Motiv eine bestimmte Sorte von Handlungsgrund ist" (ebd.). Diese Unter-
     schiede sind aber zumindest partiell, wenn nicht gar überhaupt, bloß Unter-
     schiede in der Wortwahl.

nur erklären kann, wenn man unter anderem auf Überzeugungen Bezug nimmt, die der Handelnde hinsichtlich seiner Umwelt hat. Betrachten wir also eine Reihe von Menschen, die in ihrer Morgenzeitung einen Bericht über die schrecklichen Vorfälle abgedruckt finden, die sich während des Zweiten Weltkrieges in einem Konzentrationslager der Nazis zugetragen haben. Einige blättern vielleicht schnell weiter, andere lesen den Bericht mit gespannter Aufmerksamkeit zu Ende, wieder andere fühlen sich vielleicht veranlaßt, etwas in ihr Tagebuch zu schreiben, die nächsten schreiben Briefe an die Lokalzeitung und so weiter. Eine Erklärung für diese Verhaltensweisen müßte unter anderem erwähnen, daß die Handelnden bestimmte mutmaßliche Aspekte ihrer Umwelt wahrnehmen und interpretieren: daß man die Juden und die politischen Gegner der Nazis folterte, verhungern ließ, durch übermäßige Arbeit umbrachte, einfach tötete und so weiter. Wir können solche Tatsachen „motivierende Tatsachen" nennen. Wir können zudem erwarten, zwischen solchen motivierenden Tatsachen und dem Verhalten der Menschen allgemeine Zusammenhänge zu entdecken. Dementsprechend reagieren viele Menschen immer ganz ärgerlich oder verlegen, wenn sie sich die (mutmaßliche) Tatsache vor Augen führen, daß sie sich zum Narren gemacht haben, oder daß man sich hinter ihrem Rücken über sie lustig gemacht hat.

6. Eine wichtige Teilklasse solcher motivierenden Tatsachen besteht aus „praktischen Anlässen", wie man sie nennen könnte, das heißt Anlässen, ganz bestimmte Dinge zu tun. Es handelt sich um solche motivierenden Tatsachen, die entweder Tatsachen hinsichtlich der Natur oder der Folgen *vorgestellter* Verhaltensweisen sind oder solche beinhalten. Wenn ich glaube, daß gewisse Leute hinter meinem Rücken über mich gelacht haben, dann kann das für mich ein Anlaß sein, sie in Zukunft zu meiden. Oder wenn ich glaube, daß man in einem bestimmten Restaurant gut essen kann, dann kann das für mich ein Anlaß sein, das nächste Mal dorthin Essen zu gehen. Daß bestimmte Tatsachen, zum Beispiel, daß jemand über einen gelacht hat oder daß man bei Claridge's gut essen kann, Anlässe sein können, etwas ganz bestimmtes zu tun, daß man etwa die betreffende Person nicht mehr wiedersieht oder das nächste Mal zu Claridge's Essen geht, beruht auf dem Umstand, daß man auf diese Weise, etwas Erwünschtes herbeiführen und etwas Unerwünschtes verhindern kann – man kann so verhindern, daß diese Person einen erneut auslacht, und man kann eine Situation herbeiführen, in der man sich ein gutes Essen gön-

nen kann. Welche Tatsachen nun solche Anlässe darstellen, kann je nach Person verschieden sein. Nicht für jeden ist die Tatsache, daß jemand hinter seinem Rücken über ihn gelacht hat, ein Anlaß, diese Person nicht wiederzusehen. Natürlich kann es sein, daß selbst diejenigen, für die es ein solcher ist, sich häufig nicht wirklich veranlaßt sehen, entsprechend zu handeln, weil andere Anlässe, die für sie viel ausschlaggebender sind, überwiegen.

7. Praktische Anlässe in diesem Sinn sollten von praktischen Gründen unterschieden werden. Gründe, etwas Bestimmtes zu tun, sind Tatsachen, die für jemanden Anlaß sein *sollten*, es zu tun, einerlei, ob sie es tatsächlich sind oder nicht. Die Rede von Gründen beinhaltet somit das Ideal der Rationalität, dem ein rational Handelnder (im Sinne des Fähigseins, siehe Fußnote 16) nachstreben kann oder nicht. Nehmen wir an, ich hätte für mein Geschäft die Stelle eines Verkäufers ausgeschrieben. Von den beiden Bewerbern hat der eine blaue Augen und blonde Haare, während der andere dunkle Haare und eine Hakennase hat. Nehmen wir auch an, daß diese Tatsachen mich dazu bewegen, ersteren und nicht letzteren zu nehmen. Motivierende Tatsachen dieser Art können für mich ein praktischer Anlaß sein (in dem von mir angegebenen Sinn), wenn ich zum Beispiel glaube, daß die Einstellung blonder Männer mit blauen Augen und die Nichteinstellung brünetter Männer mit Hakennasen die gewünschten Folgen haben werden. Nehmen wir an, daß ich ebenfalls glaube, alle blonden Männer mit blauen Augen seien Arier und alle brünetten Männer mit Hakennasen Semiten, und daß außerdem meine Firma für die Interessen der Arier eintreten und gegen die der Semiten handeln will. Diese die Bewerber betreffenden Tatsachen werden dann aller Wahrscheinlichkeit nach ein Anlaß sein, entsprechend zu handeln; sie brauchen für mich aber keine *Gründe* zu sein. Auch wenn ich sie dafür halte, sind sie vielleicht keine solchen Gründe; so können beide Bewerber allem Anschein zum Trotz Arier sein. Und umgekehrt können bestimmte, die Bewerber betreffenden Tatsachen, daß z. B. der Dunkelhaarige mehrere Sprachen spricht, der andere aber nicht, für mich ein Grund sein, den Dunkelhaarigen einzustellen, auch wenn diese Tatsache für mich nicht ausschlaggebend ist, d. h. *für mich* kein Anlaß ist, ihn anzustellen. Ferner kann die Tatsache, daß der Blonde gut Squash spielen kann, der andere aber nicht, für mich ein Anlaß sein, ihn einzustellen, auch wenn ich glaube, daß diese Tatsache, *kein* Grund für mich ist, ihn einzustellen; vielmehr glaube ich, daß diese Tatsache für die Frage, wen ich einstellen soll,

irrelevant ist. Andererseits könnte diese Tatsache durchaus ein Grund sein, den Blonden einzustellen, auch wenn ich nicht glaube, daß es ein Grund ist.[5]

8. Wenn die Frage „Warum moralisch sein?" als Motivationsbitte interpretiert wird, dann heißt das, daß der Fragesteller über Tatsachen informiert werden möchte, die schließlich dazu führen würden, daß die Anforderungen der Moral für ihn den Ausschlag geben, das heißt: die diese Anforderungen in Anlässe verwandeln, entsprechend zu handeln. Nehmen wir an, für eine bestimmte Person ist die Tatsache, daß die Aufnahme von Kohlenhydraten dick macht, kein Anlaß keine Koh-

---

5 Es ist also wichtig, sowohl die Ähnlichkeiten wie auch die Unterschiede zu beachten, wenn man sagt, jemand habe einen Anlaß, etwas Bestimmtes zu tun, oder jemand habe einen Grund, etwas Bestimmtes zu tun. In beiden Fällen behauptet man etwas über das angemessene Verhältnis zwischen vier Dingen, von denen je zwei sowohl Anlässen als auch Gründen gemeinsam sind und je zwei sie voneinander unterscheiden. Die beiden Gemeinsamkeiten sind: (1) Etwas, sagen wir T, ist der Fall; (2) T ist ein Anzeichen dafür, daß N, wenn er H tut, S herbeiführen wird. In den folgenden beiden Hinsichten unterscheiden sich Anlässe und Gründe: (3A) N *hält* S *für* wünschenswert, (3G) S ist wünschenswert; (4A) Wenn N (1) und (2) glaubt, und wenn (3A) gilt, dann ist N motiviert, H auszuführen. (Ich werde alle Glaubenssätze mit einem Sternchen versehen, so daß (4A) nun lautet: Wenn (1*), (2*) und (3A), dann ist N motiviert, H auszuführen.) (4G) Wenn (1*), (2*) und (3G*) [d. h., wenn N (1), (2) und (3G) glaubt], dann ist N motiviert H auszuführen.
Wenn man nun (5) behauptet: daß T für N ein Anlaß ist, H auszuführen, dann behauptet man (3A), (4A) und (2*), nicht aber (1*). (1*) wird jedoch stillschweigend vorausgesetzt, wenn wir sagen, daß T für N ein Anlaß *war,* als er H (tatsächlich) ausführte, d. h. daß T, als N H ausführte, tatsächlich ausschlaggebend war; oder anders gesagt: daß (1*) [daß N T glaubt] Teil der Erklärung dafür war, daß N H ausführte. (5) impliziert natürlich nicht, daß (1), (2) oder (3G) *wahr* sind. [Wir sollten festhalten, daß (3A): daß N S für wünschenswert hält, nicht dasselbe ist wie (3G*): daß N (3G) glaubt.] Wenn man dagegen (6) behauptet: daß T für N ein Grund ist, H auszuführen, dann behauptet man *nur* (2) und (3G). (6) impliziert nicht (7): (1*), (2*), (3G*) oder (4G). Man sollte festhalten, daß (6) logisch unabhängig ist von (6*): daß N (6) glaubt. Die zwischen sogenannten Internalisten und Externalisten lange Zeit leidenschaftlich diskutierte Frage, ob (4G) wahr ist, will ich hier offen lassen. Zur Unterscheidung zwischen Internalismus und Externalismus siehe W. K. Frankena „Obligation and Motivation in Recent Moral Philosophy", S. 40ff.

lenhydrate mehr zu sich zu nehmen. Wir können diese Tatsache möglicherweise dann zu einem Anlaß für ihn machen, wenn wir ihm
erklären, daß er ein schwaches Herz habe und wahrscheinlich bald
einen Herzanfall erleiden werde, wenn er nicht sein Gewicht reduziert.
Denn vermutlich wird er einen baldigen Herzanfall vermeiden wollen.
Und wenn wir einer bloß klugen Person, d. h. jemandem, für den nur
die Ratschläge der Klugheit Anlässe darstellen, zeigen können, daß er
seinem eigentlichen Interesse am besten dient, wenn er die Gebote der
Moral befolgt, dann haben wir ebenfalls die Gebote der Moral auf
Klugheitsratschläge „reduziert" und so die Gebote der Moral in Anlässe für ihn verwandelt.

„Altruistisches Verhalten zahlt sich, langfristig gesehen, aus" oder
„Es ist unklug, unpatriotisch zu sein" sind Äußerungen, die, wie es
scheint, altruistische und patriotische Erwägungen („Tu dies, weil es
altruistisch oder patriotisch ist") auf eigennützige Erwägungen redu-
zieren („Tu dies, weil es sich auszahlt oder klug ist"). Reduktive
Behauptungen dieser Art lassen sich untermauern, indem man zeigt,
daß die Erwägungen des einen Typs mit den Erwägungen des anderen
Typs so zusammenhängen, daß man das eine immer dann erwägt,
wenn man auch das andere in Erwägung zieht.

Es liegt nun auf der Hand, daß die richtige Richtung einer derarti-
gen Reduktion von den besonderen Neigungen, Geschmäcken, Zielen
und Prinzipien des Fragestellers abhängen muß. Ein Spieler oder ein
Künstler kann zum Beispiel fragen: „Warum soll ich mich klug verhalten?" In solchen Fällen können „Es ist unmoralisch, sich unklug zu
verhalten" oder „Es würde Mutter freuen" die richtigen Reduktionen
sein. Sie sind natürlich dann und nur dann richtig, wenn die Moral und
die mütterliche Freude für den Fragesteller bereits Anlässe sind, d. h.
für ihn bereits ausschlaggebend sind.

Motivationsbitten der Form „Warum X sein?" (z. B. patriotisch,
ehrlich, klug, moralisch) sind also nur dann angebracht, wenn X *zu
sein* für den Fragesteller nicht schon einen Anlaß darstellt. Deshalb
kann eine passende Antwort auf solche Bitten auch nur derjenige
geben, der weiß, welche Art von Erwägungen für den Fragesteller
bereits ausschlaggebend sind, und auf welche anderen, für den Fragesteller genauso ausschlagebenden Erwägungen jene fraglichen
Erwägungen reduziert werden können. Motivationsbitten tauchen
somit typischerweise in Kontexten auf, in denen es zumindest den
Anschein eines Konflikts gibt, ob man nun gewissen Erwägungen, die
man noch nicht akzeptiert, oder ob man schon akzeptierten Erwägungen folgen soll. Die Antwort auf eine solche Bitte möchte zeigen, daß

es einen solchen Konflikt in Wirklichkeit nicht gibt, weil die fraglichen Erwägungen auf andere, vom Fragesteller bereits akzeptierte Erwägungen reduziert werden können.

Daß die Frage „Warum moralisch sein?" als Motivationsbitte illegitim ist oder im besten Fall kaum verläßlich beantwortet werden kann, scheint in der Tat plausibel zu sein. Angesichts der großen Vielfalt menschlicher Geschmäcke, Vorlieben, Hoffnungen und Ideale wird es unweigerlich beträchtliche individuelle Unterschiede zwischen den ausschlaggebenden Erwägungen geben. Es ist deshalb im besten Fall höchst unwahrscheinlich, daß es immer passende Reduktionen moralischer Erwägungen gibt, geschweige denn, daß man sie wird immer entdecken können, und daß sie für alle dieselben sein werden. Wenn darüber hinaus die moralische Ordnung nach Meinung vieler Philosophen (mich selbst eingeschlossen) notwendigerweise Prinzipien und Gebote einschließt, die mit den Ratschlägen des Eigeninteresses in Konflikt geraten können, dann kann die Forderung nach einer Reduktion moralischer Gründe auf Klugheitsgründe schon von der Sache her nicht erfüllt werden.

Als Motivationsbitte ist „Warum moralisch sein?" somit an eine Voraussetzung geknüpft, die mit an Sicherheit grenzender Wahrscheinlichkeit falsch ist. Sie setzt nämlich voraus, daß die Anforderungen der Moral durch eine einfache Vermehrung geeigneten Wissens für uns alle in Anlässe verwandelt werden können, diesen Anforderungen zu genügen.[6]

9. Handelt es sich dagegen bei der Frage „Warum moralisch sein?" um eine Validationsbitte, dann bestehen keine solchen Voraussetzungen. Wieder kann es sein, daß der Handelnde gegenüber einer von der Moral geforderten Handlung mit Widerwillen oder Indifferenz reagiert oder zweifelt, ob es rational sei, sich zu fügen. Der typische Fall ist der, in dem der Handelnde, vielleicht mit Recht, glaubt, daß in der Situation, in der er sich befindet, die Ratschläge der Klugheit den Anforderungen der Moral widerstreiten, und er daher wissen möchte, welche dieser Anweisungen für ihn (oder überhaupt) entsprechende Handlungsgründe darstellen; oder falls beide Gründe sind, welcher

---

6 Vgl. z. B. David P. Gauthier, „Morality and Advantage", in *Morality and Rational Self-Interest*, hg. v. David P. Gauthier, Englewood Cliffs: Prentice Hall 1970, S. 175. John Hospers, *Human Conduct*, New York: Harcourt, Brace & World Inc. 1961, S. 193-195.

der gewichtigere Grund ist, von dem er sich vernünftigerweise leiten lassen sollte, und warum? In diesem Fall räumt der Fragesteller ein, daß es keine Möglichkeit gibt zu zeigen, daß die anscheinend im Konflikt stehenden Gründe einander nicht wirklich widerstreiten, und daß er zumindest einen davon fallenlassen muß. Er möchte wissen, welche der beiden Anweisungen diejenige ist, die überwiegt. „Warum moralisch sein?" impliziert als Validationsbitte entweder, daß jeder immer moralisch sein soll, oder daß keiner immer moralisch sein muß, d. h., daß moralische Gründe entweder immer und notwendigerweise alle anderen Gründe überwiegen, oder daß sie nicht immer und notwendigerweise alle anderen Gründe überwiegen, und es wird nach einem Beweis und einer Erklärung für die Antwort gefragt.

10. Nun könnte man jedoch einwenden, daß „Warum moralisch sein?" als Validationsbitte genauso illegitim sei. Wir müssen drei weithin akzeptierte Einwände dieser Art untersuchen.

i) Der erste, er stammt von Prichard, besagt, daß in der Frage eine illegitime Forderung zum Ausdruck kommt, die vergleichbar ist mit einer Forderung aus der Erkenntnistheorie. Prichard formuliert den Einwand wie folgt:

> Jedem, der, präpariert durch seine Erziehung, schließlich und endlich die Last der vielfältigen Verpflichtungen des Lebens spürt, wird es irgendwann einmal lästig, ihnen nachzukommen, und er erkennt, daß es auf Kosten von Interessen geht. Wenn ihn so etwas beschäftigt, so wird er sich zwangsläufig die Frage stellen: „Gibt es wirklich einen Grund, warum ich so handeln soll, wie ich nach meiner bisherigen Überzeugung handeln sollte?"[7]

Prichard vertritt demnach aus Gründen, die nach Meinung vieler (mich eingeschlossen) unzureichend sind, die Ansicht, daß man niemals den Beweis dafür antreten könne, daß das bisher für richtig Gehaltene wirklich richtig war. Wie dem auch sei: daß man einen solchen Beweis nicht antreten kann, erledigt nicht die Frage „Warum moralisch sein?". Denn woher wir unser Wissen über das Richtige auch immer nehmen, sei es aus Beweisen oder aus der Intuition, moralisch zu sein, ist eben häufig „lästig" und geht auf „Kosten von Inter-

---

7   Prichard, in diesem Band, S. 49f.

essen", sofern unsere alltäglichen Intuitionen und die von Prichard über die Beziehung von Moral und Interesse korrekt sind. Durch die Art und Weise, wie Prichard und die klassischen Moralisten ihre Frage formulieren, nämlich: „Was ist denn der Beweis dafür, daß wir unseren tief verwurzelten moralischen Überzeugungen folgen sollen?" wird die Tatsache verschleiert, daß damit zweierlei Fragen aufgeworfen werden. Bei der einen handelt es sich um Prichards vermeintlich „illegitimer" Frage „Was ist denn der Beweis dafür, daß das, was wir immer für richtig gehalten haben, wirklich richtig ist?". Bei der anderen handelt es sich um die Frage „Warum moralisch sein, wenn es doch ,lästig' ist?". Diese Frage ist mindestens genauso dringlich (wenn nicht sogar dringlicher), wenn jene erste Frage wirklich illegitim ist und die Anforderungen der Moral sich nur auf unsere Intuitionen stützen. Der Irrtum der klassischen Moralisten bestand also nicht darin, daß sie eine Frage stellten, die in Wirklichkeit vielleicht (vielleicht aber auch nicht) illegitim ist. Sie haben einen doppelten Irrtum begangen, nämlich (1), daß sie wie Prichard diese möglicherweise illegitime Frage und die Frage „Warum moralisch sein?" nicht auseinandergehalten haben, und (2), daß ihre Antwort auf die Frage „Warum moralisch sein?" auf einer Annahme beruhte, die Prichard zu Recht verwirft: daß nämlich Anforderungen, die nicht im wohlverstandenen Interesse des einzelnen liegen, keine rechtmäßigen moralischen Anforderungen sein können. Sie sahen sich gezwungen, diese Annahme zu machen, weil sie im Unterschied zu Prichard die Wichtigkeit der Frage „Warum moralisch sein?" zwar erkannten, sie aber nur als Motivationsbitte deuten konnten, die von einer lediglich klugen Person vorgebracht wurde.

ii) Der zweite Einwand[8] geht von der Prämisse aus, daß die Frage „Warum moralisch sein?" als Validationsbitte dann gestellt wird, wenn der Fragesteller sich mit Klugheits- (oder hedonistischen) Gründen einerseits, und ihnen widerstreitenden moralischen Gründen andererseits konfrontiert sieht. Er möchte Gründe für moralisches und nicht

---

8 Vgl. John Hospers, *Human Conduct*, New York: Harcourt, Brace & World Inc. 1961, S. 194f. J. C. Thornton, „Can the Moral Point of View be Justified?", *Australasian Journal of Philosophy*, XLII, 1964; wiederabgedruckt in *Readings in Contemporary Ethical Theory*, hg. von Kenneth Pahel und Marvin Schiller, Englewood Cliffs, N.J.: Prentice Hall 1970, bes. S. 445f und 451; siehe auch D. H. Monro, *Empiricism and Ethics,* Cambridge: Cambridge University Press 1967, S. 101ff.

für kluges Verhalten haben, d. h. Gründe, sich von moralischen und nicht von Klugheitsgründen leiten zu lassen. Deshalb, so geht das Argument weiter, müßte es eine dritte Sorte von Gründen geben, auf die man verweisen könnte, um diese Art von Konflikt zu lösen. Aber, so endet das Argument, diese dritte Sorte von Gründen kann es nicht geben, und wenn es sie gäbe, könnte man gar nicht zeigen, daß sie im Konfliktfall anders als moralische oder Klugheitsgründe eher in der Lage wären, als oberste Berufungsinstanz zu fungieren. Wenn aber die Frage „Warum moralisch sein?" nicht beantwortet werden kann, dann muß die Frage illegitim sein.

Die Antwort auf diesen Einwand lautet, daß die Frage „Warum moralisch sein?" nicht nach einer zusätzlichen Sorte von praktischen Gründen fragen muß. Es kann sich stattdessen um die Bitte handeln, etwas *Erhellendes* über die Natur und den Inhalt von moralischen und von Klugheitsgründen zu sagen, das *erklären* würde, *warum* die von uns als moralisch bezeichneten Gründe immer und notwendigerweise die Klugheitsgründe überwiegen. Das ist natürlich keine Kleinigkeit, aber die bloße Bitte als solche impliziert nicht, daß es neben den moralischen und den Klugheitsgründen eine undenkbare dritte Sorte von praktischen Gründen gibt, die als Berufungsinstanz fungieren könnten.

iii) Der dritten Art von Einwänden zufolge[9] kann es sich bei der Frage „Warum moralisch sein?" gar nicht um die Bitte handeln, zu erklären, warum moralische Gründe notwendigerweise überwiegen, denn wenn sie notwendigerweise überwiegen sollen, dann müssen sie dies aufgrund ihrer Definition tun. In diesem Fall aber entpuppe sich „Warum moralisch sein?" als die Frage „Warum sich von Gründen leiten lassen, von denen man sich immer leiten lassen sollte?". Diese Frage sei aber ebenso trivial wie die Frage „Warum sind Kreise kreisförmig?".

Selbst wenn wir den Einwand in dieser Form akzeptieren, ist er doch nicht sehr schwerwiegend. Denn selbst wenn wir zugeben, daß die Frage „Warum moralisch sein?" trivial ist, könnten wir sie doch durch eine andere, nicht-triviale Frage ersetzen, nämlich durch „Warum irgend etwas als *moralischen* Grund bezeichnen?", d. h. durch einen solchen Grund, der schon *definitionsgemäß* alle anderen Gründe überwiegt. Selbst wenn man also zugibt, daß die

---

[9] Kai Nielsen, „Is ‚Why should I be moral?' an Absurdity?", *Australasian Journal of Philosophy,* XXXVI, 1958, S. 25-32.

Frage „Warum moralisch sein?" trivial ist, würde man doch nicht die Schwierigkeiten los, die zu dieser Frage überhaupt erst geführt haben.

Allerdings brauchen wir diesen Einwand in dieser Form nicht zu akzeptieren. Aus der Tatsache, daß moralische Gründe solche Gründe sind, die *schon ihrer Natur nach* alle anderen Gründe überwiegen, folgt nicht, daß dies *definitionsgemäß* so ist. Der Unterschied läßt sich anhand einer Analogie verdeutlichen. Wir können sagen, daß allein schon aufgrund der Definition der verwendeten Ausdrücke *glatt schneidende* Tranchiermesser notwendigerweise gute Tranchiermesser sind, wohingegen *scharfe* Tranchiermesser schon ihrer Natur nach und notwendigerweise gute Tranchiermesser sind, nicht aber aufgrund der Definition der verwendeten Ausdrücke.[10] Gute Tranchiermesser sind solche, die sich ihrem Zweck entsprechend verhalten. Ihr Zweck besteht darin, Fleisch glatt zu zerschneiden. Ebendies ist in der Bedeutung der Ausdrücke impliziert. Wenn man aber zeigen will, daß ein Tranchiermesser um so besser ist, je schärfer es ist, dann muß man beweisen können, daß zwischen der Schärfe und dem Glatt-schneiden-können von Tranchiermessern eine notwendige faktische (kausale) Verknüpfung besteht. Der Ausdruck ‚Tranchiermesser' ist insofern ein funktionaler Ausdruck, als er impliziert, daß der betreffende Gebrauchsgegenstand den Zweck hat, Fleisch glatt zu zerschneiden. Welche Eigenschafen von Tranchiermessern dafür *verantwortlich* sind, bleibt jedoch offen. Daher ist die Frage „Warum sind glatt schneidende Tranchiermesser notwendigerweise gute Tranchiermesser?" vergleichsweise trivial, während dies für „Warum sind scharfe Tranchiermesser notwendigerweise gute Tranchiermesser?" nicht gilt.

Nun kann es sein, daß der Ausdruck ‚moralischer Grund' ebenso wie der Ausdruck ‚glatt schneidendes Tranchiermesser', ein partiell funktionaler Ausdruck ist. Er wird dann definiert als „Grund, der definitionsgemäß alle anderen überwiegt". Dieser Erklärung zufolge erscheint die Frage „Warum moralisch sein?" (d. h. „Warum sich von moralischen Gründen leiten lassen, wenn sie mit anderen in Konflikt stehen?") vielleicht als relativ trivial. Denn man kann sie als Bitte um eine funktionale Definition verstehen. Man muß sie aber nicht so ver-

---

10 Hier bin ich G. H. von Wright zu Dank verpflichtet, obwohl er möglicherweise nicht damit einverstanden ist, wie ich seine Unterscheidungen verwende. Vgl. *The Varieties of Goodness*, New York: Humanities Press 1962,
   S. 24-27.

stehen, denn selbst wenn ‚moralischer Grund' ein partiell funktionaler Ausdruck ist, muß die Frage „Warum moralisch sein?" deshalb noch keine Bitte um eine funktionale Definition sein, was sie normalerweise auch nicht ist. Vielmehr kann es sich um die Bitte handeln, die Eigenschaften darzulegen, die solche Gründe zu moralischen machen, und zu zeigen, warum das Haben solcher Eigenschaften diese Gründe zu solchen macht, die alle anderen notwendigerweise überwiegen.

Auf jeden Fall kann man den Ausdruck ‚moralischer Grund' in ähnlicher Weise wie den Ausdruck 'scharfes Tranchiermesser' verwenden, und in diesem Fall verhält sich „Warum moralisch sein?" analog zu „Warum sind scharfe Tranchiermesser notwendigerweise gute Tranchiermesser?", d. h. „Warum sind Gründe wie ‚Du hast es versprochen', ‚Jemandes Recht wird verletzt', ‚Es würde ihm sehr schaden' usw. notwendigerweise Gründe, die alle anderen überwiegen?". Daß die Frage in diesem Fall überhaupt nicht trivial ist, liegt auf der Hand.

II.

11. Ich sehe es nun als erwiesen an, daß die Frage „Warum moralisch sein?" häufig bedeutet „Durch welche Eigenschaft werden moralische Gründe notwendigerweise zu überwiegenden Gründen?", und daß diese Frage nicht nur absolut vernünftig klingt, sondern auch wichtig ist. Wie lautet die Antwort?

Die Frage läßt sich in die folgenden Teilfragen zerlegen: (1) Wodurch wird etwas zu einem praktischen Grund? (2) Wodurch wird ein praktischer Grund zu einem moralischen? (3) Durch welche Eigenschaft werden moralische Gründen notwendigerweise zu überwiegenden Gründen? Ganz offensichtlich würde eine vollständige Antwort auf die Frage „Warum moralisch sein?" sowohl eine adäquate Theorie praktischer Gründe wie auch der Moral einschließen, Aufgaben, die den Rahmen dieses Aufsatzes vollständig sprengen würden. Ich glaube jedoch eine Reihe von intuitiv plausiblen Annahmen formulieren zu können, aus denen sich eine Antwort auf unsere Frage ableiten läßt.

Was Frage (1) betrifft, mache ich zweierlei Annahmen. Die der ersten Art betreffen die Natur praktischer Gründe und des Begründens; bei der zweiten Art handelt es sich um nur eine einzige inhaltliche Annahme über diejenigen Dinge, die praktische Gründe darstellen.

Ich mache vier Annahmen der ersten Art. Eine habe ich bereits erwähnt, nämlich

(i) „T ist ein Grund für X, H auszuführen" impliziert: Wenn X ein vollkommen rational Handelnder wäre, jemand, der dem Ideal der Rationalität entspräche, dann wäre *für ihn* T *ausschlaggebend,* H auszuführen.

(ii) Welche Folgen es für das Leben derjenigen hat, die glauben, daß T ein Grund für sie ist, H auszuführen, und ob es ein befriedigendes Leben ist, ist relevant für die Stichhaltigkeit dieses Glaubens.

(iii) Die Zunahme praktischen Wissen (fundierter Handlungsrichtlinien, wie Frankena sagen würde) macht es erforderlich, daß eine Gruppe übergangsweise universelle Prinzipien akzeptiert, wobei das Ergebnis ihrer allgemeinen Anwendung einen Test für ihre Stichhaltigkeit liefert.

(iv) *Jeder* muß stets vollkommen rational sein können, oder, mit anderen Worten: Es kann keine praktischen Prinzipien geben, die nur dann stichhaltige Prinzipien der praktischen Vernunft wären, wenn sie nicht allgemein befolgt würden.

Annahme (i) sagt uns etwas über die *Rolle* der Äußerung, oder *was damit gemeint ist, wenn man sagt,* daß eine bestimmte Tatsache für jemanden ein Grund sei, ewas Bestimmtes zu tun. Die anderen drei Annahmen handeln von allgemeinen Beschränkungen, denen inhaltliche Hypothesen über mögliche *Begründungen* für die Behauptung unterliegen, daß eine betimmte Tatsache ein solcher Grund sei. Die einzige inhaltliche Hypothese dieser Art, die ich hier aufstellen will, ist die folgende:

(v) Tatsachen, aus denen hervorgeht, daß es in Xs wohlverstandenen Interesse läge, wenn er H ausführte, stellen für X Gründe dar, H auszuführen.

12. Hypothese (v) sollte man tunlichst von jener Theorie der Gründe unterscheiden, die man Rationalen Egoismus nennt, und die (v) mit (vi) kombiniert:

(vi) *Nur solche* Tatsachen, aus denen hervorgeht, daß es in Xs wohlverstandenen Interesse läge, wenn er H ausführte, stellen für X Gründe dar, H auszuführen;
oder

(vi') Tatsachen, aus denen hervorgeht, daß es in Xs wohlverstandenen Interesse läge, wenn er H ausführte, sind für X *die entscheidenden Gründe,* H auszuführen.

Wenn der Rationale Egoismus stichhaltig wäre, dann könnten
moralische Gründe entweder mit den Ratschlägen des Eigeninteresses
nie in Konflikt geraten oder sie würden notwendigerweise von
eigennützigen Gründen überwogen. Beide Korollarien laufen unseren
fast schon axiomatischen Überzeugungen hinsichtlich der Natur der
Moral und moralischer Gründe zuwider. Man kann jedoch leicht
erkennen, daß das Eigeninteresse nicht der einzige oder notwendigerweise entscheidende Grund ist. Bereits jene Philosophen, die behaupten, daß das höchste Ziel des Menschen darin bestehe, sich selbst zu
verwirklichen (T. H. Green, F. H. Bradley), haben die psychologische
Tatsache für erwähnenswert gehalten, daß viele, vielleicht sogar alle,
ihr Leben als befriedigender, erfüllter oder sinnvoller erfahren würden, wenn sie sich nicht nur um sich selbst kümmern oder sich selbst
lieben, sondern sich auch für andere Menschen öffnen und somit
bereitwillig für die Interessen anderer eintreten würden, manchmal
sogar auf Kosten der eigenen Interessen. So kann es sein, daß eine
Frau, die selbst arm ist und Hunger leidet, einem Soldaten Geld und
Nahrungsmittel schickt, und zwar nicht in der Hoffnung, dafür später
etwas zurückzubekommen, sondern einfach weil sie ihn liebt und ihn
trotz der Tatsache, daß sie es sich kaum leisten kann, unterstützen und
ihm eine Freude bereiten möchte. Indem sie sich moralisch verhält
und zugleich ihren eigenen Interessen zuwiderhandelt, macht diese
Frau ihr eigenes Leben trotzdem nicht ärmer als es wäre, wenn sie ihm
nicht helfen würde. Im Gegenteil, sie würde sich zeitlebens verachten,
wenn sie ihren eigenen Interessen den Vorzug vor denen des geliebten
Mannes gegeben hätte.

Es scheint also, als könnte das eigene Leben, dadurch daß man
immer nur das eigene wohlverstandene Interesse im Auge hat, durchaus weniger erfüllt und daher weniger gut sein, als wenn man das
eigene wohlverstandene Interesse um anderer willen, an denen einem
gelegen ist, zuweilen hintanstellen würde. Ich glaube, daß jeder mir
zugeben würde, daß Tatsachen, aus denen hervorgeht, daß das eigene
Leben erfüllter wäre, wenn man H statt J täte, Gründe darstellen, H zu
tun; daß Tatsachen, aus denen hervorgeht, daß es im eigenen wohlverstandenen Interesse liegt, J statt H zu tun, Gründe darstellen, J zu
tun; und daß Selbstverwirklichungsgründe gegenüber Eigennutzgrün-
den *überwiegen,* wenn beide miteinander in Konflikt geraten. Für diese plausible Überzeugung spricht vor allem, daß es beim Eigeninter-

esse im landläufigen Sinn hauptsächlich um das eigene Wohlergehen und die eigene Position geht, sowohl, was den Schutz gegen Schicksalsschläge betrifft, als auch im Hinblick auf die Möglichkeiten und Fähigkeiten das für einen selbst Lohnenswerte zu tun. Der Hauptgrund, weshalb das Eigeninteresse für die Rationalität grundlegend ist, ist also einfach der, daß es ein *normalerweise unentbehrliches Mittel für ein erfülltes Leben* darstellt. Wenn aber der Umstand, daß man sein eigenes Interesse im Auge hat, d. h. seine eigene Position verbessern will, um sein Leben erfüllter zu gestalten, dazu führt, daß es tatsächlich weniger erfüllt ist, dann werden Eigennutzgründe von Selbstverwirklichungsgründen überwogen.

Selbstverwirklichungsgründe, ob sie nun das Eigeninteresse oder das Interesse anderer berücksichtigen, sind mit Notwendigkeit *in einem selbst verankert*, d. h. sie wurzeln in der Zufriedenheit des *Handelnden* mit dem *eigenen* Leben. Wenn ich meine Tante gern habe, dann ist die Tatsache, daß sie sich über einen Besuch bei ihr im Krankenhaus freuen würde, für mich ein in mir selbst verankerter, das Interesse anderer berücksichtigender Grund, sie im Krankenhaus zu besuchen, und wenn ich sie sehr gern habe, dann kann es ein gewichtigerer Grund sein als viele der in mir selbst verankerten, das Eigeninteresse berücksichtigenden Handlungsgründe, die ich vielleicht auch noch habe. Wenn mir aber meiner Tante egal ist, dann habe ich möglicherweise keinen in mir selbst verankerten Grund, sie zu besuchen.

13. Es stellt sich nun die Frage, ob man allein auf der Grundlage solcher in einem selbst verankerter Gründe ein adäquates System von Gründen errichten kann. Hobbes hat mit Sicherheit so gedacht, Bentham vielleicht.[11] Hobbes glaubte, daß der gesellschaftliche Zustand, der sich ergäbe, wenn alle sich nur von eigennützigen Gründen leiten ließen und es keine Zwang ausübende Gesellschaftsordung gäbe, notwendigerweise unerwünscht wäre. Er glaubte aber auch, daß eine solche Zwang ausübende, die zwischenmenschlichen Beziehungen regelnde Gesellschaftsordnung in jedermanns Interesse läge, um die Beilegung von Interessenkonflikten mittels Gewalt oder arglistigen Verhaltens zu verhindern und überflüssig zu machen. Diesen Teil sei-

---

[11] Eine Interpretation Benthams, der zufolge das Prinzip der Nützlichkeit auf einem System individueller, in einem selbst verankerter Gründe beruht, liefert David Lyons, *In the Interest of the Governed,* Oxford: Clarendon Press 1973.

nes Arguments akzeptiere ich. Er hat jedoch auch die Ansicht vertreten, daß die Existenz einer solchen Ordnung die Lebensbedingungen ihrer Mitglieder dermaßen verändert, daß sie hinreichenden Grund haben anzunehmen, es liege stets in ihrem wohlverstandenen Interesse, den sozialen Anforderungen zu genügen. Mit anderen Worten, er hat geglaubt, die Motivationsbitte eines Egoisten, warum er stets dem Gesetz gehorchen solle, beantworten zu können. Allerdings scheint mir das einzige Argument, das Hobbes für diese Schlußfolgerung vorbringt, ein Trugschluß zu sein. Er argumentiert, durchaus korrekt (Leviathan, Kap. XV), daß, wer das Gesetz verletzt, nur aufgrund „der Irrtümer anderer Menschen" daraus einen Gewinn ziehen kann. Dann fährt er aber fort, und das ist sicherlich falsch, daß der Betreffende diese Irrtümer „weder vorhersehen noch einkalkulieren konnte" und daher stets wider die Vernunft handelt, wenn er das Gesetz bricht. In den meisten Gesellschaften aber, wenn nicht gar in allen, ist es offenkundig nicht immer unmöglich oder sogar unwahrscheinlich, daß im Falle eines Irrtums jemand mit ziemlicher Sicherheit und vergleichsweise geringem Risiko für sich selbst sagen kann, daß man ihn nicht erwischen wird. Demnach folgt aus der Tatsache, daß Hobbes das allgemeine Bedürfnis nach einer Zwang ausübenden Gesellschaftsordnung demonstrieren kann, die gebieterisch Interessenkonflikte beilegt, weder, daß jedes Mitglied einer solchen Ordnung einen hinreichenden, in ihm selbst verankerten (geschweige denn eigennützigen) Grund hat, die Regeln und Anforderungen dieser Ordnung immer zu befolgen, noch folgt natürlich daraus, daß diese Anforderungen als solche für jeden einen entsprechenden Handlungsgrund darstellen.

Die Hobbessche These hat erhebliche hausgemachte Schwächen. In einer Gemeinschaft rationaler Egoisten, in der jeder jeden als rationalen Egoisten verdächtigt, haben alle einen hinreichenden Grund, die sozialen Regeln zu übertreten, wenn es zum eigenen Vorteil ist, und sicherzustellen, daß andere niemals dieselbe Möglichkeit erhalten. Sie werden deshalb durch eine harte *Law and order*-Politik sicherstellen wollen, daß sich Verbrechen *für andere* nicht auszahlen. Gleichzeitig werden sie versuchen, vielleicht durch Bestechungen, Drohungen und anderen Methoden, das Gesetz zu ihrem eigenen Vorteil zu beugen. Ebenso werden ihre egoistischen Beamten, deren Aufgabe es ist, den Regeln Geltung zu verschaffen, versuchen sich zu bereichern, indem sie gegen ein Entgelt das Gesetz beugen. Angesichts der Tatsache, daß die Menschen nicht über die gleichen Fähigkeiten verfügen, ihre Interessen zu verfolgen, wird eine solche Gesellschaftsordnung in zunehmendem Maße zu einem ungerechten Absolutismus tendieren. In dem Maße aber, wie die Gesellschaft sich in diese Richtung fortbewegt, werden immer mehr Menschen immer stärker daran interessiert sein, das Gesetz zu brechen, auch wenn die Risiken größer werden. Und je „rationaler" im Hobbesschen Sinne die Gesellschaftsmitglieder sind, um so mehr werden solche Gesellschaften zur Instabilität tendieren, mit regelmäßig wiederkehrenden Revolutionen und den vielen Schattenseiten des Naturzustandes.

Und was für eine Gesellschaft rationaler Egoisten gilt, gilt ebenso, wenn auch vielleicht in geringerem Maße, für eine Gesellschaft rationaler Selbstverwirklicher, selbst wenn alle einige ihrer Mitmenschen lieben. Denn der Unterschied zwischen einer Gesellschaft von rationalen Egoisten und einer von rationalen Selbstverwirklichern wird nicht größer sein als der zwischen einer, grob gesprochen, Gesellschaft, die aus egoistischen Individuen, und einer, die aus kleinen altruistischen Gemeinschaften oder Interessengruppen besteht, wie z. B. Familien, Klubs, Parteien, Lobbies und dergleichen, die über ihresgleichen ebenso denken wie ein egoistisches Individuum über seinesgleichen denkt.

Inzwischen sollte deutlich geworden sein, was an einer Ordnung, die nur in den Individuen selbst verankerte Gründe anerkennt, unbefriedigend ist: Sie kann keine Direktiven (Prinzipien, Regeln, Gebote) zur Beilegung zwischenmenschlicher Konflikte anerkennen, wenn diese Konflikte durch Gründe hervorgerufen werden, die in den Beteiligten selbst verankert sind. Je mehr sie sich der vollkommenen Rationalität annähern, werden deshalb die Mitglieder einer solchen Ordnung versuchen, die Gesetze, Sitten und Konventionen dieser gesellschaftlichen Zwangsordnung nach Maßgabe der in ihnen selbst verankerten Gründe zu verändern. Und weil sie sich immer Regeln vorstellen können, die sie mehr begünstigen würden als andere, kann es für sie keine zufriedenstellende, durch solche Regeln herbeigeführte Konfliktlösung geben. Die Gesellschaftsordnung ist für solche Personen zwangsläufig nichts anderes als eine Reihe von Hürden im Rennen um Selbstverwirklichung oder, schlimmstenfalls, um Selbstverherrlichung. Ihr Ziel besteht immer nur darin, Hürden, die ihnen selbst im Weg stehen, zu beseitigen, und sie anderen, die widerstreitende Ziele verfolgen, in den Weg zu stellen. Dieses Ideal der Vernunft verdoppelt bloß das elende „Räuber und Gendarm"-Spiel der wirklichen Welt.

Es scheint also, als könne eine Theorie der Vernunft, die nur in einem selbst verankerte Gründe zuläßt, auch wenn es sich nicht um beschränkte eigennützige Gründe handelt, nicht mit den zuerst von Hobbes aufgewiesenen Schwierigkeiten fertig werden. Denn je mehr die betreffenden Personen sich der vollkommenen Rationalität annähern, um so mehr müssen sie eben jener Ordnung, die sie brauchen, um die schlimmsten Auswirkungen des Naturzustandes zu mildern, entgegenarbeiten und müssen sie schließlich untergraben. Wenn aber eine Gruppe „vollkommen rationaler Menschen" (d. h. Menschen, die dieser Theorie zufolge nur durch die besten Gründe motiviert werden) ein Leben führen muß, das schlimmer ist als das Leben einer Gruppe von Menschen, die weniger rational sind, dann kann eine solche Theorie der Gründe nicht richtig sein. Wenn also meine Annahmen (i)-(iv) richtig sind, dann laufen diese Überlegungen auf eine Widerlegung jedweder Theorie der Gründe hinaus, die, wie etwa der Rationale Egoismus und die Rationale Selbstverwirklichung, nur in einem selbst verankerte Gründe zulässt.

14. Das Problem ist demnach das folgende. Einerseits irrt Hobbes, wenn er glaubt, daß in einem selbst verankerte Gründe und die Anforderungen der Zwang ausübenden Gesellschaftsordnung, deren Fortbestehen von jedem Mitglied, das solche Gründe anerkennt, mitgetragen werden muß, notwendigerweise zusammenfallen. Andererseits wird dadurch, daß in einem selbst verankerte Gründe als entscheidend anerkannt werden, die Zwang ausübende Gesellschaftsordnung instabil, was vom jeweiligen Standpunkt des einzelnen Mitglieds aus nicht wünschenswert ist. Diese Instabilität ließe sich jedoch vermeiden, wenn auch die Anforderungen der Gesellschaftsordnung von ihren Mitgliedern sowohl als entsprechende Handlungsgründe wie auch als Gründe betrachtet würden, welche die in einem selbst verankerten Gründe überwiegen. Unser Problem ließe sich somit lösen, wenn wir den Rationalen Egoismus fallenließen, das heißt: (vi) oder (vi') aufgäben, und ihn durch den Rationalen Konventionalismus ersetzten, d. h.

(vii) Die Anforderungen der Zwang ausübenden Gesellschaftsordnung müssen von den Mitgliedern dieser Ordnung als entsprechende Handlungsgründe betrachtet werden, und zwar als solche, die, wenn sie in Konflikt mit den in einem selbst verankerten Gründen geraten, diese überwiegen.

Aber wieso sollte (vii) richtig sein? Daß das Leben für alle Mitglieder dieser Gesellschaftsordnung besser wäre, wenn jene Anforderungen als solche Gründe betrachtet *würden,* sieht zwar wie ein guter Grund aus, (vii) zu akzeptieren, ist aber eindeutig kein hinreichender Grund. Ein Sklave in einer Sklavengesellschaft würde mit Sicherheit *zu Unrecht* die dort herrschenden Zwangsregeln als Gründe betrachten, so zu handeln, wie es verlangt wird. Er würde sicherlich im Einklang mit der Vernunft handeln, wenn er versuchte zu entfliehen. Aber warum ist das so? Warum genau ist es ein Fehler, aus der Tatsache, daß das Leben für jeden, der in einer solchen Ordnung lebt, erfüllter wäre, wenn ihre Anforderungen als solche Gründe betrachtet würden, zu schließen, daß die Anforderungen aller Zwang ausübenden Gesellschaftsordnungen dieser Art entsprechende Handlungsgründe darstellen?

Offenbar müssen zumindest noch zwei weitere Bedingungen erfüllt sein, wenn man diesen Schluß akzeptabel finden soll. Die erste ist die *Allgemeinheitsbedingung.* Vom jeweiligen Standpunkt einzelner Personen aus gesehen, kann es wünschenswert sein, die Anforderungen der Zwang ausübenden Gesellschaftsordnung nur dann als überwiegenden Gründe zu betrachten, wenn diese Anforderungen allgemein so betrachtet werden. Die wünschenswerten Vorteile dieser Betrachtungsweise werden jedem einzelnen nur dann zuteil, wenn jene Anforderungen allgemein so betrachtet werden. Das bedeutet nicht, daß buchstäblich jeder sie so betrachten muß; vielmehr bedeutet es, daß diese Betrachtungsweise ein Bestandteil der Kultur dieser Gesellschaft ist, der von Generation zu Generation weitergegeben wird und als die *richtige* Sichtweise dieser Anforderungen gilt. Diese Allgemeinheitsbedingung ist jedoch in den meisten Gesellschaften erfüllt, obwohl die positivistische Lehre der Trennung von Recht und Moral sie der Tendenz nach untergräbt.

Jedoch macht das Sklavenhalter-Beispiel deutlich, daß es noch eine zweite Bedingung geben muß, die die *den Inhalt* dieser sozialen Anforderungen betrifft. Aus dem Beispiel geht hervor, daß die zweite Bedingung verlangt, daß die sozialen Anforderungen nicht nur allen zum Nutzen gereichen (verglichen mit dem Naturzustand), sondern allen *gleichermaßen* (verglichen mit anderen möglichen Gesellschaftsordnungen). Denn wenn die Bedingung erfüllt ist, dann wäre eine mögliche Veränderung der Gesellschaftsordnung vom Standpunkt der Vernunft aus keine Verbesserung. Ich meine damit einen Standpunkt, der fordert, die Gesellschaftsordnung müsse so beschaffen sein, daß jeder den bestmöglichen, in ihm selbst verankerten Grund hat, den man als einzelner (nicht irgendwer) nur haben kann, um zu wollen, daß die in der Zwang ausübenden Gesellschaftsordnung, in der er lebt, allgemein anerkannten Anforderungen Gründe darstellen, die alle anderen Gründe überwiegen.

Um zusammenzufassen: Ich habe die Frage aufgeworfen, wann die sozialen Anforderungen der Zwang ausübenden Gesellschaftsordnung als Gründe betrachtet werden müssen, diesen Anforderungen zu genügen, und zwar als Gründe, welche die in jedem einzelnen selbst verankerten Gründe überwiegen. Wir haben gesehen, daß jedes Mitglied dieser Gesellschaft nicht nur einen in ihm selbst verankerten Grund hat, in einer Zwang ausübenden Gesellschaftsordnung leben zu wollen, sondern auch einen in ihm selbst verankerten Grund, daß ihre Anforderungen allgemein als Gründe betrachtet werden, welche die in jedem einzelnen selbst verankerten Gründe überwiegen. Deshalb ist es wider die Vernunft, wenn man es ablehnt, diese Anforderungen überhaupt als solche Gründe anzuerkennen. Allerdings ist es ebenso wider die Vernunft, wenn man solche Anforderungen, ihres Inhalts gänzlich ungeachtet, als ebensolche Gründe akzeptiert. Und zwar nicht deshalb, weil eine bestimmte Gesellschaftsordnung vielleicht nicht zum Nutzen all ihrer Mitglieder gereicht, denn es kann durchaus der Fall sein, daß fast alle Gesellschaftsordnungen, einschließlich der Sklaven-Gesellschaften, Lebensbedingungen bieten, die selbst für Sklaven weitaus besser sind als jene, die im Naturzustand vorherrschen. Und ebenfalls nicht deshalb, weil einige soziale Anforderungen nicht die bestmöglichen, in einem selbst verankerten Gründe liefern können, ihnen zu genügen, denn das trifft unabhängig von den sozialen Anforderungen zu: selbst in den am meisten von Privilegien beherrschten Klassengesellschaften kann es vorkommen, daß die Gesetzgebung die Privilegierten noch mehr begünstigt. Der Grund ist vielmehr der, daß nur solche sozialen Anforderungen, die gerecht sind, das heißt: allen gleichermaßen zum Nutzen gereichen, *hinreichende,* in einem selbst verankerte Gründe *für jeden* liefern, die sozialen Anforderungen als überwiegende Gründe zu akzeptieren. Soziale Gerechtigkeit ist der ideale Grenzwert, an dem alle Gründe, soziale Anforderungen nicht als überwiegende Gründe anzuerkennen, widerlegt werden, denn es ist der Punkt, an dem jeder die bestmöglichen, in ihm selbst verankerten Gründe hat, die man als einzelner nur haben kann, um diese Anforderungen als überwiegende Gründe anzuerkennen. Dann aber müssen dies hinreichende Gründe sein, da man als einzelner unmöglich bessere Gründe haben kann. Daß sie hinreichend sind, bedeutet natürlich nicht, daß man garantiert keine Opfer bringen, das heißt: in einer Weise handeln muß, die ungünstiger oder schädlicher ist als Alternativen, die von den gewichtigsten Gründen, die in einem selbst verankert sind, getragen werden. Wer eine solche Garantie an diesem Punkt verlangt, vergißt, daß man bereits die Notwendigkeit einer Zwang ausübenden Gesellschaftsordnung eingeräumt hat, die über Konflikte zwischen den in einem selbst verankerten Anliegen entscheidet, d. h. die Notwendigkeit maßgebender Direktiven, die mit einigen der in einem selbst verankerten Gründe in Konflikt geraten und sie überwiegen.

15. Unsere eigentliche Frage „Warum moralisch sein?" könnte nun ganz leicht beantwortet werden, wenn die gesellschaftsbezogenen überwiegenden Gründe, die ich in den vorhergehenden Abschnitten erörtert habe, moralische Gründe wären. Denn dann könnten wir sagen, daß man moralisch sein sollte, weil moralische Gründe ihrer Natur nach überwiegende Gründe sind, und weil es wider die Vernunft wäre, sich nicht von den Gründen leiten zu lassen, die alle anderen überwiegen. Sind aber diese gesellschaftsbezogenen Gründe wirklich moralische Gründe?
Ich kann natürlich nicht leugnen, daß nur eine adäquate Theorie der Moral als Ganzer diesen Zweifel in befriedigender Weise ausräumen könnte. In Ermangelung einer solchen Theorie müssen wir uns mit etwas nicht ganz so Wirkungsvollem zufrieden geben. Ich kann allenfalls zeigen, daß die überwiegenden Gründe, von denen ich bisher gesprochen habe, die wichtigsten Merkmale aufweisen, die wir normalerweise moralischen Gründen zuschreiben. Darüber hinaus läßt sich zeigen, daß diese Merkmale, die den meisten Darstellungen zufolge miteinander unverträglich sind, in meiner Darstellung vollständig harmonieren, wenn wir annehmen, daß es sich bei moralischen Gründen um ebenjene Gründe handelt (oder um eine Teilklasse davon). Die Merkmale, an die ich denke, sind die folgenden:

(i)   Es handelt sich notwendigerweise um Gründe für alle Mitglieder der relevanten Ordnung, aber nicht notwendigerweise für andere.

(ii) Sie sind im strengsten Wortsinn universalisierbar.

(iii) Sie beziehen sich in geeigneter Weise auf die Selbstverwirklichung, ohne tatsächlich Selbstverwirklichungsgründe zu sein.

(iv) Sie überwiegen eigennützige und, allgemeiner noch, in einem selbst verankerte Gründe.

(v)   Sie sind keine hypothetischen, sondern kategorische Gründe in dem Sinn, daß sie nicht nur Gründe für diejenigen sind, die bestimmte spezifische Zwecke verfolgen, wie es etwa bei den Regeln der Etikette der Fall ist.

(vi) Sie besitzen zu Recht den eigentümlichen „bindenden Zwang",
der im moralisch Verpflichtenden und im moralisch Falschen
impliziert ist, ein bindender Zwang nämlich, der seiner Natur
nach in unserer Überzeugung zum Ausdruck kommt, daß es nicht
allein Sache des moralisch Handelnden ist, ob er sich von moralischen Gründen leiten läßt oder nicht. Diese Überzeugung
findet nun ihren Niederschlag in unserer moralischen Praxis, das
Verhalten anderer vom moralischen Standpunkt aus genau
zu prüfen und sie zu verurteilen, wenn sie irgendwelchen moralischen Anforderungen nicht genügen. Aus der von mir gerade
skizzierten Natur der Gründe erklärt sich auch, warum solchen
Gründen eben jener bindende Zwang eigen ist, den unsere Intuition moralischen, nicht aber beispielsweise eigennützigen
Gründen zuschreibt: Da sie ihrer Natur nach Direktiven sind, die
Konflikte zwischen Anliegen entscheiden sollen, die in einem
selbst verankert sind, läuft jede Direktive dieser Art irgendeinem
Anliegen zuwider, das auf einem Grund beruht, der im Betreffenden selbst verankert ist, und fördert irgendein anderes, ähnlich begründetes Anliegen. Deshalb gibt es überall, wo man
einen solchen Grund geltend machen kann, jemanden, der in ihm
selbst verankerte Gründe hat und daher vermutlich versucht ist,
ihm zuwider zu handeln, und da jede Verletzung dieser Art einem
Anliegen zuwider läuft, das durch einen solchen überwiegenden
Grund legitimiert ist, wird jemand in ihm selbst verankerte
Gründe haben, die sicherstellen, daß derartige Verletzungen nicht
vorkommen. Und da die Ordnung *ex hypothesi* gerecht ist,
werden alle den bestmöglichen, in ihnen selbst verankerten
Grund haben, den sie *als einzelne* nur haben können, um sicherzustellen, daß derartige Verletzungen nicht vorkommen. Damit
ist vollständig erklärt, warum es nicht allein Sache des Handelnden sein kann, ob er mit solchen Gründen konform geht oder
nicht.[12]

---

[12] Eine ausführlichere Erörterung dieses Punktes findet sich in meinem Aufsatz „Moral Obligation", in *American Philosophical Quarterly* 3, July, 1966.

III.

Die von mir hier vertretene Auffassung hat sehr viele Einwände und, zweifellos wegen meiner verworrenen Darstellung dieser Auffassung in der Vergangenheit, viele Mißverständnisse hervorgerufen. Einige davon, auf die ich wiederholt gestoßen bin, und die deshalb für viele etwas Zwingendes zu haben scheinen, habe ich hier ausgewählt. Ihre Erörterung kann vielleicht dazu beitragen, meine Absichten zu verdeutlichen. Mit der Liste soll natürlich kein Anspruch auf Vollständigkeit erhoben werden.

16. Man kann zum Beispiel einwenden, daß die Vernunft von uns zwar verlange, öffentlich für moralisches Handeln einzutreten, es aber ein Irrtum sei, daraus zu schließen, daß es wider die Vernunft ist, unmoralisch zu handeln.[13] Nun muß man natürlich zugeben, daß es ein Unterschied ist, ob man Gründe hat, etwas öffentlich anzuer-

---

[13] Eine solche Auffassung vertritt zum Beispiel Bernard Gert in *The Moral Rules,* New York: Harper & Row, 1966, 1967, 1970, S. 205: „Diese Verwechslung beinhaltet das Verhältnis zwischen dem, was die Vernunft öffentlich verlangt, und dem, was die Vernunft verlangt. ‚Die Vernunft verlangt öffentlich moralisches Handeln' bedeutet einfach, daß alle rationalen Menschen öffentlich für moralisches Handeln eintreten. ‚Die Vernunft verlangt moralisches Handeln' bedeutet, daß es irrational ist, unmoralisch zu handeln. ... Wenn man zwischen dem, was die Vernunft verlangt, und dem, was die Vernunft öffentlich verlangt, nicht deutlich unterscheidet, dann kommt man vielleicht zu dem Schluß, daß es irrational ist, unmoralisch zu handeln. Wahrscheinlich war Kant dieser Verwechslung erlegen."
Oder auch John Plamenatz, *Democracy and Illusion*, London: Longman 1973, S. 26: „Der Unehrliche muß sich, ebenso wie der Ehrliche, sozialer Regeln bedienen, insbesondere jener allgemeinen Regeln, deren Übertretung die stärksten Unmuts- und Mißbilligungsgefühle hervorruft, der moralischen Regeln nämlich. ... Er würde seinen Zweck nicht erreichen, wenn er mit dem Hinweis auf die betreffende Regel gleichzeitig zu verstehen gäbe, daß er selbst nicht an sie gebunden sei. Er würde irrational handeln, wollte er für sich eine Ausnahme geltend machen, aber auf Rückfrage nicht den Beweis dafür anträte, daß sie im allgemeinen Interesse liegt, oder aber rechtfertigte, indem er auf ein Prinzip verweist, das von demjenigen, den er zu beeinflussen versucht, akzeptiert wird. Er würde aber nicht irrational handeln, wollte er die Regel immer dann übertreten, wenn er dadurch, nach allem, was er weiß, und unter weitestgehender Berücksichtigung zukünftiger Ereignisse, nur gewinnen kann."

kennen, oder ob man Gründe hat, es auch vor sich selbst anzuerkennen. Die schwächeren, aber gescheiteren Schüler mögen vortreffliche Gründe haben, die Überlegenheit des dummen Schlägers, der von ihnen eine öffentliche Anerkennung seiner Überlegenheit verlangt, öffentlich anzuerkennen; sie haben aber keinen Grund, sie vor sich selbst anzuerkennen. Man könnte nun meinen, daß man gleichfalls vortreffliche Gründe habe, öffentlich die Überlegenheit (das Überwiegen) moralischer Gründe anzuerkennen, aber keine, sie nur vor sich selbst anzuerkennen. Aber das wäre ein Irrtum. Der Schläger trägt nichts dazu bei, daß es den Schülern gut geht; es ginge ihnen besser, wenn er nicht existierte. Die öffentliche Anerkennung seiner Überlegenheit bringt ihnen nur Vorteile unter der unerwünschten und revidierbaren Bedingung seiner Existenz. Im Unterschied dazu gibt es im Fall moralischer Gründe nichts, was ähnlich unerwünscht und revidierbar wäre. Solange man mit Recht sagen kann, daß ein Leben in der Gesellschaft besser ist als ein Leben in Einsamkeit, ist selbst für jene, die ihre Mitmenschen oder ihre Gesellschaft nicht mögen, die Gegenwart anderer Menschen und die Zusammenarbeit mit ihnen eine unverzichtbare Bedingung dieses besseren Lebens. Es ist gewiß nichts Unerwünschtes, das der rationale Mensch gern los wäre. Wenn sich daher die Zusammenarbeit am besten dadurch erreichen läßt, daß die gerechten Anforderungen der Gesellschaftsordnung allgemein als Gründe anerkannt werden, die in einem selbst verankerte Gründe überwiegen, dann sollten diese Anforderungen wirklich als solche Gründe betrachtet und behandelt werden. Wenn also der rationale Egoist es für einen Irrtum hält, das Überwiegen moralischer Gründe nicht nur öffentlich, sondern auch für sich privat anzuerkennen, dann ist er es, der den Irrtum begeht. Sofern er glaubt, daß moralische Gründe als überwiegende Gründe anerkannt und als solche behandelt werden sollten, sie aber dann nicht so behandelt, handelt er dem zuwider, was seiner eigenen, richtigen Überzeugung nach die Vernunft verlangt, und handelt daher wider die Vernunft.

Man könnte meinen, daß der rationale Egoist diese Schlußfolgerung vermeiden kann, indem er einen Kompromiß findet zwischen der Überzeugung, daß moralische Gründe als überwiegende Gründe anerkannt werden sollten, und der Überzeugung, daß dies nicht so sein sollte, das heißt: indem er die Überzeugung vertritt, daß andere sie als solche Gründe anerkennen sollten, er selbst aber nicht. Ein rationaler Egoist, der eine bestimmte Theorie der Gründe verficht, nämlich die Theorie, daß eigennützige (oder zumindest in einem selbst verankerte) Gründe die einzigen oder die schwerwiegendsten Gründe seien, könnte jedoch eine derartige Position nicht konsistent vertreten. Er ist deshalb auf Axiom (iv) festgelegt, daß jeder stets vollkommen rational sein können muß.[14] Aber dann ist klar, daß der rationale Egoist sich mit einer solchen Kompromißposition, die in dieser Weise zwischen „man selbst" und „anderen" unterscheidet, in einen Selbstwiderspruch verwickeln würde. Er wäre dann nämlich auf die Auffassung festgelegt, daß für *jeden* gilt, daß *er* das Überwiegen moralischer Gründe nicht anerkennen sollte, wohl aber *alle anderen*; mit anderen Worten: jeder sollte es nicht und jeder sollte es!

Das wird oft übersehen, weil der Rationale Egoismus, eine Theorie der Gründe, und der Egoismus im alltäglichen Sinn nicht auseinandergehalten werden. Da er nämlich keine Theorie der Gründe vorbringt, ist ein gewöhnlicher Egoist natürlich nicht auf Axiom (iv) festgelegt. Nicht ohne eine gewisse Plausibilität geht er einfach davon aus, daß die anderen, so wie die Dinge liegen, nicht alle Egoisten sind. Er ist zufrieden, in einer Welt von vielen Nicht-Egoisten ein Egoist zu sein.

17. Ein eng damit zusammenhängender Einwand besagt, daß eine Antwort wie die meine, was immer sie sonst zeigen mag, nicht zeigt, daß es notwendigerweise wider die Vernunft ist, unmoralisch zu sein – denn Unmoralischsein, weit davon entfernt, notwendigerweise irrational zu sein, ist häufig vollkommen rational. Dementsprechend vertritt Plamenatz[15] die Ansicht, daß jemand „nicht irrational handeln würde, wollte er die [moralische] Regel immer dann übertreten, wenn er dadurch, nach allem, was er weiß, und unter weitestgehender Berücksichtigung zukünftiger Ereignisse, nur gewinnen kann." Das ist deshalb plausibel, weil die gewöhnlich so genannte Irrationalität der Vernunft auf besonders eklatante Weise zuwiderläuft, etwa wenn es allen Grund oder einen besonders starken Grund für eine bestimmte Handlungsweise gibt und gar keinen Grund oder nur einen besonders schwachen für eine andere, der Handelnde aber eben diese Handlungsweise wählt. Plamenatz' kluger, aber unmoralischer Mitmensch handelt deshalb nicht irrational, weil er für sein Tun ausgezeichnete Gründe hat, und natürlich behaupte ich nicht, daß er irrational handelt.

---

[14] Siehe oben, S. 111.
[15] A. a. O., S. 26; siehe auch Gert, a. a. O., Kapitel 10.

Ich behaupte bloß, daß er wider die Vernunft handelt, wenn auch nicht auf so eklatante Weise wie im Fall der Irrationaliät.

Viele Autoren mit der Ansicht, daß unmoralisches Verhalten nicht notwendigerweise irrational sei, wollen jedoch die stärkere Behauptung aufstellen, daß es auch nicht notwendigerweise wider die Vernunft ist.[16] Diese stärkere Behauptung bleibt den Lesern, und manchmal auch den Autoren selbst, deshalb verborgen, weil sie nicht

---

[16] Dementsprechend fragt Kai Nielsen: „Warun ist er (oder sie) irrational oder im Irrtum, wenn er sich von seinen egoistischen Vorstellungen leiten läßt?" („Why should I be Moral?" in *Readings in Contemporary Ethical Theory*, hg. von K. Pahel und M. Schiller, Englewood Cliffs: Prentice Hall 1970, S. 458; vgl. auch S. 466.), und es ist klar, daß er mit ‚Irrationalität' *jegliche* Sünde wider die Vernunft meint. Ich glaube zwar, daß dies auch für Gert und Plamenatz gilt, habe aber keine prägnante Textstelle gefunden, an der sich dies demonstreieren ließe. Es ist jedoch ziemlich deutlich in G. J. Warnocks *The Object of Morality*, London: Methuen & Co. 1971. Er scheint hier zu meinen, daß Im-Gegensatz-zur-Vernunft-stehen und Irrationalität so ziemlich dasselbe sind. Wer somit für die schlechtere Alternative hält, was in Wirklichkeit die bessere und daher vermutlich diejenige mit den gewichtigeren Gründen ist, handelt aus seiner Sicht nicht wider die Vernunft, sondern allenfalls „gegen den gesunden Menschenverstand" (S. 162). Diese Sicht gründet in seiner Erklärung von Rationalität und Irrationalität: *„Irrational* zu sein, heißt meiner Auffassung nach, einen Grund nicht *zu erkennen*, nicht *erkennen* zu wollen, oder nicht *erkennen* zu können" (S. 162; siehe auch S. 163). Wir sollten jedoch drei oder möglicherweise vier Bedeutungen von ‚rational' unterscheiden, von denen nur eine, nämlich (ii), ‚irrational' zum Gegensatz hat. (i) Etwas, das Warnocks „Fähigkeitssinn" nahekommt, nämlich die minimale Fähigkeit, Gründe zu erkennen und *geltend zu machen*. Jeder normale Erwachsene ist in diesem Sinn ein rationales Wesen. Idioten sind keine rationalen Wesen, aber sie sind auch nicht irrational, denn um ein irrationaler Mensch zu sein, muß man ein rationales Wesen sein. Nun haben Babys und junge Tiere im Fähigkeitssinn keine Rationalität. Babys sind jedoch rational im (möglicherweise vierten) Vermögenssinn, d. h. sie sind vorrational im Fähigkeitssinn, wohingegen junge Tiere dies nicht sind – sie sind jedoch nicht-rationale und nicht-irrationale Wesen, wie sie es auch nach Warnocks Definition wären. (ii) Der „schwache evaluative Sinn": Die Fähigkeit, Gründe zu erkennen und geltend zu machen, wirklich ausüben, und zwar entsprechend einem Minimalstandard der Akzeptierbarkeit. Wer dahinter zurückbleibt ist irrational. Ich habe versucht, diesen Standard zu definieren. (iii) Vollkommene Rationalität: Diese Fähigkeit fehlerlos ausüben. Diesen Standard nicht zu erreichen, heißt nicht notwendigerweise, diese Fähigkeit so fehlerhaft auszüüben, daß es der Irrationalität gleichkommt; es ist aber notwendigerweise wider die Vernunft.

zwischen Irrationalität und weniger eklatanten Formen widervernünftigen Handelns unterscheiden.

Meine Erwiderung auf diesen Einwand lautet deshalb wie folgt: Der Einwand beruht auf einem Mißverständnis, sofern er davon ausgeht, in meiner Antwort sei impliziert, daß unmoralisches Verhalten notwendigerweise irrational ist (im starken alltäglichen Sinn). Und er ist gänzlich unbegründet, wenn er aus der unumstrittenen Prämisse, daß unmoralisches Verhalten nicht notwendigerweise irrational ist, den Schluß zieht, daß es daher nicht notwendigerweise wider die Vernunft ist.

18. Ein weiterer häufig erhobener Einwand besagt, daß Antworten wie die meine eine Mehrdeutigkeit in der Frage „Warum moralisch sein?" übersehen.[17] Sie können zwar mit der weniger wichtigen (kollektiven) Bedeutung der Frage fertig werden, nämlich „Warum sollen wir alle (soll jeder) moralisch sein?", nicht aber mit der wichtigeren (distributiven) Bedeutung „Warum soll ich (man) moralisch sein?"

Es stimmt, daß ich auf die Frage „Warum soll ich moralisch sein, *ungeachtet dessen, was andere tun?*" oder „Warum soll ich moralisch sein, *wenn sonst keiner moralisch ist?*" keine Antwort habe – und ich glaube, daß es darauf auch keine Antwort geben kann. Denn wenn, wie schon erwähnt, die Allgemeinheitsbedingung nicht erfüllt ist, dann stellen sogar solche gerechten Anforderungen, die Konflikte zwischen in einem selbst verankerten Anliegen entscheiden können, keine überwiegenden Gründe dar. Und wenn die Allgemeinheitsbedingung erfüllt ist, dann soll man tatsächlich moralisch sein, aber dabei handelt es sich dann nicht (da die Allgemeinheitsbedingung *erfüllt ist*) um einen Fall von Moralischsein, wenn sonst niemand moralisch ist, oder ungeachtet dessen, was andere tun.

Jemand könnte jedoch von einer bloß potentiellen Moral sprechen wollen, wenn er gerechte Anforderungen entdeckt hat, die Konflikte zwischen in einem selbst verankerten Anliegen entscheiden können, aber die Allgemeinheitsbedingung nicht erfüllt ist. Man könnte sagen,

---

[17] David Gauthier, „Morality and Advantage", a. a. O., S. 175. Hector Monro, „Critical Notice", in *Australasian Journal of Philosophy*, XXXVII, May 1959, S. 77ff. Kai Nielsen, „Why should I be moral?", in Pahel und Schiller, a. a. O., S. 460-469. J. C. Thornton, „Can the Moral Point of View be Justified?", wiederabgedruckt in Pahel und Schiller, a. a. O., S. 446f.

daß eine potentielle Moral dieser Art wirklich wird, sobald die Allgemeinheitsbedingung erfüllt ist. „Warum moralisch sein?" könnte vielleicht so verstanden werden, daß man damit auf eine potentielle Moral dieser Art Bezug nimmt. Die Frage würde dann bedeuten: „Warum soll man die Gebote einer bestimmten potentiellen Moral befolgen?" Hier müßte meine Antwort dann lauten, daß es dafür *keinen hinreichenden* Grund gibt.[18]

Man könnte ‚moralisch sein‘ jedoch noch anders interpretieren. Howard Warrender hat im Anschluß an Hobbes darauf hingewiesen, daß Personen im Naturzustand (z. B. Staaten in der internationalen Arena) sich in dermaßen armseligen Verhältnissen befinden und die Vorteile, gegenseitiges Vertrauen auszubilden und eine zwischenmenschlich (international) gültige Ordnung anzuerkennen, so groß sind, daß jeder Schritt in diese Richtung, auch wenn er für die Beteiligten mit einem Risiko behaftet ist, im Einklang mit der Vernunft wäre.[19] Vielleicht können wir im Anschluß an Hobbes sagen, daß die Moral in einem solchen Naturzustand nicht verlangt, mit einer spezifischen Menge entscheidungsrelevanter Anforderungen (Hobbes' Gesetzen der Natur) konform zu gehen, sondern vielmehr mit Vorschriften, die dazu dienen, eine

---

[18] Um genau zu sein, müßten wir zwischen der „allgemeinen" und der „besonderen" Bedeutung von ‚was andere tun‘ unterscheiden. Wenn die Allgemeinheitsbedingung erfüllt ist, dann ist die Frage, was andere tun (sich moralisch oder nicht moralisch verhalten), ohnehin schon entschieden, wenn auch nur in der „allgemeinen Bedeutung". Das heißt, daß die sozialen Anforderungen, da sie allgemein als überwiegende Gründe anerkannt werden, von *vielen* auch als solche angesehen werden, und diejenigen, die das nicht tun, werden kritisiert und geeigneten Sanktionen ausgesetzt . Im Einzelfall kann es dann aber immer noch eine offene Frage sein, was die relevanten anderen tun (etwa die Vertragspartner oder der betreffende Richter, der mit dem Vertrag zu tun hat). Ich nenne dies die „besondere Bedeutung" von „was andere tun". Im Lichte dieser Unterscheidung habe ich nun die Ansicht vertreten, daß der Grund, warum man moralisch sein soll, auch dann geltend gemacht werden kann, wenn es eine offene Frage ist, was, in der besonderen Bedeutung, die anderen tun werden, solange die Allgemeinheitsbedingung erfüllt ist und daher die Frage, was andere tun, in der allgemeinen Bedeutung, entschieden ist (d. h. die anderen moralisch sind). Aber, so habe ich behauptet, dieser Grund kann nicht geltend gemacht werden, wenn die Allgemeinheitsbedingung nicht erfüllt ist und es daher eine offene Frage ist, was, in der allgemeinen Bedeutung, die anderen tun.

[19] Howard Warrender, *The Moral and Political Philosophy of Thomas Hobbes,* Oxford: The Clarendon Press 1957, S. 53-56.

effektive, Zwang ausübende Gesellschaftsordnung zu schaffen. Hier lautet die Antwort auf die Frage „Warum soll ich (man) moralisch sein?", daß die gegenwärtigen Verhältnisse so schlecht und die Vorteile so groß sind, daß jeder einzelne hinreichende, in ihm selbst verankerte Gründe hat, geringste Risiken einzugehen, um das zu tun, was zur Verwirklichung dieser Vorteile am aussichtsreichsten ist.

Schließlich kann man den von mir angeführten Grund, warum man moralisch sein soll, auch geltend machen, wenn unsere Frage in der vielleicht allgemein verbreitetsten Bedeutung gestellt wird, nämlich „Warum soll ich moralisch sein, statt zu meinen Gunsten eine Ausnahme zu machen, *wenn die anderen moralische Gründe als überwiegende Gründe betrachten?*" Denn wenn die sozialen Anforderungen gerecht sind und die Allgemeinheitsbedingung erfüllt ist, dann gibt es keinen hinreichenden Grund, sie nicht als überwiegende Gründe anzuerkennen.

Vielleicht übersehen einige Autoren diesen Punkt deshalb, weil sie die vorliegende Interpretation der Frage (die impliziert, daß die Allgemeinheitsbedingung erfüllt ist) nicht von einer früheren Interpretation (die impliziert, daß sie nicht erfüllt ist) unterscheiden. Die frühere Frage lautete, wie die vollkommen rationale Person sich in einer Welt ohne moralische Ordnung verhielte, während die vorliegende Frage lautet, wie sie sich in einer funktionierenden und gerechten Ordnung verhielte. Übersieht man diesen Unterschied, dann wird man aus der Tatsache, daß es unter den in der früheren Frage implizierten Bedingungen keine Antwort auf die Frage gibt, warum man moralisch sein soll, wahrscheinlich den Schluß ziehen, daß es unter den ganz anderen, in der vorliegenden Frage implizierten Bedingungen auch keine Antwort gibt.

Ein anderer Grund, weshalb sich einige Philosophen von dem vorliegenden Einwand vielleicht haben beeindrucken lassen, ist der, daß sie nicht zwischen Motivations- und Validationsbitten unterschieden haben. Denn wenn man meint, „Warum soll ich (man) moralisch sein?" müsse eine Motivationsbitte einer lediglich klugen Person sein, dann kann es natürlich keine befriedigende Antwort darauf geben, wenn es nämlich stimmt, wie ich und viele anderer glauben, daß Klugheit und Moral in Konflikt geraten können. In so einem Fall nämlich wird es Situationen geben, in denen man, klüglich gesprochen, unmoralisch sein sollte.

19. Ich möchte schließlich noch einen Einwand[20] erwähnen, den ich im Kern gelten lasse. Der Einwand beginnt mit der durchaus richtigen

---

[20] Dieser Einwand wurde von Anette Baier vorgebracht.

Behauptung, daß meiner Interpretation zufolge „Warum moralisch
sein?" bedeutet „Warum den Anforderungen einer vollkommen
gerechten, Zwang ausübenden Gesellschaftsordnung genügen, wenn
diese Anforderungen allgemein als überwiegende Gründe anerkannt
werden?" Aber, so fährt der Einwand fort, eine Moral, die vollkommen gerecht ist, existiert nicht. Dann jedoch, so schließt dieser Einwand, ist die Antwort prakisch wertlos, da sie uns nicht sagen kann,
ob es einen hinreichenden Grund gibt, unserer eigenen Moral zu folgen.

Wenn ich sage, daß ich diesen Einwand im Kern gelten lasse, dann
meine ich damit nur, daß wir aus der Tatsache, daß es einen hinreichenden Grund gibt, sich von einer vollkommenen Moral leiten zu
lassen, auch wenn das oftmals bedeutet, dem zuwiderzuhandeln, das
die besten, in einem selbst verankerten oder sogar eigennützigen
Gründe hinter sich hat – daß wir also hieraus nicht schließen können,
jeder habe einen hinreichenden Grund, der Moral seiner Gruppe oder
den von ihm daran vorgenommen Veränderungen zu folgen. Was ich
nicht gelten lasse, ist, daß meine Beweisführung aus diesem Grunde
praktisch wertlos sei. Um zu zeigen, daß dem nicht so sein muß, stelle ich probehalber ein allgemeines Prinzip auf, das, sofern es richtig
ist, in Richtung einer Methode weisen würde, mit der man ermitteln
könnte, ob man einen hinreichenden Grund hat, eine bestimmte Moral
als eine solche Moral anzuerkennen, welche die in einem selbst verankerten Gründe überwiegt. Das Prinzip, das ich meine, ist im wesentlichen das des methodologischen Konservatismus[21]: die Beweislast
liegt beim Neuerer. Die Verteidigung dieses Prinzips besteht einfach
in der Tatsache, daß der Hauptgrund, weshalb ein Hobbesscher Absolutismus oder Konventionalismus falsch ist, darin liegt, daß wir oftmals angeben können, daß, und in welcher Hinsicht, eine bestimmte
Gesellschaftsordnung ungerecht ist; und solche Auffassungen sind
genau in dem Maße falsch, in dem wir ebendies angeben können. In
den Fällen, in denen wir außerstande sind zu zeigen, daß die ent-
scheidungsrelevanten Anforderungen der vorhandenen Gesellschaftsordnung ungerecht sind, haben wir keinen hinreichenden Grund, uns
zu weigern, sie als überwiegende Gründe anzuerkennen. Auf unseren
Fall bezogen, würde dies bedeuten, daß eine bestimmte, offensichtlich
unvollkommene Gesellschaftsordnung so betrachtet werden sollte, als

---

[21] Siehe z. B. Lawrence Sklar, „Methodological Conservatism", in *The Philosophical Review* LXXXIV, 3, July, 1975, S. 374-400.

wäre sie vollkommen, sofern man keinen hinreichenden Grund hat, sie anders zu betrachten. Jede Moral sollte Prinzipien enthalten, die festlegen, welche Gründe in diesem Sinne hinreichend sind, und die darlegen, was jemand in solchen Fällen tun soll. Natürlich sind diese Prinzipien selbst einer rationalen Kritik zugänglich. In einigen Fällen nun werden solche Prinzipien verlangen, daß man seine Ablehnung der vorherrschenden Moral zum Ausdruck bringen und gleichzeitig durch sein Verhalten auf eine Verbesserung dieser Moral hinwirken soll. Ein Sklavenhalter, der zu der Überzeugung gelangt, daß Sklaverei moralisch falsch ist, sollte sich vielleicht nicht nur deutlich gegen die Sklaverei aussprechen, sondern auch seine Sklaven freilassen. In anderen Fällen wird vielleicht nur verlangt, oder ist solchen Prinzipien zufolge vielleicht auch nur erlaubt, daß man sich gegen die betreffende Praxis ausspricht, während man mit ihr noch konform geht. Demzufoge sollte ein Fabrikbesitzer, der es für falsch hält, die Umwelt zu verschmutzen, sich vielleicht nur deutlich gegen diese Praxis aussprechen, entsprechende Gesetzgebungen unterstützen usw., nicht aber auch noch eine kostspielige Umrüstung vornehmen, wenn die *einseitige Befolgung* der idealen Regel für ihn wirtschaftlich ruinös sein sollte. Und im Fall internationaler Abrüstung wäre es vielleicht nicht nur töricht, sondern auch moralisch falsch, wenn eine Regierung einseitig abrüsten würde und ein anderes Land sich dadurch aufgefordert sähe, mit seinem militärischen Übergewicht einen Krieg anzufangen.[22]

Falls dieses konservative Prinzip richtig ist, ermöglicht es uns, vom Überwiegen der als *vollkommen* erkannten moralischen Gründe überzugehen zum Status unserer eigenen, als unvollkommen erkannten moralischen Gründe mit ihrem Festgelegtsein auf den Status quo. Ein solch konservatives Prinzip schließt nicht einmal die Möglichkeit aus, daß es unter bestimmten Bedingungen moralisch erlaubt, vielleicht auch geboten sein kann, eine Revolution anzuzetteln. Selbstverständlich sind diese letzten Bemerkungen nicht mehr als ein Hinweis darauf, wie man argumentativ von idealen moralischen Gründen zu unvollkommenen Gründen übergehen könnte; wollte man *zeigen,* wie man das im Fall unserer eigenen oder überhaupt einer bestimmten Moral tatsächlich macht, bedürfte es mehr als nur eines weiteren umfangreichen Aufsatzes.

---

[22] Siehe Fußnote 19.

Karl-Otto Apel

Eine philosophische Letztbegründung des „moral point of view"

Um eine möglichst objektive gültige und gleichwohl nicht szientistisch-wertneutrale, sondern normativ-verbindliche Rekonstruktion der geschichtlichen Problemsituation der Moral zu ermöglichen, bedarf es m. E. einer Kooperation zwischen der Philosophie und den historischen Sozialwissenschaften. Genauer: Schon die Fragestellung, die der Idee einer *kritischen Rekonstruktion* zugrunde liegt, setzt offenbar zwei verschiedene Orientierungsmaßstäbe voraus: zwei selbständige Thematisierungen der Moral, deren Ergebnisse gleichwohl konvergieren – oder andernfalls einander zur Selbstkorrektur veranlassen – sollten: Einmal ist dies eine *philosophische Letztbegründung* des höchsten Gesichtspunktes der Moral ("moral point of view"), der zugleich als Postulat der höchsten zu erreichenden Stufe der moralischen Urteilskompetenz dienen kann; zum anderen eine *hypothetische Theorie* der ontogenetischen und phylogenetischen Stufen des moralischen Bewußtseins, die als solche strukturkohärenter Urteilsbildung und als solche einer nicht umkehrbaren Sequenz empirisch verifizierbar sein müßten. Ein solches Forschungsprogramm scheint sich nun in den letzten Jahrzehnten aufgrund des strukturgenetischen Ansatzes von Jean Piaget und seiner Weiterentwicklung durch Lawrence Kohlberg und seiner zahlreichen Mitarbeiter im Sinne einer internationalen Zusammenarbeit von Entwicklungspsychologen, Soziologen, Pädagogen und Philosophen ausgebildet zu haben.[1]

---

[1] Vgl. hierzu Lawrence Kohlberg: *The Philosophy of Moral Development*, San Francisco: Harper & Row 1981; ders.: *The Psychology of Moral Development*, San Francisco: Harper & Row 1984. Jürgen Habermas: „Moralentwicklung und Ich-Identität", in ders.: *Zur Rekonstruktion des historischen Materialismus*, Frankfurt a. M.: Suhrkamp ²1976, S. 63-71; Rainer Döbert/Jürgen Habermas/Gerhard Nunner-Winkler (Hg.): *Entwicklung des Ich*, Köln: Kiepenheuer & Witsch 1977. Wolfgang Edelstein/Gerhard Nunner-Winkler (Hg.): *Zur Bestimmung der Moral*, Frankfurt a. M.: Suhrkamp 1986; Fritz Oser/Reinhard Fatke/Otfried Höffe (Hg.): *Transformation und*

Mit dem Ausgangspostulat der bipolaren Kooperation zwischen Philosophie und empirischen Sozialwissenschaften habe ich bereits angedeutet, daß das hier gemeinte Forschungsprogramm sich von zwei traditionellen Konzeptionen der Philosophie in signifikanter Form unterscheidet: einmal von der *spekulativen Geschichtsphilosophie* und zum anderen von einer *rein universalistischen Prinzipienethik*, die – wie diejenige Kants – von der empirischen Erkenntnis der wirklichen Sittlichkeit und ihrer Genese in der Kulturevolution völlig abstrahiert.

Betrachten wir zunächst den Unterschied zur *spekulativen Geschichtsphilosophie* genauer, deren historizistische „Aufhebung" der Ethik wir im vorigen schon mehrfach zurückgewiesen haben[2]. Es geht in dem angedeuteten, bipolaren Programm offenbar nicht um eine *aprioristische Überwissenschaft vom notwendigen Gang der Geschichte*, sondern um eine empirische Theorie im Sinne strukturgenetischer Hypothesen. Diese als sozialwissenschaftliche Theorie setzt allerdings das normative Telos der möglichen Entwicklung als philosophisch begründbar voraus und kann gerade deshalb das Gesollte nicht – wie der „ethische Historizismus" – auf das jeweils geschichtlich Notwendige zurückführen; vielmehr muß sie selbst noch hinsichtlich der *Hierarchie* der Stufen außer dem genetisch erklärbaren *Nacheinander* ein normativ-deontologisch begründbares *Fortschrittsprinzip* – im Sinne des *Besserseins der späteren Stufen* – unterstellen. Andererseits kann sie hinsichtlich der *Dynamik* der geschichtlichen Lernprozesse außer formalen Aussagen über die Möglichkeit der Stufensequenz und, allenfalls, über die Krisenproblematik des Übergangs keine konkreten Voraussagen machen, sondern muß diese den historischen Untersuchungen überlassen.

Insofern setzt das in Frage stehende Forschungsprogramm offenbar die Humesche und Kantsche Unterscheidung zwischen der empiri-

---

Entwicklung, Frankfurt a. M.: Suhrkamp 1986; Karl-Otto Apel: „Die transzendentalpragmatische Begründung der Kommunikationsethik und das Problem der höchsten Stufe einer Entwicklungslogik des moralischen Bewußtseins", in: *Archivio di filosofia*, LIV (1986), S. 107-58.

[2] Vgl. Karl-Otto Apel: „Zurück zur Normalität? – Oder könnten wir aus der nationalen Katastrophe etwas Besonderes gelernt haben? Das Problem des (welt-)geschichtlichen Übergangs zur postkonventionellen Moral aus spezifisch deutscher Sicht", in: ders.: *Diskurs und Verantwortung. Das Problem des Übergangs zur postkonventionellen Moral*, Frankfurt a. M.: Suhrkamp 1988,   S. 388 und 410.

schen Feststellung von Tatsachen und der Rechtfertigung von Normen voraus. Gleichwohl ist dasselbe Programm geeignet, eine *rein philosophische Prinzipienethik* nicht nur zu ergänzen, sondern – wie noch zu zeigen ist – sogar zu korrigieren, oder genauer: zur Selbstkorrektur zu veranlassen (denn der Unterschied zwischen den empirischen und den philosophischen Methoden der Validierung sollte gerade im Interesse der möglichen Konvergenz der Resultate nicht verwischt werden).[3] Die Relevanz der möglichen Ergänzung bzw. Korrektur abstrakter Prinzipienethiken sei in bezug auf Kants Position kurz erläutert.

Ich habe im vorausgehenden schon in Anknüpfung an MacIntyre angedeutet, daß es für eine universalistische Sollensethik des Kantschen Typs nicht gleichgültig sein kann, ob man aufgrund empirisch-sozialwissenschaftlicher Befunde zeigen kann, daß die Menschen offenbar nicht einfach kausalgesetzlich determiniert sind, sondern einer teleologisch verstehbaren Bewußtseinsentwicklung im Sinne der progressiven Internalisierung des deontischen Universalisierungsprinzips fähig sind. Genau dies nun verspricht die Kohlbergsche Stufentheorie zumindest für die *Ontogenese* der moralischen Urteilskompetenz zu zeigen – im krassen Unterschied etwa zu einer mechanistisch-naturalistischen Konditionierungstheorie der Bewußtseinsgenese á la Skinner.

Ich möchte freilich, im Unterschied zu der von Piaget ausgehenden Konzeptualisierung, schon in bezug auf die *Ontogenese* der Stufen des moralischen Bewußtseins nicht von einer „natürlichen" Entwicklung bzw. von „natürlichen Stufen" sprechen, sondern eher von „Äquilibrations"-Stufen, die sich im Sinne des *Ausgleichs* zwischen der natürlichen, ontogenetischen Entwicklungstendenz und der einmaligen faktischen Kulturevolution herausgebildet haben. Dieser Vorschlag hat einerseits den Vorteil, der Einsicht der philosophischen Anthropologie (Plessner, Gehlen, Rothacker u. a.), *daß der Mensch von Natur auf eine kontingent geschichtliche Kulturevolution angewiesen ist,* nicht zu widersprechen, andererseits entgeht man der Schwierigkeit, die konkrete Differenzierung der Kohlbergschen Stufen – insbesondere die über die triadische Unterscheidung der *präkonventionellen, konventionellen* und *postkonventionellen Ebene*

---

[3] Vgl. hierzu Karl-Otto Apel: „Die transzendentalpragmatische Begründung der Kommunikationsethik und das Problem der höchsten Stufe einer Entwicklungslogik des moralischen Bewußtseins", in: a.a.O. § II.

(„level") hinausgehende Differenzierung innerhalb der konventionellen und sogar der postkonventionellen Ebene – als „natürlich" bedingt verstehen zu müssen.[4]

Bei der soeben skizzierten Funktion des Piaget/Kohlberg-Programms handelt es sich offenbar im wesentlichen um eine willkommene empirisch-genetische Ergänzung einer universalistischen Prinzipienethik Kantschen Typs, im Falle der Kohlbergschen Unterscheidung zwischen Stufe 5 und 6 sogar um eine Bestätigung des Vorrangs des Kantschen *Autonomie-* und *Universalisierungsprinzip* vor der bloß *legalistischen Vertragstheorie* und dem *Utilitarismus*.[5] Dagegen sieht sich m. E. eine Erweiterung des Kohlberg-Programms im Sinne der *Rekonstruktion der Phylogenese der Moral* mit der Notwendigkeit konfrontiert, sowohl Kants Prinzipienethik wie auch Kohlbergs teleologisch an Kant orientierte 6-Stufen-Theorie auch in einem genauer bestimmten Sinne zu *korrigieren*. Es geht hier letztlich darum, eine *Abstraktion*, die sowohl der Kantschen Ethik als auch der Kohlbergschen Entwicklungslogik zugrunde liegt, rückgängig zu

---

4 Vgl. hierzu Jürgen Habermas: „Gerechtigkeit und Solidarität. Eine Stellungnahme zur Diskussion über „Stufe 6"", in: Wolfgang Edelstein/Gerhard Nunner-Winkler (Hg.): Zur Bestimmung der Moral, Frankfurt a. M.: Suhrkamp 1986, S. 291-320. Habermas möchte freilich nur den *postkonventionellen* Stufen die Eigenschaft der „natürlichen" Stufen im Sinne Piagets absprechen, während ich dies zumindest auch für die von Kohlberg unterstellte Differenzierung der *konventionellen* Stufen tun würde. (Der Unterschied zwischen den Stufen 3 und 4 ist m. E. nur unter der Voraussetzung der geschichtlich einmaligen, soziokulturellen Evolution von der Stammesgesellschaft zur staatlich organisierten Gesellschaft zu verstehen.) Auch das – für Habermas maßgebende –Argument, daß man die auf *postkonventioneller* Stufe befindlichen Probanden als prinzipiell zur reflexiven – rationalen –Nachkonstruktion der eigenen Intuitionen befähigt und insofern als Diskurspartner des Psychologen ansehen müsse, gilt m. E. *mutatis mutandis* auch schon für die auf *konventioneller* Stufe befindlichen Probanden, da sie ja – wie alle Menschen – die Fähigkeit zum aufklärungsbedingten Übergang zur postkonventionellen Moral besitzen. Andererseits erscheint mir der Gedanke, daß man eine *natürliche Tendenz* im Sinne Piagets und Kohlbergs – d. h. im Sinne der konsequenten, reflexiv-abstraktiven Entfaltung der *Reversibilität des rôle-taking* bis hin zur Stufe 6 – unterstellen kann, nach wie vor plausibel.

5 Vgl. hierzu Otfried Höffe: „Autonomie und Verallgemeinerung als Moralprinzipien. Eine Auseinandersetzung mit Kohlberg, dem Utilitarismus und der Diskursethik", in: Fritz Oser/Reinhard Fatke/Otfried Höffe (Hg.): *Transformation und Entwicklung*, Frankfurt a. M.: Suhrkamp 1986, S. 56-88.

machen, ohne die abstraktiv gewonnenen Einsichten außer Kraft zu setzen.

Ergänzung und Korrektur, um die es jetzt geht, betreffen m. E. primär die philosophische Letztbegründung des „moral point of view", von dem her auch die höchste Stufe der moralischen Urteilskompetenz als Telos der zu verstehenden Bewußtseinsentwicklung zu bestimmen ist. Aus der Radikalisierung dieser Begründung ergibt sich einmal die Vertiefung der Einsicht in den inneren Zusammenhang zwischen der Kohlbergschen Theorie und der Kantschen Ethik, zum anderen aber auch eine Korrektur des *gesinnungsethischen* Defizits beider Theorien im Sinne eines *verantwortungsethischen* Standpunkts, der – als höchste Stufe der Reife der moralischen Urteilskompetenz – wichtige Motive der bekannten Kritik am reinen *Gerechtigkeits-Standpunkt* der Kohlbergschen und der Kantschen Ethik sollte aufnehmen können.

Streng genommen findet sich weder bei Kohlberg noch bei Kant eine *Letztbegründung* der Gültigkeit oder Verbindlichkeit der *Gewissensautonomie* bzw. des *Universalisierungsprinzips* der Maximenwahl, in dem beide Denker plausiblerweise den höchsten Gesichtspunkt der Moralität sehen. Kohlberg gesteht dies insofern zu, als er – wie die meisten Philosophen der Gegenwart – eine rationale Antwort auf die radikalste Frage der Adoleszenzkrise „Warum soll ich moralisch sein?" nicht für möglich hält.[6] Bei Kant ist die Abweisung der Letztbegründungsfrage insofern deutlich, als er in der *Kritik der praktischen Vernunft* einsieht, daß er – auf der Grundlage seines Systems – die zuvor, in *der Grundlegung der Metaphysik der Sitten*, noch in Aussicht gestellte „transzendentale Deduktion" der Gültigkeit des „kategorischen Imperativs" nicht leisten kann. Die Hauptschwierigkeit liegt für Kant in dem Umstand, daß die Realität der *Freiheit*, die für ihn als *Autonomie* der gesetzgebenden Vernunft in uns die „ratio essendi" des Sittengesetzes ist, selbst nur aufgrund der kategorischen Verbindlichkeit des Sittengesetzes als ihrer „ratio cognoscendi" begründet werden kann. Kant begnügt sich deshalb damit, auf das „apodiktisch gewisse" und insofern keiner Begründung bedürftige „Faktum der Vernunft", d. h. des „kategorischen Imperativs" zu verweisen.[7] Damit aber bleibt auch hier die Frage: „Warum vernünf-

---

6   Vgl. Lawrence Kohlberg: *The Philosophy of Moral Development*, San Francisco: Harper & Row 1984, S. 138 ff.

7   Siehe Immanuel Kant: *Kritik der praktischen Vernunft*, Akad.-Textausgabe, Berlin: de Gruyter 1968, S. 4 (Anm.), S. 29 (Anm.), S. 31 und vor allem S. 46 f.

tig – d. h. im Sinne der praktischen Vernunft moralisch – sein?" unbe-
antwortet, wenn man bedenkt, daß Kants Rede vom „Faktum der reinen Vernunft" und die zugehörige Unterstellung der „intelligiblen"
Seinsweise des Menschen eher eine *metaphysische Erklärung* – und d.
h. eine Spielart der „naturalistic fallacy" – als eine *Geltungsbegrün-
dung* des Sittengesetzes darstellt.[8]

Nun käme aber in einer Zeit, die, nach Nietzsche, als die des „Nihilismus" durch den Tod Gottes gekennzeichnet ist, offenbar alles darauf an, gerade die radikale Frage der Adoleszenzkrise, die wir soeben
herausgestellt haben, philosophisch zu beantworten. Anders gesagt:
Der tiefe metaphysische Gedanke Kants, demzufolge unsere *eigentliche Freiheit* nicht im „liberum arbitrium indifferentiae" der nominalistischen Tradition der Willkürfreiheit (Ockham, Hobbes), sondern in
der *Selbstbestimmung durch den Vernunftwillen zu einem für alle Vernunftwesen akzeptierbaren* Gesetz liegt – dieser Gedanke müßte mit
einem rationalen Argument (und nicht nur mit dem bloßen Hinweis
auf das „Prinzip Freiheit") gegen die analytischen Philosophen verteidigt werden, die darin – ebenso wie Nietzsche – nur eine verkapp-
te „Heteronomie", nämlich die *Unterwerfung unter den insgeheim
vorausgesetzten Willen Gottes*, sehen.[9]

Die hier postulierte rationale Letztbegründungsargumentation wird
nun m. E. möglich, wenn man zwei Vorurteile der philosophischen
Tradition als ungerechtfertigt durchschaut und überwindet: Einmal ist
dies die mit der Logik-Tradition verknüpfte Vorstellung, *Begründung*

---

8   Vgl. hierzu Karl-Heinz Ilting: „Der naturalistische Fehlschluß bei Kant", in:
    Manfred Riedel (Hg.): *Rehabilitierung der praktischen Philosophie*, Frei-
    burg: Rombach 1972, Bd. I, S. 113-132. – Könnte man freilich das „Fak-
    tum" Kants reflexiv im Sinne des *apriorischen Perfekts des schon notwen-
    digerweise Anerkannthabens des Sittengesetzes* verstehen und dies
    Anerkannthaben als unbestreitbar erweisen, dann wäre Kants Rede vom
    „Faktum der reinen Vernunft" als praktisch verbindlicher Vernunft im Sinne
    einer zwingenden Letztbegründung *dechiffriert*. In diesem Sinne habe ich
    zuerst in *Transformation der Philosophie*, 2 Bde., Frankfurt a. M.: Suhrkamp
    1973, Bd. II, S. 417ff., und seitdem in allen meinen einschlägigen Arbeiten
    die *transzendentalpragmatische* Letztbegründung als Radikalisierung und
    insofern Einlösung des Kantschen Begründungsanspruchs vorgetragen.
9   Vgl. z. B. Alasdair MacIntyre: „Moral Philosophy: What Next?", in: Stan-
    ley Hauerwas/ Alasdair MacIntyre (Hg.): *Revisions: Changing Perspectives
    in Moral Philosophy*, London: Univ. of Notre Dame Press 1983, S. 7 f. mit
    Berufung auf G. E. M. Anscombe: „Modern Moral Philosophy", in: *Philo-
    sophy* 1958, S. 1-19.

müsse in der Philosophie stets im Sinne der *Ableitung aus etwas anderem* (z. B. als *Deduktion* oder allenfalls *Induktion* oder *Abduktion*) verstanden werden. Wird *dieser* Begründungsbegriff vorausgesetzt, so ist es klar, daß z. B. das *Vernünftigsein* – und in diesem Sinne das *Moralischsein* – nicht mehr *rational* begründet werden kann, da man ja dabei das zu Begründende in der Weise eines *logischen Zirkels* – einer petitio principii – schon voraussetzen müßte.[10] Nun findet man aber in der philosophischen Tradition (so etwa bei Augustinus, Descartes, Kant und Husserl) eine andere, radikalere Form der Letztbegründung, die man *transzendentalreflexive Besinnung auf das im Denken nicht Hintergehbare* nennen könnte,[11] z. B. darauf, daß man ja auch im radikalsten Zweifeln noch denkt und insofern existiert. Sollte man diese Form der Letztbegründung nicht auch für die Ethik nutzbar machen können? Und hätte dies nicht gerade für Kant naheliegen müssen?

An dieser Stelle erweist sich jedoch bis heute das zweite, tiefe Vorurteil der philosophischen Tradition – insbesondere der neuzeitlichen Bewußtseins- bzw. Subjekt-Philosophie – als Hindernis: das des *methodischen Solipsismus*.[12] Solange man mit Descartes Kant und

---

[10] Sieht man von dieser *Zirkelaporie* jeder *rationalen* Ableitung des *Rationalseins* aus etwas anderem einmal ab, so bleiben – unter der Voraussetzung des Ableitungsbegriffs der Begründung – noch zwei andere Möglichkeiten, die ebenfalls Aporien darstellen: der *infinite Regreß* bei der weiteren Ableitung des jeweils vorausgesetzten Axioms und die Dogmatisierung eines Axioms durch die bloße Behauptung seiner Evidenz. Bekanntlich hat Hans Albert in Anknüpfung an Karl Popper, Fries u. a. diese Aporetik des klassischen Begründungsbegriffs in seinem „Münchhausen-Trilemma" zusammengefaßt. Vgl. ders.: *Traktat über kritische Vernunft*, Tübingen: Mohr 1968, S. 11ff.

[11] Vgl. hierzu Wolfgang Kuhlmann: *Reflexive Letztbegründung*, Freiburg/München: Alber 1985, Kap. 6 „Letztbegründungsargumente in der Geschichte der Philosophie". Zur Rationalitätsstruktur der nichtdeduktiven Letztbegründung vgl. Karl-Otto Apel: „Das Problem der Begründung einer Verantwortungsethik im Zeitalter der Wissenschaft", in: Edmund Braun (Hg.): *Wissenschaft und Ethik*, Frankfurt a. M.: Lang 1986, S. 11-25. ; ders.: „Die Herausforderung der totalen Vernunftkritik und das Programm einer philosophischen Theorie der Rationalitätstypen", in: *Concordia 11* (1987), S. 2-23.; ders.: „Fallibilismus, Konsenstheorie der Wahrheit und Letztbegründung", in: Forum für Philosophie Bad Homburg (Hg.): *Philosophie und Begründung*, Frankfurt a. M.: Suhrkamp 1987.

[12] Vgl. Karl-Otto Apel: *Transformation der Philosophie*, 2 Bde. Frankfurt a. M. 1973 Bd.II; Dietrich Böhler: *Rekonstruktive Pragmatik*, Frankfurt a. M.: Suhrkamp 1985, Sachregister.

Husserl – das methodisch nicht hintergehbare *Ich denke* als prinzipiell *einsame und autarke* (d. h. der Sprache und der Kommunikation nicht bedürftige) Subjekt-Instanz versteht, solange läßt sich durch *transzendentale Reflexion* auf dieses *Ich denke* das *Immer-schon-in Freiheit-Anerkannthaben einer moralischen Grundnorm* (eines „Sittengesetzes") jedenfalls nicht nachweisen. Insofern hätte Kant tatsächlich keine *transzendentalreflexive* Letztbegründung der Gültigkeit des kategorischen Imperativs liefern können, selbst wenn er dies versucht hätte. Denn das auch für ihn in der Reflexion auf die Erkenntnisbedingungen nichthintergehbare „ich denke" enthält nach Kant keinen *internen (notwendigen)* Bezug zu *anderen Ichen* bzw. zu einer *Kommunikationsgemeinschaft*. Ohne diese transzendentalreflexiv ausgewiesene Beziehung der *Intersubjektivität* aber – d. h. als bloßer Nachweis der Subjekt-Objekt-Relation[13] – bleibt der Rekurs auf das *Ich denke* ethisch irrelevant. Tatsächlich wird bei Kant der ethisch relevante Bezug des kategorischen Imperativs auf alle anderen Personen qua Vernunftwesen, für die ein allgemeingültiges Sittengesetz verbindlich sein muß, entweder als vorphilosophische Selbstverständlichkeit oder in der Form einer metaphysische Hypostasierung – z. B. als „Reich der Zwecke" – vorausgesetzt. Es gibt für Kant kein *transzendentales* Apriori der Intersubjektivität, d. h. der realen und der darin kontrafaktisch antizipierten idealen Kommunikationsgemeinschaft.

Hier ergibt sich nun in der Gegenwart die Chance einer radikalisierten Form der transzendentalen Reflexionsbesinnung, sofern man sich klar macht, daß die – von Descartes bis Husserl unterstellte – Form des sich *Herausreflektierens aus dem öffentlich-sprachlichen Diskurszusammenhang* (die Unterstellung, man könnte die Existenz der Sprache und der Kommunikation mit anderen, zusammen mit der Außenwelt, einklammern und sich danach immer noch *als denkendes Ich verstehen*) auf einer Illusion beruht. Bedenkt man, daß selbst die

---

[13] Der „Satz des Bewußtseins", wie ihn Reinhold im Anschluß an Kant formuliert hat, lautet: „Im Bewußtsein wird die Vorstellung vom Vorstellenden und Vorgestellten unterschieden und auf beides bezogen" (Karl Leonhard Reinhold: *Versuch einer neuen Theorie des menschlichen Vorstellungsvermögens*, Prag [u.a.]: Widtmann und Mauke 1789, S. 235). Bei Hegel heißt es: „Das Bewußtsein überhaupt ist die Beziehung des Ich auf einen Gegenstand." (Propädeutik § 2, zitiert nach Alwin Diemer: Art. „Bewußtsein" in *Historisches Wörterbuch der Philosophie*, hg. v. Joachim Ritter, Basel/Stuttgart: Schwabe 1971, Bd. I, S. 892 f.) Auf ein solches Apriori läßt sich keine Ethik gründen.

radikalste Form der reflexiven Weltdistanzierung, um als Argument Sinn und Gültigkeit zu haben, immer noch das *Apriori der Sprache und der Kommunikationsgemeinschaft* voraussetzt, so kann man erkennen, daß man schon mit einer ernst gemeinten *Frage*, sofern diese sich an alle virtuellen Adressaten einer unbegrenzten Kommunikationsgemeinschaft wendet, die – freilich noch zu explizierenden – normativ-ethischen Bedingungen einer – kontrafaktisch antizipierten – idealen Kommunikationsgemeinschaft anerkannt hat. Kurz: Es ergibt sich die Möglichkeit der *transzendentalpragmatischen Letztbegründung einer Diskursethik.*

Ich kann im gegenwärtigen Kontext die angedeutete Begründungsmöglichkeit nicht im einzelnen verdeutlichen und gegen Einwände verteidigen, sondern muß mich mit dem Hinweis auf das Ergebnis beschränken: Das ethische *Grundprinzip der Diskursethik,* das wir m. E. im ernsthaften Argumentieren notwendigerweise anerkannt haben, enthält in der Tat das von Kant und Kohlberg als höchsten Gesichtspunkt moralischen Urteilens unterstellte *Autonomie-* und *Universalisierungsprinzip*; es enthält diese beiden Aspekte des Kantschen Prinzips, die für Nietzsche und die Vertreter der nominalistischen Idee der Willkür-Freiheit als unvereinbar auseinanderfallen, weil der *nichthintergehbare Wille zur Argumentation* meine Freiheit als vernünftige Selbstbestimmung a priori auf die im Diskurs repräsentierte gemeinsame Vernunft aller Kommunikationspartner bezieht. (Wollte jemand die private Willkürfreiheit gegen diese Voraussetzung der a priori vernünftigen Autonomie ausspielen, so kann er das jedenfalls nicht durch Argumente tun.[14]) Das besagt aber in unserem Problemzusammen-

---

[14] Ich muß in diesem Zusammenhang immer wieder darauf hinweisen, daß eine Diskursverweigerung *nicht* als Gegenargument gegen die transzendentalpragmatische Letztbegründung zählen kann. Denn als *Argument* kann die Möglichkeit der Diskursverweigerung nur von jemandem vorgetragen werden, der den Diskurs nicht verweigert. Darin zeigt sich die transzendentalpragmatische Nichthintergehbarkeit des argumentativen Diskurses. Über die Gründe andererseits, die zur Diskursverweigerung derer, die nicht argumentieren, führen mögen, können sich nur diejenigen, die den Diskurs nicht verweigern, diskursrelevante (d. h. überhaupt bemerkbare!) Gedanken machen; und sie sind *nicht* dazu verpflichtet! Wenn sie es aber tun, dann haben sie gute Gründe dafür, beim Verweigerer drei Möglichkeiten in Betracht zu ziehen: Entweder besteht sein Grund – als rein strategischer – darin, daß er die Widerlegung vermeiden möchte. In diesem Falle läuft die Diskursverweigerung eher auf stillschweigende Bestätigung des Letztbegründungsarguments hinaus. Oder man muß annehmen, daß der Verweigerer nicht weiß, worum

hang: Der Philosoph kann demjenigen – gegebenenfalls sich selbst –, der etwa die Frage „Warum soll ich moralisch sein, und was besagt dies?" ernsthaft stellt (dies muß und darf er natürlich voraussetzen!), zeigen, *daß er durch diesen Akt des Zur-Diskussion-Stellens einer Frage notwendigerweise in Freiheit* (d. h. ohne jede Heteronomie) *diejenigen moralischen Normen anerkannt hat, die es möglich machen, daß im argumentativen Diskurs eine für alle möglichen Diskursteilnehmer konsensfähige Antwort gefunden werden kann.* Dazu gehört natürlich das *Universalisierungsprinzip* der Maximenwahl im Sinne Kants und das entsprechende *Fairneß- bzw. Gerechtigkeitsprinzip* Rawls' bzw. Kohlbergs im Sinne der *vollständigen Reversibilität des role-taking*; denn ohne die Voraussetzung dieser Prinzipien läßt sich das Verfahren des Diskurses in einer idealen Diskursgemeinschaft nicht denken. Und *dieses Verfahren* ist durch das ernsthafte Fragen, das auf den Diskurs setzt, zugleich *als maßgebend* für die Lösung aller Lebenskonflikte über Geltungsansprüche *anerkannt.*[15]

---

es geht, sondern aus einem akzidentellen Grund nicht diskutieren will. Dieser Fall wäre völlig irrelevant. Oder man hat Grund zu der Annahme, daß der Verweigerer auch willens ist, sich selber (im empirisch einsamen Denken) dem Diskurs zu verweigern. Dann liegt ein sehr ernster existentiell-pathologischer Fall vor, bei dem vielleicht Therapie (auch therapeutischer Diskurs) noch helfen kann. Wie auch immer: auch dieser Fall kann jedenfalls die Methode und das Ergebnis der diskursreflexiven Letztbegründung nur – indirekt – bestätigen. – Soviel auch zur Widerlegung der pro-skeptizistischen Argumente (oder Skrupel?) von Jürgen Habermas in: *Moralbewußtsein und kommunikatives Handeln*, Frankfurt a. M.: Suhrkamp 1983, S. 109ff. Neuerdings wird übrigens das soeben vorgetragene Argument als gewaltsame „Ausschließung" der Diskursverweigerer – und damit des „Anderen der Vernunft" – durch die rationalistischen Vertreter der Diskursethik – und des von ihnen ausgeübten „Konsens-Terrors" – denunziert. Ein gewisser „postmodernistischer Charme" ist diesem Pseudo-Argument nicht abzusprechen.

[15] An dieser Stelle wäre auch auf die von Karl-Heinz Ilting und anderen erhobenen Einwände gegen die ethische *Relevanz* der prozeduralen Diskurs-Normen einzugehen. Da diese Normen a priori im Interesse aller Diskurswilligen liegen – so der Einwand –, sollen sie nicht zugleich als prozedural verbindliche Normen auch für die Lösung der realen Interessenkonflikte der eventuell nicht Diskurswilligen relevant sein.
Der erste Teil der hier fälligen Antwort ist bereits in der vorigen Anmerkung expliziert: Wer überhaupt eine philosophische Antwort auf die Frage nach Normen der Lösung von Interessenkonflikten verdienen soll, der muß sich schon ernsthaft am Diskurs beteiligen. Wer dies aber tut, der hat auch schon

Freilich ist das im Diskursprinzip implizierte Universalisierungsprinzip vom Argumentierenden immer schon in der Form anerkannt,
daß er nicht nur – im Sinne Kants – ein für alle taugliches Gesetz –
oder im Sinne Kohlbergs – eine für alle Rollenträger akzeptierbare
Problemlösung – sich vorstellen soll, sondern darüber hinaus nach
Möglichkeit einen *realen praktischen Diskurs mit den Betroffenen* –
oder wenigstens ihren Vertretern – führen sollte, in dem das Grundprinzip der Diskursethik als regulatives Verfahrensprinzip einer kommunikativen Verständigung über die jeweils situationsbezogenen Pro-
blemlösungen – z. B. Normenvorschläge – anzuwenden wäre. Das
immer schon von jedem einzelnen als virtuellem Mitglied einer Argu-
mentationsgemeinschaft anerkannte Grundprinzip der Diskursethik (1.
Stufe der Normenbegründung) verweist insofern auf eine mögliche
und anzustrebende Konkretisierung des Universalisierungsprinzips,
die den einzelnen im Idealfall der konkreten Verständigung von der ihn
leicht überfordernden, alleinigen Verantwortung für die Begründung
konkreter Normen entlastet. Der anzustrebende *reale praktische Diskurs* oder – nur ersatzweise – seine Simulation im Gedankenexperi-
ment tritt sozusagen in der Diskursethik als *Vermittlungsmoment* der
konkreten Normenbegründung (2. Stufe der Normenbegründung) an
die Stelle der bei Kant noch vorgesehenen *Deduktion* konkreter Pflichten aus dem kategorischen Imperativ.[16] Dadurch – und d. h. insbesondere durch die im realen Diskurs festzustellende Akzeptabilität der
erwartbaren Folgen und Nebenfolgen der zu befolgenden Normen
durch die Betroffenen – wird bereits ein Hauptgrund für den vielbe-

---

anerkannt – und hier folgt der zweite Teil der Antwort –, daß der ernsthafte
Diskurs – und nur er – kraft seiner prozeduralen Normen diejenige Instanz
ist, in der echte Lebenskonflikte als Konflikte über Geltungsansprüche in
moralisch verbindlicher Form gelöst werden können.
Vgl. hierzu auch Karl-Otto Apel: „Warum transzendentale Sprachpragma-
tik?" In: Hans-Michael Baumgartner: *Prinzip Freiheit*, Freiburg/München:
Alber 1979, S. 37 ff., ferner ders.: „Läßt sich ethische Vernunft von strategischer Zweckrationalität unterscheiden?" In: *Archivio di filosofia*, LI
(1983), S. 375-434, S. 416 ff.; ferner ders.: „Faktische Anerkennung oder
einsehbar notwendige Anerkennung?" In: Karl-Otto Apel (Hg.): *Zur Rekonstruktion der praktischen Vernunft. Gedenkschrift für Karl-Heinz Ilting* (in
Vorbereitung).
[16] Vgl. hierzu meine Explikation des Zwei-Stufen-Modells der Diskursethik in
Karl-Otto Apel u. a. (Hg.): *Funkkolleg Praktische Philosophie/ Ethik*, Frankfurt a. M.: Fischer 1980, Dialoge, Bd. II, 126 ff.; Studientexte, Bd. II,
S. 613 ff.

klagten Rigorismus der Kantschen Ethik hinfällig. Im exemplarischen Falle der Notlüge gegenüber einem mutmaßlichen Mörder z. B. wäre es nicht – wie bei Kant – erlaubt bzw. sogar geboten, von der – von Benjamin Constant mit Recht gestellten – Frage nach der Reziprozität der Rechte und Pflichten zu abstrahieren.[17]

Darüber hinaus scheint mir in der Reflexion auf die ernsthaft gemeinte Frage „Warum soll ich moralisch sein, und was besagt dies?" auch noch dies impliziert zu sein: Der *Fragende* als solcher unterstellt immer schon bei sich und allen virtuellen Diskurspartnern eine *Mitverantwortung für die konsensfähige, rein argumentative Lösung der aufgeworfenen Frage* – und darüber hinaus für alle im Diskurs aufwerfbaren Fragen. Kurz: Wer mit einer ernsthaften *Frage* den Boden des Diskurses betritt, der unterstellt nicht nur automatisch die *Gleichberechtigung* aller virtuellen Diskurspartner, sondern auch so etwas wie eine *Solidarität der Problemlösungsverantwortung* in der kontrafaktisch antizipierten idealen Kommunikationsgemeinschaft.

Dieses nicht zu übersehende Moment der transzendentalreflexiven Letztbegründung der Moralität ist m. E. geeignet, viele Einwände a priori zu entkräften, die mit Recht gegen eine Version der *Gerechtigkeits*-Ethik erhoben werden, die nur von der *Verallgemeinerung der individuellen Rechte* ausgeht und somit *Pflichten* nur als *wechselseitige Begrenzung dieser Rechte* zu denken vermag. Unter dieser letzteren Voraussetzung vermöchte man in der Tat die Pflicht zur *aktiven Zuwendung und Fürsorge* (z. B. „care" im Sinne von Gilligan[18]) bzw. der *Verantwortungsübernahme für Schwache und Schutzlose* oder vollends die Pflicht zur *Mit-Verantwortung bei der Organisation der kollektiven Verantwortung für die Folgender kollektiven Aktivitäten* (z. B. im Sinne von Hans Jonas für die Folgen der Wissenschaft und Technik) nicht recht zu begründen.[19] Es kommt dann zu unnötigen

---

[17] Ebd., Studientexte, Bd. I, S. 124 ff.

[18] Vgl. Carol Gilligan: *In a different voice*, Cambridge: Harvard UP 1982. Dazu die Stellungnahmen in den Beiträgen von R. Döbert, B. Puka, L. Kohlberg, D. R. Boyd, C. Levine und J. Habermas in Wolfgang Edelstein/Gerhard Nunner-Winkler (Hg.): *Zur Bestimmung der Moral*, Frankfurt a. M.: Suhrkamp 1986.

[19] Vgl. Hans Jonas: *Das Prinzip Verantwortung. Versuch einer Ethik für die technologische Zivilisation*, Frankfurt a. M.: Insel 1979, S. 230. und Karl-Otto Apel: „Verantwortung heute – nur noch Prinzip der Bewahrung oder immer noch der Befreiung und Verwirklichung von Humanität", in: Thomas Meyer/Susanne Miller (Hg.): *Zukunftsethik und Industriegesellschaft*, München: Schweitzer 1986, S. 15-40.

Infragestellungen der Einheit der Moral und der Eindeutigkeit einer entwicklungslogischen Stufenhierarchie – etwa im Sinne des Ausspielens einer weiblichen „*care*"-*Moral* gegen eine männliche *Gerechtigkeits-Moral* oder der Bevorzugung der – verständlicherweise sehr viel emotionsnäheren – *Loyalitätsmoral der konkreten Bezugsgruppe* (Stufe 3) gegen die *abstrakteren Normen bzw. Prinzipien* der folgenden Stufen oder im Sinne der Standardargumente des *Utilitarismus* gegen die *deontische Gerechtigkeitsethik*, die davon ausgehen, daß die letztere die *Folgenverantwortung* nicht zu berücksichtigen vermöge.

Wird dagegen das Prinzip der *verallgemeinerten Gegenseitigkeit* der Kohlbergschen Stufe 6 im Sinne der *Voraussetzung einer idealen Kommunikationsgemeinschaft* zugleich als Prinzip der *Verantwortungssolidarität* erkannt, so erweist sich die Stufenhierarchie der Entwicklungslogik tatsächlich als konsequente reflexive Vertiefung und Erweiterung des Geltungsbereichs einer Gegenseitigkeitsmoral, die als Möglichkeit der sozialkognitiven Kompetenz in der Dimension des kommunikativen Handelns in ähnlicher Weise angelegt ist wie die von Piaget zuerst postulierte Entwicklungslogik (der abstraktiven Reflexion) des technisch-operationalen Handelns in bezug auf die Natur. Eine Entwicklung der Gerechtigkeitskompetenz im Sinne des Prinzips „fiat justitia pereat mundus" muß dann genauso als einseitige Perversion erscheinen wie, andererseits, eine *Zuwendungs-* bzw. *care*-Moral, die von der Möglichkeit des Konflikts gleichberechtigte Ansprüche bei knappen Ressourcen völlig absehen wollte.

Richard M. Hare

Warum es klug ist, moralisch zu sein

Obwohl die Frage „Warum moralisch sein?" von Bradley[1] gemünzt
wurde, beginnt ihre moderne Diskussion effektiv mit einem berühmten Artikel von Prichard[2], der bewußt eine Frage wiederbelebte, die
Platon, den er speziell angreift, im *Staat* aufgeworfen hat. Prichard
hielt Platons und anderer Leute Versuch nachzuweisen, daß moralisch
zu leben in unserem eigenen Interesse, d.h. klug ist, für fehlgeleitet. Er
behauptete, daß Moral und Klugheit nicht immer koinzidieren und
daß die Frage „Sollte ich meine Pflicht tun?" trivialerweise „Ja." zur
Antwort hat, wenn das „Sollte" moralisch verstanden wird, aber keine generelle Antwort hat, wenn es prudentiell verstanden wird; und
daß es falsch ist, nach einer prudentiellen Rechtfertigung dafür zu
suchen, moralisch zu leben. Andere haben im Gegenteil darauf bestan-
den, daß rationale Rechtfertigungen dafür, moralisch zu leben, letztlich prudentielle zu sein haben. Das scheint Platons Ansicht im *Staat*
gewesen zu sein, zu deren zeitgenössischen Vertretern auch Philippa
Foot[3] gehört.

Es ist möglich, das Wort „rational" so zu verstehen, daß diese These wahr sein muß. Manchmal wird das Wort mehr oder weniger syno-
nym mit „klug" verwendet (d. h.: „das tuend, was man für dem Eigeninteresse förderlich hält"); und John Rawls[4] folgt diesem Gebrauch,
wenn er seine „Menschen im Urzustand" rational nennt. Einen
Schlüssel zur Klarheit auf diesem Gebiet stellt die Vermeidung des
Wortes „rational" dar; wird es so verwendet, wie gerade erwähnt,
dann liegt hinsichtlich des Hauptproblems eine petitio principii vor,

---

[1] Francis H. Bradley, „Why Should I be Moral?", in ders., *Ethical Studies*.
London: Clarendon Press 1876. (In diesem Band)

[2] Harold A. Prichard, „Does Moral Philosophy Rest on a Mistake?", in: *Mind*
21 (1912). (In diesem Band)

[3] Philippa R. Foot, „Moral Beliefs", in: *Proceedings of the Aristotelian Society*
59 (1958).

[4] John, Rawls, *A Theory of Justice*, Cambridge/MA (Havard UP) 1971;
deutsch: *Eine Theorie der Gerechtigkeit*, Frankfurt a. M. 1975 (Suhrkamp)
S. 142/166.

und wird es in einem Sinne verwendet, nach dem es rational sein kann, auch wider das Eigeninteresse moralisch zu handeln (und einen solchen Wortsinn gibt es zweifelsohne), dann weicht es dem Hauptproblem wieder aus, diesmal in die entgegengesetzte Richtung. Deshalb werde ich das Wort in diesem Kapitel nicht weiter verwenden, sondern seine Diskussion auf das nächste verschieben. Das beste wird sein, für die erstgenannte Bedeutung ersatzweise das Wort „klug" zu verwenden. Wie wir in 5.6[5] gesehen haben, wirft dieses Wort seinerseits Schwierigkeiten auf. Für die Zwecke dieses Kapitels genügt jedoch die dortige grobe Erläuterung zusammen mit einer entsprechenden Erläuterung des Ausdrucks „in jemandes Interesse". Darunter wollen wir verstehen: „so, wie der Betreffende entschiede, wenn er dem Gebot der Klugheit [a. a. O.] gehorchen würde".

Zu tun, was wir tun sollten, ist nicht immer in unserem prudentiellen Interesse. Das muß von vornherein zugegeben werden, und es ist schwer zu begreifen, warum irgend jemand je geglaubt haben soll, daß es das doch sei. Zumindest ist schwer zu begreifen, warum das je jemand ohne Rekurs auf Gottes Lohn oder Strafe in dieser oder der nächsten Welt geglaubt haben kann. Insofern hatte Prichard recht. Aber wir können auch nach Aufgabe dieser extremen Ansicht etwas Bescheideneres erreichen, das nichtsdestoweniger für die Verteidigung der Moral adäquat ist. Am klarsten sehen wir das, wenn wir die Lage betrachten, in der wir wären, wenn wir ein Kind aufzögen und uns *nur* seine Interessen am Herzen lägen. Sagen wir einmal, daß es allein seine Präferenz-Erfüllungen wären, die wir, über den Verlauf seines ganzen Lebens, zu maximieren suchen würden. Mit anderen Worten, wir hätten, was das spätere Verhalten des Kindes betrifft, weder unser Eigeninteresse noch die Interessen anderer Mitglieder der Gesellschaft im Blick, sondern nur die des Kindes selbst. Wie würden wir es erziehen? Man könnte meinen, daß wir dem Kind ein rein egoistisches Prinzip einimpfen würden, dasjenige nämlich, bei jeder Gelegenheit das zu tun, was sein Eigeninteresse am stärksten zu tun fordert.

Wir sollten die Analogie zwischen dieser Ansicht und der moral*internen* Ansicht eines extremen und kruden Akt-Utilitaristen desjenigen Typs zur Kenntnis nehmen, dessen Ansichten wir verworfen haben (2.4), der aber als kanonischer Bösewicht durch das anti-utilitaristi-

---

5   Gemeint ist der Abschnitt 5.6 des Buches *Moralisches Denken*. – Anm. des Herausgebers.

sche Schrifttum geistert. Er ist Ein-Ebenen-Akt-Utilitarist und glaubt, daß es angesichts akuter moralischer Probleme im täglichen Leben das richtige ist, bei jeder Gelegenheit die nutzenmaximierende Handlung auszutüfteln und dann zu vollziehen. Was dieser Akt-Utilitarist zur Eruierung seiner moralischen Pflichten unternimmt, tut unser kruder Egoist, wenn er wie vorgeschlagen erzogen wurde, um zu eruieren, was seinem Eigeninteresse am förderlichsten ist. Beides ist gleich fehlgeleitet. Im moralischen Fall haben wir bei den meisten Gelegenheiten nicht die Zeit, jedesmal eine neue Glücksförderungs-Berechnung anzustellen, und würden den Bus verpassen, außerdem würden wir uns sehr oft vorschwindeln, daß eine bestimmte Handlung im allgemeinen Interesse ist, wo sie in Wirklichkeit nur ganz offensichtlich und unmittelbar uns selbst dient. Daher täten wir, wenn wir zu den Handlungen gelangen wollen, die auch der voll informierte Akt-Utilitarist (in der Person des Erzengels) für richtig erklären würde, besser daran, uns nicht bei jeder Gelegenheit von einer Glücksförderungs-Berechnung, sondern von gut ausgewählten prima-facie-Prinzipien leiten zu lassen.

Bei der Diskussion des Übergangs vom kruden Akt-Utilitarismus zu einer differenzierteren Art, die zugleich eine Art Regel-Utilitarismus war, hatte ich prudentielle Fragen als Beispiele angeführt – z. B. die, ob es ratsam sei, sich das Anlegen des Sicherheitsgurtes beim Fahren zum Prinzip zu machen (3.2). Genau die gleichen Erwägungen sind für die Frage einschlägig, wie man erfolgreich Egoist ist. Es wäre ganz einfach impraktikabel, und selbst wenn praktikabel: fehlgeleitet, der Strategie zu folgen, anläßlich jeder prudentiellen Entscheidung eine eigennützige oder egoistische Kosten-Nutzen-Analyse durchzuführen. Dafür reicht die Zeit nicht; und oft würden wir unsere Antworten zurechtschustern, diesmal nicht mit dem Ergebnis, daß etwas in Wirklichkeit unserem Eigeninteresse Förderliches moralisch geboten oder erlaubt ist, sondern mit dem, daß das, was nur die unmittelbarsten, in dem Moment verspürten Bedürfnisse verlangen, auch schon das prudentiell Beste ist. Fast immer würden wir den Gang zum Zahnarzt verschieben.

Um dieser Tendenz entgegenzuwirken, brauchen wir prudentielle prima-facie-Prinzipien ebenso dringend wie moralische und müssen ihnen gegenüber eine ganze Reihe derselben Einstellungen entwickeln. Viele der sogenannten moralischen Tugenden, einschließlich einiger der von Aristoteles aufgelisteten (1107^a28 ff.) – die nämlich, die ich die *instrumentellen* moralischen Tugenden nennen werde – sind für den Erfolg im Egoismus genauso vonnöten wie in der Moral.

Solche Tugenden sind Mut, Selbstbeherrschung, Durchhaltevermögen und dergleichen. Sie sind notwendige Hilfsmittel, wenn wir die eher intrinsischen Tugenden wie die, Gutes zu tun und Gerechtigkeit zu üben, erfolgreich praktizieren wollen. Ob wir zu tun versuchen, was moralisch richtig ist, oder lediglich, was in unserem Eigeninteresse ist – daß es uns gelingt, ist unwahrscheinlich, wenn wir nicht diese instrumentellen Tugenden kultivieren. Das ist einer der günstigen Punkte, in denen die Anforderungen von Moral und Klugheit zusammenfallen. Ohne Mut und Durchhaltevermögen wird man wahrscheinlich noch nicht einmal ein erfolgreicher Krimineller.

Daher sind einige der von uns wahrscheinlich akzeptierten moralischen prima-facie-Prinzipien Replikate von ganz ähnlichen prudentiellen Prinzipien. So ein Prinzip ist das der „Besonnenheit", wie das griechische Wort „sophrosyne" gemeinhin übersetzt wird: das Prinzip, daß es Gründe dafür gibt, im Gegensatz zum „Zuchtlosen", der es für richtig hält, stets den Genüssen des Augenblicks nachzujagen (1146[b]22.), eine feste Disposition in sich zu kultivieren, das noch nicht einmal tun zu *wollen*, sondern das Erreichen langfristigerer Ziele anzustreben. Daß dergestalt die Anforderungen von Moral und Klugheit in der instrumentellen Sphäre koinzidieren, war eine der Ursachen für die bei Platon und Aristoteles vorzufindenden Verwechslungen zwischen den Sphären. Sie reden tatsächlich oft so, als seien die moralischen Tugenden *insgesamt* nichts anderes als Mittel zum guten Leben, d. h. instrumentell für dessen Verwirklichung; und obwohl das letztlich keine faire Interpretation von Aristoteles ist, da er in mindestens der Hälfte der Fälle meint, daß die Tugenden zu praktizieren das gute Leben *ausmacht*, nicht etwa bloß *herbeiführt* (z.B. 1177[a]1, 1144[a]5.), wird man in diesem Punkte leicht verwirrt.

Unser ursprüngliches Problem betreffs der Beziehung zwischen Moral und Klugheit kann nun wie folgt reformuliert werden: In welchem Maße koinzidieren die *prudentiellen* Prinzipien, die wir dem Kind einimpfen würden, das wir einzig in seinem Eigeninteresse erziehen, mit den *moralischen* prima-facie-Prinzipien, die einzuimpfen wir uns veranlaßt sähen, wenn wir versuchen würden, nicht nur seine Interessen zu schützen, sondern die aller von seinen Handlungen Betroffenen – d. h. wenn wir utilitaristische Erzieher der oben betrachteten Art wären (2.2, 3.2), nicht stellvertretend eigennützige Erzieher, wie wir es uns gerade vorstellen? Einen bescheidenen, für sich genommen nicht großen Schritt vorwärts haben wir mit dem Nachweis getan, daß die den instrumentellen Tugenden entsprechenden Prinzipien in beiden Fällen die gleichen wären.

Damit ist noch nicht viel gewonnen. Sofort wird eingewandt werden, daß das nicht die Hauptsache ist. Zugegeben, wir müssen mutig und selbstbeherrscht und das alles sein, um ein erfolgreiches Leben zu führen, sei es moralisch oder verbrecherisch; aber die *intrinsischen* moralischen Tugenden sind es, über die wir reden sollten, und die ihnen entsprechenden Prinzipien weichen von denen ab, die kritisches egoistisches Denken auswählen würde. Die zentrale Frage ist: Wie weit würden sie in der Welt, wie sie ist, voneinander abweichen? Die Ortsangabe in dieser Frage ist, wie immer, entscheidend, denn es reicht für unsere Zwecke hin, Moral und Klugheit in der Welt, in der wir leben, zu versöhnen; würden sie in logisch möglichen, aber nie wirklichen Welten miteinander konfligieren, so wäre dies kein Grund zur Beunruhigung[6].

Wenn wir uns mit dem Anlegen eines Ringes, wie Gyges einen hatte, unsichtbar machen könnten, so wären wir in der Lage, und das scheint Platon als relevant für die Diskussion angesehen zu haben, Verbrechen heimlich zu begehen, mit denen wir so, wie die Dinge wirklich stehen, nicht ungeschoren davon kommen könnten. Platon glaubte, daß es selbst für solche unwirklichen Situationen die moralische Handlung als die kluge auszuweisen gälte (*Staat* 359c). Aber es ist eine äußerst relevante empirische Tatsache, daß es keine Gyges-Ringe gibt. Und es gibt viele andere solche empirischen Tatsachen, wenn auch nicht alle so unbestritten. Zu diesen Angelegenheiten kann ich nur meine Meinung sagen; sie sind nicht die Domäne des Philosophen, obwohl sie beträchtliche Auswirkungen auf das haben, was er diskutiert. Aber wenn ich das Kind erzöge, von dem wir gesprochen haben, dann – soweit ich herausfinden könnte, welche das wären – mit moralischen prima-facie-Prinzipien von genau derselben Sorte, wie sie der utilitaristische Erzengel auswählen würde. Das täte ich nicht, weil ein Kind zu haben, das sich anständig benimmt, mir in den Kram paßt (obwohl das das Motiv der meisten menschlichen Erzieher ist), und auch nicht, weil es im Interesse der Gesellschaft im allgemeinen wäre (obwohl es das ist, worauf der Akt-utilitaristische Erzieher abzielen würde); denn wir haben ja vorausgesetzt, daß wir von keinem dieser Motive geleitet werden. Ich täte es, weil es für das Kind selbst das beste ist.

---

6   vgl. Richard M. Hare, „What is Wrong with Slavery", in: *Philosophy and Public Affairs 8 (1979)*; wieder abgedr. in: Peter Singer (Hg.), *Readings in Applied Ethics,* Oxford: Oxford Univ. Press 1986, sowie in Richard M. Hare, *Essays on Ethical Theory*, Oxford: Clarendon Press 1989.

Dafür gibt es mehrere Gründe, deren augenfälligsten ich zuerst erwähne. Es ist uns nicht möglich, den zukünftigen Werdegang des Kindes auch nur in irgendeinem Detail vorauszusagen. Nachdem wir die Kontrolle über es verloren haben (indem wir zum Beispiel sterben, was wir früher oder später tun werden), wird es in Gott weiß welche Situationen geraten, die wir uns vielleicht nicht einmal vorstellen können. Wir müssen daher raten, welches die Prinzipien sind, die zu haben am meisten in seinem eigenen Interesse ist. Ist es zum Beispiel ratsam, ihm das Prinzip einzuimpfen, daß es sich am besten immer sorgfältig umsieht und dann, sofern das in seinem Interesse ist und falls es glaubt, ungeschoren davon kommen zu können, unmoralische Dinge tut? Ich bin mir ziemlich sicher, daß es nicht im Interesse des Kindes ist, ihm dieses Prinzip beizubringen.

Warum bin ich mir so sicher? Ich frage zurück: Wie sähe es aus, nach diesem Prinzip zu leben? Um ein erfolgreicher unmoralischer Egoist dieser Art sein zu können, bräuchte man Fähigkeiten, die jenseits der Reichweite von allen außer den begabtesten menschlichen Wesen liegen. Es gibt hier einen kuriosen Spiegeleffekt, den es wert ist anzumerken, da er erhellend sein kann, wenn wir zur Diskussion des extrem tugendhaften Lebens und der supererogatorischen Handlungen kommen. Wie man gottähnlich sein müßte, um das Praktizieren von Prinzipien durchzustehen, die extreme Heiligmäßigkeit verlangen, genauso müßte man, um das Praktizieren von Prinzipien durchzustehen, die extreme Kriminalität verlangen, ein außergewöhnlich begabter Teufel sein. Und zum Glück geht den Leuten diese Anti-Tugend ab. Mit extremer Kriminalität meine ich nicht den Vollzug fürchterlicher Handlungen in jedem Augenblick, sondern den skrupellosen und ungeahndeten Vollzug stets dessen, was für einen selbst von Vorteil ist. Oberflächlich betrachtet könnte unser Teufel sehr respektabel erscheinen.

Es gibt aber neben menschlicher Unfähigkeit einen anderen empirischen Grund dafür, warum es nicht im Interesse des Kindes wäre, sich das genannte Prinzip zueigen zu machen. Daß es keine Gyges-Ringe gibt, ist eine physische, keine soziale Tatsache. Doch die wichtigen Tatsachen in unserem Zusammenhang sind die sozialen. Es ist kein Zufall, daß die Welt und die Gesellschaft so sind, daß sich Verbrechen im allgemeinen nicht bezahlt macht. So haben es die Leute eingerichtet, weil sie nicht wollten, daß Verbrechen sich bezahlt macht; es ist im allgemeinen Interesse, daß Verbrecher zur Rechenschaft gezogen werden. Dabei brauchen wir nicht nur an die Gesetze, Gerichtshöfe und Polizisten zu denken; innerhalb des Apparates zur

„Durchsetzung der Moral"[7] sind sie gar nicht der Teil, der die meiste Arbeit leistet, und sie wären wirkungslos, wenn sie nicht durch viel stärkere soziale Drücke unterstützt würden. Die Menschheit hat herausgefunden, daß man das Leben um vieles erträglicher machen kann, indem man es zuwege bringt, daß sich eine moralische Lebensführung im großen und ganzen bezahlt macht. Für fast alle von uns ist es besser, wenn mit sozial nützlichen respektive schädlichen Handlungen soziale Belohnungen respektive Bestrafungen Hand in Hand gehen; und so ist es dazu gekommen, daß sie es auch tun.

Doch auch das bringt uns nicht viel weiter. Denn jetzt stellt sich die Frage: Warum das Kind nicht dazu erziehen, meistens den herrschenden Sitten zu gehorchen, aber zynisch gegen sie zu verstoßen, wenn es vermeiden kann, ertappt oder bestraft zu werden? Eine Teilantwort lautet, daß rechtschaffen zu sein die bei weitem einfachste Methode ist, rechtschaffen zu erscheinen.[8] Wir haben bereits bemerkt, daß erfolgreiches Verbrechen für fast jeden von uns ein zu schwieriges Spielchen und der Mühe nicht wert ist. Wenn dagegen behauptet wird, daß es Leute gegeben hat, die große Vermögen im Laufe von wahrlich nicht makellosen Karrieren angesammelt haben, so antworte ich, daß sie das Geld insgesamt nicht glücklich gemacht hat und sie mit ihren Talenten mehr für sich selbst erreicht hätten, wenn sie weniger Geld mit einer sozial nützlicheren Karriere verdient hätten. Falls es hierzu Ausnahmen gibt, sind sie zu selten, als daß ein Erziehender sie vorhersagen könnte.

Fragen wir nach dem Grund dafür, so sehen wir, daß noch ein weiterer Zug den vorigen flankieren kann. Wenn wir uns daran machen, unser Kind zu den Prinzipien zu erziehen, die höchstwahrscheinlich seinem eigenen Glück insgesamt am zuträglichsten sind (und ich habe dargelegt, daß einige von ihnen mit moralischen Prinzipien koinzidieren), dann müssen wir es nicht nur zu einer *Strategie oder Praxis* der Befolgung dieser Prinzipien erziehen, sondern zu *festen charakterlichen Dispositionen*, die den Prinzipien entsprechen. Einige (und vielleicht die wichtigsten) dieser Dispositionen werden positiv sein: Sie ermöglichen die gegenseitige Zusammenarbeit und Zuneigung, ohne die all unsere Bemühungen fehlschlagen und alle Freude und Wärme

---

7   Der Titel des Vortrags von Lord Devlin (Lord P. Devlin, " The Enforcement of Morals", in: *Proceedings of the British Academy 45* (1959).), der eine so große Kontroverse auslöste.

8   Das war, wenn wir Xenophon glauben (*Mem.* 361 b, 362 a.) auch Sokrates' Ansicht. Vgl. hingegen Platon, *Staat* 361b, 362a.

im Leben verschwinden würden. Wer seine Mitmenschen nicht liebt, lebt weniger glücklich unter ihnen. Andere der Dispositionen werden negativ, aber nicht weniger notwendig sein, wenn fehlbare menschliche Wesen dazu gebracht werden sollen, in Übereinstimmung mit Prinzipien irgendeiner Art zu leben: Dispositionen dazu, sich beim Übertreten der Prinzipien schlecht zu fühlen.

Ich sage nicht, daß dies *dasselbe* Gefühl ist wie das einer moralisch wohlerzogenen Person beim Übertreten eines moralischen Prinzips. Das hätte ich bezüglich der instrumentellen Tugenden behaupten können. Können wir die Selbstverurteilung des für eine gerechte Sache kämpfenden Soldaten, der es an Mut hat fehlen lassen, wirklich von der des Einbrechers unterscheiden, der dasselbe Problem hatte und ohne Beute abgezogen ist? Die Gefühle der beiden können dieselben sein, auch wenn es ihre Unternehmungen nicht waren. Bei den intrinsischen Tugenden verhält sich die Sache jedoch anders; wenn sich ein Mensch der Verfolgung seiner eigenen Interessen nicht zielstrebig widmet und einen finanziellen Verlust erleidet, weil er aus menschlicher Schwäche jemandem einen Gefallen tut, dann mag er sich anschließend ohrfeigen, aber er wird nicht wie der moralische Mensch, der etwa in einem Anfall von Rachsucht etwas Grausames getan hat, Reue empfinden. Trotzdem bedarf es *irgendeines* aversiven Gefühls gegen Übertretungen, um die möglichst durchgängige Befolgung von Prinzipien sicherzustellen. Und vielleicht wäre die effektivste Art, unser Kind zur Befolgung der Prinzipien zu erziehen, ihm *moralische* Gefühle einzuimpfen. Bei gleichen Prinzipien sind die moralischen Gefühle die effektiveren, weil in ihnen der Zögling auch von seinen Mitmenschen in weit größerem Maße bestärkt wird.

Nehmen wir also an, wir hätten diesem Kind, damit es tut, was insgesamt in seinem Interesse ist, einige moralische prima-facie-Prinzipien und die zugehörigen Gefühle eingeimpft. Der weitere Schritt, den ich zu Beginn dieses Abschnitts erwähnt habe, besteht in dem Hinweis darauf, daß das Kind somit einen zusätzlichen prudentiellen Grund für die Befolgung der Prinzipien bekommen hat, denn inzwischen empfände es Widerwillen und Scham bei ihrer Nicht-Befolgung, und das wäre ein zusätzlicher Nachteil. Bei erfolgreicher Erziehung empfände es, wenn es extrem gravierend gegen seine moralischen Prinzipien verstieße, beträchtlichen Abscheu vor sich selbst, und das wäre nicht in seinem Interesse.

Aber nun wird gesagt werden: Warum die moralische Erziehung nicht so dosieren, daß der Zögling eine Disposition zur Befolgung der Prinzipien in dem Maße bekommt, wie es ihn gut mit, der Gesellschaft auskommen läßt, aber die Einimpfung der Disposition zur Abscheu gegen sich selbst zu unterlassen? Wieder überschreiten wir die Grenze zum Empirischen; aber ist in der Frage nicht die Schwierigkeit, genau den Zustand herbeizuführen, unterschätzt worden? Es stellt sich hier die Frage, welche Dispositionen miteinander koexistieren können. Ich vermute, daß es die sicherste und beste Art ist, unser Kind zu erziehen, ihm, falls möglich, eine gute Auswahl moralischer Prinzipien sowie die zugehörigen Gefühle einzuimpfen, wobei die Gefühle stark genug sind, um in allen gewöhnlichen Fällen die Befolgung der Prinzipien sicherzustellen, aber natürlich nicht von neurotischer Stärke oder stärker als für ihre Zwecke nötig. Wir wollen nicht, daß unser Kind jedesmal Schuldgefühle bekommt, wenn es sich ein paar Stunden nicht gewaschen hat.

Gregory S. Kavka

Das Versöhnungsprojekt

Eines der ältesten Probleme der Moralphilosophie besteht darin zu klären, wie das Verhältnis zwischen ethischem und eigennützigem Verhalten seiner Natur nach beschaffen ist. Schon Platon hat sich diesem Problem in der *Politeia* mit dem Ziel genähert, Moral und Eigeninteresse zu versöhnen, indem er gezeigt hat, daß praktische Klugheit moralisches Benehmen fordere oder zumindest damit vereinbar sei. Nennen wir dieses Unternehmen das Versöhnungsprojekt. Es gilt in neuerer Zeit allgemein als zum Scheitern verurteilt.[1] Man ist überzeugt, daß eine Übereinstimmung zwischen moralischen Ansprüchen und Klugheitserfordernissen nicht zu erwarten ist, es sei denn wir beriefen uns auf überholte und unplausible göttliche Sanktionen.

Ist dieses negative Urteil über das Versöhnungsprojekt unwiderruflich? Bevor wir uns mit dieser Frage beschäftigen können, müssen wir verschiedene Versionen des Projekts unterscheiden, und zwar anhand von vier Dimensionen. Die erste Dimension betrifft den *Adressaten*, an den sich unsere Argumente hinsichtlich des Zusammenfallens von Pflicht und eigenem Interesse richten. Von einem erfolgreichen Versöhnungsprojekt wird manchmal erwartet, daß es in der Lage sei, einen hartnäckigen Zyniker oder Immoralisten wie Thrasymachos zur Tugend zu bekehren. Das ist zu viel verlangt. Immoralisten werden wahrscheinlich die Vorteile eines moralischen Lebens weder verstehen noch zu schätzen wissen noch gehören sie für gewöhnlich zu den Leuten, die sich abstrakte rationale Argumente anhören oder sich gar von ihnen beeinflussen lassen.[2] Ein bescheideneres Ziel läge darin,

---

[1] Siehe z. B. Henry Sidgwick, *The Methods of Ethics*, London 1907, New York: Dover 1966; H. A. Prichard, „Duty and Interest", in *Reason and Responsibility*, hg. von Joel Feinberg, Encino, CA: Dickenson 1971, S. 478-486; D. Z. Phillips, „Does it pay to be good", in *Ethics*, hg. von J. J. Thomson und G. Dworkin, New York: Harper and Row 1968, 261-278; und Jan Narveson, *Morality and Utility* Baltimore: Johns Hopkins Press 1967, S. 263-265.

[2] Vgl. Robert Nozick, *Philosophical Explanations*, Cambridge, MA: Harvard University Press 1981, S. 406-411.

den verwirrten gemeinen Mann, wie etwa Glaukon, zu überzeugen, der fürchtet, irrational zu sein oder sich selbst zu schaden, wenn er dem Pfad der Moral folgt, der aber bereit ist, sich Gegenargumente anzuhören und abzuwägen. Uns geht es hier um Versöhnungsprojekte, die dieses bescheidenere Ziel verfolgen.

Die zweite Dimension betrifft das *Handlungssubjekt*, für das Moral und Eigeninteresse zusammenfallen sollen. Ambitionierte Versöhnungsprojekte, die in dieser Dimension angesiedelt sind, könnten versuchen, ein solches Zusammenfallen für alle wirklichen oder sogar für alle möglichen Menschen zu beweisen. Maßvollere Versionen würden sich auf weniger umfassende Klassen konzentrieren, wie etwa auf Personen ohne ernstliche emotionale Störung oder Personen, die imstande sind, sich selbst einzuschätzen und andere zu lieben. Die Dimension der Adressaten und die der Handlungssubjekte im Versöhnungsprojekt sind miteinander verbunden. Sofern man mit diesem Projekt darauf abzielt, moralische Motive zu erzeugen oder zu stärken, würde man normalerweise eine Klasse von Handlungssubjekten wählen, die genau dem Adressatenkreis entspricht, um auf diese Weise seine Zuhörer davon zu überzeugen, daß es sich für *sie* auszahlt (ihre eigenen Interessen fördert), moralisch zu sein, während man gleichzeitig seine Argumentation der geringstmöglichen Zahl von Einwänden aussetzt. Wenn man hingegen darauf abzielt, das theoretische Verständnis zu fördern, kann es sein, daß die betreffende Klasse der Handlungssubjekte entweder größer oder kleiner ist als die der Adressaten. Man könnte zum Beispiel versuchen, nachdenkliche Menschen, die guten Willens sind, davon zu überzeugen, daß es sich für jeden auszahlt, moralisch zu sein. Die Klassen müssen sich nicht einmal überschneiden; man könnte gegenüber gescheiten Theoretikern die Ansicht vertreten, daß sich für die Naiven, von denen man nicht erwarten kann, daß sie ihr unmoralisches Verhalten erfolgreich verbergen können, Moral auszahlt.

Die dritte Dimension des Versöhnungsprojekts ist die *soziale* Dimension. Das Ausmaß, in dem Moral sich auszahlt, ist nicht zuletzt eine Funktion der Reaktionen anderer auf das eigene unmoralische Verhalten. Soll also gelten, daß Moral und Klugheit in allen denkbaren, in allen geeigneten, allen (oder den meisten) wirklichen, einigen geeigneten oder einigen denkbaren sozialen Umgebungen zusammenfallen? Die unterschiedlichen Antworten auf diese Frage ergeben ganz verschiedene Versionen des Versöhnungsprojekts.

Wenn wir schließlich viertens sagen, daß Moral und Klugheit zusammenfallen, bedeutet das dann, (1) daß jede einzelne ethische

Handlung klug ist, oder (2) daß es genug Klugheitsgründe gibt, sich für eine moralische Lebensweise zu entscheiden und entsprechend moralischen Regeln zu handeln? Diese Frage betrifft die Natur der zu versöhnenden Objekte oder Entitäten und lenkt die Aufmerksamkeit auf die *Objekt*dimension des Versöhnungsprojekts. Jede einzelne Handlung, die aus Pflicht geschieht, mit der Klugheit versöhnen zu wollen, ist ein so aussichtsloses Unterfangen, daß die bedeutenderen Verfechter des Projekts darauf weitgehend verzichtet haben. (Obgleich viel davon abhängt, wie wir unten noch sehen werden, ob Handlungsbewertungen unter Klugheitsgesichtspunkten vorausblickend oder rückblickend erfolgen.) So erörtert etwa Platon die praktischen Vorteile moralischer Dispositionen oder Lebensweisen, und Hobbes konzentriert sich darauf, moralische Regeln aus der Klugheit heraus zu begründen.

Im Blick auf die Objektdimension können wir gleich auch einen ersten Einwand gegen das Versöhnungsprojekt entkräften und es hierdurch genauer beschreiben. Diesem Einwand zufolge muß das Projekt deshalb scheitern, weil vermeintlich moralische Handlungen nicht wirklich moralisch sind, wenn sie durch Klugheitserwägungen motiviert sind. Wir können jedoch diese Annahme über Motive und moralische Handlungen akzeptieren, ohne damit dem Versöhnungsprojekt, wenn man es richtig deutet, zu schaden. Denn dieses Projekt ist nicht darauf festgelegt, daß Moral und Klugheit identisch sind, oder daß moralische und aus Klugheitserwägungen erwachsene Handlungsmotive oder -gründe dieselben sind. Vielmehr sollen sich Moral und Klugheit in zweierlei Hinsicht versöhnen lassen. Beide legen dieselbe Verhaltensweise nahe (wobei das Verhalten hinsichtlich der Motive neutral beschrieben wird). Außerdem ist es mit den Klugheitserfordernissen vereinbar, sich für eine moralische Lebensweise zu entscheiden und ein moralisches Leben zu führen, auch wenn dies beinhaltet, Motivationsmuster zu entwickeln, in denen nicht allein Klugheitserwägungen eine bedeutende Rolle spielen.[3] Das Versöhnungsprojekt übersteht den ersten Einwand somit unbeschadet, weil es in bezug auf seine Objektdimension eher um Handlungen, Handlungsregeln oder Lebensweisen geht als um Handlungsmotive oder Handlungsgründe.

Dennoch stellt das Versöhnungsprojekt ein hoffnungsloses Unterfangen dar, wenn wir es in den meisten oder gar allen vier Dimensio-

---

3 Siehe die Erörterung des Eigeninteresse-Paradoxes in Abschnitt II.

nen nach einem allzu strengen Maßstab interpretieren. Wir können nicht erwarten, einen gewieften Immoralisten davon zu überzeugen, daß es sich für jeden zu jeder besonderen Gelegenheit in jeder beliebigen Gesellschaft auszahlt, moralisch zu sein. Aber warum sollten wir nur solche extremen Versionen des Projekts berücksichtigen? In Anbetracht der Variationsmöglichkeiten des Versöhnungsprojekts schlage ich stattdessen vor, weniger extreme Versionen (und Modifikationen) zu erörtern, um herauszufinden, in welchem Umfang sie realisierbar sind, und warum sie scheitern, wenn sie scheitern. Ich hoffe, im Verlaufe dieser Untersuchung bis zu einem gewissen Grade rechtfertigen zu können, daß es rational ist, moralisch zu sein, und außerdem das Verhältnis zwischen Moral, Klugheit und Rationalität genauer zu klären.

Ich werde zunächst eine Hobbesche Version des Versöhnungsprojekts skizzieren, die, um Verpflichtung und eigenes Interesse zu versöhnen, einen psychologischen Egoismus voraussetzt und sich ausschließlich auf äußere Sanktionen (soziale Belohnungen und Strafen) stützt. Dieser Hobbesche Ansatz trägt zwar in hohem Maße zur Aufklärung bei, ist aber mit erheblichen Mängeln behaftet. Um einige dieser Mängel zu beheben, gehe ich der Bedeutung innerer (selbst auferlegter psychologischer) Sanktionen nach.[4] Als nächstes werde ich mich den beiden vertracktesten Einwänden gegen alle Projekte dieser Art zuwenden. Diese Einwände betreffen die Verpflichtung, für andere zu sterben, sowie solche Pflichten, die Mitglieder starker Gruppen gegenüber schwachen Gruppen haben, deren Mitglieder offenbar nicht in der Lage sind, die ihnen zuteil gewordene Unterstützung zu vergelten. Schließlich gehe ich noch darauf ein, wie sich das Versöhnungsprojekt durch die Anerkennung nicht-egoistischer Motive wandelt. Meine Bemerkungen sind im großen und ganzen programmatischer Natur. Ich skizziere Alternativen, Probleme und allgemeine Problemlösungsstrategien, überlasse aber viele Einzelfragen einer späteren Beantwortung. Gleichwohl hoffe ich, deutlich machen zu können, daß das Versöhnungsprojekt immer noch eine philosophisch interessante und wichtige Sache ist.

---

4 Die Redeweise von inneren/äußeren Sanktionen habe ich von Sidgwick übernommen.

I. DIE HOBBESCHE STRATEGIE[5]

Betrachten wir als erstes Hobbes' Version des Versöhnungsprojekts. Sein Versuch, Pflicht und eigenes Interesse zu versöhnen, unterliegt zwei selbst auferlegten Beschränkungen: Ausgeschlossen wird die Berufung auf religiöse Sanktionen, und es bleibt in seiner Darstellung der menschlichen Psychologie kein Raum für innere Sanktionen (wie etwa Schuldgefühle). Hobbes kann daher nur von äußeren Sanktionen her argumentieren, das heißt: von sozialen Belohnungen und Strafen. Dennoch gelingt es ihm, diese relativ spärlichen Mittel vorteilhaft einzusetzen.

Hobbes' Auffassung besagt im Kern, daß die allgemeinen Verhaltensregeln, die ein umsichtiger Mensch befolgen würde, dem es um sein Überleben, seine Sicherheit und sein Wohlergehen zu tun ist, im wesentlichen die der traditionellen Moral sind. Die Funktion dieser Regeln besteht darin, Frieden, Kooperation und wechselseitige Zurückhaltung zum Nutzen aller Beteiligten zu fördern. Die Regeln verbieten daher zu töten, andere tätlich anzugreifen oder zu berauben, und sie fordern, daß man sich an Vereinbarungen hält, Streitigkeiten schiedlich-friedlich beilegt, anderen Hilfe leistet, wenn die eigenen Kosten dabei gering und der Nutzen für die anderen groß ausfällt und so weiter.[6] Der Eigennützige, sofern er hinreichend rational und vorausschauend ist, wird diese Regeln deshalb befolgen, weil dies der beste (und einzig verläßliche) Weg ist, um friedliche und kooperative Beziehungen zu anderen zu gewährleisten. Wer zum Beispiel für Luxusgüter verschwendet, was andere zum Überleben brauchen, dem wird wahrscheinlich weder Hilfe zuteil, wenn er einmal in Not gerät, noch werden er selbst und sein Eigentum jemals sicher sein vor den Verzweiflungstaten der Bedürftigen. Noch offensichtlicher ist die Bedrohung durch feindselige Reaktionen, die derjenige zu erwarten hat, der gewohnheitsmäßig Verträge bricht, andere tätlich angreift oder bestiehlt. Und auch wenn es

---

[5] Einige der in diesem Abschnitt aufgeworfenen Fragen werden von mir ausführlicher erörtert in „Right Reason and Natural Law in Hobbes's Ethics", in *The Monist* 66, 1983, S. 120-133.

[6] Dieses Hilfeleistungs-Prinzip ist aus Hobbes' Erläuterung zu seinem fünften Naturgesetz abgeleitet, das ein wechselseitiges Entgegenkommen fordert. Siehe Th. Hobbes, *Leviathan*, London 1651; deutsche Übersetzung, Hamburg: Felix Meiner 1996, S. 127. Zu Hobbes' Glauben an den Wohlfahrtsstaat siehe auch S. 271f.

immer wieder Versuche gibt, einen Verstoß gegen moralische Regeln zu verbergen, die Gefahr, entdeckt und belangt zu werden, ist langfristig gesehen doch groß.[7] Demzufolge ist moralisches Verhalten, so Hobbes, vom Standpunkt praktischer Klugheit aus betrachtet, als allgemeine Strategie dem unmoralischen Verhalten überlegen.

Man kann zugeben, daß moralisches Verhalten normalerweise eine klügere Strategie darstellt als unmoralisches Verhalten; zugleich ist aber auf zwei besondere Umstände hinzuweisen, unter denen es zweifelhaft erscheint, ob es unter Klugheitsgesichtspunkten rational ist, moralisch zu sein: wenn man nämlich überzeugt ist, daß ein Verstoß unentdeckt und ungestraft bliebe, und wenn andere nicht willens sind, die eigene Zurückhaltung zu teilen. Im ersten Fall scheint man einen Nutzen daraus zu ziehen, daß man gegen moralische Regeln *offensiv* verstößt; das heißt: indem man sich nicht an sie hält, auch wenn andere es tun. Im zweiten Fall scheint ein *defensiver* Verstoß angeraten – ein Sich-nicht-an-die-Regel-halten, getragen von der Überzeugung, daß andere sich auch nicht daran halten, und dem Wunsch, nicht ins Hintertreffen zu geraten. Beide Fälle werden von Hobbes gesehen, und mit beiden versucht er fertig zu werden.

Hobbes Argument gegen den offensiven Verstoß gegen moralische Regeln findet sich in seiner berühmten Entgegnung auf den Toren (1651, 1996, S. 121-123). Er räumt ein, daß sich solche Verstöße, *rückblickend* betrachtet, für die Interessen des Handelnden als besonders dienlich erweisen können. Da man hierbei aber strenge äußere Sanktionen riskiert (etwa den Entzug künftiger Kooperation[8]), sind sie, *vorausblickend* betrachtet, niemals rational. Da die Folgen eines Fehlschlags schrecklich und die Chancen, einen Fehlschlag zu erleiden, nicht genau kalkulierbar sind, ist es nicht rational, sein Glück zu versuchen und gegen moralische Regeln offensiv zu verstoßen. Diesem Hobbeschen Argument liegt eine Intuition über praktische Klugheit zugrunde, die sich in den üblichen Konnotationen des Wortes *Klugheit* widerspiegelt. Klug zu sein, heißt, auf Nummer Sicher zu

---

7   Siehe Ch. Silberman, *Criminal Violence, Criminal Justice*, New York: Random House 1978, S. 75-78; er vertritt hier die Ansicht, daß nahezu alle Berufsverbrecher über kurz oder lang im Gefängnis landen.

8   Indem er den Verlust der primären sozialen Belohnung für moralisches Verhalten – nämlich den Verlust des Wohlwollens und der Kooperation – als Hauptstrafe für unmoralisches Verhalten ansieht, trägt Hobbes implizit sowohl den positiven wie auch den negativen äußeren Sanktionen der Moral Rechnung.

gehen und keine großen, unkontrollierbaren Risiken einzugehen. Es spricht einiges für die Annahme, daß man, um eigene Interessen auf rationale Weise zu verfolgen, in diesem Sinne klug sein muß, sobald eigene lebenswichtige Interessen auf dem Spiel stehen.

Um diesen Punkt zu vertiefen, wollen wir im Anschluß an die Entscheidungstheorie zwischen Entscheidungen unter *Risiko* und unter *Unsicherheit* unterscheiden. Im ersten Fall weiß man ziemlich verläßlich, mit welcher Wahrscheinlichkeit die verschiedenen Handlungsoptionen zu welchen Ergebnissen führen können. Bei Entscheidungen unter Unsicherheit fehlt einem dieses Wissen. Rawls behauptet, man sei nur dann rational, wenn man bei lebenswichtigen Entscheidungen unter Unsicherheit einer Maximin-Strategie folgt – wähle diejenige Handlung, die das beste aller schlechtestmöglichen Ergebnisse nach sich zieht (1979, 177-183). Ich habe an anderer Stelle dafür argumentiert, unter solchen Umständen eine Unglücksvermeidungsstrategie anzuwenden – man wähle diejenige Alternative, welche die Chancen maximiert, die unerwünschten Ergebnisse zu vermeiden.[9] Beide Strategien ziehen es vor, auf Nummer Sicher zu gehen, und zwar mit dem Ziel, das Risiko unerwünschter Ergebnisse zu vermeiden (oder zu minimieren).

Nehmen wir nun an, aus unserer Sicht würden Entscheidungen zwischen Handlungen in der wirklichen Welt unter Unsicherheit gefällt. (In Anbetracht der Tatsache, daß wir die komplexen Faktoren, welche die Folgen unserer Handlungen festlegen, nur zum Teil verstehen, handelt es sich hierbei um eine durchaus plausible Annahme.[10]) Wenn, wie Hobbes meint, diejenigen, die offensiv gegen Regeln verstoßen, mit strengen äußeren Sanktionen rechnen müssen, dann wären offensive Verstöße sowohl vom Standpunkt der Maximin-Regel als auch der Unglücksvermeidung aus irrational. Denn derjenige, der offensiv gegen Regeln verstößt, geht unter Unsicherheitsbedingungen ein unnötiges (oder unnötig großes) Risiko ein, unglückselige Folgen auf sich nehmen zu müssen. Wenn also Rawls' Analyse von rationalen und klugen Entscheidungen unter Unsicherheit oder auch meine eigene korrekt sind, dann ist Hobbes' Argument gegen offensive Verstöße unter Unsicherheit weitgehend gerechtfertigt.

---

[9] Vgl. „Deterrence, Utility and Rational Choice", in *Theory and Decision* 12, 1980. Auf eine ähnliche Auffassung spielt J. Fishkin an: *Tyranny and Legitimacy*, Baltimore: Johns Hopkins University Press 1979, S. 34 und 149, Anm. 17. Um die Unglücksvermeidungsstrategie anwenden zu können, muß man die Ordnung der relevanten Wahrscheinlichkeiten kennen.

[10] Siehe jedoch den am Ende dieses Abschnitts erörterten zweiten Einwand.

Die gerade angestellten Überlegungen stellen praktisch den Versuch dar, die Anforderungen der Moral mit denen der Klugheit zu versöhnen, insofern sie für einzelne Handlungen (oder eine bestimmte Klasse einzelner Handlungen) gelten sollen. Das heißt, daß sie als Teil eines Versöhnungsprojekts dienen können, das sich innerhalb der Objektdimension auf *Handlungen* konzentriert. Eine noch größere Wirkung entfalten sie als Teil einer Argumentation, die das Zusammenfallen von *Regeln* der Moral und der Klugheit betrifft. Wir können uns vorstellen, daß jemand behauptet, statt moralische Regeln zu befolgen, sei es den eigenen Interessen dienlicher, wenn man sich nach einer Regel wie der folgenden richtet: „Befolge moralische Regeln, außer wenn du glaubst (oder davon überzeugt bist), du könntest bei einem Verstoß ungeschoren davonkommen." Wenn man sich aber nach einer solchen Regel richtet, dann geht man mit hoher Wahrscheinlichkeit eben jene Risiken ein, die naturgemäß recht häufig mit offensiven Verstößen einhergehen. Und selbst wenn man bei der Auswahl entsprechender Gelegenheiten Vorsicht walten läßt, ist doch das Risiko, mehrmals erwischt zu werden und dann strengen Sanktionen ausgesetzt zu sein, beträchtlich und viel größer als die Chance, nur einmal erwischt zu werden. Insofern praktische Klugheit erfordert, daß man das Risiko strenger Sanktionen vermeidet oder minimiert, wäre also eine Politik des schlauen „Kompromisses" zwischen moralischem und unmoralischem Verhalten, wie sie durch jene Regel veranschaulicht wird, nicht empfehlenswert.

Wie wir gesehen haben, versucht Hobbes bei offensiven Verstößen, Pflicht und Klugheit zu versöhnen, indem er bestreitet, daß solche Verstöße klug sind. Im Falle defensiver Verstöße schlägt er die entgegengesetzte Richtung ein. Solche Verstöße, behauptet Hobbes, stehen in keinem Widerspruch zur moralischen Pflicht. Als Handelnder ist man nur dann verpflichtet, den Einschränkungen der traditionellen Moral nachzukommen, wenn andere die eigene Zurückhaltung teilen. Wer sich einseitig an moralische Regeln hält, setzt sich räuberischem Verhalten aus, und dazu, so Hobbes, sei niemand verpflichtet (1651, 1996, 109, 129).

Das leitende Prinzip der Hobbeschen Moral ist also die von mir so genannte Kupferne Regel: „Tue anderen, was sie dir *tun*." Dieses Prinzip verkündet ein weniger glänzendes moralisches Ideal als die bekannte Goldene Regel*, die von uns fordert, andere gut zu behan-

---

*   „Alles nun, was ihr wollt, daß euch die Leute tun sollen, das tut ihr ihnen auch. Das ist das Gesetz und die Propheten." Matthäus 7, 12. – Anm. d. Übers.

deln, einerlei, ob sie selbst uns gut behandeln. Kehrt Hobbes demnach der traditionellen Moral den Rücken, wenn er moralische Anforderungen nicht im Sinne der Einseitigkeit, sondern der Gegenseitigkeit interpretiert?

Um diese Frage beantworten zu können, müssen wir zwischen zwei Aspekten der Moral unterscheiden: der praktizierten Moral und der idealen Moral. Zur praktizierten Moral gehören die Verhaltensstandards, die von Personen, die in einer bestimmten Tradition leben, wirklich erwartet und allgemein auch erfüllt werden. Es handelt sich dabei, grob gesprochen, um den Teil der Moral, der mit *Anforderungen* zu tun hat, mit jenen Standards nämlich, um derentwillen Menschen verantwortlich gemacht, kritisiert und bestraft werden, weil sie sich nicht ihnen gemäß verhalten haben. Die ideale Moral bezieht sich auf Standards moralischer Vortrefflichkeit, auf Verhaltensformen, die in einer Tradition als vorbildlich und daher als nachahmens- und bewundernswert gelten. Lob, Ehre und Respekt sind die Belohnungen, die demjenigen zuteil werden, der diesen höheren, anspruchsvolleren Standards gerecht wird. Im allgemeinen wird aber niemand dafür verantwortlich gemacht, wenn er solchen Idealen nicht entspricht oder ihnen nicht einmal nachstrebt.

Nun weist die ideale Moral der abendländischen Tradition gewiß bedeutende Züge auf, die auf das Prinzip der Einseitigkeit zurückgehen. Bei der Goldenen Regel, der Aufforderung, seine Feinde zu lieben, sowie dem Grundsatz, auch die andere Wange hinzuhalten, geht es immer darum, auch jene gut zu behandeln, die das eigene Verhalten nicht teilen. Wenn wir uns aber der Praxis und jenen Verhaltensstandards zuwenden, die als moralische Anforderungen wirklich Geltung haben, dann stellen wir fest, daß die Kupferne Regel mit ihrer Gegenseitigkeit einigermaßen wiedergibt, was wir häufig beobachten können. Denn die praktizierte Moral läßt uns erheblichen Spielraum, so daß wir gegenüber denjenigen, die gegen moralische Beschränkungen verstoßen, ein Verhalten zeigen können, das sonst verboten ist, besonders wenn es um notwendige Schutzmaßnahmen geht. Dementsprechend darf der einzelne in Notwehr töten, die Gesellschaft darf Verbrecher ihrer Freiheit berauben, Verträge dürfen gebrochen werden, wenn nicht zu erwarten ist, daß die Gegenseite sie erfüllt, und so weiter.

Wir dürfen also Hobbes, ohne ihn einer Absurdität zu bezichtigen, die Behauptung unterstellen, daß in der Praxis traditionelle moralische Regeln Ausnahmebestimmungen enthalten, die defensive „Verstöße" gegen die Hauptbestimmungen der Regel zulassen, sofern sie sich

gegen jemanden richtet, der selbst Verstöße begeht.[11] Mit diesem
zurechtgestutzten Begriff moralischer Anforderungen hat Hobbes den
kühnen Traum einer Versöhnung zwischen idealer Moral und Klugheit aufgegeben. Aber er ist einem schlagenden Einwand gegen das
Versöhnungsprojekt aus dem Weg gegangen: daß nämlich die Moral
(anders als die Klugheit) von uns fordert, unsere eigenen Interessen
dem unmoralischen Menschen zu opfern, der sich nur allzu gern ein
solches Opfer zunutze macht. Man beachte jedoch, daß das Gegenstück zu diesem Einwand, daß nämlich die Moral von uns fordert,
unsere Interessen manchmal für andere moralische Menschen zu
opfern, von der in der Kupfernen Regel zum Ausdruck kommenden
Interpretation der Moral nicht erörtert wird. Einwände dieser Art werde ich später betrachten.[12]

Wie wir gesehen haben, behandelt Hobbes offensive und defensive
Verstöße gegen moralische Regeln ganz unterschiedlich. Im ersten
Fall versöhnt er die Klugheit mit der Moral, indem er zynische Interpretationen von Klugheitsforderungen verändert, während er im zweiten Fall die Moral mit der Klugheit versöhnt, indem er eine unübliche
Interpretation der Moral vorlegt. In beiden Fällen jedoch lenkt er
unsere Aufmerksamkeit auf die häufig vernachlässigte soziale Dimension des Versöhnungsprojekts. Seiner Erörterung defensiver Verstöße
zufolge fallen unter bestimmen Bedingungen – der Anarchie oder
eines allgemeinen Zuwiderhandelns gegen traditionelle moralische
Regeln – die Anforderungen der Moral und der Klugheit zusammen,
jedoch nur dann, wenn erstere wirksam gelockert werden oder ganz
verschwinden. *In welcher Weise* Pflicht und eigenes Interesse versöhnt
werden, ist daher eine Funktion der sozialen Umgebung. Indem Hobbes dafür argumentiert, daß es unklug sei, offensiv gegen moralische
Regeln zu verstoßen, setzt er die Gefahr äußerer Sanktionen voraus,
die so streng sind, daß man sich besser nicht auf solche Verstöße einläßt. Sein Argument gilt deshalb weder für mögliche Situationen, in
denen eine Gesellschaft unmoralische Handlungen belohnt, noch gilt
es für solche tatsächlich vorkommende Situationen, in denen unmoralische Handlungen einfach ignoriert werden, wenn sie von Mitgliedern privilegierter Gruppen begangen werden.

---

[11] Eine Nutzanwendung dieser Idee findet sich in meinem „When Two ‚Wron-
gs' make a Right: An Essay on Business Ethics", in *Journal of Business
Ethics* (in Vorbereitung).

[12] Siehe Abschnitt III und IV.

Nehmen wir also an, daß wir die Klugheit mit traditionellen moralischen Anforderungen versöhnen wollen (ohne die Ausnahmebestimmungen); das heißt, du sollst nicht töten oder stehlen; unterstütze die Bedürftigen, wenn die Kosten gering sind, und so weiter. Hobbes scheint der Meinung zu sein, daß eine solche Versöhnung nur in einer bestimmten sozialen Umgebung möglich ist – einer, die wir als *strafend* bezeichnen können. In einer strafenden Umgebung werden diejenigen, die immer wieder gegen moralische Normen verstoßen, aufgespürt, ergriffen und so häufig hart bestraft, daß unmoralisches Verhalten, unter Klugheitsgesichtspunkten betrachtet, ein zu großes Risiko ist. Infolgedessen werden die moralischen Regeln allgemein befolgt, und es ist kaum nötig, defensiv gegen sie zu verstoßen. In einer strafenden sozialen Umgebung sind offensive Verstöße gegen moralische Regeln irrational und defensive unnötig. Wenn eine wirkliche soziale Umgebung strafend ist, dann scheint das Versöhnungsprojekt im Hinblick auf diese Umgebung erfolgreich gewesen zu sein. Und wenn eine solche Umgebung möglich, aber nicht wirklich ist, dann haben diejenigen, die zwar möchten, daß Menschen moralisch handeln, aber den nachteiligen Einfluß des Eigeninteresses fürchten, einen Grund, eine solche Umgebung zu schaffen.

Fassen wir nun kurz Hobbes' Ansatz zum Versöhnungsprojekt, der sich auf äußere Sanktionen gründet, zusammen. Im Rahmen dieses Ansatzes werden zunächst für zwei der vier Dimensionen dieses Projekts spezifische Interpretationen vorgeschlagen. Hinsichtlich der Objektdimension konzentriert er sich auf Regeln oder Verfahrensweisen statt auf einzelne Handlungen. (Wenngleich die Entgegnung auf den Toren auch zu einer Handlungsversion paßt.) Und er setzt eine strafende soziale Umgebung voraus; damit umgeht er die zweifelhafte Behauptung, Pflicht und eigenes Interesse würden in jedem sozialen Kontext zusammenfallen. Ferner bietet dieser Ansatz eine neue Interpretation moralischer Anforderungen – die Kupferne Regel oder die Gegenseitigkeitsinterpretation – und schließlich beruht er auf einer Theorie des „Auf-Nummer-Sicher-Gehens" für Entscheidungen aus praktischer Klugheit unter Unsicherheit. Alle genannten Aspekte der Hobbeschen Strategie steuern etwas zur Interpretation und Entwicklung des Versöhnungsprojekts bei. Jeder hat etwas für sich. Aber es gibt zwei entscheidende Einwände, die von der Hobbeschen Strategie nicht wirklich entkräftet werden können.

Der erste betrifft die strafende soziale Umgebung. Sie hat zwar ihre Vorteile, indem sie unmoralisches Verhalten verhindert, ist aber auch mit Kosten verbunden. Damit unmoralisches Verhalten einzig und allein aufgrund der Strafandrohung als zu riskant erscheint, müssen solche Strafen sehr hart ausfallen und/oder mit hoher Wahrscheinlichkeit erfolgen. In einer relativ großen Gesellschaft würde letzteres normalerweise eine starke Polizeigewalt erfordern mit hohen (von den Bürgern zu tragenden) finanziellen Kosten, Eingriffen in die persönliche Freiheit und die Privatsphäre (Durchsuchungen, Lauschangriffe, Überwachung) und der Gefahr polizeilicher Macht über und Einflußnahme auf die politischen und wirtschaftlichen Einrichtungen der Gesellschaft. Harte Strafmaßnahmen sind ebenfalls mit sozialen Kosten verbunden – mit finanziellen Kosten für den Unterhalt von Gefängnissen; geringeren Chancen, die Gesetzesbrecher mit der Gesellschaft zu versöhnen; der Gefahr schreiender Ungerechtigkeit, wenn manchmal Unschuldige bestraft würden, und so weiter. Kurzum, wir müssen irgendwie abwägen zwischen dem, was wir schätzen, und der Abschreckung zutiefst unmoralischen Verhaltens. Und vielleicht ist es einer Gesellschaft nicht immer möglich, allein durch die Anwendung äußerer Sanktionen sicherzustellen, daß „Verbrechen sich nicht auszahlen", ohne ein Zuviel an individueller Freiheit, Privatsphäre und Schutz vor einer überhand nehmenden Staats- und Polizeigewalt zu opfern.

Unser zweiter Einwand räumt zwar ein, daß sich unmoralisches Verhalten im allgemeinen nicht auszahlt, und gibt auch zu, daß unmoralisches Verhalten unter echter Unsicherheit aus dem Blickwinkel der Klugheit irrational ist. Jedoch können sich *hier und da* Gelegenheiten bieten, sich einen unlauteren Vorteil zu verschaffen, wenn man bereit ist, etwas zu riskieren; das heißt, daß man einigermaßen verläßlich weiß, wie hoch die Wahrscheinlichkeit ist, entdeckt und bestraft zu werden. Das vielleicht vernünftigste, was man in solchen Situationen tun kann, ist, den erwarteten persönlichen Nutzen zu maximieren, und das kann beinhalten, daß man offensiv gegen Regeln verstößt. Zum Beispiel kann ein Häuserbaron relativ genaues statistisches Datenmaterial besitzen, mit dem er verläßlich ausrechnen kann, wie groß die Chancen sind, erwischt und bestraft zu werden, wenn er einen professionellen Brandstifter anheuert, um eines seiner Gebäude anzuzünden, so daß er dann die Versicherungssumme kassieren kann. Wenn die Chancen, inhaftiert und verurteilt zu werden, gering sind und die Rückerstattung groß, dann kann das Verbrechen für ihn einen positiven Erwartungswert haben, so daß es für ihn unter Klugheitsgesichtspunkten rational ist, es zu begehen. Die Regeln eines Systems des rationalen Eigeninteresses sind dafür da, daß man als Handelnder aus solchen Situationen Nutzen ziehen kann.

Diese beiden Einwände machen deutlich, daß äußere Sanktionen allein, auch wenn sie uns der Versöhnung zwischen Pflicht und eigenem Interesse durch die Hobbesschen Strategie ein gutes Stück näherbringen, nicht ausreichen. Wir brauchen zumindest noch ein anderes Instrument als die strafende soziale Umgebung, das den Kalkulationen oder Dispositionen des Häuserbarons und anderer potentieller Verbrecher eine andere Richtung geben kann. Als naheliegende Kandidaten kommen hier innere Sanktionen in Frage: psychische Strukturen, die unmoralisches Verhalten bestrafen und tugendhaftes Benehmen belohnen. Im Unterschied zu äußeren Sanktionen tauchen hier die Probleme des Umgehens und Entdecktwerdens eher selten auf, da einem das Gewissen überallhin folgt[13], und anders als die Geheimpolizei sind sie auch keine Gefahr für die Privatsphäre und die Demokratie. Im nächsten Abschnitt will ich der Frage nachgehen, inwieweit die Hobbesschen Argumente für das Zusammenfallen von Moral und Klugheit sich in ihrer Reichweite und Überzeugungskraft verbessern lassen, wenn man innere Sanktionen berücksichtigt.

II. INNERE SANKTIONEN

Innere Sankionen gibt es in zwei Spielarten: als negative und als positive. Negative Sanktionen sind Schuldgefühle und verwandte Formen seelischer Pein, unter denen wir fast immer leiden, wenn wir glauben, ein Unrecht begangen zu haben. Daß wir die Neigung ausbilden, unter solchen Umständen solche Gefühle zu haben, ist Teil unseres Sozialisationsprozesses, den wir als Heranwachsende durchlaufen. Warum die Gesellschaft die Ausbildung dieser Neigung hegt und pflegt, ist kein Geheimnis; sie nützt den anderen insofern, als sie den einzelnen daran hindert oder ihn davon abhält, sich schlecht zu betragen. Und sobald man diese Neigung besitzt, wird jedes unmoralische Verhalten – ziemlich sicher[14] – mit Extrakosten belastet; Kosten, die das Klug-

---

[13] Um der Selbsttäuschung und verwandten Phänomenen Rechnung zu tragen, kann man diese Behauptung noch genauer fassen, ohne daß dadurch mein Argument hinfällig würde.

[14] Das ist wichtig, weil bei der Abschreckung nach Meinung von Experten die Gewißheit, mit der eine Sanktion erfolgt, im allgemeinen wichtiger ist als

heitsgleichgewicht unter Umständen zugunsten der Zurückhaltung ausschlagen lassen. Für unseren Häuserbaron zum Beispiel ist Brandstiftung unter Umständen nicht die rationalste Option, wenn er außer einer Gefängnisstrafe mit hoher Wahrscheinlichkeit auch noch schwere Schuldgefühle riskiert, weil er das Leben von Mietern gefährdet oder seine Versicherungsgesellschaft betrogen hat. Wenn innere Sanktionen auf diese Weise mit äußeren zusammenwirken, dann braucht auch die soziale Umgebung nicht übermäßig strafend zu sein, um zutiefst unmoralisches Verhalten in erträglichen Grenzen zu halten.

Für die positiven inneren Sanktionen, jene angenehmen Gefühle, die typischerweise mit moralischen Handlungen einhergehen, zusammen mit der Erkenntnis, richtig, gerecht oder wohltätig gehandelt zu haben, gibt es keine wirklich befriedigende Bezeichnung. Greifen wir daher zu dem vagen Ausdruck „die Gefühle moralischer Zufriedenheit".[15] Moralische Menschen haben schon seit langem die Stärke und den Wert dieser Art von Gefühlen bekundet und dabei häufig behauptet, daß sie die angenehmste Art von Zufriedenheit überhaupt seien. Diese letzte Behauptung geht allerdings über das hinaus, was für unsere Zwecke notwendig ist. Wir müssen lediglich behaupten, daß es besondere und bedeutsame, mit gewöhnlichen moralischen Handlungen und einer moralischen Lebenspraxis einhergehende Lust- oder Zufriedenheitsgefühle gibt, die dem (noch nicht bekehrten) Immoralisten und anderen seiner Art unzugänglich sind.[16] In diesem Fall näm-

---

ihre Schwere. Siehe zum Beispiel A. von Hirsch, *Doing Justice: The Choice of Punishments*, New York: Hill and Wang 1976, S. 61-63.

[15] Es mag andere Arten der Zufriedenheit geben, die mit der psychologischen Struktur des Immoralisten unverträglich sind. Richmond Campbell vertritt zum Beispiel die Ansicht, daß unmoralischer Egoismus mit Selbstachtung und echter Eigenliebe unverträglich sei. In diesem Fall kann diese Art der Zufriedenheit (oder die Chance, in einen solchen Zustand zu gelangen) zu den „Gefühlen moralischer Zufriedenheit" gerechnet werden, und ihren Verlust darf man zu den Opportunitätskosten eines unmoralischen Lebens zählen. Siehe R. Campbell, *Self-Love and Self-Respect: A Philosophical Study of Egoism*, Ottawa: Canadian Library of Philosophy 1979.

[16] Gibt es im unmoralischen Leben besondere, Ersatz bietende Arten der Zufriedenheit, die ihrerseits dem moralischen Individuum unzugänglich sind? Sieht man von offensichtlich psychopathologischen Fällen ab, könnten wir hier zum Beispiel die Lust, stark und unabhängig oder auch die, gerissener zu sein als andere, betrachten. Es scheint jedoch, als wären diese Lustgefühle auch im Kontext verschiedener moralischer Lebensweisen zugänglich, da moralisch zu sein, nicht ausschließt, stark und unabhängig oder gerissener zu sein als andere, und so weiter.

lich muß man den Verzicht auf solche potentiellen Zufriedenheitsgefühle als bedeutsame Opportunitätskosten bei der Wahl eines unmoralischen Lebens anrechnen.

Kann man beides haben: die psychischen Vorteile der Moral genießen und zugleich ein unmoralisches Leben führen? Vielleicht, wenn man z. B. unmoralisch lebt, zugleich aber fest vom Gegenteil überzeugt ist. Bestimmte Fanatiker könnten in diese Kategorie fallen, solche etwa, die sich selbstlos falschen moralischen Idealen hingeben und beispielsweise durch eugenische Maßnahmen die menschliche Rasse reinigen oder die Gott gefallen wollen, indem sie Ungläubige vernichten. In unserem Kontext verdient jedoch derjenige mehr Interesse, der sich die Moral als eine vorläufige Haltung oder Lebensweise zu eigen macht in der Absicht, sie preiszugeben, sobald sich die Chance bietet, durch unmoralisches Verhalten einen großen Gewinn zu machen. Diese Person, so würden wir sagen, ist nicht wirklich moralisch, und es fällt schwer zu glauben, daß sie sich selbst so sieht, solange sie nur aus Klugheitserwägungen heraus handelt und ihre Bindung an die Moral nur bedingt ist. Jedenfalls würden wir nicht erwarten, daß sie in derselben Weise und demselben Grade moralische Zufriedenheit empfindet, wie jemand, der wirklich moralisch ist und sich der (relativen) Reinheit seiner Motive sowie der Natur und Tiefe seiner Bindung bewußt ist.

Man beachte, daß wir, falls das richtig ist, auf ein Paradox des Eigeninteresses gestoßen sind: *Reines* Eigeninteresse ist nicht immer der beste Weg zur Förderung der eigenen Interessen. Denn bestimmte persönliche Vorteile substantieller Art werden möglicherweise nur denjenigen zuteil, die, wie etwa moralische Menschen, nicht aus reinem Eigeninteresse handeln. Somit kann es für Sie als ganz und gar eigennütziger Person rational sein, keine solche Person mehr sein zu wollen, falls Sie es können, und sich in eine wirklich moralische Person zu verwandeln.[17] Und sobald Sie eine solche Person sind, werden Sie nicht mehr dazu neigen, immer dann, wenn der erwartete persönliche Nutzen sich offenbar maximieren läßt, das Risiko unmoralischer Handlungen einzugehen.

---

[17] Moralisten sollten sich aufgrund dieses Arguments nicht allzu erleichtert fühlen. Denn in etwa analoge Argumente lassen darauf schließen, daß Umstände denkbar sind, die eine Preisgabe der Moral verlangen können. Siehe mein „Some Paradoxes of Deterrence", in *The Journal of Philosophy* 75, 1978, S. 285-302.

Die Lehren, die sich aus diesem Paradox ziehen lassen, und die Opportunitätskosten, die mit dem Unmoralischsein verbunden sind, haben jedoch (gerade) für diejenigen keine Bedeutung, die schon nicht mehr imstande sind, Zufriedenheit darüber empfinden zu lernen, daß man ein moralisches Leben führt. Einige mögen vielleicht sogar noch imstande sein, eine Wertschätzung für diese Art von Zufriedenheit zu entwickeln, doch können die Kosten für den Übergang aus ihrer gegenwärtigen unmoralischen Verfassung in diesen Zustand die damit verbundenen Vorteile überwiegen. Für solche Menschen, insbesondere für diejenigen unter ihnen, die gegen Schuldgefühle immun sind, muß das Klugheitsargument für ein moralisches Dasein wesentlich auf äußeren Sanktionen beruhen. Und gegen hartnäckige, aber vorsichtige Immoralisten etwa oder schlaue Psychopathen kann das Argument möglicherweise gar nichts ausrichten.

Wir müssen somit anerkennen, daß das Versöhnungsprojekt bezüglich der Dimension des Handlungssubjekts einer Beschränkung unterliegt. Daß es sich, ungeachtet psychologischer Eigenheiten, auszahlt, moralisch zu sein, hieße, schon zu viel zu behaupten. Daß es unter Klugheitsgesichtspunkten rational sein kann, ein moralisches Leben zu führen, zeigt das vom Begriff der inneren Sanktion ausgehende Argument vielmehr nur für zwei Personengruppen, die immerhin die überwältigende Mehrheit der Menschen ausmachen: erstens für diejenigen, die schon ein Gewissen haben und moralisch motiviert sind, so daß sie die Zufriedenheit über ein moralisches Leben empfinden können, und zu Schuldgefühlen neigen, wenn sie etwas Unrechtes tun; und zweitens für solche, die imstande sind, sich ohne übermäßige Kosten zu moralischen Personen zu entwickeln – Immoralisten, die sich dieser Lebensweise nicht ganz verschrieben haben, und Kinder.

Sollten wir bestürzt sein, weil das Versöhnungsprojekt, was die Dimension des Handlungssubjekts betrifft, möglicherweise jene nicht mit einbezieht, die außerstande sind, Gefühle moralischer Zufriedenheit zu empfinden? Das hängt davon ab, welche Ziele wir mit diesem Projekt verfolgen und wer der Adressat unserer Argumente ist. Sofern es unser Ziel ist, dem gewöhnlichen ehrbaren Menschen zu versichern, daß ihm kein Schaden entsteht, wenn er moralisch ist, oder Eltern, die für ihre Kinder nur das Beste wollen, darin zu ermutigen, ihnen eine moralische Erziehung zu geben, brauchen wir uns keine Sorgen zu machen. Und auch im Sinne der theoretischen Aufklärung ist mehr erreicht, wenn wir die Variationsbreite innerhalb der Dimension des Handlungssubjekts anerkennen, statt sie zu leugnen. In Schwierigkeiten würden wir nur dann geraten, wenn wir das unerreichbare Ziel verfolgten, eingefleischte Immoralisten mit Hilfe von rationalen Argumenten davon zu überzeugen, moralisch zu sein. Gebe ich also zu, daß wir dem Immoralisten gegenüber hilflos sind? Nein, wir sind nicht im praktischen Sinn hilflos, da wir uns äußeren Sanktionen bedienen können, um dem Immoralisten Einhalt zu gebieten. Auch sollten wir die Häme, mit der uns der Immoralist sagt, daß es sich für ihn nicht auszahle, moralisch zu sein (weil die Gefühle moralischer Zufriedenheit für ihn nicht existieren), nicht als Sieg über uns ansehen. Sie gliche mehr der Großtuerei eines Tauben, der sich rühmt, Geld zu sparen, weil es sich für ihn nicht auszahle, Opernschallplatten zu kaufen.

III. DAS GRÖSSTMÖGLICHE OPFER

Wir haben gesehen, wie wir durch die Anerkennung innerer Sanktionen mit zwei Einwänden fertig werden können, die den Hobbesschen Ansatz, das Versöhnungsprojekt von äußeren Sanktionen her anzugehen, untergraben. Doch selbst wenn man innere Sanktionen mit in Rechnung stellt, bleiben noch zwei schwere Einwände bestehen. Der erste ist der, daß die Moral machmal von einem fordere, sein Leben zu opfern, und das könne nicht im eigenen Interesse liegen. Der zweite ist der, daß die Moral von mächtigen Gruppen fordere, mit schwachen Gruppen fair und anständig umzugehen, wo es doch dem Interesse der Mitglieder dieser mächtigen Gruppen eher dient, wenn sie dies nicht tun.

Der den eigenen Tod betreffende Einwand lautet wie folgt: Unter bestimmten Umständen fordert die Moral von uns, daß wir unser Leben hergeben, um andere zu schützen. Aufgrund der eingegangenen Verpflichtungen zum Fair play, zur Dankbarkeit und vielleicht auch aufgrund allgemeiner Übereinkunft, sind wir gehalten, in einem gerechten Verteidigungskrieg für die eigene Nation zu kämpfen. Indem sie diesen Verpflichtungen nachkommen, verlieren viele Menschen ihr Leben. Auch im zivilen Leben können extreme Situationen eintreten, in denen die Moral von einem fordert, den eigenen Tod hinzunehmen. Wenn Gangster glaubhaft damit drohen, mich zu töten, wenn ich nicht einen unschuldigen Dritten töte, dann darf ich das trotzdem nicht tun. Wenn ich bei einer fairen und unumgänglichen

Auslosung um einen Platz im Rettungsboot verliere, dann bin ich moralisch verpflichtet, mich an das Ergebnis zu halten. Wenn der erforderliche Lebensmittelvorrat einer Expedition durch meine Leichtfertigkeit zur Hälfte verlorengeht, dann muß ich mich als erster bereit finden, ohne Nahrung den langen Rückweg anzutreten, so daß andere überleben können. Und so weiter. In jedem dieser Fälle scheint jedoch das Eigeninteresse den entgegengesetzten Kurs anzuraten. Wo Leben ist, da ist auch Hoffnung, und selbst wenn die Wahrscheinlichkeit groß ist, daß ich für den Fall, daß ich mein Leben rette, mit schweren inneren und äußeren Sanktionen zu rechnen hätte (wie etwa Inhaftierung, Depressionen und Schuldgefühlen beim Deserteur), müssen diese Kosten doch geringer sein als der frühzeitige Verlust meines Lebens, denn dieser Verlust würde mich aller zukünftigen Freuden berauben und alle meine weitreichenden Pläne und Wünsche durchkreuzen.

Diesem Einwand wollen wir als erstes entgegenhalten, daß es Schicksale gibt, die schlimmer sind als der Tod. In dem Bewußtsein leben zu müssen, daß man sein eigenes Leben auf Kosten des Lebens anderer, unter Aufopferung eigener Grundsätze oder unter Preisgabe einer geliebten Sache gerettet hat, kann für manche ein solches Schicksal sein. Außerdem gibt es innerhalb der Gesellschaft ein Bewußtsein dafür, daß die Menschen auf ihr Weiterleben größten Wert legen, und sie reagiert darauf typischerweise mit dem Einsatz schwerer äußerer Sanktionen, um das zu ihrer Verteidigung geeignete lebensriskierende Verhalten zu fördern. Deshalb kann es sein, daß Infanterieoffiziere hinter den eigen Linien stehen, um diejenigen, die zurück wollen, zu erschießen, so daß es sicherer ist, vorzurücken als den Rückzug anzutreten.[18] (Auch wenn vorzurücken einem Selbstmord gleichkommt, ist der ehrenhafte Tod von der Hand des Feindes vielleicht immer noch das geringere Übel gegenüber dem unehrenhaften Tod von der Hand eigener Offiziere.) Auf der positiven Seite ist zu vermerken, daß diejenigen, die im Kampf ihr Leben riskieren oder verlieren, von ihren Mitbürgern oftmals reichlich belohnt werden – mit Auszeichnungen, Ehrungen, Belobigungen und materiellen Vergütungen für sie selbst oder ihre Familien.

Das heißt also letzten Endes, daß es in einer ganzen Reihe von Fällen mit den Anforderungen der Klugheit vereinbar ist, wenn man für

---

[18] Siehe Geoffrey Brennan und Gordon Tullock, „An Economic Theory of Military Tactics: Methodological Egoism at War", Public Choice Center, Virginia Polytechnic Institute and State University 1981.

moralische Zwecke sein Leben opfert, weil es nämlich das geringere von zwei sehr großen persönlichen Übeln darstellt. Es wäre jedoch unredlich, glauben zu machen, daß dies in den meisten, geschweige denn allen Fällen so sei. Weder können die Offiziere alle Deserteure oder alle, die sich in Sicherheit bringen wollen, erschießen, noch ist es wahrscheinlich, daß die Gerichte diejenigen, die bei Auslosungen um einen Platz im Rettungsboot mogeln, zum Tode verurteilen.[19] Und relativ wenige haben sich der Moral so sehr verschrieben, daß sie sich nicht letztlich von den negativen psychischen Auswirkungen des Festhaltens am eigenen Leben nicht wenigstens teilweise erholen können. Wir müssen also zugestehen, daß im Falle einer unzweideutigen Entscheidung zwischen einer unmoralischen Handlung und dem sicheren Tod das Eigeninteresse und die Moral häufig, oder für gewöhnlich, divergierende Handlungsweisen nahelegen.

Wird durch dieses Zugeständnis das Versöhnungsprojekt zu Fall gebracht? Nur dann, wenn wir eine Version des Projekts im Auge haben, die sich innerhalb der Objektdimension auf Handlungen konzentriert. Wenn wir uns stattdessen erneut fragen, ob es mit der Klugheit zu vereinbaren ist, sich für die moralische *Lebensweise* zu entscheiden, dann kann die Antwort durchaus anders ausfallen. Indem wir uns für eine moralische Lebensweise entscheiden oder einen solchen Weg einschlagen, laufen wir in der Tat *Gefahr*, so unklug zu sein und unser Leben zu opfern. Denn die Moral kann manchmal von uns fordern, daß wir unser Leben hergeben (oder riskieren). Und wenn wir schließlich die einem moralischen Leben gemäßen Gewohnheiten und Dispositionen ausgebildet haben, dann werden wir mit einiger Wahrscheinlichkeit (oder zumindest mit größerer Wahrscheinlichkeit als sonst) unter den entsprechenden Umständen jenen Anforderungen auf Kosten des eigenen Lebens genügen. Man beachte jedoch, daß wir, wenn es darum geht, dieses Risiko gegen die Vorteile des moralischen Lebens abzuwägen, in Betracht ziehen müssen, wie groß die Wahrscheinlichkeit ist, mit der wir uns in solchen Umständen wiederfinden.

Dies wird nun wiederum davon abhängen, was unserer Auffassung nach die wesentlichen Regeln der Moral von uns fordern. Wenn sie fordern, daß man überall, zu jeder Zeit, mit allen zur Verfügung ste-

---

[19] Siehe den Bericht über den einschlägigen Rechtsfall United States vs. Holmes von 1842, in Philip E. Davis, *Moral Duty and Legal Responsibility,* New York: Appleton-Century-Crofts 1966, S. 102-118.

henden Mitteln und ungeachtet persönlicher Kosten jedes Unrecht ausgleicht und jede Ungerechtigkeit bekämpft, dann ist die Wahrscheinlichkeit, irgendwann einmal moralisch verpflichtet zu sein, das eigene Leben hinzugeben (oder ernstlich zu riskieren), offensichtlich groß. Man kann aber sicher sein, nach allem, was vernünftig ist, daß sie viel weniger von uns fordern. Man ist vielleicht verpflichtet, sein Leben herzugeben, (1) um das eigene Land in einem gerechten Krieg zu schützen; (2) um diejenigen zu schützen, für die man besondere Schutzpflichten hat (die eigenen Kinder oder die Passagiere als Kapitän eines Schiffes); (3) um diejenigen zu schützen, denen man ungeheuer viel verdankt (die eigenen Eltern); (4) um zu vermeiden, daß man die Rechte unschuldiger Dritter verletzt (wie in der bedrohlichen Situation mit den Gangstern); (5) um von anderen Gefahren abzuwenden, die durch eigenes Fehlverhalten, eigene Leichtfertigkeit oder Nachlässigkeit heraufbeschworen wurden; (6) um wichtige Vereinbarungen, die man getroffen hat, einzuhalten (wenn man etwa eine Stelle als Leibwächter angenommen hat); oder (7) um das Leben vieler unschuldiger Menschen zu retten, wenn man der einzige ist, der dazu in der Lage ist. Und vielleicht gibt es noch andere besondere Opferpflichten, die ich hier ausgelassen habe. Im großen und ganzen aber sind diese Pflichten auf besondere und ziemlich unwahrscheinliche Umstände beschränkt. (Der Militärdienst ist wahrscheinlich die einzige, den Einsatz des eigenen Lebens fordernde Tätigkeit, mit der sich ein ziemlich großer Bevölkerungsanteil überhaupt konfrontiert sieht. Ein solcher Dienst ist vermutlich nur dann moralisch verpflichtend, wenn der Krieg gerecht ist, was häufig nicht der Fall ist. Außerdem ist der Prozentsatz derjenigen, die während ihrer Militärdienstzeit getötet werden, in den meisten Kriegen ziemlich niedrig.)

Sofern also das Risiko gering ist, überhaupt in eine Situation zu geraten, in der man moralisch verpflichtet ist, sein Leben dranzugeben, kann es sich sehr wohl auszahlen, sich für ein moralisches Leben zu entscheiden, selbst wenn sich dadurch die Wahrscheinlichkeit erhöhen sollte, daß man in einer solchen Situation sein Leben opfert. Denn die relativ sicheren äußeren und inneren Vorteile des moralischen Lebens sollten weit mehr wiegen als der sehr unwahrscheinliche Verlust des eigenen Lebens. Außerdem sollte man erwähnen, daß diejenigen, die einen unmoralischen Lebensstil pflegen – etwa ein verbrecherisches, ausschweifendes oder betrügerisches Leben – häufig eher eines frühzeitigen Todes sterben als im Fall des moralischen Lebens. Insoweit also die Entscheidung für eine moralische Lebensweise gewährleistet, daß man sich nicht vor eine dieser beiden Alternativen gestellt sieht, kann sie, alles in allem genommen, sogar die eigene Lebenserwartung erhöhen.[20]

Diesem Argument zufolge ist also das effektive Lebensrisiko sehr gering, wenn man sich für eine moralische Lebensweise entscheidet. Da diese Entscheidung mit hoher Wahrscheinlichkeit deutliche Vorteile mit sich bringt, ist sie unter Klugheitsgesichtspunkten vernünftig.[21] Um dieses Argument zu verstehen, sollte man vielleicht die Entscheidung für eine moralische Lebensweise mit zwei anderen Unternehmungen vergleichen, die allgemein nicht als unklug gelten: sich zum Militär zu melden, und eine langfristige Liebesbeziehung einzugehen, indem man beispielsweise heiratet oder Kinder bekommt. In der für unser Argument entscheidenden Hinsicht gleichen sie der Entscheidung zum Moralischwerden. Mit einiger Wahrscheinlichkeit beinhalten oder führen sie zu Veränderungen in der Motivationsstruktur, so daß man eher bereit ist, unter bestimmten Umständen sein Leben zu riskieren oder zu opfern, etwa wenn die Liebsten oder die Kameraden in Gefahr sind. (Der Militärdienst bringt zudem das nicht zu vernachlässigende Risiko mit sich, gerade in solche Umstände hin-

---

[20] Für den Fall, daß es sich nicht so verhält, müssen die Abnahme der Lebenserwartung und die anderen Kosten des moralischen Lebens (wie etwa verpaßte Betrugsgelegenheiten) zusammengezählt und mit den Vorteilen des moralischen Lebens verglichen werden. Es erscheint unwahrscheinlich, daß die mutmaßliche Abnahme der Lebenserwartung so groß ist, daß das Klugheitsgleichgewicht sich zu Ungunsten der moralischen Lebensweise verschiebt.

[21] Dies folgt aus dem Erwartungswertprinzip, sofern wir annehmen, die Entscheidung werde unter Risiko getroffen. Wird sie unserer Ansicht nach unter Unsicherheit gefällt, können wir zu demselben Ergebnis kommen, wenn wir das Unglücksvermeidungsprinzip anwenden. Denn die Wahrscheinlichkeit, daß es zu unerwünschten Ergebnissen kommt, wie etwa einer Inhaftierung oder Ächtung, ist im Falle einer Ablehnung des moralischen Lebens größer, als wenn man sich dafür entscheidet.

Soll man nun, wenn man klug ist, sich für eine besonders ungefährliche moralische Lebensweise entscheiden, nämlich für den Pazifismus? Nein, denn wenn man nicht an den Pazifismus glaubt, kommt er als moralische Lebensweise vielleicht nicht in Frage. Außerdem können seine äußeren Kosten hoch sein (wenn man etwa wegen Kriegsdienstverweigerung eingesperrt wird), und man könnte sich zu Handlungen verpflichtet fühlen, die so gefährlich sind wie ein bewaffneter Konflikt (wenn man sich beispielsweise zwischen Angreifer und Opfer stellt, oder wenn man als Arzt an der Front Dienst tut).

einzugeraten.) Doch sieht man diese Merkmale für gewöhnlich nicht als Grund an, solche Unternehmungen unter Klugheitsgesichtspunkten auszuscheiden. Warum sollte also aufgrund desselben Merkmals das Moralischwerden als eine allgemein unkluge Verhaltensweise angesehen werden? Wie in der langfristig angelegten Liebesbeziehung verspricht diese Aktivität große äußere und innere Belohnungen, während das Risiko, sein Leben zu riskieren, eher sehr gering ist. In der Tugend auf sein Glück zu setzen, ist wohl nicht törichter als in der Liebe.

IV. UNMORALISCHES GRUPPENVERHALTEN

Menschen sind, wie schon oft gesagt wurde, soziale Lebewesen. Wir brauchen einander aus vielerlei praktischen und emotionalen Gründen – um uns bei der Befriedigung unserer materiellen Bedürfnisse zu helfen, um uns körperlich zu schützen, um Gesellschaft zu haben, für die Liebe und so weiter. Alle Argumente, die oben zugunsten des Zusammenfallens von Pflicht und eigenem Interesse angeführt wurden, beruhen auf dieser Tatsache. Um sich entfalten zu können, braucht der einzelne statt eines Gegeneinander das gesellschaftliche Miteinander, und im Verlaufe seiner Sozialisation verinnerlicht er Gewissensnormen, so daß seine eigenen Interessen mit denen der sozialen Gruppe in zunehmendem Maße verschmelzen. Allerdings benötigt man nicht die Unterstützung oder Kooperation *aller* anderen, sondern nur von einer hinreichend großen Zahl derer, mit denen man aller Wahrscheinlichkeit nach in Berührung kommt. Aus dieser Tatsache erwächst der stichhaltigste Einwand gegen das Versöhnungsprojekt: daß es nämlich nicht im Interesse mächtiger Gruppen und ihrer Mitglieder liegt, die Mitglieder schwacher Gruppen, die offenbar nicht in der Lage sind, Gutes mit Gutem und Böses mit Bösem zu vergelten, anständig zu behandeln und ihnen zu helfen, so wie es die Moral verlangt.[22]

Es ist klar, daß wir bei der Betrachtung von Gruppenbeziehungen unser früheres Instrumentarium zur Versöhnung von Interessen und Verpflichtungen nicht in derselben Weise anwenden können. Äußere

---

[22] Siehe Bernard Boxill, „How Injustice Pays", *Philosophy and Public Affairs* 9, 1980, S. 359-371.

Sanktionen sind nur deshalb in dem Maße wirksam, wie sie es sind, weil es im allgemeinen Interesse der Gesellschaft und ihrer Mitglieder liegt, den einzelnen daran zu hindern, anderen Schaden zuzufügen. Wenn der Riß aber zwischen gesellschaftlichen Gruppen verläuft, dann gibt es möglicherweise keine wirksamen Sanktionen gegen Mitglieder einer herrschenden Gruppe, die Mitglieder einer machtlosen Gruppe schädigen. Denn möglicherweise entschuldigt die herrschende Gruppe ein solches Verhalten oder billigt es gar, während die machtlose Gruppe zu schwach ist, um die Übeltäter zu bestrafen. Und falls die Normen der herrschenden Gruppe eine schlechte Behandlung der machtlosen Gruppe zulassen oder sogar unterstützen – wie es in der Geschichte immer wieder vorgekommen ist – könnten sich hierzu selbst die anständigeren Mitglieder der herrschenden Gruppe hinreißen lassen, ohne unter ernstlichen Schuldgefühlen zu leiden.

Dieser Einwand zeigt, daß sich für das Versöhnungsprojekt keine befriedigende Lösung finden läßt, wenn man es strikt an der sozialgraduellen Dimension entlang interpretiert. Das heißt, wir müssen die Hoffnung aufgeben, zeigen zu können, daß es unter allen historisch wirklichen (oder gar denkbaren) sozialen Umständen im Interesse aller Gruppen und ihrer Mitglieder gelegen hat (oder läge), sich gegenüber den Mitgliedern anderer Gruppen moralisch zu verhalten.[23] Stattdessen müssen wir mutmaßliche Abweichungen zwischen Gruppenpflicht und Gruppeninteresse von Fall zu Fall und *ad hoc* betrachten, wobei wir, wenn wir vernünftig sind, allenfalls einleuchtende Argumente dafür entwickeln können, daß Verpflichtung und eigenes Interesse unter den *tatsächlich* vorliegenden Umständen zusammenfallen. Sie werden zwar nicht den Moralisten von seiner Angst befreien, der eine nicht-kontingente Gewähr dafür haben möchte, daß eigenes Interesse und Pflicht niemals voneinander abweichen. Doch könnten sie ausreichen, um den aufmerksamen moralischen einzelnen oder den Gruppenführer davon zu überzeugen, daß er oder sie nicht töricht ist, wenn er oder sie moralisch handelt oder die Gruppe in eine moralische Richtung lenkt.

Bevor wir den vorliegenden Einwand an den drei wichtigsten Fällen genauer erörtern, sollte noch erwähnt werden, daß die Beantwor-

---

[23] In bestimmten Fällen könnte es durchaus im Interesse einer unterdrückten Gruppe liegen, sich unmoralisch zu verhalten – wenn etwa der Terrorismus der einzige Ausweg ist, um die Unterdrückung zu beenden. Da diese Fälle besondere Probleme im Hinblick auf die Moral revolutionärer Gewalt aufwerfen, werden sie hier nicht erörtert.

tung der Frage, ob wir auf eine Versöhnung von Gruppeninteressen und Pflichten hoffen dürfen, davon abhängt, was unserer Ansicht nach die Pflicht verlangt. Wir haben im Falle des einzelnen gesehen, daß eine einseitig-idealistische Interpretation moralischer Anforderungen das Versöhnungsprojekt möglicherweise undurchführbar macht. Wenn wir nun in ähnlicher Weise die Moral so interpretieren, daß sie von reichen und mächtigen Gruppen fordert, den Armen und Schwachen so viel abzugeben, daß absolute Gleichheit entsteht, dann besteht wenig Aussicht, daß wir unsere Pflichten mit unseren Interessen versöhnen können. Daß die Moral ebendies verlangt, liegt aber keineswegs auf der Hand. Allerdings fordert sie ganz eindeutig, daß die Reichen und Mächtigen es unterlassen, den Armen und Schwachen aktiv Schaden zuzufügen, und daß sie letztere unterstützen, wenn die Kosten für sie gering und die Vorteile für die Empfänger groß sind. Wir werden sehen, daß es mit dieser bescheidenen Interpretation der Verpflichtungen von Mächtigen möglicherweise gelingt, ihre Verpflichtungen mit ihren Interessen zu versöhnen.

Wenden wir uns nun den Beispielen zu. Das erste betrifft die Gerechtigkeit in einer Gesellschaft: Warum sollten die reichen und mächtigen Gruppen eines Volkes den Armen Bildung, Erziehung, Beschäftigung und wirtschaftliches Fortkommen ermöglichen sowie soziale Wohlfahrtsprogramme erstellen, die den Armen zugute kommen, so wie es die Moral fordert? Warum sollten sie die Armen nicht einfach unterdrücken und ausbeuten? Es gibt mehrere Gründe, warum es in neuerer Zeit sehr wahrscheinlich im langfristigen Interesse der Reichen und Mächtigen liegt, die Armen im eigenen Land gut zu behandeln. Erstens kann es sein, daß irgendwann in der Zukunft einige Reiche und, wahrscheinlicher noch, einige ihrer Kinder verarmen und somit von den Hilfsprogrammen für die Armen profitieren. Zweitens vergrößert sich dadurch, daß Mitgliedern aller Gruppen Möglichkeiten eröffnet werden, das Potential an verfügbaren Talenten für gesellschaftlich nützliche Jobs, was wohl auf lange Sicht Mitgliedern aller Gruppen wirtschaftliche Vorteile bietet.[24] Der dritte und wichtigste Grund hat Gesellschaftstheoretiker von Hobbes bis Rawls beeindruckt: Eine anständige Behandlung aller fördert die soziale Stabilität sowie den sozialen Zusammenhalt und verhindert Revolutio-

---

[24] Dieses Argument ist das liberale Gegenstück zur konservativen Theorie des „Sickereffekts", derzufolge unmittelbare Vorteile für die Reichen mittelbar den Armen zugute kommen.

nen.[25] Dieser Punkt ist in unserer Zeit besonders wichtig, wo doch die Ideale von menschlicher Würde, Gleichheit und Gerechtigkeit nahezu überall bekannt sind und vertreten werden und Revolutionen häufig als legitime Mittel angesehen werden, um diese Ideale zu verwirklichen.

Zusammen genommen lassen diese Gründe es durchaus als klug erscheinen, wenn die herrschenden Gruppen eines Volkes die Armen im eigenen Land anständig behandeln. Tatsächlich geht bei Anwendung des Unglücksvermeidungsräsonnements schon aus dem dritten Grund allein hervor, daß es unter Klugheitsgesichtspunken rational ist, die Armen gut zu behandeln. Denn wenn die Armen den Status quo unannehmbar finden und entsprechend räsonnieren, dann werden sie revoltieren. Dementsprechend schreibt Hobbes: „Bedürftige und verwegene Menschen, die mit ihrer gegenwärtigen Lage nicht zufrieden sind, ... [sind] geneigt, ... Unruhe und Aufruhr zu stiften; denn es gibt ... keine Hoffnung, ein schlechtstehendes Spiel zu beenden, als ein neues Mischen der Karten zu verursachen." (1651, 1996, S. 82). Die Reichen, die sich dieser Tatsache bewußt sind, werden zu verhindern suchen (sofern sie einer Unglücksvermeidungsstrategie folgen), daß die Armen in solche unannehmbaren Lebensumstände geraten. Sie maximieren nämlich dadurch ihre Chancen, ein für sie annehmbares Ergebnis zu erzielen: einen dem Status quo ähnlichen Zustand zu erhalten.

Wie steht es nun mit einem reichen und mächtigen Volk, das arme und schwache Völker unterstützt? Liegt das im langfristigen Interesse beider Seiten? In einer Welt fortgeschrittener Technologien, internationaler Märkte, ideologischer Konflikte zwischen mächtigen Völkern, in einer Welt der Nuklearwaffen zudem, ist das sehr wahrscheinlich. Im Wettbewerb mit anderen mächtigen Völkern sind Verbündete – selbst arme Völker – aus politischen, wirtschaftlichen und militärischen Gründen nützlich. Und die wirtschaftliche Entwicklung armer Völker sollte auf lange Sicht auch wirtschaftliche Vorteile für die reicheren Völker bringen, indem etwa Märkte geschaffen

---

25 Vgl. John Rawls, *Eine Theorie der Gerechtigkeit*, Frankfurt: Suhrkamp 1979, Abschnitt 29; Hobbes (1651, 1996), S. 82 (siehe das Zitat im Text) sowie S. 128. Diese traditionelle Auffassung wird mit Einschränkungen (zum Beispiel kann ein *allzu rascher* Fortschritt für arme Gruppen Instabilität erzeugen) durch psychologische und statistische Befunde gestützt. Siehe T. R. Gurr, *Why Men Rebel*, Princeton, NJ: Princeton University Press 1970.

werden und die Versorgung mit Rohstoffen und Fertigprodukten verschiedenster Art sichergestellt wird.[26] Ganz besonders wichtig ist, daß eine anhaltende Armut in der Dritten Welt voraussichtlich zu anhaltenden politischen Unruhen, Bürgerkriegen und regionalen Kriegen zwischen Völkern führen wird. In einer bis an die Zähne mit Nuklearwaffen bewaffneten Welt, in der immer mehr Völker sich solche Waffen beschaffen, ist die Gefahr, daß langfristig die reichen entwickelten Länder durch ein hoffnungslos armes Volk oder eine verzweifelte Gruppe dieses Volkes in einen verheerenden militärischen Konflikt hineingezogen werden, keineswegs geringzuschätzen.

Die angeführten Argumente bezüglich der Gerechtigkeit im eigenen Land sowie der zwischen den Völkern legen die Vermutung nahe, daß aufgrund der wechselseitigen Abhängigkeit, die zwischen mächtigen und schwachen Gruppen in Wirtschafts- und Sicherheitsfragen besteht, letztlich doch eine Form der Gegenseitigkeit zwischen diesen beiden Gruppen existiert. Zwar können die Armen nicht Gleiches mit Gleichem vergelten, wenn sie die Unterstützung der Reichen erfahren, doch können sie ihre Talente, ihre Kaufkraft und so weiter anbieten. Falls sie nicht gut behandelt werden, können sie die Reichen und Mächtigen zwar nicht direkt bestrafen, doch können sie ihnen allerhand Scherereien machen, sofern sie selbst solche Scherereien in Kauf zu nehmen bereit sind. Somit können und werden sie wahrscheinlich den Reichen auf lange Sicht Gutes mit Gutem und Böses mit Bösem vergelten, und für die Reichen dürfte es rational sein, sich entsprechend zu verhalten.

Doch nicht einmal diese Form der Gegenseitigkeit können wir geltend machen beim dritten Beispiel, das am meisten Kopfzerbrechen bereitet – dem Umgang mit künftigen Generationen.[27] Künftige Generationen (über die nächsten drei, vier Generationen hinaus) sind außerstande, uns zu beeinflussen, da sie erst dann existieren, wenn wir bereits tot sind. Wir aber haben beträchtliche Möglichkeiten, die Qualität ihres Lebens zu bestimmen, indem wir auf ihre Anzahl und auf

---

[26] Diese Behauptung sollte durch die Feststellung eingeschränkt werden, daß eine weltweite Entwicklung ohne Umweltschutzvorkehrungen verhängnisvoll sein könnte. Siehe Donelle Meadows et al. *The Limits to Growth*, New York: Universe Books 1972; deutsche Übersetzung, *Die Grenzen des Wachstums*, Stuttgart: DVA 1972

[27] Darauf weist Brian Barry hin: „Circumstances of Justice and Future Generations", in *Obligations to Future Generations*, hg. von R. Sikora und B. Barry, Philadelphia: Temple University Press 1978.

die Beschaffenheit der sozialen und natürlichen Umwelt, in die sie hineingeboren werden, Einfluß nehmen. Wie kann es nun angesichts dieser absoluten Asymmetrie hinsichtlich der Fähigkeit, aufeinander einzuwirken, in unserem Interesse liegen, daß wir uns gegenüber künftigen Generationen moralisch verhalten? Das mindeste, was die Moral von uns fordert, ist, daß wir unseren Nachkommen genügend Ressourcen hinterlassen, um zukünftigen Menschen ein anständiges Leben zu ermöglichen. Dies würde aber zur Folge haben, daß wir uns mit einem niedrigeren materiellen Lebensstandard begnügen als wir haben könnten, würden wir nach eigenem Gutdünken die Ressourcen ausschöpfen und die Umwelt verschmutzen. Wenn künftige Generationen uns nicht dafür bestrafen können, daß wir die Erde auf diese Weise rücksichtslos ausbeuten, fordert dann die praktische Klugheit nicht von uns, daß wir es tun?

Der Vertreter des Versöhnungsprojekts kann selbst diesen Einwand noch bis zu einem gewissen Grad entkräften. Er könnte als erstes darauf hinweisen, daß der Mißbrauch von Ressourcen und die Schädigung der Umwelt sich häufig noch zu unseren eigenen Lebzeiten höchst negativ auswirken. Es liegt also größtenteils in unserem eigenen Interesse, eine Politik der Erhaltung zu betreiben, die auch noch künftigen Generationen zugute kommt. Doch weiter als bis zu diesem Punkt kommen wir mit dieser Antwort nicht. Denn bei einigen politischen Maßnahmen erleben wir die Vorteile jetzt, während die Kosten zum größten Teil von späteren Generationen getragen werden (wie etwa wenn Kernkraftwerke gebaut werden, ohne daß das Problem der Endlagerung des anfallenden Atommülls gelöst wäre). Ebenso werden die optimalen Verbrauchs*raten* knapper und nicht erneuerbarer Ressourcen starken Schwankungen unterliegen, je nachdem, ob wir uns darum kümmern, wie lange die betreffenden Ressourcen noch ausreichen. Von daher besteht, was Ressourcen und Umwelt betrifft, keineswegs eine vollkommene Überschneidung zwischen politischen Maßnahmen, die aller Wahrscheinlichkeit nach vor allem den jetzt lebenden Menschen zugute kommen, und solchen, die aller Wahrscheinlichkeit nach künftigen Generationen ein anständiges Leben sichern.

Aussichtsreicher ist ein Argument, das von der Tatsache ausgeht, daß die meisten Menschen sich große Sorgen um das Glück ihrer Kinder und Enkelkinder machen, und daher würde die Aussicht, daß ihre Nachkommen in einer Welt leben müßten, deren Ressourcen erschöpft sind, ihr eigenes Glück schmälern. Außerdem sind sie sich darüber im klaren, daß das Glück ihrer Kinder und Enkelkinder seinerseits davon

abhängt, welche Aussichten *deren* Kinder und Enkelkinder haben,
glücklich zu sein, und so weiter. Daher ist das Glück der jetzt lebenden Menschen von Generation zu Generation damit verknüpft, welche
Glücksaussichten für mutmaßliche Mitglieder von in ferner Zukunft
existierenden Generationen bestehen. Auch wenn dieses „Verket-
tungs"-Argument viel Überzeugungskraft besitzt, stellt es doch nicht
die endgültige Lösung für unser Problem dar, und zwar deshalb nicht,
weil das gespürte Glück der eigenen Kinder und Enkelkinder nur
einen Teil des Wohlergehens oder Glücks typischer Eltern ausmacht.
Und das gespürte Glück von *deren* Kindern und Enkelkindern macht
wiederum nur einen Teil des Glücks der eigenen Kinder und Enkelkinder aus. In der Folge der Generationen stellt sich also ein Multi-
plikatoreffekt ein, durch den sich der Einfluß, den die Glücksaussichten späterer Nachkommen auf das Glück jetzt lebender Personen
haben, schnell verringert.[28] Wir müssen uns daher nach einem anderen Mechanismus umsehen, um die Interessen der lebenden Menschen
eng mit den Interessen der in ferner Zukunft existierenden Generationen zu verknüpfen.

Besonders aussichtsreich ist in diesem Fall der Appell an unser
Bedürfnis, unserem Leben und Streben einen Sinn zu geben. Ich habe
an anderer Stelle die Vermutung geäußert, daß wir zukünftigen Menschen vor allem deshalb Mittel für das Überleben und für ein Leben
in Wohlstand zur Verfügung stellen sollten, weil wir auf diese Weise
am ehesten hoffen können, daß bestimme menschliche Unternehmungen, die wir besonders schätzen (und zu denen wir vielleicht auch
etwas beigetragen haben), erfolgreich fortgesetzt werden – die Naturwissenschaften, die Künste und die Geisteswissenschaften, Moral,
Religion, demokratische Regierungsformen.[29] Eine ähnliche Ansicht
vertritt Ernest Partridge (1981), daß nämlich Menschen ein psycholo-

---

[28] Wir können diesen Punkt anhand willkürlich gewählter und unnatürlich
   genauer Zahlen veranschaulichen. Nehmen wir an, mein Glück hinge zur
   Hälfte davon ab, daß ich sehe, daß es meinen Kindern gut geht, und zur
   Hälfte von ganz anderen Dingen, und daß ich außerdem davon ausgehe, daß
   für meine Kinder und deren Kinder dasselbe gilt, und so weiter. Demnach
   würde ein Viertel meines Glücks von den Aussichten für meine Enkelkinder
   bestimmt, ein Achtel von den Aussichten für meine Urenkel und so weiter.

[29] Siehe mein „The Futurity Problem", in R. Sikora und B. Barry, a. a. O., S.
   186-203, Abschnitt IV. Ich erörterte dort Gründe, die dafür sprechen, den
   Fortbestand der Spezies zu wollen; doch einige dieser Punkte gelten auch,
   wenn man zukünftigen Menschen ein anständiges Leben sichern will.

gisches Bedürfnis nach „Selbsttranszendenz" haben, das heißt: das Bedürfnis, einen Beitrag zu Projekten zu leisten, die nicht unmittelbar mit ihnen selbst zu tun haben, und die auch nach ihrem Tode weitergeführt werden. Wer kein solches Ziel hat, wird – besonders in den mittleren und späten Lebensabschnitten, wenn man über die eigene Sterblichkeit nachzudenken beginnt – in seinem Leben wahrscheinlich keinen Sinn sehen. Daher meint Partridge: „Wir brauchen die Zukunft *jetzt*" (1981, S. 217).

In diesem Argument steckt viel Wahres, doch ist seine Beweiskraft begrenzt. Die Interessen des Narzißten, der keine selbsttranszendierenden Ziele hat und auch unfähig ist, sich welche zu setzen, sowie seine Verpflichtungen der Nachwelt gegenüber lassen sich damit nicht versöhnen. Jedoch brauchen wir uns darüber genausowenig den Kopf zu zerbrechen wie über die entsprechende Bemerkung, die oben über denjenigen gemacht wurde, der nicht mehr in der Lage ist, moralisch zu werden. Das selbsttranszendierende Leben ist für die überwältigende Mehrheit derer, die es noch führen können, vielleicht das glücklichere Leben, und diese Menschen haben dafür gute Klugheitsgründe. Das größere Problem liegt darin, daß nicht alle selbsttranszendierenden Belange auf die ferne Zukunft gerichtet sein müssen. Sie können Ziele beinhalten, die nicht sehr weit über die eigene Lebensspanne hinausgehen (wie etwa das Wohlergehen der eigenen Kinder oder die schließliche Machtergreifung der von einem selbst bevorzugten politischen Bewegung). Solche Ziele können dem eigenen Leben Sinn geben, ohne daß sie einem Gründe liefern, für die Wohlfahrt entfernter Generationen zu sorgen. Vielleicht ist es aber eine psychologische Tatsache, daß Unternehmungen, welche die Hoffnung wecken, daß sie sich unbegrenzt in die Zukunft erstrecken, eher in der Lage sind, unserem Leben Sinn zu verleihen oder Trost zu spenden angesichts unserer Sterblichkeit.[30] In diesem Fall gäbe es starke Klugheitsgründe dafür, sich für selbsttranszendierende Belange von unbegrenzter zeitlicher Dauer einzusetzen sowie die soziale und natürliche Umwelt für künftige Generationen zu schützen.

Dies sind die meiner Ansicht nach besten Argumente, die es für das Zusammenfallen von Eigeninteresse und Verpflichtungen gegenüber der Nachwelt gibt. Viele (zuweilen auch ich selbst) werden sie nur

---

[30] Daß die meisten sich doch sehr um das zukünftige Überleben und Wohlergehen der Menschheit kümmern, kann als Beleg dafür gelten, daß es sich wirklich so verhält.

teilweise überzeugend finden. Weist ein solcher Mangel darauf hin, daß wir das Versöhnungsprojekt aufgeben sollten? Nein. Stattdessen können wir unsere Interpretation des Projekts ausweiten.

V. DAS UMFASSENDERE PROJEKT

Meine Andeutungen zur Verteidigung des Versöhnungsprojekts haben die allgemeine Strategie verfolgt, die Ambitionen des Projekts, wenn nötig, zu beschneiden. Dementsprechend wurde die Reichweite des Projekts in mancherlei Hinsicht eingeschränkt. Statt auf einzelne Handlungen erstreckt es sich auf Lebensweisen, und statt auf eine ideale Moral bezieht es sich auf die praktizierte Moral. Es ist erfolgreich in bezug auf die meisten Menschen und Gruppen unter den tatsächlich bestehenden sozialen Umständen, aber nicht in bezug auf alle Menschen und Gruppen unter allen tatsächlichen oder möglichen Umständen. Mag sein, daß es den skeptischen Immoralisten nicht davon überzeugen kann, seine Angewohnheiten zu ändern, doch liefert es moralischen Menschen gute Gründe, ihre Lebensweise nicht zu bedauern (oder aufzugeben), und liebenden Eltern liefert es gute Gründe, ihre Kinder zu moralischen Menschen zu erziehen.

Um jedoch das Verhältnis zwischen Moral, Rationalität und Eigeninteresse besser verstehen zu können, müssen wir uns kurz eine wichtige *Erweiterung* des Versöhnungsprojekts ansehen. Denn man kann dieses Projekt auch als den Sonderfall eines allgemeineren Projekts betrachten, das darin besteht, die Moral mit den Anforderungen praktischer Rationalität zu versöhnen. Unter der Voraussetzung zweier spezieller Annahmen – daß nämlich der psychologische Egoismus wahr und praktische Rationalität als wirksames Verfolgen von (beliebigen) Handlungszwecken zu interpretieren sei[31] – würde dieses umfassendere Versöhnungsprojekt mit unserer Ausgangsversion von

---

[31] Dies ist eine bei Ökonomen, Sozialwissenschaftlern und Philosophen wie Rawls und David A. J. Richards gängige Konzeption. Siehe Rawls, a. a. O., S. 166-171, und Richards, *A Theory of Reasons for Action*, Oxford: Oxford University Press 1971, S. 28. Man könnte im Anschluß an Richard Brandt zwar einige *Zwecke* als irrational verwerfen, aber dennoch die unten beschriebenen Verbindungen zwischen dem Ausgangsprojekt und dem umfassenderen Versöhnungsprojekt unter der plausiblen Voraussetzung

Moral und Eigeninteresse zusammenfallen. Die erste Annahme ist aber sicherlich falsch; sofern man Motive nicht schon von vornherein als eigennützig definiert, verfolgen Menschen manchmal selbstlose Ziele und handeln auch aus uneigennützigen Motiven. Die Frage, ob moralische Anforderungen mit der rationalen Verfolgung wirklicher menschlicher Zwecke vereinbar seien, ist infolgedessen von größerer Bedeutung als die davon zu unterscheidende Frage, ob diese Anforderungen mit dem, was die Klugheit verlangt, zusammenstimmen.

Sind nun alle unsere Aussagen über das ursprüngliche Projekt für das umfassendere Versöhnungsprojekt, auf das wir nun unser ganzes Augenmerk richten, irrelevant? Dem wäre so, wenn eigennützige Belange für die menschliche Motivation nur eine untergeordnete Rolle spielen würden. Das ist aber eindeutig nicht der Fall. Auch wenn der psychologische Egoismus falsch ist, würde ich trotzdem die Vermutung wagen, daß eine schwächere Doktrin, die ich als „vorherrschenden Egoismus" bezeichne, voraussichtlich wahr ist. Der „vorherrschende Egoismus" besagt, daß Menschen in Wirklichkeit vorwiegend eigennützig sind, und zwar im folgenden Sinn: Der Tendenz nach setzen die eigennützigen Belange der Menschen ihre auf den anderen gerichteten, idealistischen und altruistischen Handlungsmotive zumindest solange außer Kraft, bis sie ein befriedigendes Niveau an Sicherheit und Wohlstand erreicht haben. Außerdem sind jene selbstlosen Belange, die so stark sind, daß sie Menschen zu Handlungen bewegen, die dem Eigeninteresse ernsthaft widerstreiten, ihrem Umfang nach eher begrenzt, etwa auf das Wohlergehen der Familie und von Freunden sowie auf die Förderung einzelner bevorzugter Projekte oder Institutionen.[32]

---

beibehalten, daß viele unserer eigennützigen Zwecke (wie etwa Sicherheit und materieller Wohlstand) im relevanten Sinn rational sind. Diese Verbindungen würden jedoch gelöst und das umfassendere Versöhnungsprojekt trivialisiert, wenn wir uns Thomas Nagels Auffassung zu eigen machten, daß praktische Gründe ihrer Natur nach allgemein und nicht auf den Handelnden bezogen seien. Siehe Brandt, *A Theory of the Good and the Right*, Oxford: Clarendon Press 1979, und Nagel, *The Possibility of Altruism*, Oxford: Oxford University Press 1970.

[32] Ansätze zur Theorie des „vorherrschenden Egoismus" finden sich schon bei David Hume, *Treatise of Human Nature*, London 1739, III, 2, ii; deutsche Übersetzung: *Ein Traktat über die menschliche Natur*, Hamburg: Felix Meiner 1989, sowie bei John Stuart Mill, „The Subjection of Women", 1869, in John Stuart Mill and Harriet Taylor, *Essays on Sex Equality*, hg. von Alice S. Rossi, Chicago: University of Chicago Press 1970, S. 225.

Wenn es also stimmt, daß die Menschen in diesem Sinne vorwiegend eigennützig sind, dann sind viele oder die meisten ihrer stärksten Motive und liebsten Zwecke eigennütziger Natur. Die oben angeführten Argumente zur Versöhnung von Pflicht und Interesse sind dann für die Aufgabe, die Pflicht mit der rationalen Verfolgung wirklicher menschlicher Zwecke zu versöhnen, höchst relevant. Bei der Durchführung dieses umfassenderen Versöhnungsprojekts müßten wir uns aber neuer Ressourcen bedienen – nämlich der von den allermeisten bis zu einem gewisssen Grade verfolgten altruistischen und selbstlosen Zwecke. Das Vorhandensein dieser Zwecke erweitert möglicherweise den Bereich der Fälle, in denen die Anforderungen der Vernunft und der Moral zusammenfallen, über jene Fälle hinaus, in denen Klugheit und Moral zusammenfallen.

Betrachten wir wieder unser Verhältnis zu künftigen Generationen. Wir machen uns häufig in selbstloser Weise große Sorgen um das Wohlergehen unserer Kinder und Enkelkinder sowie um das Überleben und Gedeihen der menschlichen Spezies.[33] Wir haben also Grund, für diese Dinge *über das Maß hinaus* Sorge zu tragen, in dem das Bewußtsein solcher Vorsorge zu unserem eigenen psychischen Wohlbefinden beiträgt.[34] Auf diese Weise erfahren sowohl das Verkettungs- als auch das Selbsttranszendierungsargument, die beide die praktische Rationalität mit unseren Pflichten gegenüber der Nachwelt versöhnen sollen, eine weitere Stärkung. Denn damit zeigt sich, daß wir, indem

---

[33] Das wird sogar von Thomas Schwartz anerkannt, der die Ansicht vertritt, daß wir gegenüber in ferner Zukunft lebenden Generationen keinerlei Verpflichtung haben, für ihre Wohlfahrt zu sorgen. Siehe Schwartz, „Obligations to Posterity", in R. Sikora und B. Barry, a. a. O., S. 3-13, Abschn. 4.

[34] Ich stütze mich hier auf eine von Kritikern des psychologischen Hedonismus getroffene Unterscheidung zwischen dem Wunsch, daß X eintreten möge, und der freudigen Erregung bei dem Gedanken, daß X eintreten wird. Um ein Beispiel zu geben: Ich schließe eine Lebensversicherung ab, weil ich möchte, daß für meine Familie nach meinem Tod gesorgt ist, nicht aber weil es für mich jetzt beruhigend ist zu wissen, daß für sie gesorgt ist, obwohl letzteres ebenfalls ein voraussagbares und erwartetes Ergebnis meiner Handlung ist. Diese Handllung trägt dazu bei, *zwei* meiner Zwecke zu erfüllen: daß meine Familie für den Fall meines Ablebens abgesichert ist, und daß ich jetzt einen gewissen Seelenfrieden erlange. Diese Handlung dürfte für mich also mit größerer Wahrscheinlichkeit rational sein (das heißt, sich lohnen in dem Sinne, daß ich auf die Erfüllung anderer Zwecke, für die ich die Versicherungsprämie auch verwenden könnte, verzichte), als wenn mein Seelenfrieden der einzige damit zu erreichende Zweck wäre.

wir diesen Pflichten nachkommen, nicht nur etwas für unser eigenes Glück tun, sondern auch Zwecke erfüllen, die wir vorher nicht in Erwägung gezogen haben (das heißt, selbstlose Zwecke).

Die Anerkennung selbstloser Zwecke wirft zudem ein neues Licht auf die Aufrechterhaltung moralischer Motive über Generationen hinweg. Wir haben oben die Vermutung geäußert, daß Eltern, die etwas für die Interessen ihrer Kinder tun wollen, gute Gründe haben, ihre Kinder zu moralischen Menschen zu erziehen. Diese Vermutung hätte wenig Sinn, wenn wir dabei von der Wahrheit des psychologischen Egoismus ausgingen. (Denn dann wäre die einzig relevante Frage die, ob es im Interesse der *Eltern* liege, ihre Kinder zu moralischen Menschen zu erziehen.) Da jedoch die Sorge um das Wohlergehen der eigenen Kinder eines der dringendsten und allgemeinsten uneigennützigen Anliegen der Menschen ist, ist jene Vermutung von entscheidender Bedeutung, wenn wir verstehen wollen, wie Moral auf rationale Weise von Generation zu Generation weitergegeben wird. Für typische Eltern, die sich in besonderem Maße um das Wohlergehen ihrer Kinder und sich ein wenig um das Wohlergehen anderer kümmern, gibt es drei gewichtige Gründe, ihre Kinder zu moralischen Menschen zu erziehen: Aller Wahrscheinlichkeit nach wird dies den Kindern zugute kommen (entsprechend unseren früheren Argumenten, daß es sich für gewöhnlich auszahlt, moralisch zu sein); aller Wahrscheinlichkeit nach wird es anderen zugute kommen, die mit den Kindern in Berührung kommen, und es wird aller Wahrscheinlichkeit nach den Eltern selbst zugute kommen (weil sie von ihren Kindern besser behandelt werden). Und wenn Kinder als moralische Wesen heranwachsen mit einem Gewissen und der Fähigkeit, die Gefühle moralischer Zufriedenheit zu empfinden, dann liegt es, so haben wir argumentiert, fast immer in ihrem Interesse, damit fortzufahren, ein moralische Leben zu führen. Außerdem werden sie selbst als Eltern dieselben Gründe wie ihre eigenen Eltern haben, ihre Kinder zu moralischen Menschen zu erziehen. Auf diese Weises wird deutlich, daß die Moral sich potentiell von Generation zu Generation selbst erhält, ohne daß wir außerfamiliäre Einflüsse auf die Sozialisation des Kinders auch nur in Betracht ziehen müßten.[35]

---

[35] Diese äußeren Einflüsse können jedoch notwendig sein, weil viele Eltern nicht wissen, wie sie ihre Kinder zu moralischen Menschen erziehen sollen, oder weil sie dafür die nötige Opferbereitschaft nicht mitbringen, oder weil sie nicht davon überzeugt sind, daß es im Interesse ihrer Kinder liegt, moralisch zu sein.

Wenn wir Kinder zu moralischen Menschen erziehen und Vorsorge treffen für künftige Generationen, verfolgen wir in mancherlei Hinsicht Zwecke, die uneigennützig sind. In Anbetracht des Inhalts moralischer Regeln und der Verbindung, die zwischen ihnen und dem Interessenschutz anderer besteht, werden viele moralisch gebotene Handlungen Zwecke dieser Art erfüllen. Infolgedessen sollte das umfassendere Versöhnungsprojekt in größerem Umfang erfolgreich sein als das ursprüngliche Projekt. Diesen entscheidenden Punkt können wir auch so fassen: Obwohl es normalerweise klug ist, moralisch zu sein, ist es doch manchmal rational, moralisch zu sein, auch wenn es nicht klug ist.

David Gauthier

Warum Kontraktualismus?*

I.

> ..An diesem Sich-bewußt-werden des Willens
> zur Wahrheit geht von nun an – daran ist kein
> Zweifel – die Moral *zugrunde*: jenes große
> Schauspiel in hundert Akten, das den näch-
> sten zwei Jahrhunderten Europas aufgespart
> bleibt, das furchtbarste, fragwürdigste und
> vielleicht auch hoffnungsreichste aller Schau-
> spiele...
>
> – Nietzsche[1]

Die Moral steckt in einer Grundlagenkrise. Der Kontraktualismus bietet die einzig mögliche Lösung zur Überwindung dieser Krise. Diese
beiden Aussagen umreißen mein Thema. Was nun folgt, ist die Ausführung.

Nietzsche mag zwar die von mir erwähnte Krise als erster erkannt
haben, doch steht er nicht allein. Man betrachte die folgenden Äuße-

---

* Zwei Paragraphen des zweiten und der größte Teil des vierten Abschnitts
entstammen „Morality, Rational Choice, and Semantic Representation – A
Reply to my Critics", in *The New Social Contract: Essays on Gauthier*, hg.
von E. F. Paul, F. D. Miller Jr. und J. Paul, Oxford, Blackwell 1988, S. 173-
174, 179-180, 184-185, 188-189. (Dieser Band erscheint mit derselben Sei-
tenzählung auch als *Social Philosophy and Policy* 5, 1988.) Für ihre kritischen Stellungnahmen zu einer früheren Fassung möchte ich mich bei
Annette Baier, Paul Hurley und Geoffrey Sayre-McCord bedanken. Für ihre
kritischen Stellungnahmen zu einem thematisch verwandten Vortrag möchte ich mich auch bei den Diskussionsteilnehmern an der Western Washing-
ton University, der University of Arkansas, der University of California at
Santa Cruz und der University of East Anglia bedanken.
[1] *Zur Genealogie der Moral*, Dritte Abhandlung, Paragraph 27, in Friedrich
Nietzsche, *Werke in drei Bänden*, hg. von Karl Schlechta, Bd. II, München
1973, S. 899.

rungen aus jüngster Zeit: „Die Hypothese, die ich aufstellen möchte, lautet, daß in der Welt, in der wir heute leben, die Sprache der Moral ... [sich] in einem heillosen Durcheinander befindet ... wir haben zu einem großen Teil, wenn nicht sogar völlig, unser theoretisches wie praktisches Verständnis der Moral verloren" (Alasdair MacIntyre).[2] „In ihrer Mehrzahl sind die neueren Moralphilosophien für die moderne Welt nicht besonders gut ausgerüstet." (Bernard Williams).[3] „Es gibt keine objektiven Werte. ... [Aber] die wichtigsten Vertreter der europäischen Ethiktradition [sind] gegenteiliger Auffassung" (J. L. Mackie).[4] „Moralische Hypothesen tragen nichts zur Erklärung dessen bei, warum wir beobachten, was wir beobachten. Die Ethik ist daher problematisch und der Nihilismus muß ernst genommen werden. ... Eine extreme Version des Nihilismus vertritt die These, die Moral sei einfach eine Täuschung. ... Nach dieser Version sollten wir die Moral aufgeben, wie ein Atheist die Religion aufgibt, nachdem er zu der Überzeugung gekommen ist, daß religiöse Tatsachen nichts zur Erklärung von Beobachtungen beitragen können." (Gilbert Harman).[5]

Ich habe diese Äußerungen ausgewählt, um auf einige Merkmale jener Krise hinzuweisen, in der die Moral steckt. Sie deuten darauf hin, daß die moralische Sprache zu einem Weltbild gehört, das nicht mehr das unsere ist – einem Bild, in dem die Welt zweckmäßig geordnet ist. Ohne dieses Bild können wir die moralischen Behauptungen, die wir weiterhin aufstellen, eigentlich nicht mehr verstehen. Die zitierten Äußerungen deuten weiter darauf hin, daß die Voraussetzungen der Moral – die objektiven Werte, mit deren Hilfe wir unser Verhalten erklären – und die psychologischen Zustände – Wünsche und Überzeugungen –, die angesichts unseres gegenwärtigen Weltbildes wirklich die beste Erklärung liefern, nicht recht übereinstimmen. Die mangelnde Übereinstimmung droht die Idee der Moral im eigentlichen Sinn, der zufolge sie mehr sei als eine anthropologische Kuriosität, zu untergraben. Aber andererseits: wie sollte das passieren können? Wie sollte die Moral *zugrunde* gehen können?

---

[2] *Der Verlust der Tugend*, Frankfurt am Main: Suhrkamp 1995, S. 15. – Die an dieser Stelle nicht gerade sorgfältige Übersetzung wurde leicht korrigiert. (Anm. d. Übersetzers)

[3] *Ethik und die Grenzen der Philosophie*, Hamburg: Rotbuch 1999, S. 273.

[4] *Ethik. Auf der Suche nach dem Richtigen und Falschen*, Stuttgart: Reclam 1981, S. 11, 32f.

[5] *Das Wesen der Moral. Eine Einführung in die Ethik*, Frankfurt am Main: Suhrkamp 1981, S. 22-23.

II.

Als erstes muß ich jene Moral, die in einer Grundlagenkrise steckt, knapp charakterisieren. Es handelt sich dabei um die Moral der gerechtfertigten Beschränkung. Aus der Sicht des Handelnden erscheinen moralische Erwägungen als solche, die ihn in seinen Entscheidungen und Handlungen ganz unabhängig von seinen Wünschen, Zielen und Interessen beschränken. Ich werde diese Charakterisierung später noch ergänzen, doch fürs erste wird sie genügen. Sie zeigt nämlich ganz deutlich, was in Frage steht – der Grund der Beschränkung. Dieser Grund scheint in unserem gegenwärtigen Weltbild zu fehlen. Und daher fragen wir: Welchen Grund kann jemand haben, eine Beschränkung bereitwillig anzuerkennen, die unabhängig von seinen Wünschen und Interessen besteht? Er mag zugeben, daß eine solche Beschränkung *moralisch* gerechtfertigt wäre; er hätte einen Grund sie zu akzeptieren, *wenn* er einen Grund hätte, die Moral zu akzeptieren. Aber warum soll man sein Augenmerk auf die Moral richten, statt sie als Anhängsel abgelegter Überzeugungen einfach abzutun? Das ist die Frage – auf die wir keine Antwort zu finden scheinen. Doch zunächst sollten wir drei Einwände betrachten.

Der erste besteht darin, den Gedanken der Beschränkung in Frage zu stellen. Warum sollten wir der Ansicht sein, die Moral beschränke unsere Entscheidungen und Handlungen? Warum sollten wir nicht eher sagen, daß gerade die moralische Person sich frei entscheidet, weil sie sich im Lichte einer wahren Vorstellung von sich selbst entscheidet, statt im Lichte der so häufig vorherrschenden falschen Vorstellungen? Warum sollten wir nicht Moral und Selbstverständnis verknüpfen? Als Philosophen, die diese Auffassung vertreten, könnte man Platon und Hume anführen; aber Hume wäre bestenfalls nur mit Abstrichen ein Verbündeter, denn seine Darstellung der „Tugend in ihrem ganzen echten und überaus gewinnenden Zauber, ... [die nicht] von zweckloser Härte und Strenge, Leiden und Selbstverleugnung [spricht]", sondern vielmehr „ihre Anhänger ... in jedem Augenblick ihres Daseins, wenn dies möglich ist, heiter und glücklich" macht, ist doch leicht überschattet von dem Eingeständnis, daß es „im Falle der Gerechtigkeit, ... von einem gewissen Standpunkt aus scheinen mag, daß jemand durch seine Integrität häufig im Nachteil ist."[6] Platon geht

---

6   David Hume, *Eine Untersuchung über die Prinzipien der Moral,* Neunter Abschnitt, Zweiter Teil, Stuttgart: Reclam 1996, S. 209, 213.

zweifellos noch weiter, wenn er betont, daß nur der Gerechte eine
gesunde Seele habe; doch so heroisch Sokrates' Verteidigung der
Gerechtigkeit auch sein mag, unser Urteil geht nur allzu leicht dahin,
daß Glaukon und Adeimantos eher dazu verführt, als durch Gründe
überzeugt wurden, Sokrates zuzustimmen, und daß nicht bewiesen
wurde, daß der Ungerechte notwendigerweise im Nachteil sei.[7] Auf
jeden Fall beabsichtige ich nicht, diesen Gedankengang weiter zu verfolgen. Nach unserem Begriff von Moral, der geprägt ist durch die
christliche und kantische Tradition, unterliegen selbst solche Bestre-
bungen moralischen Beschränkungen, die reflektierten Wünschen entspringen. Und dabei handelt es sich nicht einfach oder ausschließlich
um eine Beschränkung des Eigeninteresses; zu den Affekten, denen
die Moral Zügel anlegt, gehören soziale Affekte wie das Günstlingswesen oder die Parteilichkeit, von der Grausamkeit ganz zu schwei-
gen.

Der zweite Einwand gegen die Auffassung, daß moralische
Beschränkungen unzureichend begründet sind, besteht darin, die
Behauptung in Frage zu stellen, daß sie nicht so sehr durch unsere
Wünsche, Interessen und Affekte wirkt, als vielmehr unabhängig von
ihnen. Die Moral, so mögen einige sagen, betrifft das Wohlergehen
aller Personen, vielleicht auch aller empfindenden Wesen.[8] Und dann
kann man entweder mit Hume argumentieren, daß die Moral der sympathetischen Identifikation mit unseren Mitmenschen entspringt, oder
daß sie unmittelbar im Wohlergehen liegt und unsere Affekte diesem
gegenüber positiv gestimmt sind. Aber natürlich nicht alle Affekte.
Und daher geraten unsere sympathetischen Gefühle in einen bezeich-
nenden Gegensatz zu anderen Gefühlen, in bezug auf die sie als
Beschränkung fungieren.

Das ist zwar eine sehr grobe Charakterisierung, aber sie genügt für
die gegenwärtige Argumentation. Dieser Auffassung nach hat die
Moral, so wie wir sie verstehen, keine rein *rationale* Grundlage, aber
wir werden daran erinnert, daß uns deshalb das Wohlergehen unserer
Mitmenschen nicht gleichgültig ist. Die Moral gründet sich auf jene
weitverbreiteten, sympathetischen, auf andere gerichteten Anliegen,
die die meisten von uns haben, und diese Anliegen zügeln das Eigen-

---

7   Siehe Platon, *Politeia*, bes. Buch II und IV.
8   Einige würden die Moral auf Nichtempfindendes ausdehnen; aber so sehr
    ich auch etwas für die Rechte von Straßenbahnwagen und Dampflokomoti-
    ven übrig habe, schlage ich doch vor, diese Auffassung ganz außer acht zu
    lassen.

interesse ebenso wie das Günstlingswesen und die Parteilichkeit, die wir anderen gegenüber an den Tag legen. Trotzdem, wenn die Moral hinsichtlich ihrer praktischen Relevanz und motivationalen Wirksamkeit gänzlich von unseren sympathischen Gefühlen abhängt, dann übt sie zu Unrecht jenen präskriptiven Zwang aus, den sie sowohl der erwähnten christlichen wie auch der kantischen Auffassung nach besitzt, und den Sokrates im Fall der Gerechtigkeit gegenüber Glaukon und Adeimantos verteidigen sollte. Denn daran erinnert zu werden, daß wir uns bisweilen um unsere Mitmenschen wirklich sorgen und bereit sind, andere Wünsche zurückzuhalten, um diese Sorge auch zu zeigen, sagt nichts darüber aus, wie wir uns in solchen Fällen verhalten sollen, in denen wir uns dem ersten Anschein nach nicht sorgen oder nicht genug sorgen – es ist nichts darüber gesagt, womit man jene Forderungen verteidigen könnte, welche die Moral in den Problemfällen an uns stellt. Es stimmt, daß nicht alle Situationen, in denen die Anteilnahme gegen die eigenen Belange streitet, Problemfälle darstellen, aber die Moral, wie sie normalerweise verstanden wird, behandelt eben die Problemfälle, während ihr Humescher oder naturalistischer Ersatz dies nicht tut.

Diese Bemerkungen gelten auch für den jüngsten, aussichtsreichsten und aussagekräftigsten Versuch, eine Moraltheorie zu entwickeln – den von John Rawls. Denn der Versuch, unser moralisches Vermögen, insbesondere aber, aus Rawls' Sicht, unseren Gerechtigkeitssinn von Grundsätzen her zu beschreiben, die im Lichte unserer allgemeineren Psychologie plausibel scheinen, und mit „unseren wohlerwogenen Urteilen im Überlegungs-Gleichgewicht"[9] zusammenstimmen, liefert überhaupt keine Antwort auf die Frage, warum wir auch in den Fällen, in denen wir kein oder nur ein unzureichendes Interesse daran haben, gerecht zu sein, jenen Grundsätzen folgen sollten. John Harsanyi, dessen Moraltheorie in mancherlei Hinsicht eine utilitaristische Spielart von Rawls' kontraktualistischer Konstruktion darstellt, gibt dies offen zu: „Was wir mit rationalen Argumente beweisen können, ist nur, daß jeder, der unseren gemeinsamen menschlichen Interessen auf rationale Weise dienen will, diesen Geboten gehorchen muß."[10] Aber obwohl die Moral unseren gemeinsamen menschlichen Interes-

---

[9] John Rawls, *Eine Theorie der Gerechtigkeit*, Frankfurt am Main: Suhrkamp 1979, S. 70.

[10] John C. Harsanyi, „Morality and the Theory of Rational Behaviour", in *Utilitarianism and Beyond*, hg. v. Amartya Sen und Bernard Williams, Cambridge: Cambridge University Press 1982, S. 62.

sen ihre Dienste anbieten mag, bietet sie sich doch nicht nur denen an, die diesen Interesssen dienen wollen.

Die Moral stellt eine Beschränkung dar, von der man, wie Kant erkannt hat, nicht annehmen darf, sie hänge nur von unseren Gefühlen ab. Und daher dürfen wir auch nicht auf Gefühle zurückgreifen, um die Frage nach ihren Grundlagen zu beantworten. Der dritte Einwand weist nun diese Frage rundweg zurück, indem er nämlich den Gedanken einer Grundlagenkrise überhaupt verwirft. Es gibt nichts, was die Moral rechtfertigen würde, denn die Moral braucht keine Rechtfertigung. In moralischen Dingen befinden wir uns, wie sonst auch, *in mediis rebus*. Wir fällen, akzeptieren und verwerfen, rechtfertigen und kritisieren moralische Urteile. Der Moraltheorie geht es darum, diese Praxis zu systematisieren, und so das Wesen moralischer Rechtfertigung unserem Verständnis näher zu bringen. Aber genauso wenig wie es außerepistemische Grundlagen für epistemische Urteile gibt, so wenig gibt es außermoralische Grundlagen für moralische Rechtfertigungen. Der Fundamentalismus ist in der Moral wie in der Wissenschaft ein bankrottes Unternehmen.

Zum Glück muß ich den *normativen* Fundamentalismus nicht verteidigen. Eines der Probleme, die sich einstellen, wenn wir moralische Rechtfertigungen als Teil unserer gängigen Praxis akzeptieren, liegt darin, daß wir, wie ich schon angedeutet habe, das zugrundeliegende Weltbild nicht mehr akzeptieren. Ein vielleicht sehr viel dringlicheres Problem liegt aber darin, daß uns bereits ein alternativer Rechtfertigungsmodus für unsere Entscheidungen und Handlungen zur Verfügung steht. In seiner anspruchsloseren Form, die meiner Ansicht nach eher zu verteidigen ist, besteht er in dem Nachweis, daß Entscheidungen und Handlungen den vom Handelnden erwarteten Nutzen maximieren, wobei Nutzen ein Maß für die wohlerwogene Präferenz ist. In seiner anspruchsvolleren Version besteht er in dem Nachweis, daß die betreffenden Entscheidungen und Handlungen, statt einer subjektiv definierten Anforderung, wie etwa dem Nutzen, zu genügen, den objektiven Interessen des Handelnden entsprechen. Da ich nicht glaube, daß wir objektive Interessen haben, werde ich diese Version außer acht lassen. Das tut aber nichts zur Sache. Denn die Idee ist klar: Wir haben einen Rechtfertigungsmodus, der ohne die Einführung moralischer Erwägungen auskommt.[11]

---

[11] Wenn wir freilich glauben, daß sich die Moral in bestimmten Affekten und Interessen ausdrückt, dann wird er moralische Erwägungen in dem Maße einschließen, wie sie jeweils in unseren Präferenzen gegenwärtig sind. Das

Ich will diesen alternativen nicht-moralischen Rechtfertigungsmodus ganz neutral als abwägende Rechtfertigung bezeichnen. Nun richten sich moralische und abwägende Rechtfertigung auf dieselben Gegenstände – unserer Entscheidungen und Handlungen. Was ist, wenn sie einander widerstreiten? Und was antworten wir jemandem, der für seine Entscheidungen und Handlungen eine abwägende Rechtfertigung vorbringt und sich weigert, irgendeine andere abzugeben? Wir können natürlich sagen, daß es seinem Verhalten an *moralischer* Rechtfertigung fehle, aber dafür scheint es keine Grundlage zu geben, solange er sich nicht auf moralisches Terrain begibt. Und er kann darauf bestehen, daß es für einen solchen Schritt, zumindest aus seiner Sicht, keine abwägende Rechtfertigung gibt.

Wenn die Moral zugrunde geht, dann geht das Unternehmen der Rechtfertigung von Entscheidungen und Handlungen nicht mit ihr zugrunde. Vielmehr geht ein Rechtfertigungsmodus zugrunde, ein Modus nämlich, der jetzt allem Anschein nach in der Luft hängt. Er hängt aber nicht nur in der Luft; denn es läßt sich wohl kaum bestreiten, daß die abwägende Rechtfertigung eindeutig die grundlegendere ist, daß sie sich nicht umgehen läßt, insofern als wir rational Handelnde sind, so daß im Falle eines Konflikts mit der moralischen Rechtfertigung die Moral nicht nur keinen Halt zu haben scheint, sondern auch im Widerspruch steht zu dem, was in rationaler Hinsicht fundamentaler ist.

Die abwägende Rechtfertigung steht in Beziehung zu unserem ureigenen Selbstverständnis. Menschen unterscheiden sich von anderen Lebewesen durch ihre Fähigkeit zur semantischen Repräsentation, der Grundlage für Rationalität. Im Unterschied zu Ihrem Hund, der es im großen und ganzen nicht kann, können Sie einen Sachverhalt für sich repräsentieren und insbesondere sich fragen, ob er der Fall ist oder nicht, und ob Sie wollen, daß er der Fall werde oder nicht. Sie können für sich die Inhalte ihrer Überzeugungen und die ihrer Wünsche oder Präferenzen repräsentieren. Indem Sie sie aber repräsentieren, setzen Sie sie zueinander in Beziehung. Sie repräsentieren für sich, daß die *Blue Jays* die *World Series* gewinnen werden, und daß eine Mannschaft der *National Baseball League* die *World Series* gewinnen werden, und daß die *Blue Jays* nicht der *National Baseball League* angehören. Und mit der Erkenntnis, daß zwischen diesen Überzeu-

---

hieße aber, jenen Naturalismus sich zu eigen zu machen, den ich als inadäquat links liegengelassen habe.

gungen ein Konflikt besteht, sehen Sie sich schon rationalen Zwängen ausgesetzt. Man beachte, daß die ersten beiden Überzeugungen durch Präferenzen desselben Inhalts ersetzt werden könnten.

Da wir bei der Repräsentation unserer Präferenzen der zwischen ihnen bestehenden Konflikte gewahr werden, gestaltet sich der Schritt von der Repräsentation zur Entscheidung schwierig. Irgendwie müssen wir Kohärenz in unsere widerstreitenden Wünsche und Präferenzen bringen. Und es gibt nur einen plausiblen Kandidaten, der diese Kohärenz gewährleisten kann – ein Maximierungsprinzip. Wir ordnen unsere Präferenzen in bezug auf Entscheidungen und Handlungen auf eine Weise, die es uns erlaubt, uns so zu entscheiden, daß unserer Erwartungen hinsichtlich der Präferenzerfüllung maximiert werden. Und damit erweisen wir uns als rational Handelnde, die abwägen und abwägende Rechtfertigungen vorbringen. Es gibt einfach keinen anderen Ort für die praktische Rationalität.

Somit läßt sich die Grundlagenkrise der Moral nicht dadurch umgehen, daß man auf das Vorhandensein einer Rechtfertigungspraxis im Gefüge der Moral verweist und bestreitet, daß eine außermoralische Grundlegung überhaupt relevant sei. Denn ein außermoralischer Rechtfertigungsmodus existiert schon, aber nicht Seite an Seite mit der moralischen Rechtfertigung, sondern verbunden mit der Art und Weise, wie wir unsere Überzeugungen und Präferenzen vereinen und so unser ureigenes Selbstverständnis erlangen. Wir brauchen nicht anzunehmen, daß diese abwägende Rechtfertigung selbst als grundlegend verstanden werden muß. Es genügt die Annahme, daß die moralische Rechtfertigung einen Konflikt mit ihr vermutlich nicht übersteht.

III.

Indem ich erklärt habe, warum wir den Gedanken einer Grundlagenkrise in der Moral nicht schon deshalb abtun dürfen, weil er sich ganz unpassend auf den philosophisch in Mißkredit geratenen oder fragwürdigen Gedanken des Fundamentalismus stützt, habe ich den Charakter und die Dimensionen der Krise bereits ansatzweise dargelegt. Ich habe behauptet, daß die Moral sich mit einem alternativen, ihr widerstreitenden und tiefergehenden, weil auf unser ureigenes Selbstverständnis bezogenen Rechtfertigungsmodus konfrontiert sieht, der für den gesamten Bereich des Entscheidens und Handelns gilt, und der jede *Handlung* von den auf Überlegung gegründeten Belangen des *Handelnden* her bewertet. Daß die Belange des Handelnden für die praktische Rechtfertigung relevant sind, scheint mir außer Zweifel zu stehen. Daß irgend etwas anderes relevant ist, es sei denn, es beeinflußt die Belange des Handelnden, scheint mir sehr wohl zweifelhaft zu sein. Wenn die durch Überlegung gestützten Belange des Handelnden, seine Präferenzen, Wünsche und Ziele, zusammen mit seinen wohlerwogenen Überzeugungen für sein Selbstbild konstitutiv sind, dann kann ich nicht im entferntesten erkennen, wie man folgern kann, andere Dinge, die nicht in gleicher Weise auf sein ureigenes Selbstverständnis bezogen sind, seien ebenso relevant wie diese Belange. Überhaupt kann ich nicht erkennen, wie man etwas als für die praktische Rechtfertigung relevant geltend machen kann, wenn nicht über das Selbstbild des Handelnden. Mein Eintreten für diesen praktischen Individualismus stellt kein schlüssiges Argument dar, aber die Beweislast liegt sicherlich bei denjenigen, die eine gegensätzliche Position vertreten. Sollen sie die entsprechenden Argumente vorbringen – wenn sie können.

Die abwägende Rechtfertigung widerlegt die Moral nicht. Sie tut der Moral nicht einmal den Gefallen, sie zu widerlegen. Sie ignoriert die Moral und tritt an ihre Stelle, wie es scheint. Sie nimmt die Rechtfertigungsarena in Beschlag und gibt anscheinend der Moral nicht einmal Gelegenheit, einen Schnitt zu machen. Lassen Sie mich einen umstrittenen Vergleich ziehen. Die Religion steckt in einer vergleichbaren Grundlagenkrise – oder hat vielmehr in einer solchen gesteckt. Sie verlangt die Verehrung eines Gottes, der das Universum zweckmäßig ordnet. Die Religion sah sich aber mit einer alternativen Erklärungsweise konfrontiert. Das Auftauchen einer Kosmologie, die sich nicht auf Zweckursachen, sondern auf Wirkursachen gründete, war zwar schon ein Warnsignal für das, was noch kommen sollte; doch mit der Verdrängung der teleologischen Biologie durch die Evolutionstheorie, der es gelang, in der Begrifflichkeit von Wirkursachen den *Anschein* einer zweckmäßigen Ordnung unter den Lebewesen zu erklären, scheint das letzte Stündlein der Religion als eines intellektuell respektablen Unternehmens geschlagen zu haben. Aber die Evolutionsbiologie und die modernen Naturwissenschaften im allgemeinen widerlegen die Religion nicht. Sie ignorieren sie vielmehr und ersetzen ihre Erklärungen durch ontologisch einfachere. Die Religion, sofern sie die berechtigte Verehrung eines Gottes behauptet, ist vielleicht nicht imstande, ihre Grundlagenkrise zu überwinden. Kann die Moral, sofern sie berechtigte, unabhängig von den Belangen des Handelnden bestehende Entscheidungsbeschränkungen behauptet, ihre Krise überwinden?

Es scheint, als gäbe es für die Moral drei Möglichkeiten, dem mutmaßlichen Schicksal der Religion zu entrinnen. Die eine bestünde darin, für moralische Tatsachen oder Eigenschaften eine explanatorische Rolle zu finden, die jene fest verankert, bevor überhaupt Rechtfertigungserwägungen angestellt werden.[12] Man könnte dann die Ansicht vertreten, daß jeder Rechtfertigungsmodus, der moralische Erwägungen ignoriert, ontologisch mangelhaft wäre. Ich erwähne diese Möglichkeit nur, um sie links liegenzulassen. Zweifellos gibt es Personen, die für ihre Entscheidungen und Handlungen moralischen Beschränkungen gelten lassen, und man könnte diese Entscheidungen und Handlungen nicht erklären, wenn wir darüber hinwegsähen. Aber deshalb müssen wir uns nicht auf ihre Auffassung festlegen, wenn wir ihr Verhalten erklären. Hier sollte der Vergleich mit der Religion ganz einfach und unstrittig sein. Ohne die Bezugnahme auf ihre Überzeugungen könnten wir einen Großteil der Praktiken religiöser Menschen nicht erklären. Wenn wir beispielsweise das, was ein religiöser Mensch gerade tut, als Anbetung charakterisieren, dann heißt das nicht, daß wir annehmen müssen, der Gegenstand der Anbetung existiere tatsächlich, auch wenn wir annehmen müssen, daß die betreffende Person glaubt, solch ein Gegenstand existiere. Wenn wir nun auf ähnliche Weise das, was ein moralischer Mensch gerade tut, als Erfüllung einer Pflicht charakterisieren, dann heißt das nicht, daß wir annehmen müssen, es gebe irgendwelche Pflichten, auch wenn wir annehmen müssen, daß er glaubt, es gebe Pflichten. Der Skeptiker, der weder das eine noch das andere akzeptiert, kann die mutmaßliche Rolle, welche die Moral bei der Erklärung spielt, ähnlich behandeln wie die der Religion. Natürlich glaube ich nicht, daß sich die Parallelen bis zu Ende ausziehen lassen, denn ich stimme zwar mit dem religiösen Skeptiker, nicht aber mit dem moralischen Skeptiker überein. Um aber sicherzustellen, daß der Moral eine explanatorische Rolle zukommt, muß man zuerst nachweisen, daß sie zu Rechtfertigungszwecken taugt. Man darf nicht davon ausgehen, daß ihr eine bevorzugte explanatorische Rolle zukommt.

---

[12] Auf diese Weise könnte man der Herausforderung an die Moral begegnen, die sich in dem oben angeführten Zitat von Gilbert Harman findet.

Die zweite Möglichkeit bestünde darin, den Gedanken der Rechtfertigung neu zu interpretieren und zu zeigen, daß die abwägende Rechtfertigung, genauer besehen, unvollständig ist und so ergänzt werden muß, daß die Moral noch Platz findet. Es gibt in der Moralphilosophie eine lange, vor allem von Kant sich herleitende Tradition, die sich diesem Unternehmen verschrieben hat. Für eine Kritik an der universalistischen Rechtfertigung, wie ich dieses Unternehmen nennen werde, wiederum in der Hoffnung, es neutral zu charakterisieren, ist hier nicht der rechte Ort. Der Erfolg der abwägenden Rechtfertigung mag genügen. Denn theoretische Behauptungen über ihre Unvollständigkeit scheinen angesichts der einfachen praktischen Erkenntnis, daß sie funktioniert, ins Leere zu gehen. Natürlich gehört es nicht zu den offensichtlichen Zielen der abwägenden Rechtfertigung, Platz für die Moral zu schaffen. Aber die Annahme, daß sie es muß, wenn sie als Rechtfertigungsmodus in jeder Hinsicht adäquat oder vollständig sein will, würde voraussetzen, was in Frage steht, nämlich ob moralische Rechtfertigungen haltbar sind.

Wenn es unabhängig von den eigenen realen Wünschen und Zielen objektive Werte gäbe, und wenn man unabhängig von den eigenen realen Zwecken Teil einer objektiv zweckmäßigen Ordnung wäre, dann könnten wir zu Recht darauf bestehen, daß der Bezugsrahmen des Abwägens inadäquat sei. Vor dem Hintergrund einer objektiv zweckmäßigen Ordnung wären für die praktische Rechtfertigung relevante Erwägungen möglich, die nicht vom Selbstbild des Handelnden abhingen. Die Verdrängung der Teleologie aus unseren physikalischen und biologischen Erklärungen schließt diese Möglichkeit aber ebenso aus wie die religiöser Erklärungen.

Ich wende mich also der dritten Möglichkeit zu, die Grundlagenkrise der Moral zu überwinden. Der erste Schritt besteht darin, sich die abwägende Rechtfertigung zu eigen zu machen und anzuerkennen, daß die Moral ihren Platz nicht außerhalb dieses Rahmens, sondern in ihm finden muß. Es stellen sich nun sofort zwei Probleme ein. Als erstes sieht es so aus, als müsse sich der Versuch, im Rahmen von Abwägungen, die auf maximale Erfüllung der wohlerwogenen Präferenzen des Handelnden abzielen, den Entscheidungen und Handlungen irgendwelche Beschränkungen aufzuerlegen, als undurchführbar erweisen. Aber selbst wenn man dies bezweifeln würde, sieht es doch so aus, als grenze der Versuch, innerhalb eines solchen Rahmens Beschränkungen aufzuerlegen, die *unabhängig von den Präferenzen des Handelnden* bestehen, an Verrücktheit. Gleichwohl handelt es sich um genau die Aufgabe, die hier gelöst werden soll. Und ich glaube,

daß sie im Unterschied zu den vorherigen Aufgaben gelöst werden
kann; ich glaube sogar, daß in meinem jüngsten Buch *Morals by Agreement* gezeigt wird, wie man sie lösen kann.[13]

Ich werde hier nicht eigens ein Argument wiederholen, das zumindest dem einen oder anderen Leser inzwischen bekannt sein dürfte
und ohnehin in meinem Buch nachzulesen ist. Ich will aber doch diejenigen Merkmale der abwägenden Rationalität kurz umreißen, die es
ermöglichen, maximierende Entscheidungen zu beschränken. Der
Grundgedanke ist der, daß in vielen Situationen das Ergebnis einer
Entscheidung, wenn jeder sich für das entscheidet, was in Anbetracht
der Entscheidungen der anderen den eigenen erwarteten Nutzen maximieren würde, für alle Beteiligten nachteilig ist, verglichen mit einer
Alternative – jeder könnte ein besseres Ergebnis erzielen.[14] Ein
Gleichgewichtszustand, der eintritt, wenn die Handlung jedes einzelnen die beste Reaktion auf die Handlungen der anderen darstellt, ist
mit der (Pareto-)Optimalität, die eintritt, wenn jemand nur dann ein
besseres Ergebnis erzielen kann, wenn ein anderer schlechter weg-
kommt, unverträglich. Angesichts der Tatsache, daß solche Situationen allgegenwärtig sind, kann jeder den Vorteil erkennen, der ihm persönlich entsteht, wenn alle eine Praxis verfolgen, die verlangt, daß
jeder auf den Versuch verzichtet, seinen eigenen Nutzen unmittelbar
zu maximieren, wenn ein solcher allseitiger Verzicht für alle Beteiligten vorteilhaft ist. Natürlich kann niemand einen Grund haben, irgendeine einseitige Beschränkung seines maximierenden Verhaltens hinzunehmen; jeder profitiert nur von der Beschränkung, die auch von
seinen Mitmenschen akzeptiert wird. Wenn man aber von einer den
anderen auferlegten Beschränkung mehr profitiert, als man verliert,
wenn man selbst einer Beschränkung unterliegt, dann hat man unter
Umständen Grund, eine Praxis zu akzeptieren, die verlangt, daß jeder,
auch man selbst, erkennen läßt, daß er sich einer solchen Beschränkung unterwirft. Wir können dies als eine Praxis darstellen, die bei
rationalen Personen, die unter sich die Bedingungen ausgemacht

---

[13] Siehe David Gauthier, *Morals by Agreement,* Oxford: Oxford University
      Press 1986, besonders die Kapitel V und VI.

[14] Das inzwischen klassische Beispiel für Situationen dieser Art ist das Gefan-
      genen-Dilemma; siehe *Morals by Agreement*, S. 79-80. Allgemeiner und in
      der Sprache der Ökonomen gesagt, zeigen solche Situationen ein Marktver-
      sagen an. Siehe zum Beispiel „Market Contractarianism" in Jules Coleman,
      Markets, Morals, and the Law, Cambridge: Cambridge University Press
      1988, Kap. 10.

haben, unter denen sie miteinander verkehren wollen, einhellige Zustimmung finden kann. Und diese Zustimmung ist die Grundlage der Moral.

Betrachten wir ein einfaches Beispiel für eine moralische Praxis, die rationale Zustimmung fordern würde. Nehmen wir an, jeder würde seinen Mitmenschen nur dann beistehen, wenn er entweder erwarten könnte, selbst davon zu profitieren, oder ein unmittelbares Interesse an ihrem Wohlergehen hätte. Dann gäbe es viele Situationen, in denen niemand anderen Beistand leisten müsste, selbst wenn die Vorteile für den Empfänger die Kosten des Gebers weit übersteigen würden, weil keine Teilhabe des Gebers an den Vorteilen vorgesehen ist. Alle würden also mit einem besseren Abschneiden rechnen, wenn jeder, ungeachtet eigener Vorteile oder Interessen, seinen Mitmenschen immer dann Beistand leisten müsste, wenn die Beistandskosten gering und der Vorteil für den, der selbst Beistand erhält, ziemlich groß ist. Damit würde jeder akzeptieren, nicht einseitig zwar, aber unter der Voraussetzung, die anderen tun desgleichen, daß das unmittelbare Verfolgen eigener Belange Beschränkungen unterliegt. Es bedarf nur einiger Überlegung, um zu erkennen, daß wer einer Gruppe angehört, deren Mitglieder der Praxis folgen, sich gegenseitig beizustehen, interaktive Vorteile genießt, die anderen versagt sind. Wir können diese Praxis dann so beschreiben, daß sie, rational betrachtet, für alle akzeptabel ist.

Dieses Grundprinzip allgemein gebilligter Beschränkungen nimmt nicht auf den Inhalt der betreffenden Präferenzen Bezug. Das Argument hängt lediglich von der *Struktur* der Interaktion ab, von der Art und Weise, wie die einzelnen Personen sich in ihrem Bemühen, die eigenen Präferenzen zu befriedigen, beeinflussen. Somit hat jede Person einen von ihren jeweiligen Wünschen, Zielen und Interessen unabhängigen Grund, eine Praxis wechselseitiger Beschränkung zu akzeptieren, obwohl dieser Grund natürlich nicht unabhängig von der Tatsache besteht, daß es der Person um solche Belange geht. Die Idee eines durch und durch rational Handelnden, der aus reiner Vernunft handelt, ist meiner Ansicht nach unverständlich. Man darf die Moral nicht so verstehen, als sei sie eine aus reiner Vernunft entspringende Beschränkung, der dann die Befriedigung nicht-rationaler Präferenzen unterworfen wird. Ein rational Handelnder ist vielmehr jemand, der um der maximalen Befriedigung seiner Präferenzen willen handelt, und die Moral ist eine der Interaktion mit anderen Handelnden entspringende Beschränkung hinsichtlich der Art und Weise, wie er handelt.

Nun betritt wie gewohnt Hobbes' Tor die Bühne, um darauf zu bestehen, daß es zwar durchaus rational sein mag, daß jemand zusammen mit seinen Mitmenschen Praktiken zustimmt, die allen Beteiligten Vorteile versprechen, doch sei es für ihn nur dann rational, diese Praktiken zu befolgen, wenn er damit unmittelbar zur maximalen Befriedigung seiner Präferenzen beiträgt.[15] Dann aber stellen solche Praktiken keine wirkliche Beschränkung dar. Ihnen zuzustimmen oder sie zu akzeptieren, kann dann nur dazu führen, daß sich die voraussichtlichen Erträge möglicher Entscheidungen verändern, so daß es rational erscheint, sich für das zu entscheiden, was ohne diese Praktiken zu keiner Nutzenmaximierung führen würde. Diese Praktiken böten nur echte Klugheit, nicht aber echte Moral.

Der Tor begeht einen doppelten Irrtum. Erstens hat er nicht verstanden, daß man nur bei denjenigen von einer wirklichen Akzeptanz solcher moralischen Praktiken, wie etwa seinen Mitmenschen beizustehen, Versprechen zu halten, oder die Wahrheit zu sagen, reden kann, die bereit sind, sie zu befolgen. Wenn meine Bereitschaft, sie zu befolgen, nur soweit reicht, wie meine derzeitigen Interessen oder Belange es erfordern, dann sind eigentlich Sie der Tor, wenn Sie mit mir in einer Weise verkehren, die eine striktere Befolgung verlangt. Wenn es zum Beispiel rational ist, Versprechen nur dann zu halten, sofern dadurch der eigene Nutzen unmittelbar maximiert wird, dann werden dort, wo diese Art von Rationalität Allgemeingut ist, nur solche Versprechen gegeben, die eine derartig begrenzte Befolgung erfordern. Man verzichtet damit auf die Möglichkeit, allen Beteiligten einen Vorteil zu verschaffen.

Man betrachte das folgende Beispiel, das zeigen soll, wie Versprechen allen Beteiligten nützen können. Jones und Smith besitzen benachbarte Farmen. Obwohl sie Nachbarn und einander nicht feindselig gesonnen sind, sind sie doch auch keine Freunde, so daß keiner von beiden eine Befriedigung daraus ziehen kann, dem anderen beizustehen. Trotzdem erkennen sie, daß jeder ein besseres Ergebnis erzielt, wenn sie ihr Getreide zusammen ernten, als wenn jeder für sich ernten würde. Nächste Woche ist das Getreide von Jones erntereif; vierzehn Tage später ist das Getreide von Smith soweit. Nach der Ernte wird sich Jones zur Ruhe setzen, seine Farm verkaufen und nach Florida ziehen, wo er aller Wahrscheinlichkeit nach weder Smith noch anderen Mitgliedern seiner Gemeinde begegnen wird. Jones würde

---

[15] Siehe Hobbes, *Leviathan*, London 1651, Chap. 15.

Smith gern versprechen, daß er ihm in vierzehn Tagen bei der Ernte helfen wolle, wenn Smith ihm nächste Woche hilft. Aber sowohl Jones als auch Smith wissen, daß Jones nur Kosten hätte, wenn er Smith in vierzehn Tagen hülfe. Auch wenn Smith ihm hilft, gibt es für ihn im Gegenzug nichts zu gewinnen, da für ihn weder der Gedanke an Smith noch die Sorge um seinen Ruf unter den gegebenen Umständen ein Motiv darstellen. Wenn daher Jones wie auch Smith wissen, daß Jones lediglich um der Maximierung seiner Präferenzbefriedigung willen handelt, dann wissen sie, daß er Smith nicht helfen wird. Deshalb wird Smith Jones nicht helfen, auch wenn Jones so tut, als verspreche er, ihm im Gegenzug beizustehen. Trotzdem würde Jones ein besseres Ergebnis erzielen, wenn er ein solches Versprechen geben und halten könnte – und das gilt auch für Smith.

Der zweite Irrtum des Toren, der auf den ersten folgt, liegt nun auf der Hand; der Tor verkennt, daß unter manchen Umständen Personen, die ernstlich bereit sind, moralische Praktiken strikter zu befolgen als mit ihren derzeitigen Interessen vereinbar wäre, plausiblerweise erwarten können, ein besseres Ergebnis zu erzielen als diejenigen, die nicht dazu bereit sind. Denn jene zurückhaltenden Maximierer, wie ich sie nenne, sind gern gesehene Partner bei kooperativen Unternehmungen, die für alle Beteiligten Vorteile bringen, und bei denen sich jeder darauf verläßt, daß alle anderen sich freiwillig an die Abmachungen halten. Die direkten Maximierer sind hiervon ausgeschlossen. Zurückhaltende Maximierer können somit eher mit günstigen Gelegenheiten rechnen als ihre Mitstreiter. Obwohl sie auf eine größtmögliche Präferenzbefriedigung verzichten, indem sie ihren Mitmenschen beistehen, Versprechen halten und vorhandene moralische Praktiken befolgen, erzielen sie doch aufgrund ihrer größeren Möglichkeiten insgesamt gesehen ein besseres Ergebnis als jene, die immer den erwarteten Nutzen maximieren.

Wenn ich die Moral mit Beschränkungen identifiziere, die bei rationalen, die Bedingungen ihrer Interaktion unter sich ausmachenden Personen Zustimmung finden, dann ist das eine rationale Rekonstruktion. Ich gehe nicht davon aus, daß wir bestehenden moralischen Praktiken und Prinzipien wirklich zugestimmt haben. Und ich gehe auch nicht davon aus, daß im Zweifelsfall alle bestehenden moralischen Praktiken unsere Zustimmung finden würden. Nicht alle bestehenden moralischen Praktiken müssen gerechtfertigt werden können – müssen Praktiken sein, die wir bereitwillig befolgen sollten. Ich gehe sogar nicht einmal davon aus, daß die Praktiken, die wir bereitwillig befolgen sollten, solche sein müssen, die jetzt unsere Zustimmung finden würden. Ich gehe davon aus, daß moralische Praktiken, die gerechtfertigt werden können, solche sind, die unsere Zustimmung *ex ante* finden, in einer geeigneten vormoralischen Situation. Es sind Praktiken, denen wir insofern zugestimmt hätten, als sie die Bedingungen unserer zukünftigen Interaktion bilden, wären wir *per impossibile* in der Lage, diese Bedingungen festzulegen. Somit liefert die hypothetische Zustimmung einen Test für die Rechtmäßigkeit unserer bestehenden moralischen Praktiken.

IV.

Diese Erklärung wirft viele Fragen auf, von denen ich hier aber nur eine erörtern will. Ich habe behauptet, daß moralische Praktiken, obwohl sie unseren Versuchen zur persönlichen Nutzenmaximierung, Beschränkungen auferlegen, insofern rational sind, als sie Gegenstand einhelliger *ex ante* Zustimmung wären. Um aber den Toren zu widerlegen, muß ich nicht nur die Zustimmung, sondern auch das Befolgen als rational ausweisen, und letzteres scheint sich gegenüber ersterem als vorrangig zu erweisen, so daß der Titel dieses Beitrags besser „Warum Beschränkung?" als „Warum Kontraktualismus?" lauten sollte. Es ist dann und nur dann rational, im Hinblick auf die unmittelbare Maximierung beim Entscheiden und Handeln bereitwillig gewisse Beschränkungen hinzunehmen, wenn diese Bereitschaft den erwarteten Nutzen maximiert. Worin besteht dann die Relevanz der Zustimmung und insbesondere der hypothetischen Zustimmung? Warum sollte es rational sein, nur solche Beschränkungen bereitwillig hinzunehmen, die in einer geeigneten vormoralischen Situation Gegenstand allseitiger Zustimmung wären, statt diejenigen Beschränkungen hinzunehmen, die den bestehenden moralischen Praktiken innewohnen? Daß man ein gern gesehener Interaktionspartner ist, beruht doch wohl sicherlich darauf, daß man letztere akzeptiert. Denn was die anderen erwarten und was sie bei der Auswahl eines geeigneten Kooperationspartners in Betracht ziehen, ist doch, daß man sich an die bestehende Moral hält.

Ich habe anfangs die Moral in Frage gestellt: Wie kann es für uns rational sein, ihre Beschränkungen zu akzeptieren? Nach allem, was ich gezeigt habe, könnte nun der Eindruck entstanden sein, als sei es für uns tatsächlich rational, Beschränkungen zu akzeptieren, aber als sei dies rational, ganz unabhängig davon, ob es plausibel ist, sie als moralisch zu betrachten oder nicht. Die Moral, so könnte es scheinen, hat mit meinem Argument nichts zu tun; vielmehr habe ich gezeigt, daß es rational sei, sich bereitwillig an diejenigen Beschränkungen zu halten, die, ungeachtet ihrer Natur, allgemein akzeptiert werden und deren Befolgung erwartet wird. Aber das ist nicht meine Auffassung.

Um die Relevanz der Zustimmung für die Rechtfertigung von Beschränkungen zu demonstrieren, gehen wir von einer funktionierenden Gesellschaft aus, deren Mitglieder eine Reihe bestimmter Praktiken mehr oder weniger anerkennen und befolgen, Praktiken, die ihren Entscheidungen Beschränkungen auferlegen im Hinblick darauf, wie diese Entscheidungen ausfielen, zögen sie unmittelbar nur ihre Wünsche, Ziele und Interessen in Betracht. Nehmen wir an, daß die Bereitschaft, mit diesen Praktiken konform zu gehen, *prima facie* von Vorteil ist, da diejenigen, die nicht dazu bereit sind, damit rechnen können, von günstigen Gelegenheiten ausgeschlossen zu werden. Die Praktiken selbst jedoch gründen auf keiner Zustimmung, oder brauchen zumindest nicht auf einer Zustimmung zu gründen. Und sie brauchen auch keinen intuitiven Maßstäben von Fairness oder Unparteilichkeit zu genügen, Merkmale, die relevant sein dürften, um diese Praktiken als wirklich moralisch zu identifizieren. Obwohl man sagen kann, daß diese Praktiken die Moral der fraglichen Gesellschaft darstellen, brauchen wir sie nicht als moralisch gerechtfertigt oder akzeptabel zu betrachten. Es handelt sich einfach um Praktiken, die das individuelle Verhalten auf eine Weise beschränken, die zu akzeptieren jeder für rational hält.

Nehmen wir nun an, daß unsere Gesellschaftsmitglieder, als rationale Maximierer individuellen Nutzens, anfangen, über die ihre Moral ausmachenden Praktiken nachzudenken. Sie werden diese Praktiken natürlich auf ihren eigenen persönlichen Nutzen hin bewerten, dies aber in dem Bewußtsein tun, daß die anderen dasselbe tun werden. Eine Frage, die dabei zwangsläufig auftauchen wird, lautet: Warum gerade diese Praktiken? Sie werden nämlich erkennen, daß die Menge der wirklichen moralischen Praktiken nicht die einzig mögliche Menge einschränkender Praktiken ist, die für alle Beteiligten vorteilhafte und optimale Ergebnisse zeitigen würden. Sie werden erkennen, daß alternative Moralordnungen möglich sind. Es reicht hier nicht, wenn man sagt, nach Lage der Dinge könne jeder erwarten, daß er von der Bereitschaft profitiert, bestehende Praktiken zu befolgen. Denn jeder wird sich auch fragen: Kann ich nicht noch mehr profitieren,

wenn ich zwar nicht aller Moral einfach den Rücken kehre und kei-
nelei Beschränkung mehr anerkenne, mich aber doch bestehender
Beschränkungen teilweise entledige zugunsten alternativer Beschränkungen? Sobald diese Frage gestellt wird, hat sich die Situation auch
schon verändert; die bestehende Moralordnung muß nicht nur im Hinblick auf die einfache Nicht-Befolgung beurteilt werden, sondern auch
im Hinblick auf eine, wie man sie nennen könnte, Alternativ-Befol-
gung.

Um diese Beurteilung vornehmen zu können, wird jeder seine
gegenwärtigen Aussichten mit denjenigen vergleichen, die er aus
alternativen Praktiken ableiten würde – Praktiken, die sich unter den
gegebenen Umständen aller Voraussicht nach aus einem Handel mit
den anderen Teilnehmern ergäben. Würden sich seine Aussichten
durch solche Verhandlungen verbessern, böte das für ihn einen echten, wenn auch nicht notwendigerweise hinreichenden, Anreiz, eine
Abänderung der etablierten Moralordnung zu verlangen. Allgemeiner
gesagt: Die bestehende Ordnung ist offenkundig instabil, wenn es Personen gibt, deren Aussichten sich durch Neuverhandlungen verbesserten. Und wessen Aussichten sich durch Neuverhandlungen ver-
schlechtern würden, hätte demgegenüber zweifellos Anlaß, sich zu
widersetzen, sich auf den Status quo zu berufen. Doch wird das wenig
Wirkung zeigen, besonders bei denen, die sich nicht durch falsche
ideologische Erwägungen täuschen lassen, sondern ihr Augenmerk
vielmehr auf die individuelle Nutzenmaximierung richten. Obwohl
wir also in der wirklichen Welt von bestehenden moralischen Praktiken als Beschränkungen für unser Maximierungsverhalten ausgehen,
gelangen wir doch durch Überlegung zur Idee eines verbesserten
Systems von Praktiken, das die Zustimmung aller fände, und dieses
verbesserte System weist für alle erkennbar eine Stabilität auf, die der
bestehenden Moral fehlt.

Ihr Reflexionsvermögen führt rational Handelnde vom Gegebenen
zum allgemein Gebilligten, von bestehenden, mit Beschränkungen
verbundenen Praktiken und Prinzipien zu solchen, in die jeder einwil-
ligt. Dasselbe Reflexionsvermögen, behaupte ich nun, führt von den
Praktiken, denen unter den bestehenden gesellschaftlichen Umständen
alle zustimmen würden, zu solchen Praktiken, die eine vormoralische
und vorgesellschaftliche *ex ante*-Zustimmung erhalten würden. Ebenso wie der Status quo sich als instabil erweist, wenn er mit demjenigen in Konflikt gerät, dem alle zustimmen würden, so erweist sich
dasjenige, dem alle zustimmen würden, als instabil, wenn es mit
demjenigen in Konflikt gerät, dem in geeigneten vorgesellschaftlichen

Kontexten alle zugestimmt hätten. Denn ebenso wie bestehende Praktiken insofern willkürlich erscheinen müssen, als sie nicht den Anforderungen einer rationalen Person entsprechen, so muß dasjenige, dem eine solche Person unter den bestehenden Umständen zustimmen würde, in bezug auf dasjenige willkürlich erscheinen, das von ihr in einer vorgesellschaftlichen Lage akzeptiert würde.

Welcher Praxis eine rationale Person unter den bestehenden Umständen zustimmen würde, hängt weitgehend von der Verhandlungsposition ab, in der sie sich gegenüber ihren Partnern befindet. Ihre Verhandllungsposition wird aber in erheblichem Maße von den bestehenden gesellschaftlichen Institutionen geprägt und deshalb auch von den momentan akzeptierten moralischen Praktiken, die sich in diesen Institutionen niederschlagen. Obwohl also eine allgemeine Zustimmung durchaus zu Prakiken führen kann, die sich von denjenigen unterscheiden, die sich in den bestehenden gesellschaftlichen Institutionen niederschlagen, wird diese Zustimmung doch von eben diesen Praktiken, die selbst nicht das Ergebnis rationaler Übereinkunft sind, beeinflußt sein. Dadurch wird nun die Rationalität der allgemein gebilligten Praktiken unweigerlich in Frage gestellt. Die Zufälligkeit bestehender Praktiken wirkt sich unweigerlich auf jede Übereinkunft aus, deren Bestimmungen in erheblichem Maße von ihnen geprägt werden. Obwohl die rationale Übereinkunft an sich eine Quelle der Stabilität darstellt, wird doch diese Stabilität durch die Zufälligkeit der Umstände, unter denen sie zustande kommt, untergraben. Um dieser Zufälligkeit zu entgehen, werden rationale Personen auf die hypothetische Übereinkunft zurückgreifen und überlegen, welchen Praktiken sie in einem Ausgangszustand, der nicht durch bestehende Institutionen und den in ihnen sich niederschlagenden Praktiken strukturiert ist, zustimmen würden.

Der Inhalt einer hypothetischen Übereinkunft wird bestimmt, indem man darauf verweist, daß alle Personen in gleichem Maße rational sind. Rationale Personen akzeptieren eine Übereinkunft nur insoweit freiwillig, als sie das Gefühl haben, daß sie für alle in gleichem Maße von Vorteil ist. Gewiß würde jeder lieber eine Übereinkunft akzeptieren, die für ihn vorteilhafter ist als für die anderen. Da aber niemand eine Übereinkunft akzeptieren wird, die für ihn offenbar nicht so vorteilhaft ist, werden Handelnde, deren Rationalität Allgemeingut ist, erkennen, wie zwecklos es wäre, mehr anzustreben oder auf mehr zu spekulieren. Sie werden ihre Verhandlungskosten minimieren, indem sie genau dann einlenken, wenn allen der gleiche Vorteil winkt. Die Größe des Vorteils bestimmt sich nun auf zweifache Weise. Erstens gibt es den Vorteil, der einer Übereinkunft als solcher innewohnt. Ein für alle gleicher Vorteil ist im Hinblick darauf insofern zu erwarten, als es so etwas wie ein faires Verfahren gibt. Indem sie von den bestehenden zu solchen moralischen Praktiken übergehen, die aus einer wirklichen Übereinkunft hervorgehen, begeben sich rationale Personen in eine Situation, die aus einem fairen Verfahren hervorgegangen ist und in der für jeden die allgemein gebilligten Praktiken solche sind, die zu akzeptieren, in Anbetracht der Umstände, unter denen die Übereinkunft erzielt wird, für alle gleichermaßen rational ist. Diese Umstände können aber ihrerseits in Frage gestellt werden, sofern man sie als willkürlich empfindet – zum Beispiel deshalb, weil man beschränkende Praktiken befolgt hat, die ihrerseits nicht garantieren, daß für alle gleiche Vorteile zu erwarten sind, und die daher auch nicht widerspiegeln, daß alle Beteiligten in gleichem Maße rational sind. Um dieses willkürliche Element zu neutralisieren, muß man moralische Praktiken, die voll und ganz akzeptabel sein sollen, als Praktiken begreifen, die aus einer hypothetischen Übereinkunft resultieren können, welche unter Umständen erzielt wird, die von gesellschaftlichen Institutionen, denen selbst völlige Akzeptanz fehlt, unbeeinflußt sind. Wenn alle gleichermaßen rational sind, dann müssen die äußeren Umstände ebenso berücksichtigt werden wie die internen Verfahren.

Worin liegt aber die praktische Bedeutung dieses Arguments? Es wäre absurd zu behaupten, daß es nur zu kennen oder es gar zu akzeptieren, bereits genügt, um die bestehenden moralischen Praktiken durch solche zu ersetzen, die eine vorgesellschaftliche Übereinkunft garantieren würden. Es wäre für jeden irrational, die Vorteile der bestehenden Moralordnung einfach nur deshalb aufzugeben, weil ihm klar wird, daß sie ihm mehr bietet, als er von einer rein rationalen Übereinkunft mit den anderen erwarten könnte. Und es wäre für jeden irrational, sich der bestehenden Moralordnung zu verweigern und langfristig eine Nutzeneinbuße einfach nur deshalb hinzunehmen, weil ihm klar wird, daß sich dieser Ordnung zu fügen, ihm weniger bietet, als er von einer rein rationalen Übereinkunft erwarten könnte. Trotzdem wird sich der Charakter der zwischenmenschlichen Beziehungen, die durch die bestehenden Beschränkungen aufrechterhalten werden, aufgrund dieser Einsichten verändern, zum Teil wird er dadurch überhaupt erst zutage treten, so daß schließlich einige dieser Beziehungen als repressiv erkannt werden. Solche Einsichten sind konstitutiv für die Eliminierung des falschen Bewußtseins; sie resultieren aus einem Prozeß rationaler Reflexion, durch den Personen meiner Theorie zufolge in eine Situation versetzt werden, die der idealen Sprechsituation bei Jürgen Habermas entspricht.[16] Ohne ein Argument der Verteidigung, mit dem sie sich in einem offenen Dialog vor ihresgleichen rechtfertigen können, werden diejenigen, die bestimmte Vorteile genießen, ihre privilegierte Position nur dann halten können, wenn sie die anderen zwingen können, sie zu akzeptieren. Das kann natürlich sein. Aber Zwang ist keine Zustimmung, und er ist in sich instabil.

Stabilität spielt eine Schlüsselrolle für den Versuch, Befolgung an Zustimmung zu binden. Im Bewußtsein der Vorteile, die sich aus beschränkenden Praktiken ziehen lassen, suchen rationale Personen solche Praktiken ausfindig zu machen, die dazu einladen, sie dauerhaft zu befolgen. Dauerhaft ist ein solches Befolgen dann, wenn es aus einer Übereinkunft hervorgeht, bei der jedem bewußt ist, daß ihre Bestimmungen für ihn selbst so günstig sind, daß es für ihn rational ist, sie zu akzeptieren, und daß sie wiederum für andere nicht so günstig sind, daß es für sie rational wäre, Bestimmungen zu akzeptieren, die für sie weniger günstig, für ihn selbst aber umso günstiger sind. Eine Übereinkunft, die für alle Beteiligten gleich günstige Bestimmungen enthält, lädt somit wie keine andere dazu ein, sich dauerhaft an sie zu halten.

V.

Indem ich die Behauptung verteidigt habe, daß moralische Praktiken Gegenstand einer geeigneten hypothetischen Übereinkunft sein müssen, damit rationale Individuen sie freiwillig und dauerhaft befolgen, habe ich die anfangs gegebene minimale Charakterisierung der Moral ergänzt. Nicht nur, daß die Moral unsere Entscheidungen und Handlungen beschränkt, sie beschränkt sie auch auf unparteiische Weise und spiegelt damit die Tatsache wider, daß alle Personen, die diesen Beschränkungen unterworfen sind, gleichermaßen rational sind. Es gehört zwar nicht zu meinem Argument zu zeigen, daß die Anforde-

---

[16] Siehe Raymond Geuss, *The Idea of a Critical Theory: Habermas and the Frankfurt School*, Cambridge: Cambridge University Press 1981, S. 65ff.

rungen der kontraktualistischen Moral den Rawlsschen Kohärenztest
bestehen und sich mit unseren wohlerwogenen Urteilen im Überlegungs-Gleichgewicht befinden. Es wäre jedoch irreführend, wenn
man die der unmittelbaren Nutzenmaximierung auferlegten und auf
rationale Weise gebilligten Beschränkungen so behandelte, als würden sie überhaupt eine Moral darstellen, statt diese zu ersetzen, gäbe
es nicht eine Übereinstimmung zwischen ihrem Inhalt und unseren
vortheoretischen moralischen Auffassungen. Die Übereinstimmung
liegt meiner Meinung nach in der für die hypothetische Zustimmung
erforderlichen Unparteilichkeit.

Die Grundlagenkrise der Moral läßt sich somit überwinden, indem
man darlegt, daß es rational ist, wenn wir uns an die von allen Beteiligten auf rationale Weise gebilligten Beschränkungen halten, die wir
uns bei der Verfolgung unserer Wünsche, Ziele und Interessen auferlegen. Obwohl sie sich einer objektiven Wertegrundlage oder einer
objektiv zweckmäßigen Ordnung beraubt und außerdem mit einem
fundamentaleren Rechtfertigungsmodus konfrontiert sieht, kann die
Moral überdauern, indem sie sich diesem Modus anverwandelt. Moralische Überlegungen haben denselben Status und spielen dieselbe Rolle bei Verhaltenserklärungen wie die anderen Gründe, die von jemandem, der rational abwägt, anerkannt werden. Was bleibt, ist eine
einheitliche Darstellung der Rechtfertigung, in der die Entscheidungen und Handlungen des einzelnen in bezug auf seine Präferenzen –
jene Belange, die für sein Selbstverständnis konstitutiv sind – bewertet werden. Da aber die Moral den Handelnden unabhängig von dem
jeweiligen Inhalt seiner Präferenzen bindet, übt sie jenen präskriptiven Zwang aus, den sie der christlichen ebenso wie der kantischen
Auffassung nach besitzt.

Der Zusammenschluß von Moral und abwägender Rechtfertigung
zeigt uns eine neue Dimension im Selbstbild des Handelnden. Denn
die Moral verlangt, daß man fähig ist, Verpflichtungen einzugehen;
mit anderen eine Übereinkunft zu treffen, in dem vollen Bewußtsein,
daß man seinen Beitrag leisten kann und wird, ungeachtet der vielen
berechtigten Erwägungen, die normalerweise in die eigenen zukünftigen Überlegungen mit einfließen. Und das ist mehr als die Fähigkeit,
die eigenen Wünsche und Interessen mit seinen Überzeugungen zu
einem einzigen kohärenten Ganzen zusammenzufügen. Obwohl diese
Fähigkeit zur Vereinigung sowohl die Vergangenheit wie auch die
Zukunft ins Auge fassen muß, braucht doch die betreffende Vereinigung selbst nur auf jenes Stück Gegenwart begrenzt zu sein, in dem
man urteilt und entscheidet. Wenn man sich aber der eigenen Zustim-

mung entsprechend zu einer zukünftigen Handlung verpflichtet, muß zumindest eine Teilmenge der eigenen Wünsche und Überzeugungen auch in dieser Zukunft noch Geltung haben. Das Selbst, das zustimmt, und das Selbst, das sich an die Abmachung hält, müssen eines sein. „ ... wie muß dazu der Mensch selbst vorerst *berechenbar*, *regelmäßig*, *notwendig* geworden sein, auch sich selbst für seine eigene Vorstellung, um endlich dergestalt, wie es ein Versprechender tut, für sich *als Zukunft* gutsagen zu können!"[17]

Unsere Entwicklung zu einem Tier, „das *versprechen darf*"[18], hat uns zugleich ein kontraktualistisches Bollwerk gegen das Zugrundegehen der Moral beschert.

---

[17] Nietzsche, *Zur Genealogie der Moral*, Zweite Abhandlung, Paragraph 1, a.a.O. S. 800.
[18] Ebd., S. 799.

Bernard Williams

Der Amoralist

„Warum sollte ich überhaupt irgend etwas tun?" Es gibt viele mögliche Arten, diese Frage zu verstehen; betrachten wir zwei davon. Erstens kann man sie als Ausdruck der Verzweiflung und Hoffnungslosigkeit verstehen: „Nenne mir einen Grund, überhaupt irgend etwas zu tun, alles ist sinnlos!" Zweitens kann man die Frage aber auch so verstehen daß sie einen gegen die Moral aufbegehrenden Unterton hat: „Wieso gibt es etwas, das zu tun ich *verpflichtet* bin?"

Nun können wir zwar im ersten Fall die Frage durch die Wendung „nenne mir einen Grund" umschreiben, aber es ist trotzdem ganz und gar nicht klar, ob wir dem, der fragt, wirklich einen Grund nennen können – ob wir ihn, wenn wir so weit ausholen müssen, durch *Argumente* dazu bringen können sich aus irgend etwas etwas zu machen. Wir könnten ihm natürlich in dem Sinne „einen Grund nennen", daß uns etwas einfällt, aus dem er sich doch noch etwas macht, aber das wäre dann kein überzeugen durch Argumente und es ist höchst zweifelhaft, ob es in diesem Falle überhaupt so etwas geben kann. Was er braucht, ist Hilfe oder Hoffnung, aber keine Argumente. Natürlich ist es richtig, daß er – wenn er am Leben bleibt – bestimmte Dinge tun wird und andere nicht, und in diesem absolut minimalen Sinne hat er so etwas wie Gründe, minimale Präferenzen, weshalb er das eine tut und das andere nicht. Aber dieser Einwand bringt uns nicht weiter. Vielleicht tut er das alles rein mechanisch, einfach nur so, um weiterzumachen, und es bedeutet ihm nichts. Wenn er jedoch seinen Zustand als Grund zum Selbstmord betrachtete, wäre dies eine wirkliche Entscheidung; denn als Ausweg aus dem Zwang, Entscheidungen zu treffen, kommt der Selbstmord in jedem Falle eine Entscheidung zu spät (wie Camus in „Der Mythos von Sisyphos" gezeigt hat). Aber es wäre für uns – und auch für ihn – kein Erfolg, wenn sich herausstellte, daß er immerhin eine Entscheidung anerkennt, nämlich diese.

Ich kann nicht sehen, wie man es als eine Niederlage der Vernunft oder der Rationalität betrachten könnte, daß sie gegen den Zustand eines solchen Menschen machtlos ist sein Zustand ist eher eine Niederlage für die Menschlichkeit. Anders steht es mit dem Vertreter unserer zweiten Version; sein Fall wird von den Moralisten meist als wirkliche Herausforderung an die Überzeugungskraft des moralischen Arguments verstanden. Denn er gesteht immerhin zu daß es Gründe gibt, bestimmte Dinge zu tun; und außerdem ist er – wenigstens die meiste Zeit über – ein Mensch wie wir alle. Sofern eine rationale Fundierung der Moral möglich ist, müßte sie sich in der Argumentation gegen den Amoralisten bewähren. Vielleicht würde es uns nicht gelingen, den Amoralisten in seiner ganz reinen Form wirklich zu überzeugen, aber es wäre immerhin eine Beruhigung für den Moralisten, wenn es Gründe gäbe, die den *Amoralisten* überzeugen würden, gesetzt den Fall, er wäre der Vernunft hinreichend zugänglich.

Wir könnten zuerst einmal fragen, von welchen Motiven sich der Amoralist leiten läßt. Gegenüber moralischen Erwägungen ist er gleichgültig, aber es gibt Dinge, aus denen er sich etwas macht; es gibt bei ihm echte Präferenzen und Zielsetzungen. Möglicherweise handelt es sich dabei um ein Streben nach Genuß oder Macht, oder auch um etwas weniger Allgemeines, z. B. irgendeine Sammelleidenschaft. Für sich genommen schließt das Streben nach solchen Dingen moralische Normen keineswegs aus. Was also müssen wir dem Amoralisten absprechen, um ihn wirklich amoralisch erscheinen zu lassen? Nun, vermutlich solche Dinge wie Rücksichtnahme auf die Interessen anderer, die Neigung, auch dann die Wahrheit zu sagen oder ein Versprechen zu halten, wenn es ihm nicht paßt, und die Tendenz, bestimmte Handlungsweisen zu verwerfen, weil sie unfair, unehrenhaft oder selbstsüchtig sind. Dies wären einige der inhaltlichen Bestandteile der Moral. Vielleicht müssen wir aber auch noch einen mehr formalen Aspekt der Moral streichen, nämlich die Bereitschaft, als Individuum gleichsam zurückzutreten und der Überlegung Raum zu geben, daß, wenn es für ihn „o. k." ist, sich in einer bestimmten Weise zu verhalten, es auch für die anderen „o. k." sein muß, sich ihm gegenüber genauso zu verhalten. Denn falls er bereit ist, sich auf diesen Gesichtspunkt einzulassen, wären wir eher bereit zu sagen, daß es sich bei ihm nicht um einen Menschen ganz ohne Moral handelt, sondern vielmehr um einen Menschen mit einer ziemlich eigentümlichen Moral.

An dieser Stelle müssen wir allerdings noch etwas genauer unterscheiden. In gewisser Weise ist es durchaus möglich, es für „o. k." zu halten, daß jeder Mensch sich eigennützig verhält, ohne sich auf das Territorium des moralischen Denkens zu begeben, nämlich dann, wenn man – grob gesagt – mit „o. k." meint: „Ich will darüber nicht moralisieren." Wenn man dagegen mit „o. k." „zulässig" oder etwas Ähnliches meint, befindet man sich auf dem Territorium der Moral, denn das würde z. B. implizieren, daß man andere Leute nicht daran hindern soll, ihre eigennützigen Interessen zu verfolgen – ein Gedanke, der für jemanden, der konsequent amoralisch denkt, ein Unding sein muß. Und wenn unser Amoralist (wie man sicher annehmen darf) etwas dagegen hat, wenn ihn andere Menschen genauso behandeln wie er sie verhält er sich vollkommen konsequent, solange er sich darauf beschränkt, Mißvergnügen darüber zu empfinden und sich entsprechend zur Wehr zu setzen. Was er konsequenterweise nicht tun kann, ist, den anderen ihr Verhalten *übelzunehmen* und dies Verhalten zu mißbilligen, denn das sind Einstellungen, die ins System der Moral gehören. Wobei vielleicht nicht ganz leicht festzustellen sein wird, ob er dem moralischen Argument hier wirklich schon in die Falle gegangen ist oder nicht; denn er wird zweifellos herausgefunden haben, daß geheuchelte moralische Empörung bestens dazu geeignet ist, empfindlichere Mitmenschen davon abzuhalten, einem zu nahe zu treten.

Dieses Beispiel illustriert – ebenso wie zahlreiche andere Verhaltensweisen des Amoralisten –, daß er nur als Parasit des Moralsystems existieren kann, daß es ihn und seine ihm eigentümlichen Befriedigungen nicht geben könnte, wenn die anderen sich nicht anders verhielten. Denn, ganz allgemein gesagt, kann es keine Gesellschaft ohne bestimmte moralische Regeln geben, und er braucht die Gesellschaft und macht sich die in ihr bestehenden moralischen Institutionen – wie z.B. die Verbindlichkeit von Versprechen und die moralischen Verhaltensdispositionen seiner Mitmenschen – zunutze. Er wird nicht bestreiten können, daß er sich faktisch als Parasit verhält; aber er wird sehr wenig empfänglich für die Behauptung sein, daß das irgend etwas zu besagen hat. Wenn man ihm entgegenhält: „Und wie würde es dir ergehen, wenn sich alle Leute so verhielten wie du?", wird er antworten „Nun, nicht besonders gut, nehme ich an – obwohl es mir in dem Chaos, das sich daraus ergeben würde, vielleicht immer noch besser ergehen würde als anderen Leuten. Aber Tatsache ist, daß sich die meisten Leute eben nicht so verhalten werden; und sollten sie endlich doch einmal darauf kommen, werde ich schon längst tot sein." Der Appell an die Konsequenzen einer bloß *vorgestellten* Verallgemeinerung ist ein seinem Wesen nach moralisches Argument, und als solches kann es ihn konsequenterweise nicht sonderlich beeindrucken.

Es gibt eine ganze Reihe von Dingen, die der Amoralist konsequent vermeiden muß, um seine Position aufrechtzuerhalten. Eines davon ist – wie wir eben schon gesehen haben – die Behauptung, daß die mehr oder weniger moralische Mehrheit der Menschen *kein Recht* habe, ihn nicht zu mögen, ihn abzulehnen oder ihn als Feind zu behandeln – vorausgesetzt, sie tut dies tatsächlich, denn es kann ja sein, daß seine

Macht, sein Charme oder seine Verstellungskunst sie effektiv daran hindert. An so etwas wie Rechtfertigung, zumindest in dieser Richtung, zu denken paßt nicht zu ihm. Außerdem muß er, will er konsequent bleiben, auch einer etwas subtileren Versuchung widerstehen, nämlich der Neigung, sich für einen im Grunde großartigen Charakter zu halten, z. B. für einen Menschen, der – verglichen mit der Feigheit der großen Menge – bemerkenswert mutig ist. Denn sobald er sich auf solche Gedanken einläßt, läuft er Gefahr, die Welt seiner Neigungen und Wünsche zu verlassen und auf ein Gebiet zu geraten, wo bestimmte Dispositionen als etwas betrachtet werden, das jemanden in besonderer Weise auszeichnet, als etwas, das zum Wohle der Gesellschaft beiträgt usw., und obwohl solche Gedanken nicht unmittelbar zu moralischen Erwägungen zu führen brauchen, bieten sie ihnen aber dennoch beträchtliche Ansatzpunkte, da sie unmittelbar die Frage nahelegen, was es denn sei, was diese Dispositionen zu etwas Gutem macht, und es wird für ihn nicht leicht sein, dieser Frage nachzugehen, ohne in Überlegungen über die *allgemeinen* Interessen und Bedürfnisse seiner Mitmenschen hineinzugeraten – womit er sich wieder im Bereich des moralischen Denkens befände, mit dem er ja gerade nichts zu tun haben will.

Die Versuchung, sich selbst für mutig zu halten, ist für ihn ganz besonders gefährlich, da „mutig" selbst fast schon ein moralischer Begriff ist, der eine ganze Kette unzweifelhaft moralischer Reflexionen nach sich zieht. Außerdem geht er bei seiner Anwendung des Begriffs von einer eindeutig falschen Voraussetzung aus, nämlich, daß die eher moralischen Bürger ebenfalls Amoralisten wären, falls sie damit durchkämen, falls sie nicht zu verängstigt wären und falls sie sich nicht so passiv von der Gesellschaft konditionieren ließen – ganz allgemein: wenn sie nicht so viele Hemmungen hätten. Er stellt sich vor, daß sie Angst haben, und dadurch kommt er zu der Vorstellung, daß er selber mutig ist. Aber diese Voraussetzung ist schlechthin absurd. Wenn sie besagen soll daß jeder Mensch jede beliebige moralische Regel brechen würde, falls er nur sicher sein könnte, daß er ungeschoren davonkäme (diese Vorstellung steckt hinter dem Unsichtbarkeit verleihenden Ring des Gyges in Platons „Staat"), ist das eine Annahme, die für viele Menschen falsch ist, und aus gutem Grund: die fundamentalen Moralnormen und Moralvorstellungen werden im Laufe der Erziehung so tiefgehend internalisiert, daß sie sich beim Verschwinden der Polizei oder der neugierigen Nachbarn nicht gleich in Nichts auflösen. Gerade das ist es (unter anderem), was sie – im Gegensatz zu *bloßen* Rechtspflichten oder gesellschaftlichen Konventionen – zu spezifisch moralischen Regeln macht. Moralische Erziehung kann durchaus dazu führen, daß Menschen häufig uneigennützig handeln *möchten*, zumindest, daß es ihnen innerlich äußerst schwerfällt, sich richtig niederträchtig aufzuführen.

Aber das, wird er sofort einwenden, ist ja gerade die gesellschaftliche Konditionierung; man entferne sie, und man wird anschließend keinerlei moralische Motivationen mehr antreffen! – Wir brauchen uns auf den rhetorischen Appell des Wortes „Konditionierung" nicht einzulassen; selbst wenn es eine wahre Theorie gäbe (was nicht der Fall ist), die die moralische und verwandte Formen der Erziehung mit den Begriffen der behaviouristischen Lerntheorie erklären könnte, müßte sie darüber hinaus noch die sehr augenfälligen Unterschiede zwischen einer erfolgreichen und intelligenten, zur Einsicht führenden Erziehung einerseits und der Produktion von bedingten Reflexen andererseits erklären können. Sagen wir statt dessen also, daß moralische Motivationen das Produkt gesellschaftlicher Einflüsse der Belehrung, der Kultivierung usw. sind. Das ist zweifellos richtig. Aber im wesentlichen ist ja alles, was einen Menschen ausmacht, ein Produkt dieser Art: seine Sprache, seine Denkweise, seine Neigungen und sogar seine Emotionen, einschließlich der Mehrzahl jener Dispositionen, die der Amoralist besonders schätzt. Hier könnte er nun weiter einwenden: Zugegeben, daß alles, was einigermaßen komplex ist, selbst meine eigenen Begierden, durch Kultur und Umwelt beeinflußt und in vielen Fällen sogar erst produziert ist; aber trotzdem gibt es *fundamentale* eigennützige Impulse, die alledem zugrunde liegen, und diese sind es, die einen Menschen in Wirklichkeit ausmachen.

Wenn „fundamental" dasselbe bedeuten soll wie „genetisch primitiv", könnte der Amoralist unter Umständen recht haben – dies zu entscheiden wäre Sache der Psychologie. Aber auch, wenn seine Behauptung in diesem Sinne richtig sein sollte, ist sie völlig irrelevant (für sein Argument, nicht unbedingt für Fragen der Kindererziehung); denn sofern es überhaupt so etwas gibt wie die *wirkliche* Beschaffenheit von Menschen, ist diese jedenfalls nicht dasselbe wie die Beschaffenheit von Kleinkindern: Kleinkinder besitzen keine Sprache, und auch sonst fehlen ihnen noch viele Eigenschaften, die zur wirklichen Beschaffenheit des Menschen zählen müßten. Und wenn man statt dessen den Test für die *wirkliche* Beschaffenheit des Menschen in dem Verhalten von Menschen sehen will, die starkem Streß und großen Entbehrungen ausgesetzt sind (wie es Hobbes in seiner Schilderung des Naturzustands getan hat), kann man wiederum nur fragen, warum gerade dies ein brauchbarer Test sein sollte. Abgesehen davon, daß sein Ergebnis ganz und gar nicht eindeutig ausfällt, muß man fragen, wieso dieser Test überhaupt relevant sein kann. Streß und Entbehrungen sind nicht die Bedingungen, unter denen sich das typische Verhalten irgendeines Lebewesens beobachten läßt, und sie sind ersichtlich auch nicht für die Beobachtung irgendwelcher anderer menschlicher Eigenschaften optimal. Wenn etwa jemand sagen wollte, daß man, wie die Menschen *wirklich* sind, am besten an solchen erkennen könne, die drei Wochen in einem Rettungsboot auf hoher See getrieben haben, so ist nicht zu sehen, wieso diese Maxime im Hinblick auf ihre Motivationen brauchbarer sein soll als im Hinblick auf ihre körperliche Verfassung.

Falls es so etwas gibt wie die *wirkliche* Beschaffenheit der Menschen, verhält es sich vielleicht doch so (zumindest in den hier angesprochenen Aspekten), daß diese von ihrer *tatsächlichen* Beschaffenheit gar nicht so sehr verschieden ist – das heißt, daß wir Geschöpfe sind, in deren Leben moralische Erwägungen durchaus eine gewichtige, prägende wenn auch häufig ungesicherte Rolle spielen.

Der Amoralist wäre demnach zweifellos gut beraten, auf selbstgefällige Vergleiche zwischen sich und den übrigen Mitgliedern der menschlichen Gesellschaft in den meisten Fällen zu verzichten. Bei diesen letzteren mag natürlich eine gewisse Neigung bestehen, ihn zu bewundern, zumindest bei denjenigen, die ihm so fern stehen, daß er ihre Interessen und Gefühle nicht verletzt. Er sollte dies jedoch nicht allzusehr als Bestätigung seiner Position werten, weil solche Neigungen aller Wahrscheinlichkeit nach bloße Wunschprojektionen sind (was nicht bedeutet, daß die anderen so sein würden wie er, wenn sie nur könnten, denn eine Wunschvorstellung ist nicht dasselbe wie ein frustriertes aktives Begehren). Und man wird ihn nur dann bewundern oder vielleicht gern haben, wenn er erkennbar menschliche Züge aufweist – was die Frage aufwirft, ob der Amoralist, so wie wir ihn bisher beschrieben haben, für diesen Zweck bereits hinreichend ausgestattet ist.

Kann es für den Amoralisten irgendeinen anderen Menschen geben, aus dem er sich etwas macht? Kann es jemanden geben, von dessen Not oder Leiden er betroffen wäre? Wenn wir das verneinen, sieht es so aus, als ob wir einen Psychopathen konstruiert hätten; und bei einem Psychopathen ist es gewiß eine idiotische Idee, ihn durch Argumente zur Moral bekehren zu wollen; aber ebensowenig ist die Tatsache, daß dies eine idiotische Idee ist, geeignet, die Grundlagen der Moral oder der Rationalität zu unterminieren. Wenn eine Rechtfertigung der Moral nicht ganz witzlos sein soll, muß es eine Alternative zur Moral geben – etwas, *dem gegenüber* man die Moral rechtfertigen kann. Und der Amoralist erschien uns deshalb von Bedeutung zu sein, weil er diese Alternative anzubieten schien – immerhin schien seine Art zu leben durchaus ihre Reize zu haben. Auch Psychopathen sind in gewisser Weise für das moralische Denken wichtig, aber sie sind es nur deshalb, weil sie uns betroffen machen und wir versuchen müssen, genauer zu verstehen, warum und wieso sie uns betroffen machen, und nicht etwa deshalb, weil ihre Art zu leben als reizvolle Alternative zur moralischen Lebensweise erscheinen könnte.

Der von uns skizzierte Amoralist schien doch noch einen anderen Reiz zu haben; man könnte sich vorstellen, daß er gelegentlich so etwas wie menschliche Zuneigung erkennen läßt und sich manchmal doch etwas aus einem anderen Menschen macht. Man könnte an die Klischeefigur aus alten Gangsterfilmen denken, den attraktiven Bösewicht, der um seine alte Mutter oder um ein Kind besorgt ist oder wenigstens an seiner Geliebten hängt. Er ist immer noch erkennbar amoralisch, weil er keine allgemeinen Rücksichten kennt und es mit der Fairneß und ähnlichen Dingen bei ihm nicht besonders gut bestellt ist. Er tut zwar hin und wieder etwas für andere Menschen, aber das hängt ganz und gar von seiner Laune ab. Natürlich wird man bei so einem Menschen mit moralphilosophischen Argumenten nicht weit kommen, schon deshalb, weil er etwas Besseres zu tun haben wird, als sie sich anzuhören. Aber das ist nicht der entscheidende Punkt (obwohl er gewichtiger ist als man nach manchen Diskussionen über die Natur des moralischen Arguments annehmen sollte). Der entscheidende Punkt ist vielmehr, daß er uns ein Modell an die Hand gibt, an dem wir sehen können, wo die Ansatzpunkte liegen, von denen wir die Moral gewissermaßen „in Bewegung setzen" können, auch wenn es unwahrscheinlich ist, daß wir bei einer Diskussion mit ihm de facto weit kommen.

Die Ansatzpunkte, die uns der Amoralist liefert, sind, glaube ich, fast schon ausreichend. Denn er hat immerhin die Vorstellung, daß er etwas *für* einen anderen tut, weil der andere dies braucht. Diese Vorstellung wird bei ihm zwar nur dann in die Tat umgesetzt, wenn es ihm paßt; aber dieses Ihm-Passen und, daß es immer nach seinen Launen gehen muß, gehört nicht selbst zum Inhalt dieser Vorstellung. Selbst wenn er den betreffenden Menschen nur hilft, weil es ihm gerade so paßt oder weil er sie gern hat und aus keinem anderen Grunde (er selber braucht in solchen Fällen natürlich überhaupt keine besseren Gründe), will er ihnen doch deshalb helfen, *weil sie Hilfe brauchen*; wenn er jemanden gern hat und ihm hilft, denkt er „Der braucht

Hilfe" und nicht „Ich mag ihn, und er braucht Hilfe". Dies ist ein entscheidender Punkt: Er ist fähig, unter dem Gesichtspunkt der Interessen anderer zu denken; und daß er kein moralisch Handelnder ist, liegt
(zum Teil) daran, daß er dies nur gelegentlich und aus seinen Launen
heraus tut. Aber zwischen dieser seiner Verfassung und der Grundhal-
tung des eigentlich moralischen Verhaltens klafft keineswegs ein unü-
berbrückbarer Abgrund. Es gibt Menschen, die Hilfe brauchen, denen
er aber im Moment nicht helfen mag oder die er überhaupt nicht mag,
und es gibt andere Menschen, die wieder nur andere mögen und diesen helfen, wenn sie Hilfe brauchen. Ihn dazu zu bringen, sich diese
Fälle vor Augen zu führen, wäre eher eine Erweiterung seines Vorstellungsvermögens und Denkens als ein Sprung über einen Abgrund
hinweg auf eine völlig andere, „moralische" Ebene. Wenn wir ihn
dazu bringen, sich derartige Situationen vorzustellen und über sie
nachzudenken, erweitern wir sein Mitgefühl und Verständnis; und
wenn wir es fertiggebracht haben, Verständnis für ihm weniger nahe-
stehende Personen, die Hilfe brauchen, in ihm zu wecken, könnten wir
vielleicht auch sein Verständnis für Personen wecken, deren Interessen verletzt worden sind, und ihm eine gewisse Vorstellung, einen elementaren Begriff von Fairneß nahebringen. Haben wir ihn erst einmal
so weit, wird sein Verhältnis zu moralischen Erwägungen sicher
immer noch äußerst schwankend sein; aber er hat dann immerhin
schon ein Verhältnis zu ihnen gewonnen, er ist nicht mehr der Amoralist, von dem wir ausgegangen sind.

Dieses Modell soll keineswegs nahelegen, daß die gesamte Moral
vom Mitgefühl und seinen möglichen Erweiterungen aus konstruiert
werden kann; das ist unmöglich. (Selbst Hume, der dieser Intention
vielleicht noch am nächsten gekommen ist, hat es nicht versucht; sein
System kennt – neben vielen anderen wertvollen und interessanten
Gesichtspunkten – eine Unterscheidung zwischen „natürlichen" und
„künstlichen" Tugenden, die hier unmittelbar relevant ist.) Unser
Modell soll vielmehr nur eins deutlich machen: Wenn wir einem Menschen auch nur ein Minimum von Zuneigung und Mitgefühl mit anderen konzedieren, brauchen wir keine radikal neuen Denk- und Erleb-
nisweisen zu postulieren, die ihm den Zugang zur Welt der Moral
eröffnen könnten; eine bloße Erweiterung von Eigenschaften, die er
schon besitzt, genügt. Er ist dann zwar noch nicht sehr weit in die
Welt der Moral eingedrungen, denn die ist recht weitläufig – wir
haben bei unserer Skizze des Amoralisten ja gesehen, ein wie lang-
wieriges Unternehmen es ist, aus dieser Welt herauszukommen. Aber
jemand, dessen Mitgefühl sich erweitert hat, der die Fähigkeit erwor-

ben hat, über die Bedürfnisse von Menschen nachzudenken, die ihm nicht unmittelbar nahestehen, hat die Grenze zur Welt der Moral zweifellos schon überschritten. Aus dem Gesagten folgt nicht, daß die mitfühlende Fürsorge für andere eine notwendige Bedingung für die Zugehörigkeit zur Welt der Moral ist, auch nicht, daß es sich bei dem hier skizzierten Weg um den *einzig* möglichen „Zugang zur Moral" handelt. Es folgt nicht, aber es ist so.

Auf einige der hier angesprochenen Überlegungen zu moralischen und anderen Motivationen werden wir später noch zurückkommen. Zuerst aber will ich mich einer anderen Figur zuwenden, die den Moralphilosophen ebenso (wenn auch auf andere Weise) beunruhigend erscheint wie der Amoralist. Diese Figur hat nichts dagegen einzuwenden, daß sie selber eine Moral besitzt; aber sie hebt hervor, daß andere Menschen andere Moralen haben – und daß es keine Möglichkeit gibt sich verbindlich für eine Moral aus der Vielzahl der Moralen zu entscheiden. Diese Figur ist der Subjektivist.

Kai Nielsen

Noch einmal: Warum soll ich moralisch sein?

I.

Wer die Frage stellt: „Warum soll ich moralisch sein?", der fragt: „Warum soll ich tun, was richtig ist?" Aber dies setzt wiederum voraus, daß wir wissen, was mit der Behauptung gemeint ist, daß etwas richtig oder falsch sei, und daß wir zumindest in einigen Fällen und bis zu einem gewissen Grade feststellen können, was richtig und falsch ist. Wenn der Nihilismus wahr und die Rede von richtig und falsch eine Täuschung oder inkohärent ist, oder wenn ein wirklich tiefgreifender moralischer Skeptizismus gerechtfertigt ist, so daß wir nicht im geringsten ermitteln oder feststellen können, was richtig oder falsch, oder was auch nur annähernd richtig oder falsch ist, dann ist die Frage „Warum moralisch sein?" sinnlos. Wenn es sich um eine kohärente Frage handelt, dann setzt sie voraus, daß zumindest einige von uns in zumindest einigen Fällen eine einigermaßen feste Vorstellung davon haben können, was richtig und falsch ist, und sie setzt außerdem voraus, daß zumindest einige von uns hin und wieder moralisch sein können: das Richtige tun und das Falsche vermeiden können.

Ich bin der Auffassung, daß der Nihilismus und der ethische Skeptizismus – insbesondere einige Formen des ethischen Skeptizismus – weniger leicht zu widerlegen sind, als manche Philosophen glauben und unsere Ethik-Lehrbücher zumeist nahelegen. Zwar gibt es Formen des Nihilismus und des ethischen Skeptizismus, die offenkundig absurd sind, aber es gibt auch Formen, mit denen man nicht so leicht fertig wird. Wie dem auch sei, ich gehe hier davon aus, daß man dem Nihilismus und dem ethischen Skeptizismus selbst in ihren stärksten Ausprägungen beikommen und sie durch triftige philosophische Argumente untergraben kann, und werde mich daher mit der ganz anderen Frage – oder vielmehr (um nicht irgendwelche relevanten Dinge, die in Frage stehen, vorauszusetzen) vermeintlichen Frage beschäftigen: *Warum soll ich tun, was ich zugegebenermaßen für das Richtige halte?*

Nehmen wir an, jemand – ein Dostojewskijscher Untergrundbewohner, wenn Sie wollen – will eine grundlegende Entscheidung darüber herbeiführen, wie er oder sie leben will, was für eine Person er oder sie werden oder auf jeden Fall bleiben möchte. Dieser jemand weiß, daß die als selbstverständlich betrachtete, in kultureller Hinsicht sogar fraglose Meinung vorherrscht, daß er stets das tun soll, was er, alles in allem genommen, für das Richtige hält; er möchte aber wissen, welche Rechtfertigung sich für diese Behauptung überhaupt vorbringen läßt. (Oder ist das eine der Stellen, wo alle Rechtfertigung ein Ende findet?) Er möchte wissen, warum er tun soll, was er zugegebenermaßen für das Richtige hält. Und er könnte dies sogar aus jener geistigen Haltung heraus wissen wollen, aus der heraus Glaukon und Adeimantos in Platons *Politeia* diese Frage stellen. Das heißt, er könnte fest entschlossen sein, das Richtige zu tun, aber dennoch wissen wollen, ob man irgendwelche nicht zirkulären Gründe anführen kann, warum er es tun soll. Diese Frage ist es, mit der ich mich auseinandersetzen will.

Es handelt sich hierbei nicht um den eben beschriebenen ethischen Skeptizismus; vielmehr handelt es sich um eine Skepsis gegenüber der Moral. Es ist deshalb kein ethischer Skeptizismus, weil vorausgesetzt wird, daß wir zugeben, daß gewisse Dinge richtig oder falsch (moralisch oder unmoralisch) sind. Wir geben dies alles zu und fragen trotzdem, warum wir das Richtige tun und das Falsche vermeiden sollen. Eine Person mit Prinzipien (jemand, der dem moralischen Standpunkt verpflichtet ist) ist eine Person, die darauf beharren wird, daß moralische Erwägungen alle anderen Erwägungen überwiegen. Wenn ich darüber nachdenke, welchen Lebensweg ich einschlagen will, frage ich, warum, und sogar ob, ich eine Person mit Prinzipien sein soll.

Es hängt nichts Wesentliches davon ab, wenn Sie darauf bestehen, daß es sich hierbei um nichts anderes als um den *echten* ethischen Skeptizismus handelt, weil damit, wie Sie sagen, die Behauptung einer objektiven Grundlage für die Moral von Grund auf in Frage gestellt wird. Ich habe gesagt, „es hängt nichts Wesentliches davon ab", weil für Sie ‚ethischer Skeptizismus', sofern sie auf dieser Redeweise bestehen, einfach nur das bedeutet, was ich „Skepsis gegenüber der Moral" genannt habe; wir müssen dann trotzdem noch zwischen wenigstens zwei Arten des „ethischen Skeptizismus" unterscheiden: der landläufigen Spielart mit ihrer Skepsis, ob wir jemals wissen oder verläßlich feststellen können, was richtig und was falsch ist, und der radikaleren Form, die fragt: Selbst wenn wir das Richtige oder Falsche wissen oder verläßlich ermitteln können, warum sollen wir es tun? Es ist diese Frage, oder vermeintliche Frage, die ich hier betrachten werde.

II.

Wir wollen das noch etwas konkretisieren. Wer den moralischen Standpunkt einnehmen will, muß über eine gewisse Sensibilität für die Schmerzen und das Leid von Menschen verfügen. Allgemeiner gesagt, je weniger Schmerzen und Leid es in der Welt gibt, um so besser. Soviel dürfte klar sein. Darüber hinaus hat sich die Moral dahingehend entwickelt, daß die reflektierten moralischen Akteure, zumindest in den Gesellschaften, in denen sich die Moderne durchgesetzt hat, schließlich auch die Notwendigkeit (zumindest theoretisch) anerkannt haben, daß die angeborene Würde und der innere Wert aller Menschen zu bejahen sei.

Der moralische Standpunkt erschöpft sich darin aber nicht, und diese Dinge haben auch nicht immer und überall zum moralischen Standpunkt aller Gesellschaften gehört. Der Horizont mancher moralischer Standpunkte ist doch eher beschränkt gewesen. Daß man jenes, wie man es nennen könnte, Verpflichtetsein auf die *Humanität* (das Leiden zu lindern) und auf die *Menschlichkeit* (Menschen als Wesen zu behandeln, die einen inneren Wert besitzen) akzeptiert, wenn auch häufig nur als Lippenbekenntis, ist für uns inzwischen zu einem universellen und partiell definierenden Merkmal desjenigen geworden, der den moralischen Standpunkt einnimmt. (Daß es sich hierbei nicht selten um ein Lippenbekenntnis handelt, ist wieder etwas anderes.)

Die skeptische Frage, die ich Ihnen vorlege, sollte wie folgt formuliert werden: Nehmen wir an, Sie stellen sich, ohne irgendwelche Ausflüchte zu machen, mit großem Bedacht und ganz grundlegend die Frage: Welchen Lebensweg möchte ich einschlagen, was für eine Person möchte ich sein? Die meisten, so vermute ich, würden unter anderem Menschen mit moralischen Prinzipien sein wollen, Menschen, die der Humanität und der Menschlichkeit verpflichtet sind. Es mag aber auch einige geben, die diesen Ehrgeiz einfach nicht haben. Die Überlegung hat etwas Bedrückendes, aber ich frage mich, oder Sie fragen sich: Warum soll ich diesen moralischen Standpunkt mit seiner Verpflichtung auf die *Humanität* oder die *Menschlichkeit* oder überhaupt irgendeinen moralischen Standpunkt einnehmen, wenn ich keine Lust dazu habe? Das ist die skeptische Frage, die ich Ihnen stelle.

III.

Einige Philosophen haben sich gesträubt, diese Frage auch nur aufzuwerfen. Sie haben sie für eine Scheinfrage gehalten. Meine Entgegnung wird zunächst ziemlich knapp ausfallen. Das heißt, meine Entgegnung richtet sich an jene, die diese Frage nicht deshalb zurückweisen wollen, weil es unmoralisch ist, sie zu stellen, sondern – so glauben sie jedenfalls – weil es sinnlos ist. Es macht ungefähr so viel Sinn, so behaupten sie, als würde man fragen: „Warum sind alle scharlachroten Dinge rot?" Wenn wir gründlich über das Wort „sollen" nachdenken, das in der vermeintlichen Frage „Warum soll ich moralisch sein?" vorkommt, werden wir schließlich erkennen, so behaupten sie weiter, daß wir nach etwas logisch Unmöglichem fragen: Wir fragen nach einem moralischen Grund, um überhaupt moralische Gründe akzeptieren zu können.

Dieser Einwand verflüchtigt sich, sobald wir uns darauf besinnen, daß nicht alle verständlichen Verwendungsweisen von ‚sollen' moralische Verwendungsweisen sind. Wenn ich frage: „Soll ich die Schnittwunde bandagieren?", dann stelle ich normalerweise keine moralische Frage, und ‚sollen' wird hier nicht im moralischen Sinn verwendet. Wenn ich frage: „Warum soll ich moralisch sein?", dann frage ich nicht, sofern ich meine fünf Sinne beisammenhabe: „Welchen moralischen Grund oder welche moralischen Gründe habe ich, moralisch zu sein?" Das wäre tatsächlich so, als würde ich fragen: „Warum sind alle scharlachroten Dinge rot?" Vielmehr frage ich: Kann ich, alles in allem genommen, einen hinreichend starken Grund – einen nicht-moralischen Grund, versteht sich – dafür angeben, daß ich moralischen Erwägungen, wenn sie mit anderen Erwägungen in Konflikt geraten, stets allergrößtes Gewicht beilege, so daß ich nachweislich irrational oder zumindest nicht in dem sonst zu erwartenden Maße rational handeln würde, wenn ich moralischen Erwägungen nicht diese Vorrangstellung einräumen würde?

Diejenigen, die ebenjene Frage zurückweisen wollen, können nun ihrerseits darauf reagieren. Der situative Kontext, in dem sich die Frage „Warum moralisch sein?" stellen könnte, ist als solcher, wie eben praktisch gezeigt wurde, ein Kontext, in dem davon ausgegangen wird, daß moralisches Handeln nicht im Interesse des jeweiligen Fragestellers liegt; wenn dem aber so ist, dann ist die Frage dennoch sinnlos, weil sie nach einem Grund fragt, der ein eigennütziger Grund für das Moralischsein sein muß, zugleich aber davon ausgegangen wird, daß Moralischsein nicht im eigenen Interesse des Handelnden liegt. Das läuft aber darauf hinaus, daß der Handelnde nach einem eigennützigen Grund für etwas fragt, das zu tun nicht in seinem eigenen Interesse liegt, und das ist offenkundiger Unsinn. Mit seiner Frage äußert der Fragesteller einen Gedanken, der inkohärent ist, denn er fragt nach einem eigennützigen Grund für eine Handlung, die seinem Eigeninteresse zuwiderläuft.

Man könnte bestreiten, was tatsächlich auch geschehen ist, daß es nur dann Sinn mache, die Frage „Warum soll ich moralisch sein?" zu stellen, wenn man davon ausgeht, daß moralisches Handeln nicht im Eigeninteresse des Fragestellers liegt. Läßt man aber diese Antwort einmal beiseite, dann stößt der Versuch, die Sinnlosigkeit dieser Frage aufzuzeigen, auf folgende Schwierigkeiten. Es ist weder eine logische noch eine begriffliche Wahrheit (wenn es überhaupt wahr ist), daß das Rationalste, was, alles in allem genommen, jemand, überhaupt jeder tun kann, darin besteht, stets das zu tun, was seinem Eigeninteresse dient. Es ist weder durch Definition wahr, noch scheint es ein „allgemeines Gesetz der Rationalität" zu sein, denn offenbar gibt es immer Umstände, unter denen es – um ein mögliches Gegenbeispiel zu nehmen – weder auf kurze noch auf lange Sicht im Eigeninteresse des betreffenden Individuums liegt, eine Niere zu spenden, und trotzdem wäre es für dieses Individuum weder irrational noch wider die Vernunft, es zu tun. Wenn es solche Umstände gibt (was ganz offenbar wohl der Fall ist), dann kann es nicht sein, daß es für jemanden *schlechthin* rational ist, stets das zu tun, was in seinem eigenen Interessse liegt. Es gibt rationale Individuen, zum Beispiel einige Nierenspender, die, wenn sie eine Niere spenden, weder irrational sind noch irrational handeln. Es gibt Dinge, die von der Vernunft nicht *verlangt* werden, die offenbar dennoch nicht *wider* die Vernunft sind. Eine Niere zu spenden, auch wenn es gegen das eigene Interesse ist, kann manchmal dazu gehören.

Darüber hinaus ist nicht klar, daß ich in Kontexten, in denen es nicht in meinem eigenen Interesse liegt, moralisch zu sein, mit der Frage „Warum soll ich moralisch sein?" unbedingt nach einem eigennützigen Grund fragen muß, der dagegen spricht, etwas zu tun, was ich, alles in allem genommen, für unmoralisch halte, und was tatsächlich auch unmoralisch ist, falls ich nicht gerade aus einer Konfusion heraus nach einem moralischen Grund frage, der dagegen spricht. Es könnte statt dessen ein ästhetischer, ein ökonomischer oder ein politischer Grund sein, wie etwa das Handeln aus reiner Klassensolidarität, oder der Fragesteller ist sich vielleicht auch nicht ganz sicher, welchen Grund er als überwiegenden Grund ansehen will – das ist selbst einer der Bestandteile der Frage. Daher ist demjenigen, der die Frage als Scheinfrage aufzuzeigen versucht, auch dieser Weg versperrt.

Statt dessen kann man die Ansicht vertreten, die Frage „Warum soll ich moralisch sein?" sei deshalb eine Scheinfrage, weil sie, wie schon gesehen, gleichbedeutend ist mit der Frage „Warum soll ich tun, was richtig ist?", und diese vermeintliche Frage ist, so wird behauptet, deshalb eine sinnlose Frage, weil die Aussage, eine Handlung sei richtig, nichts anderes bedeutet, als daß man sie ausführen soll. Dies ist nach Meinung einiger die endgültige Antwort auf jemanden, der die Hegemonie der Moral in Frage stellt. Und dies gilt, so wird ferner behauptet, auch für jemanden, der als Handelnder in einer funktionierenden moralischen Gesellschaft lebt. Der moralische Standpunkt ist im Hinblick auf Fragen nach dem, was man tun soll, der schlechthin überwiegende Standpunkt. Der Kern der Sache ist also der, daß es sinnlos ist, wenn man weiß, was es heißt, daß eine Handlung richtig oder falsch ist, umschwenken zu wollen und zu fragen, warum man tun soll, was man zugegebenermaßen, und durchaus korrekt, für das Richtige hält, und vermeiden soll, was falsch ist. Das Richtige zu tun, ist eben das, was man tun soll, ja sogar tun muß oder zumindest versuchen muß zu tun.

Das ist ganz offenbar nicht „der Kern der Sache", denn wollte man tatsächlich versuchen, die Sache auf diese Weise zu erledigen, würde man den pragmatischen Gehalt und die Pointe der vermeintlichen Frage völlig verkennen. Wie wir gesehen haben, bedeutet ,Sollen' nicht immer ein moralisches ,Sollen'. Jemand der fragt, warum er moralische Gründe als überwiegende Gründe ansehen soll, der fragt: „Warum den moralischen Standpunkt einnehmen?", oder zumindest: „Warum den moralischen Standpunkt immer als die letztlich entscheidende Instanz für solche Handlungen ansehen, bei denen moralische Erwägungen eine Rolle spielen?" Wer diese Frage stellt, kann sehr wohl wissen, daß „Ich soll tun, was ich, alles in allem betrachtet, für richtig halte" *vom moralischen Standpunkt aus* analytisch ist oder zumindest außer Frage steht. Obwohl er aber nicht einen Moment lang daran denkt, dies in Frage zu stellen, kann er doch völlig zu Recht darauf hinweisen, daß es ihm um etwas anderes geht. Er fragt: Warum den moralischen Standpunkt überhaupt einnehmen? Daß wir möglicherweise irgendwelche Entdeckungen über die Anforderungen des moralischen Standpunktes machen, ist *für sich genommen*, wenn überhaupt, noch keine Antwort auf diese Frage. Das Wissen, daß eine Handlung richtig oder moralisch geboten ist – gehen wir jetzt einmal davon aus, daß wir so etwas wissen können – ist vom Standpunkt desjenigen, der erwägt, entsprechend zu handeln, nur dann ein hinreichender Handlungsgrund, wenn er sich bereits darauf festgelegt hat, moralisch zu handeln. Ein *moralischer* Rechtfertigungsgrund braucht weder ein *Motivations*grund noch ein *Rechtfertigungs*grund *sans phrase* zu sein. Die Frage „Warum soll ich moralisch sein?" muß aber als Bitte gedeutet werden, Gründe zu nennen, die jenes Verpflichtetsein auf die Moral rechtfertigen können. Vom moralischen Standpunkt aus werden moralische Gründe als die überwiegenden Handlungsgründe angesehen, aber warum soll er, der Fragesteller, sie als solche akzeptieren, oder, was auf dasselbe hinausläuft, seine Überlegungen in Übereinstimmung mit dem moralischen Standpunkt anstellen? Das ist die Frage, die wir zu stellen versuchen, und sie läßt sich nicht einfach auf nicht-zirkuläre Weise beantworten oder abtun, indem man uns sagt, dies sei, moralisch gesprochen, das Richtige.

Nehmen wir an, jemand gibt zu, daß moralisches Handeln eben darin besteht, in Schranken zu halten, was im rationalen Eigeninteresse liegt. Er kann aber trotzdem noch fragen: „Warum soll ich das tun, statt ohne Beschränkung dem nachzugehen, was in meinem rationalen Eigeninteresse liegt?" Dies ist eine der bekannteren Formen der Frage „Warum soll ich moralisch sein?", und daß sie sinnlos ist, hat man bis jetzt noch nicht zeigen können.

IV.

Gehen wir also im folgenden davon aus, daß die Frage keine Scheinfrage ist. Trotzdem ist „Warum moralisch sein?" eine merkwürdige Frage, die eine ziemlich eindeutige Lesart oder Reihe von Lesarten verlangt, wenn man hier irgendwelche Fortschritte erzielen will. Wir haben dafür zwar schon einiges getan, müssen dies aber noch etwas genauer erläutern.

Eine zumindest dem Anschein nach ganz unumwundene Art, diese Frage zu stellen, lautet: Warum über das eigene Interesse hinausgehen? Warum den sogenannten, oder vielleicht auch nicht so genannten, unparteiischen, universellen moralischen Standpunkt einnehmen? Einige werden aus unterschiedlichen Gründen bestreiten, daß es einen solchen unparteiischen oder auch nur partiell unparteiischen moralischen Standpunkt gibt. Nehmen wir aber zumindest diskussionshalber einmal an, daß wir über einen kohärenten Begriff eines solchen unparteiischen moralischen Standpunktes verfügen, und stellen dann die schwierige „Warum-moralisch-sein?-Frage": Na und, warum soll ich ihn einnehmen?

Es liegt ganz offenbar und unzweideutig in unserem gemeinsamen Interesse, über eine Moral zu verfügen, und daß die Menschen sich im allgemeinen ihr entsprechend verhalten. Das Leben in einer Welt, in der es keine leidlich funktionierenden moralischen Institutionen gibt, wäre, mit Hobbes berühmten Worten gesprochen, widerwärtig, vertiert und kurz. Wir alle brauchen zum Leben moralische Institutionen. Auch wenn es sich bei der betreffenden Moral nur um eine konventionelle Moral handelt, in die wir uns als rationale Egoisten eingekauft haben, ist sie immer noch viel besser als gar keine Moral. Es liegt ganz offenbar in unserem Interesse, daß wir über moralische Institutionen verfügen können, die auch funktionieren. Das zeigt aber nur, warum *wir* eine Moral haben sollten, warum es in *unserem* Interesse liegt, eine funktionierende Moral zu haben; damit ist aber noch nicht die Frage beantwortet, warum *ich* moralisch sein soll.

Daß *wir* moralisch sein sollten – daß wir als Gemeinschaft moralischer Institutionen bedürfen – zeigt nicht, warum ein Individuum in einer Gesellschaft mit leidlich funktionierenden moralischen Institutionen selbst jemand mit moralischen Prinzipien sein sollte. Na gut, er sollte ein solches Verhalten simulieren, aber warum sollte er kein Trittbrettfahrer sein und den Anschein moralischen Verpflichtetseins erwecken, während er immer dann, oder zumindest typischerweise dann, wenn es sich gefahrlos machen läßt, sein Schäfchen ins Trockne bringt? Die richtige Antwort auf die Frage „Warum sollen *wir* moralisch sein?" ist nicht notwendigerweise die richtige Antwort auf die Frage „Warum soll *ich* moralisch sein?"

Einige werden dem entgegenhalten, daß es sich aber so verhält. Daß eine Antwort auf die Frage, warum die Menschen moralisch sein sollen, deshalb automatisch eine Antwort darauf ist, warum man als einzelner moralisch sein soll, weil dies eben in der Natur von Gründen oder auch der Vernunft liegt. Wenn die Erhaltung meiner Gesundheit ein guter Grund für mich ist, Sport zu treiben, dann ist dies für jede vergleichbare Person unter vergleichbaren Umständen ein guter Grund, ebenfalls Sport zu treiben; wenn also X ein guter Grund für Y ist, Z zu tun, dann ist dies für jeden beliebigen anderen, der wie Y unter vergleichbaren Umständen lebt, ebenfalls ein guter Grund, Z zu tun. Wenn ferner die Dinge A, B, C und D so beschaffen sind, daß es für jeden unter allen Umständen einen guten Grund gibt, sie zu besitzen, dann hat trivialerweise jeder einzelne Grund, sie zu besitzen. Gründe sind allgemein; wir können von zwei ähnlich eingestellten und ganz allgemein in den relevanten Hinsichten ähnlichen Personen unter identischen Umständen vernünftigerweise nicht sagen, daß X ein guter Grund für Y, aber kein guter Grund für W ist, Z zu tun. Im Gegensatz zu dem, was ich oben gesagt habe, gilt also: Wenn wir eine gute Antwort auf die Frage, warum *wir* moralisch sein sollen, haben, was ja der Fall ist, dann haben wir auch eine gute Antwort auf die Frage, warum *ich* moralisch sein soll – warum jeder einzelne in einer funktionierenden und einigermaßen moralischen Gesellschaft moralisch sein sollte. Diese Antwort leidet unter anderem daran, daß sie die Unterscheidung zwischen dem *gegenüber der handelnden Person neutralen Standpunkt* und dem *auf die handelnde Person bezogenen Standpunkt* außer acht läßt. In beiden Fällen kann es um die Fragen gehen: was geschieht, oder was ist getan worden, oder was ist zu tun. Doch werden sie jeweils von einer ganz anderen Warte (Perspektive) aus betrachtet. Wenn unsere Ziele allgemeingültig sind, dann sind sie gegenüber den handelnden Person neutral. Die eben erwähnte Kritik an meinem Argument, die beiden Fragen „Warum soll ich moralisch sein?" und „Warum sollen wir moralisch sein?" auseinanderzuhalten, wird von einem Standpunkt aus vorgetragen, der gegenüber den handelnden Personen entschieden neutral ist. Wenn X ein Grund für Y ist, Z zu tun, dann ist dies ganz offenbar für jeden anderen, der in relevanter Hinsicht mit Y vergleichbar ist, der ähnlich eingestellt und situiert ist, ebenfalls ein Grund, Z zu tun. Wenn ich Grund habe, unter gewissen Umständen meine Interessen zu wahren, dann kann ich konsequenterweise nicht leugnen, daß dies ebenso für Sie ein Grund ist, Ihre Interessen zu wahren, sofern Sie mit mir vergleichbar und die Umstände ähnlich sind. Die ganze Zeit über betrachten wir aber die Dinge von einem gegenüber den handelnden Personen neutralen Standpunkt aus. Der immoralistische Trittbrettfahrer räumt zwar ein, daß man offensichtlich eben dies von einem gegenüber den handelnden Personen neutralen Standpunkt aus tun müsse, doch stellt er letztlich die Frage: „Warum soll ich statt des auf die handelnde Person bezogenen Standpunktes den gegenüber den handelnden Personen neutralen Standpunkt einnehmen?" Von diesem Standpunkt aus gibt es ebenso viele Gründe für Sie wie für mich, eine bestimmte Sache zu tun. Daß Sie einen Grund haben, sie zu tun, kann ich nicht leugnen, wenn ich sie tue, es sei denn ich kann irgendeinen relevanten Unterschied zwischen Ihnen und mir aufzeigen. Wenn ich aber alles von einem auf die handelnde Person bezogenen Standpunkt betrachte, dann kann ich das ignorieren, ohne irgendwie inkonsequent zu werden, und kann zu Recht fragen, warum ich diesen auf die handelnde Person bezogenen Standpunkt aufgeben soll. Und das ist ganz offensichtlich jener Standpunkt, von dem aus derjenige, der fragt, warum er moralisch sein soll, diese Frage stellt, sofern er überhaupt seine fünf Sinne beisammenhat. Bisher hat man keinen nicht-zirkulären Grund angeben können, warum er von diesem Standpunkt abgehen oder zu jenem neutralen Standpunkt überwechseln muß, um ein rationales und in der Welt rational handelndes Individuum zu bleiben.

V.

Ist es nicht zumindest logisch möglich, daß der Immoralist (der Amoralist, wenn Sie so wollen) mit seinem Leben zufrieden ist? Läßt sich zeigen, daß mein eigenes langfristiges Interesse, einerlei, wer ich bin, und nach welchen Präferenzen ich zufälligerweise handle, aller Wahrscheinlichkeit nach eher befriedigt wird, wenn ich, zusammen mit allen anderen oder auch nur mit der überwiegenden Mehrheit, tue, was, moralisch gesprochen, das Richtige ist, als wenn alle anderen oder (vielleicht) auch nur die meisten so handeln, ich aber, ganz unbemerkt, dies nicht tue? Muß ein kluger und intelligenter Immoralist sich unglücklich machen oder gar seinen eigenen langfristigen Interessen schaden, wenn er ein solcher Immoralist bleibt?

Dieser zumindest vermeintlich rationale Immoralist ist gewiß ein geschickter Trittbrettfahrer. Er wird ein Interesse daran haben, daß andere moralisch sind, da ihr unmoralisches Verhalten, insbesondere wenn sie sich in seiner Nähe befinden, sich auf sein eigenes Leben und das derjenigen, an denen ihm zufälligerweise etwas liegt, nachteilig auswirkt oder zumindest sich so auswirken könnte. Nicht anders als der Moralist wird er nach einem Hobbesschen Naturzustand verlangen. Und aus denselben Gründen wird er ebenso ein Interesse daran haben, daß die Grundsätze und Gebote der Moral wirksam zur Geltung gebracht werden. Wenn er ein vollkommen rationaler und überlegter Mensch ist, dann möchte er, daß die anderen nicht mehr nur ihr eigenes Interesse verfolgen. Was er aber in Gedanken für sich selbst möchte, steht auf einem anderen Blatt.

VI.

So grundverschiedene Philosophen wie Hobbes und Kant haben uns gelehrt, daß unmoralisches Verhalten – alles unmoralische Verhalten – notwendigerweise gegen die Vernunft gerichtet ist. Für Aristoteles wie auch für Kant ist das Leben, das wir führen sollten, das von der Vernunft beherrschte Leben. Ihrer Ansicht nach besteht zwischen einem Leben, das der Vernunft gehorcht, und dem Leben, das wir führen sollten, eine intrinsische Relation. Dieser Darstellung zufolge gibt es ein Verlangen nach einem einzigen letzten Zweck, auf den alles Handeln abzielen sollte. Außerdem wird hier ein Bild vom Leben gezeichnet, in dem die Vernunft regiert. Die traditionelle Philosophie, einschließlich eines Großteils der Moralphilosophie, betrachtet Philosophen als Vorsitzende eines Gerichtshofs der reinen Vernunft, fähig, den Aufbau anderer Disziplinen, die Richtigkeit sozialer Praktiken und die moralische Tauglichkeit der verschiedenartigsten Handlungsweisen zu bestimmen. Diesem schmeichelhaften Selbstbild darf man wohl zu Recht mit Skepsis und vielleicht auch mit Ironie begegnen.

Die Rede von einem „von der Vernunft beherrschten Leben" oder vom Begriff der „regierenden Vernunft" ist keine sehr durchsichtige Redeweise, wenn sie mehr sein soll als ein metaphorischer Verweis auf die einigermaßen klaren Anforderungen, daß man konsistent und kohärent sein, daß man seine Leidenschaften unter Kontrolle haben, und daß man für seine Zwecke die wirksamsten Mittel wählen soll. In diesem einfachen und klaren Sinn jedoch braucht der Immoralist, wie wir gesehen haben, kein Irrationalist zu sein.

Gibt es irgend etwas in unseren wohlüberlegten Interessen oder gar in den emotionalen Grundlagen unseres Lebens – den Gefühlsregungen, Affekten und Einstellungen gegenüber der Welt, an denen wir Menschen wohl kaum etwas ändern können – das uns zu einem mora-

lischen Leben verpflichtet? Würde die Erfahrung, sich in einer wahrhaft moralischen Gemeinschaft zu bewegen, einen rationalen Menschen mit ebendieser Erfahrung und insbesondere jemanden, der sie
aufgrund ausgedehnter Teilnahme an einer solchen Gemeinschaft
erworben hat, lehren, lieber moralisch zu sein, und daß er als Mensch
ein sehr armseliges Leben führen würde, wenn er nicht danach streben
würde, eine prinzipientreue und moralisch integere Person zu sein?

Wir müssen uns hier mit großer Vorsicht bewegen, denn nur allzu
leicht kann es passieren, insbesondere wenn wir Moralphilosophen
sind, daß wir unser moralisches Selbstbild auf die Menschheit über-
tragen, und uns zum Beispiel vorstellen, ohne dafür überzeugende
empirische Belege zu haben, daß das Gut der Selbstachtung das
Hauptdesiderat für jede rationale Person sei. (Eine weitere Gefahr lau-
ert, wenn man dies unwissentlich durch Definition wahr macht.)

Wird irgend jemand, einerlei, welche Stellung er in der Gesellschaft
innehat, oder in was für einer Gesellschaft er lebt, unglücklich oder
zumindest nicht in dem sonst zu erwartenden Maße glücklich sein,
wenn er ein prinzipienloser Bastard ist? Muß ein Immoralist überall
und zu jeder Zeit ein Leben führen, das er als unbefriedigend oder
zumindest nicht so befriedigend empfinden muß wie das Leben, das
er leben würde, wenn er kein Immoralist wäre? Platon und Aristoteles meinen, daß er es so empfinden muß. Ich will dem mit einer gewissen Skepsis nachgehen. Ich werde die Ansicht vertreten, daß man eine
so allgemeine Antwort, wie Platon und Aristoteles sie zu geben versuchen, nicht geben kann. Ob ein Immoralist unglücklich ist, wird
davon abhängen, was für eine Person er ist, in was für einer Gesellschaft er lebt, wie seine besondere Situation in dieser Gesellschaft
beschaffen ist, und was für ein Selbstbild er von sich hat. Für das
Glück ist die Moral genauso wenig vonnöten wie für die Rationalität,
obwohl es unter gewissen Umständen damit verträglich sein kann, daß
man an moralischen Verpflichtungen festhält.

VII.

Wir Menschen, so wird man uns sagen, werden in einer Weise sozia-
lisiert, die unweigerlich dazu führt, daß wir ein moralisches Gewissen
ausbilden, das uns in besonderen Situationen „sagt", was richtig und

was falsch ist, und das sich regt, ja nicht selten uns sogar quält, wenn wir nicht das tun, was wir unserem Gewissen zufolge tun müssen. Wir können, so wird ferner behauptet, die Gebote unseres Gewissens nicht ohne weiteres ignorieren und weiterhin glücklich sein. Selbst wenn wir uns beim Simulieren moralischen Verpflichtetseins sehr geschickt anstellen, werden wir, obwohl uns kein öffentlicher Tadel trifft, trotzdem einen hohen seelischen Preis zahlen, wenn wir die Gebote unseres Gewissens mißachten.

Nehmen wir an, mich plagt mein Gewissen, weil ich tatsächlich ohne die moralisch sich geziemende und von mir anerkannte Rücksichtnahme auf andere handele. Muß ich unter diesen Umständen deshalb meinen wahren Interessen zuwiderhandeln? Muß ich deshalb unglücklich oder weniger glücklich sein, als es sonst der Fall wäre? Muß ich deshalb, sofern ich nicht rationalisiere, jemand sein, der in dieser Weise ständig von seinem Gewissen geplagt wird? Und müssen unter solchen Umständen alle rationalen Personen so reagieren?

Viele Menschen – vielleicht die meisten – sind in Stammestabus und Stammesloyalitäten befangen und sind, was Pflichten und dergleichen betrifft, in unterschiedlichem Maße Sklaven neurotischer Zwänge. Sie fühlen sich, wiederum in unterschiedlichem Maße, elend, wenn sie nicht in Übereinstimmung mit dem handeln, was ihrer Meinung nach die Moral vorschreibt. Die Menschen können sich aber von solchen abergläubischen Vorstellungen und solchen Zwängen befreien. Da, wo es ihnen gelingt, werden sie nicht aus *diesen* Gründen unglücklich werden, sofern sie auf besonnene Weise unmoralisch sind, zumindest im Sinne jener Moral, von der sie sich zuvor haben beherrschen lassen.

Haben wir trotz allem guten Grund zu glauben, daß sie nicht so glücklich sind wie Menschen guten Willens? Woher wissen wir, oder wissen wir denn, daß der Immoralist nicht so leben kann, daß er wahrhaft glücklich ist? (Wir müssen uns hier vor einer unbeabsichtigten gedanklichen Mogelei hüten, indem wir implizit eine persuasive Definition von „*wahrhaft* glücklich" oder „*wahren* Interessen" geben.)

Es stimmt zwar, daß jemand, der sich ganz und gar und auf ziemlich systematische Weise charakterlos verhält, auch wenn er sich dabei geschickt und einigermaßen klug anstellt, aller Wahrscheinlichkeit nach entdeckt wird. Und wenn er entdeckt wird, dann wird man sich im allgemeinen gegen ihn wenden – manche sehr heftig – und es ist sehr unwahrscheinlich, daß sein Leben unter diesen Umständen (um es ganz vorsichtig zu sagen) sehr glücklich ist. Moralisches Verhalten – oder zuminderst ein Verhalten, das dem moralischen hinreichend nahe ist, um keine derartige Mißbilligung hervorzurufen – wird sich unter solchen Umständen auszahlen.

Trotzdem ist das kein Beweis dafür, daß hin und wieder auftretendes, durchaus bewußtes, kluges und intelligentes unmoralisches Verhalten sich nicht doch manchmal für den Täter ordentlich auszahlen könnte. Trotzdem haben wir uns immer noch nicht jenen Fragen gestellt, die nach den psychologischen Auswirkungen der Gewissensbisse fragen. Wir sollten uns die folgende Frage stellen: Kann es nicht sein, daß diejenigen, die erkennen, daß die Gebote des Gewissens nicht die Gebote der Vernunft sind, dem Gewissen schließlich die *Autorität* absprechen und es einfach als ihr Über-Ich ansehen: als einen irrationalen oder zumindest nicht-rationalen Zensor, dessen Autorität sie nicht mehr anerkennen?

Dem wird man jedoch entgegenhalten, daß diese Sichtweise viel zu rationalistisch ist. Wir können die *Autorität* des Gewissens zwar ablehnen, und trotzdem kann es immer noch (wie bekehrte Abstinenzler wissen) Macht über uns haben. Eine derartige Konditionierung – eine Sozialisierung hin zur Ausbildung eines Gewissens – ist, menschlich gesprochen, oder auch soziologisch gesprochen, meistens unausweichlich, und ein rationaler Immoralist könnnte nicht wünschen, daß sich der allgemeine konditionierende Umstand ändert, weil er nach Art von Hobbes erkennt, daß moralische Institutionen einen offensichtlichen Wert für *uns* haben. Er fragt, wie wir gesehen haben: „Warum soll *ich* moralisch sein?", und nicht: „Warum sollen *wir* moralisch sein?"

Darauf könnte man wiederum erwidern, daß auch in einigermaßen stabilen und wohlgeordneten Gesellschaften bestimmte Individuen nicht allzu sehr unter heftigen Gewissensbissen leiden. Fast überall stößt man auf charakterloses Verhalten, manches ist offensichtlich dumm und selbst für den Täter kontraproduktiv, manches ist nicht ganz so dumm und kontraproduktiv, und manches erweckt zumindest den Anschein, als wäre es inelligent, kontrolliert und offensichtlich von Vorteil für denjenigen, der sich unmoralisch verhält. Daß sich Verbrechen niemals auszahlen, ist schlicht und einfach falsch. So scheint es zumindest, daß die Beweislast ganz eindeutig vom Moralisten zu tragen ist, der behauptet, daß ein Immoralist dieses Schlags in seinem Innersten unglücklich sein, daß er seinem „wahren Selbst" oder zumindest seinen „wahren Interessen" zuwider handeln müsse.

VIII.

Aber stimmt das denn nicht? Als Mensch kann er nicht umhin, solchen Dingen wie Freundschaft, Liebe, Kameradschaft und Brüderlichkeit einen hohen Wert beizumessen. Aber all dies wäre, zumindest in seiner authentischeren Form, für ihn ausgeschlossen, wenn er das Leben eines Immoralisten führen würde. Aber eben dadurch geht ihm eine Menge verloren – mehr als er jemals gewönne, würde er sie gegen die durch seinen Immoralismus gewonnenen Güter abwiegen. Gerade die zentralen menschlichen Güter (Freundschaft, Liebe, Kameradschaft, Brüderlichkeit), die auf einer Gegenseitigkeit beruhen, in der nichts gegeneinander aufgerechnet wird, gerade solche Güter stehen ihm nicht zur Verfügung, wenn er nicht, so läßt sich naheliegenderweise argumentieren, den moralischen Standpunkt einnimmt. Diesen Standpunkt einzunehmen, ist also trotz allem eine notwendige, wenn auch keine hinreichende Bedingung für sein Glück. Nicht einmal die Psychoanalyse kann, oder will, die Stimme des Über-Ich vergessen machen. Sie kann allenfalls seine übermäßigen Forderungen abschwächen. Wir sind zu früh und zu nachhaltig konditioniert worden, als daß es für uns überhaupt in Frage käme, ihm nun den Rücken zu kehren. Wir können diese uralten internalisierten Forderungen nicht einfach so abschütteln.

Wenn man wirklich glücklich sein will, so wird behauptet, dann kann man nicht ohne Rücksicht auf die Gebote der Moral handeln. In unseren Gesellschaften gibt es jedoch nicht wenige, einige offenbar mit einer gewissen Selbstzufriedenheit und ohne erkennbare schädliche Konsequenzen für sich selbt, die es sich mit ihrem Gewissen wirklich sehr leicht machen. Trügt hier der äußere Eindruck? Fühlen sie sich alle insgeheim elend? Ist es wirklich so eindeutig, daß sich unmoralisches Verhalten niemals auszahlt? Haben wir gute Gründe anzunehmen, daß es, von persuasiven Definitionen abgesehen, für uns als einzelne stets in unserem wohlverstandenen Interesse liegt zu tun, was die Moral verlangt?

Ich bin geneigt zu glauben, daß es sich bei der Überzeugung, es sei so, um einen Philosophen-Mythos handelt. Eine tröstliche Geschichte, die einige Moralphilosophen sich selbst erzählen. Selbst wenn ein *systematischer* Immoralismus Freundschaft, Liebe und Kameradschaft ausschlösse – Dinge, die wir ganz offenbar zu Recht wollen – braucht es nicht so zu sein, daß es irgendeiner vollkommenen moralischen Integrität unsererseits bedürfte, um diese Dinge zu erlangen.

Der Immoralist kann von Fall zu Fall und mit Umsicht unmoralisch sein – und zwar ohne viel rationalistische Kalkulation. Er braucht nicht in systematischer oder paranoider Weise unmoralisch zu sein, so daß sich alle, wie bei Macbeth, von ihm abwenden.

Ob es im eigenen wahren Interesse liegt, moralisch zu sein, hängt davon ab, was für eine Person man nun einmal ist. Man hüte sich vor jenen moralisierenden Moralisten – jenen Hütern des wahren Glaubens – die ihre eigenen Empfindungen in die gesamte Menschheit hineininterpretieren und dann folgern, daß alle Immoralisten unglücklich sein müssen.

Natürlich gibt es die nicht unverständliche Sorge, daß jemand, dem es an moralischer Integrität fehlt, sich einem sozialen Ostrazismus ausgesetzt sieht: Liebesentzug, Verachtung seitens der Familie, der Freunde, Kollegen und dergleichen. Ich habe meinerseits die Vermutung geäußert, daß diese Gefahr da, wo die betreffende Person intelligent ist und sich klugerweise unter Kontrolle hat (wie es bei einem Immoralisten der Fall sein kann), typischweise von denjenigen übertrieben wird, die verständlicherweise darauf bedacht sind, die Hegemonie der Moral im vollen Ausmaß zu erhalten.

IX.

In dem Knäuel von Argumenten zum Immoralismus gibt es noch weitere Knoten. Auch wenn es in solchen allgemeinen Situationen keine nicht-zirkuläre Letztbegründung dafür gibt, daß jemand, statt von einem rein eigennützigen Standpunkt aus zu handeln, in Übereinstimmung mit dem moralischen Standpunkt handeln soll, und auch wenn sich kein alles entscheidender, nicht-zirkulärer Grund dafür anführen läßt, statt einer auf die handelnden Personen bezogenen Perspektive eine gegenüber den handelnden Personen neutrale Perspektive einzunehmen, ist das immer noch kein Beweis dafür, daß wir mit Recht behaupten können, jemand habe moralische Bindungen. Vielmehr sollten wir daraus schließen, daß unter derlei Umständen alle Rechtfertigung ein Ende findet und wir einfach für uns selbst *entscheiden* müssen, wie wir handeln sollen, und was für eine Person wir schließlich sein oder werden wollen. Alles deutet darauf hin, daß zumindest hier die Entscheidung König ist.

Wenn ich mit dem oben entwickelten Gedankengang in bezug auf die Inkommensurabiltät von moralischem und eigennützigem Standpunkt richtig liege, dann kann es keine rationalen Erwägungen geben, die zeigen, daß wir bei Strafe reiner Irrationalität moralisch sein müssen. Wenn wir uns gar keine Illusionen mehr machen und uns von Mythologien nicht mehr hinters Licht führen lassen, werden wir zu dem Schluß kommen, daß wir uns letzten Endes (was immer das genau bedeutet) einfach entscheiden müssen, auf irgendeine Art zu handeln, ohne hinreichende Gründe zu haben, die zeigen, daß nicht die eine, sondern die andere Handlungsweise von der Vernunft *verlangt* wird.

X.

Um den oben entwickelten Argumentationsgang zu untermauern, wollen wir einen von mir so genannten klassengebundenen Amoralisten und seine Situation in unseren Klassengesellschaften betrachten. Unter einem „klassengebundenen Amoralisten" verstehe ich (a) eine Person, die zur herrschenden Elite einer solchen Gesellschaft gehört; (b) eine Person, deren uneigennützige Sorge sich lediglich auf ihresgleichen und jene Untergebenen erstreckt (Diener, Mätressen und dergleichen), für die sie rein zufällig Sorge trägt; und (c) eine Person, die alle anderen durch geschickte Manipulation beeinflußt und die Moral als moralische Ideologie einsetzt, um die bestehende Ordnung zu erhalten, so daß die Interessen ihrer Klasse und damit ihre eigenen Interessen gefördert werden. Zwischen dem Amoralisten und seinesgleichen – den Mitgliedern jener Elite – bestehen echte moralische Beziehungen. Hier kann es echte Liebe, uneigennützige Anliegen und Gerechtigkeit geben, also jene Formen echter Gegenseitigkeit, aus denen unter anderem die Moral besteht; nach dem Willen des klassengebundenen Amoralisten in dieser Elite erstrecken sich diese aber nicht auf die Beziehungen zur riesigen Klasse der Beherrschten. Sie, oder zumindest die meisten von ihnen, werden auf geschickte Weise manipuliert. Nach Meinung unseres klassengebundenen Amoralisten reicht für sie die moralische Ideologie mit ihrem kunstvollen Deckmantel der Moral aus. Man muß ihnen nur, versichert er, mit den geeigneten Mitteln der Bewußtseinsindustrie genügend Sand in die

Augen streuen. Für den klassengebundenen Amoralisten kann aber keine Rede davon sein, sie moralisch als gleichwertige Mitglieder eines Kantischen Reichs der Zwecke zu betrachten. Aus der Perspektive seines klassengebundenen Amoralismus ist eine kunstvolle Ummäntelung der Moral alles, was erforderlich oder wünschenswert ist.

Daß eine solche Gesellschaft instabil oder weniger stabil ist als eine Gesellschaft, in welcher der moralische Standpunkt vorherrscht, ist nicht ersichtlich. Es stimmt zwar, daß die meisten Mitglieder herrschender Eliten sich Mut machende Mythen zurechtlegen, die sie in ihrem Bewußtsein von der Überlegenheit der eigenen Klasse erfreulicherweise bestärken. Es ist aber nicht erwiesen, daß alle klassengebundenen Amoralisten dieses Schlags so mythenanfällig sein müssen. Die Sklavengesellschaften haben sich über lange Zeit einer gewissen Stabilität erfreut. Ist es wirklich plausibel anzunehmen, daß alle Sklavenhalter meinten, sie seien ihren Sklaven irgendwie von Natur aus überlegen? Glauben denn heute noch alle Afrikaander, die ihr Apartheidssystem von ganzem Herzen mittragen, daß Weiße den von ihnen auf so grausame Art und Weise ausgebeuteten Schwarzen überlegen sind? Ist es nicht weitaus wahrscheinlicher, daß *einige* der intelligenteren oder reflektierteren Sklavenhalter oder Verteidiger der Apartheid zu dem Schluß gekommen wären oder, je nachdem, kommen werden, dies sei nun einmal des Schicksals Lauf, und daß man nur nicht nachlassen dürfe, im vernünftigen Rahmen alles in der eigenen Macht stehende zu tun, um das eigene glückliche Los zu schützen. Wer solche Überlegungen anstellt, könnte trotzdem noch wie gewohnt Liebe, Vertrauen, Gemeinschaft und verwandtschaftliche Beziehungen pflegen. Wer solche Überlegungen anstellt und auch so handelt, ist unfair, und das weiß derjenige auch, aber *unter seinesgleichen* kann er sehr wohl außerordentlich fair sein, und im übrigen kann er völlig zu Recht sagen, daß er nicht die Welt gemacht habe. Er ist eben in einer Gesellschaft mit dieser Struktur aufgewachsen. Und ist es im übrigen nicht häufig so, daß wir uns in unangenehmen Situationen ähnlich tröstliche Geschichten erzählen und uns erst hier ein wenig und dann da ein wenig anpassen?

Es sieht so aus, als hätte die Beweislast eindeutig der Moralist zu tragen, der beweisen muß, daß ein solcher klassengebundener Amoralist oder Immoralist auf jeden Fall weniger glücklich sein und ein weniger erfülltes Leben führen muß als jemand, der moralisch integer und prinzipientreu ist. Unter bestimmten Umständen, Umständen, unter denen die Welt, in der wir leben, besonders schweinisch ist, könnte er sogar glücklicher sein und ein erfüllteres Leben führen. Und wir haben keinen Grund anzunehmen, daß ein solcher Immoralist unter solchen Umständen weniger rational oder auch nur, in einem nicht zirkulären Sinn, weniger vernünftig sein muß als jemand mit starken und zweckmäßigen moralischen Bindungen.

XI.

Man beachte, daß solch ein klassengebundener Amoralist nicht in demselben Maße angreifbar ist wie ein Immoralist, der individueller Egoist ist. Auch wenn viele mit gelegentlichen, ganz und gar selbstsüchtigen und charakterlosen Handlungen ungestraft davonkommen können, und es mit Sicherheit auch tun, ist es doch sehr wahrscheinlich, daß ein bewußtes und wiederholtes selbstsüchtiges Verhalten, selbst wenn es besonders schlau ist, Schuldgefühle, Strafe, die Entfremdung von anderen sowie wie deren Verachtung und Feindschaft hervorruft. Der klassengebundene Amoralismus ist mit seiner in der Klassensolidarität verankerten Gegenseitigkeit eine weitaus sicherere Sache als der individuelle Egoismus. Daß der klassengebundene Amoralist die Quellen seiner Sicherheit, seines Wohlbefindens und Glücks verschüttet sieht, ist eher unwahrscheinlich. Im Unterschied zum individuellen Egoisten stehen dem klassengebundenen Amoralisten (der sichergehen kann, daß er das Glück hat, zur herrschenden Klasse zu gehören) in einer solchen Gesellschaft ohne weiteres all die Dinge zur Verfügung, die wir alle, zumindest bei näherem Nachdenken, gerne hätten, nämlich Liebe, Zustimmung, Wohlbefinden, Sicherheit und Anerkennung.

Doch auch wenn unser klassengebundener Amoralist sich in einer nicht ganz so sicheren Lage befindet, ist es offenbar dennoch so, daß es manchmal im rationalen Eigeninteresse, ja sogar im langfristigen Eigeninteresse einiger solcher Menschen mit bestimmten Persönlichkeitsstrukturen liegt, etwas zu tun, das sie als eindeutig falsch (unmoralisch) erkennen. Nicht immer fährt man als einzelner mit der Moral am besten.

XII.

Das soeben entwickelte Argument läßt sich noch erweitern und verstärken. Zwischen dem individuellen Egoisten, der die Hegemonie der
Moral in Frage stellt, und dem klassengebundenene Amoralisten
(Immoralisten), der dasselbe tut, besteht ein wichtiger Unterschied –
ein Unterschied, der die Position des klassengebundenen Amoralisten
gegenüber der des individuellen Egoisten erheblich stärkt.

Ein individueller Egoist müßte sich stets an Gründe halten, die
letztlich nur ihm selbst dienen. Die Annahme liegt nahe, daß der klassengebundene Amoralist in dieselbe Position hineingedrängt wird.
Obwohl dies auf einige klassengebundene Amoralisten zutreffen mag,
braucht es doch nicht auf alle zuzutreffen. Sie können innerhalb ihrer
Klasse Beziehungen unterhalten, die auf Gegenseitigkeit beruhen und
keineswegs nur ihnen selbst dienen – geschweige denn „letztlich nur
ihnen selbst dienen". Wenn sie solche uneigennützigen Gründe nicht
hätten, dann würden sie tatsächlich in mancherlei Hinsicht zumindest
so angreifbar sein wie der Egoist, denn dann wären für sie Freundschaft und Liebe, zumindest in ihrem vollen Wortsinn, nicht verfüg-
bar. Es ist eine wesentliche Forderung der Freundschaft, daß man
ungeachtet einem selbst dienender Zwecke des anderen Glück und
Wohlergehen herbeiwünscht. Der klassengebundene Amoralist kann
aber zumindest innerhalb seiner Klasse solche reifen Beziehungen
unterhalten. Er ist nicht deshalb ein Immoralist, weil er Egoist ist; er
ist Immoralist, weil er durchaus willens ist, Mitglieder der anderen
Klassen ganz bewußt nur als Mittel zu betrachten, als Menschen, die
man ungeachtet aller Folgen als Mitglieder der beherrschten Klasse
manipulieren und benutzen kann, um entweder die eigenen Interessen
oder die der eigenen Klasse zu fördern, oder beides. Dies ist genauso
unmoralisch wie das Verhalten des egoistischen Trittbrettfahrers; aber
wer so handelt, ist häufig viel weniger angreifbar als der individuelle
Egoist, und daher sind für rationale Personen solche Handlungen als
Handlungsmuster viel attraktiver als die Trittbrettfahrerei des individuellen Egoisten.

Meine Frage ist gewesen: „Warum soll man glauben, daß solch ein
klassengebundener Amoralist nicht ebenso rational sein kann wie
jemand mit einwandfreien moralischen Prinzipien?" Der klassengebundene Amoralist ist in bestimmten Bereichen nicht gewillt, unparteiisch zu sein oder es auch nur zu versuchen; weder macht er sich
uneigennützige Sorgen um die gesamte Menschheit noch achtet er alle

Menschen als Personen. Er hat nicht einmal das Verlangen, eine Person zu sein, die sich uneigennütziger Sorge hingibt. Seine Sorge und seine Achtung beschränken sich auf die Menschen seiner Klasse, und nur ganz selten und von Fall zu Fall erstrecken sie sich auch auf andere Menschen. Dann aber nicht aus moralischen Gründen, sondern aufgrund von Zuneigung. Seine moralische Anteilnahme erstreckt sich auf diejenigen, mit denen er in Berührung kommt und für die er rein zufällig Sorge übernimmt. Er gibt ganz offen zu, daß sein Handeln hier einer gewissen *moralischen* Willkür folgt, aber daraus folgt nun überhaupt nicht, daß er in anderer Hinsicht willkürlich verfährt, oder daß er einen logischen oder empirischen Irrtum begangen hat. Wenn er die Frage stellt, und sei es auch nur sich selbst: „Warum soll ich moralisch sein?", dann fragt er praktisch auch: Warum nicht moralische Willkür walten lassen? Hier den gekränkten Konventionalisten zu spielen und zu sagen: „Das ist aber etwas, das man gerade nicht tun sollte", ist nutzlos, denn der klassengebundene Amoralist behauptet nicht, daß es in keinerlei Hinsicht ein Irrtum sei, willkürlich zu verfahren. Er stellt lediglich, in der von mir bereits spezifizierten Weise, die Hegemonie der Moral über sein Leben in Frage; als Korollar zu der Frage „Warum moralisch sein?" stellt er die Frage, warum nicht *moralische* Willkür walten lassen, wenn es meinen Interessen oder den Interessen meiner Klasse dient? Den gekränkten Konventionalisten herauszukehren und zu sagen: „So kann man nicht fragen" ist so, als würde man sagen: „Es ist sinnlos zu fragen ‚Warum soll ich meine Versprechen halten, wenn es nicht in meinem Interesse liegt?'" Ich kann natürlich weder die eine noch die andere Frage als moralische Fragen stellen, aber der Immoralist, klassengebunden oder nicht, versteht seine Frage nicht als moralische Frage, als etwas, das moralisch legitim sein könnte. Er weiß verdammt gut, daß es nicht so ist, und fragt trotzdem, warum er es tun soll. Der Immoralist, klassengebunden oder nicht, fragt nach einem Beweis, einer Begründung, die ihm zeigt, warum er unparteiisch sein, die Haltung uneigennütziger Sorge oder Anteilnahme haben, und warum er alle Menschen als Zwecke und niemals nur als Mittel behandeln muß.

Daß solch ein Beweis zu haben ist, ist nicht ersichtlich. Zumindest scheint es keinen Beweis oder guten Grund für die Annahme zu geben, der Immoralist (klassengebunden oder nicht) müsse, wenn er den Menschen nicht in dieser Weise begegnet, einen deduktiven oder induktiven Irrtum begangen oder müsse irgendwelche empirischen Tatsachen übersehen oder nicht angemessen berücksichtigt haben, so daß ihm ein Fehler unterlaufen sein muß, und dementsprechend der

Immoralismus auf einem Irrtum beruhen müsse. Mit meinem Versuch, die Möglichkeit eines klassengebundenen Amoralismus nachzuweisen, habe ich zugleich dafür argumentiert, daß es sich bei der Behauptung, der Amoralismus oder Immoralismus müsse auf einem Irrtum beruhen, vermutlich um eine Genau-so-wars-Geschichte handelt, um einen Mythos, den viele Moralphilosophen sich erzählen, und den viele von uns aus ganz offensichtlichen Gründen glauben wollen.

XIII.

Vom moralischen Standpunkt aus betrachtet, überwiegen moralische Gründe ganz eindeutig Klugheitsgründe oder irgendwelche anderen eigennützigen oder auf einem reinen Klassenstandpunkt beruhenden Gründe. Dagegen überwiegen, von einem ausschließlich eigennützigen oder einem reinen Klassenstandpunkt aus betrachtet, trivialerweise eigennützige oder einem Klassenstandpunkt entspringende Gründe die moralischen Gründe. Denkt man näher darüber nach, so stellt sich naturgemäß die Frage ein, ob es nicht so etwas wie „*den* Standpunkt der Vernunft" gibt, von dem aus erkennbar wäre, welche Art von Gründen (in eine Lebensform eingebettete Gründe, wenn man so will) schließlich überwiegen. Können wir von diesem sehr allgemeinen, von moralischen, klassenbezogenen oder auch Klugheitsverpflichtungen abstrahierenden Standpunkt aus zeigen, welche dieser besonderen Gründe von eben diesem Standpunkt der Vernunft aus (nehmen wir einmal an, es gäbe einen solchen Standpunkt) schließlich überwiegen? Mir ist es darum gegangen, die Ansicht zu begründen, daß die Vernunft, wenn sie nicht mit *moralischen Gefühlen* zusammenwirkt, nicht verlangt, daß man moralische Gründe als überwiegende Gründe betrachtet. Sie werden natürlich vom moralischen Standpunkt aus als überwiegende Gründe betrachtet. Aber das ist eine andere Sache. *Die Moral verlangt hier, daß man sich bindet, und nicht, daß man noch mehr versteht.* Obwohl damit überhaupt nicht gesagt oder nahegelegt werden soll, daß moralische Bindungen blind oder ohne irgendein Verstehen sein müssen. Das ist etwas ganz anderes. Und man tut gut daran, sich zu erinnern, daß wir vieles vernünftigerweise tun, ohne es aus irgendeinem vernünftigen Grund zu tun. Es ist aber auch wahr, daß wir so etwa wie „*den* Standpunkt der Vernunft", der hier als Ent-

scheidungsinstanz fungieren würde, bisher noch nicht zutage gefördert haben. Wir haben nicht zu zeigen vermocht, daß die Vernunft den
moralischen Standpunkt erfordert, oder daß alle wirklich rationalen,
von Mythen oder Ideologien nicht geblendeten Personen, keine individuellen Egoisten oder klassengebundenen Amoralisten sein dürfen.
Die Vernunft entscheidet hier nicht.

XIV.

Ich habe Ihnen hier kein sehr freundliches Bild gemalt. Es bedrückt
mich, wenn ich es betrachte. Genau wie Sie verabscheue ich diesen
Mangel an moralischer Integrität, der sich im Immoralismus zeigt.
Wenn ich dieses Bild betrachte und mir zu Herzen nehme, was sich
darin offenbart, dann sehe ich mich in meinem Entschluß bestärkt,
mich in den sozialen Kämpfen zu engagieren und mein möglichstes
zu tun, um dazu beizutragen, daß eine Welt entsteht, in der echte
moralische Gemeinschaften möglich sind und die Klasse der Immoralisten, die klassengebundenen Amoralisten natürlich eingeschlossen,
verschwindet oder, wenn die gesellschaftlichen Verhältnisse ihrem
Gedeihen keinen Vorschub mehr leisten, zumindest schrumpft.

Worauf kommt es mir also an, wenn ich mich über den Immoralisten und die Frage „Warum moralisch sein?" verbreite? Der Punkt ist
der, daß uns hier eine wichtige philosophische Lehre erteilt wird, die
vielleicht auch uns angeht. Der Punkt ist folgender: Die reine praktische Vernunft, auch mit einer guten Portion Tatsachenwissens versehen, wird Sie nicht zur Moral führen. Sie können sich nicht mit Gründen dazu überreden oder mit sich darin übereinkommen, eine
moralische Bindung einzugehen, so daß Sie schließlich zu der eindeutigen und richtigen Einsicht kommen, daß der Fehler auf Ihrer Seite, in Ihrer Vernunft liegen muß, wenn Sie keine gutwillige, wirklich
moralisch integere Person sind. Damit sie das sein kann, was sie zu
sein vorgibt, muß der Moral eine durchgängige Haltung uneigennütziger Sorge für alles menschliche Leben (vielleicht auch für alle empfindenden Wesen) zugrundeliegen – im ganz kleinen ebenso wie im
ganz großen. Nicht immer hat die Moral dieses Merkmal gehabt, aber
inzwischen hat sie es. Es sind aber weder die Vernunft noch die Tatsachen, weder für sich noch zusammengenommen, die uns logisch

dazu zwingen, zu guter Letzt eine solche Haltung uneigennütziger Anteilnahme oder Sorge einzunehmen.

Bernard Gert

„Warum soll ich moralisch sein?"

Wenn jemand fragt: „Warum soll ich moralisch sein?", kann es sein, daß er in einer bestimmten Situation fragt, warum er moralisch handeln soll, doch für gewöhnlich meint er damit, warum er überhaupt moralische Regeln befolgen soll. Er möchte wissen, warum er anderen keinen Schaden zufügen soll, warum er niemanden hintergehen oder betrügen soll, und warum er Versprechen halten, den Gesetzen gehorchen und seine Pflicht erfüllen soll.[1] Die Frage „Warum soll ich moralisch sein?" wäre unverständlich, wenn man nicht schon eine recht deutliche Vorstellung davon hätte, was die Moral verbietet, verlangt, fördert und erlaubt. Aus der Darstellung der Moral als eines nicht formellen öffentlichen Systems, das jede rationale Person von allen anderen befolgt sehen möchte, von denen sie ihrerseits weiß, daß sie wollen, daß sie selbst es befolgt, erklärt sich einerseits, warum die Frage „Warum soll ich moralisch sein?" einen eindeutigen Sinn hat, und ergibt sich andererseits die Grundlage für eine vernünftige Antwort.

In der Regel verlangt die Moral keine anderen Handlungen, als man ohne solche moralischen Beschränkungen ohnehin ausführen würde. Es ist eher selten, daß jemand die Neigung oder das Interesse verspürt, ebendas zu tun, was die Moral verbietet. Der Tagesablauf der meisten Menschen ist nicht gerade reich an Gelegenheiten, die den Wunsch aufkommen lassen, jemanden zu töten, zu hintergehen oder zu betrügen. Dennoch unterliegt unser Verhalten manchmal moralischen

---

[1] Was den moralischen Regeln zufolge niemandem an Schaden zugefügt werden darf, sind Tod, Schmerz, Invalidität, Verlust der Freiheit und Verlust an Lebensfreude. Sie begründen die ersten fünf moralischen Regeln. Die Regeln, die das Hintergehen und Betrügen verbieten, und die verlangen, daß man Versprechen hält, dem Gesetz gehorcht und seine Pflicht erfüllt, stellen die zweiten fünf grundlegenden und allgemeinen moralischen Regeln dar. Wer irgendeine dieser Regeln ohne ausreichende Rechtfertigung übertritt, handelt unmoralisch. Jede ausreichende Rechtfertigung erfolgt mit der Einstellung, daß jeder wissen soll, daß auch er die betreffende Regel unter denselben Umständen verletzen kann.

Beschränkungen, die uns verbieten, das zu tun, was wir tun möchten, oder was in unserem oder auch im Interesse unserer Freunde liegt. Es macht durchaus Sinn, sich zu fragen, warum man sein Verhalten überhaupt moralischen Regeln unterwerfen und das nicht tun soll, was man tun möchte, nur weil kein rationaler Mensch (einschließlich man selbst) es gerne sähe, wenn alle wissen, daß auch sie diese Regeln unter denselben Umständen verletzen können. Da moralische Regeln Beschränkungen auferlegen, ist es ganz plausibel, sich zu fragen, warum man ihnen folgen soll, wenn man keine Lust dazu hat, oder wenn es nicht im eigenen oder im Interesse der Freunde liegt, daß man sie befolgt.

1.1 MORALISCH SEIN: DER SPRINGENDE PUNKT

Viele Versuche, die Frage „Warum soll ich moralisch sein?" zu beantworten, gehen davon aus, daß sie aus Gründen des Eigeninteresses gestellt wird. Aber obwohl es für gewöhnlich im eigenen Interesse liegt, moralisch zu sein, verhält es sich doch manchmal anders. Manchmal liegt es sogar nicht einmal im eigenen Interesse, moralisch zu erscheinen, auch wenn es in jeder moralisch akzeptablen Gesellschaft sich fast immer so verhält. Weil das Eigeninteresse nicht immer Gründe für moralisches Handeln liefert, können Antworten, die vom Eigeninteresse her argumentieren, niemals völlig befriedigen.[2] Die einzigen wirklich befriedigenden Antworten auf die Frage „Warum

---

[2] Irrationalität ist ein ichbezogener Begriff, das heißt, die einzigen irrationalen Handlungen sind solche, die sich in dem Sinne gegen mein Eigeninteresse richten, als sie mir ohne hinreichenden Grund irgendeinen Schaden zufügen oder zum Verlust irgendeines Gutes führen. Gründe sind jedoch nicht ichbezogen, und wann immer wir jemanden (nicht nur uns selbst) vor Schaden bewahren, wann immer wir Schaden verhüten oder auch lindern können, ist das ein Grund, eine sonst irrationale Handlung in eine rationale zu verwandeln. Ein Grund ist in dem Maße stark, wie er vor Schaden bewahrt, ihn verhütet oder lindert; seine Stärke bemißt sich nicht danach, wer daraus Nutzen zieht: ich oder jemand anderes. Der Begriff der Rationalität ist somit ein Mischbegriff, der die Ichbezogenheit der Irrationalität ebenso umfaßt wie die Unparteilichkeit von Gründen.

soll ich moralisch sein?" sind solche, die immer Gründe liefern. Sofern die Moral selbst keine solchen Gründe liefert, gibt es keine Antwort, die immer Gründe für moralisches Handeln liefert. Das wurde schon von Platon erkannt, der versuchte, Gründe dafür zu liefern, weshalb man aus Eigeninteresse moralisch sein soll, der aber gleichzeitig diese Gründe ihrem Wesen nach der Moral selbst zuschlug. Im Ergebnis richtete sich somit die Moral wesentlich am Eigeninteresse aus, wenn auch an einem recht merkwürdigen Eigeninteresse, nämlich an der Harmonie der Seele. Eigeninteresse und Moral hängen zusammen, aber die Behauptung, daß Moral und Eigeninteresse niemals Motive für widerstreitende Handlungen liefern, führt letztlich zu einer Verzerrung des Begriffs der Moral oder des Begriffs des Eigeninteresses oder beider.

Zum Glück sind nicht alle Gründe Gründe aus Eigeninteresse. Rationalität ist ein umfassenderer Begriff als der des Eigeninteresses, und die Überzeugung, daß die eigene Handlung andere vor Schaden bewahrt, ist ein Handlungsgrund. Wenn man fragt, „Warum soll ich moralisch sein?", dann heißt das nicht notwendigerweise, daß man fragt: „Was bringt es mir?", und meiner Ansicht nach ist das im allgemeinen auch nicht damit gemeint; man fragt vielmehr: „Was ist der springende Punkt, daß ich moralisch bin?" Da es oft heißt, moralisch zu sein, bedeute einfach, eine bestimmte Menge von Regeln zu befolgen, liegt es nicht unmittelbar auf der Hand, daß irgend jemand irgend etwas dabei gewönne, wenn jemand moralisch handelte. Das gilt insbesondere dann, wenn nicht zwischen solchen Regeln unterschieden wird, die man, entweder mit oder ohne Bezug auf die Bräuche oder Institutionen der eigenen Gesellschaft, rechtfertigen kann, und solchen Regeln, für die es überhaupt keine Rechtfertigung gibt. In vielen Gesellschaften werden die echten moralischen Regeln, die sich rechtfertigen lassen, nicht von solchen Regeln oder Traditionen unterschieden, die, sei es durch Zufall oder mit Absicht, mit jenen zu einer Gruppe zusammengeschlossen wurden.

Für viele ist die Frage „Warum soll ich darauf verzichten, vorehelichen Geschlechtsverkehr zu haben?" nur ein Sonderfall der Frage „Warum soll ich es nicht tun, wenn ich es doch möchte?" Die Auskunft, es sei unmoralisch, vor der Ehe sexuelle Kontakte zu haben, reicht als Antwort nicht aus. Ist es denn falsch, eine Regel, die von vielen in der eigenen Gesellschaft für eine moralische gehalten wird, zu übertreten, wenn dabei niemandem ein Leid geschieht? Möglicherweise gibt es keinen hinreichenden Grund, solche Regeln zu befolgen, da vielleicht viele gar nicht gerechtfertigt sind. Ich versuche nicht, die Frage zu beantworten „Warum soll ich jene Regeln befolgen, die von vielen in meiner Gesellschaft für moralische Regeln gehalten werden?" Mir geht es nur um die auf gerechtfertigte moralische Regeln begrenzte Frage „Warum soll ich moralisch sein?" Ohne die Unterscheidung zwischen gerechtfertigten und ungerechtfertigten moralischen Regeln gibt es keine befriedigende Antwort auf die Frage „Warum soll ich die moralischen Regeln befolgen?" Aber daß es häufig keinen hinreichenden Grund gibt, ungerechtfertigte moralische Regeln zu befolgen, bedeutet nicht, daß es nie einen hinreichenden Grund gibt, gerechtfertigte moralische Regeln zu befolgen.

1.2 DIE MORALISCHE ANTWORT

Die moralischen Regeln verbieten Handlungen, die dazu führen, oder die Wahrscheinlichkeit erhöhen, daß jemandem ein Übel widerfährt. Auf diese Weise erhalten wir eine standardisierte Antwort auf die Frage, warum man moralisch sein soll, nämlich die, daß man dann, wenn man nicht moralisch ist, dazu beiträgt, oder die Wahrscheinlichkeit erhöht, daß jemandem ein Übel widerfährt. Man beachte, daß es sich hierbei um eine moralische Antwort auf die Frage „Warum soll ich moralisch sein?" handelt. Als solche sollte sie für alle Fälle gelten und nicht nur ganz allgemein. Moralisch zu sein, läßt sich nun unterscheiden von den Gründen, moralisch zu sein. Zu diesen Gründen gehört *der moralische Grund*, wie ich ihn nenne, nämlich darauf hinzuwirken, daß man nicht dazu beiträgt, oder die Wahrscheinlichkeit erhöht, daß jemandem ein Übel widerfährt. Man beachte, daß diese Antwort als solche völlig in Ordnung ist. Mit ihrer Hilfe könnte man beispielsweise jemanden überzeugen, der jene Frage wirklich gestellt hat. Der Hinweis, daß andere wegen seiner unmoralischen Handlungsweise möglicherweise leiden müssen, kann dann unter Umständen genügen, um ihn von seiner Handlung abzubringen, weil er vielleicht nicht daran gedacht oder ihm nicht genügend Gewicht beigemessen hat.

Da man die moralischen Regeln für gewöhnlich vor ihrer Rechtfertigung kennt, ist es leicht möglich, daß man den Unterschied zwischen moralischen Regeln, die sich rechtfertigen lassen und solchen, die sich nicht rechtfertigen lassen, übersieht. Und möglicherweise sind es moralische Regeln, die sich nicht rechtfertigen lassen, die bei einigen zu der Frage führen: „Warum soll ich moralisch sein?" Wichtig und interessant ist der Umstand, daß „Weil du dazu beiträgst, oder die Wahrscheinlichkeit erhöhst, daß jemandem ein Übel widerfährt, wenn du nicht moralisch bist" nur dann eine passende Antwort ist, wenn es um jene moralischen Regeln geht, die sich rechtfertigen lassen. Diese Antwort ist auch ein Grund, wirklich moralisch zu sein, statt nur so zu erscheinen. Sie unterscheidet sich damit von allen anderen Antworten, die vom Eigeninteresse, auch vom religiösen Eigeninteresse her argumentieren. Im Unterschied zu allen religiösen Antworten handelt es sich außerdem um eine Antwort, die sich aus der Moral selbst herleitet und daher nicht die Existenz eines in geeigneter Weise auf die Moral bezogenen Gottes voraussetzt.

Diese Antwort, ja sogar die stärkere „Du wirst jemandem ein Übel zufügen, wenn du nicht moralisch bist", kann man ohne weiteres immer jemandem geben, der über eine Verletzung der ersten fünf Regeln nachdenkt. Für jemanden aber, der über eine Verletzung der zweiten fünf Regeln nachdenkt, ist dies nicht immer die passende Entgegnung. Nun ist es aber eher so, daß jene Frage gerade im Hinblick auf die zweiten fünf Regeln gestellt wird. Die Verletzung irgendeiner der Regeln aus dieser Gruppe führt zwar im allgemeinen dazu, daß sich die Wahrscheinlichkeit, mit der jemand Schaden nimmt, zumindest erhöht, doch scheint sich diese Wahrscheinlichkeit nicht zu erhöhen, wenn jede dieser fünf Regeln gelegentlich auf nicht zu rechtfertigende Weise verletzt wird. Wenn niemand aufgrund einer bestimmen Regelverletzung Schaden nimmt, dann kann man sich fragen, warum man nicht jemanden hintergehen oder betrügen soll, wenn das im eigenen wohlverstandenen Interesse liegt. Warum soll man in diesem Fall moralisch sein? Die einfache Antwort: „Weil dein Handeln dazu führt, oder die Wahrscheinlichkeit erhöht, daß jemandem ein Übel widerfährt" ist hier unangemessen. Obwohl das eine passende Antwort in der Hinsicht ist, daß man nicht die meiste Zeit über lügen soll, scheint sie doch in dem hier vorliegenden Fall nicht zu passen.

Mir geht es jetzt nicht um die Frage „Warum soll man nicht im allgemeinen jemanden hintergehen, Versprechen brechen, betrügen, das Gesetz mißachten oder seine Pflicht vernachlässigen?" Die Antwort auf diese Frage ist dieselbe wie im Fall der ersten fünf Regeln: „Dein Handeln führt dazu, oder erhöht die Wahrscheinlichkeit, daß jemandem ein Übel widerfährt." Es könnte somit scheinen, als würde die Antwort auf die Frage: „Warum soll man nicht in diesem bestimmten Fall jemanden hintergehen, betrügen und so weiter?" genauso ausfallen: „Dein Handeln kann, zumindest mit erhöhter Wahrscheinlichkeit, für jemanden üble Folgen haben." In einigen Fällen stimmt das aber nicht; in diesen Fällen hat eine bestimmte Handlung keine üblen Folgen, auch nicht mit erhöhter Wahrscheinlichkeit. Aus der Tatsache, daß eine Mißachtung dieser Regeln im allgemeinen für jemanden üble Folgen haben kann, folgt, daß viele einzelne solcher Handlungen wahrscheinlich solche Folgen haben werden. Es folgt daraus aber nicht, daß eine bestimmte Handlung wahrscheinlich solche Folgen haben wird. Daß dieser Grund in den Fällen angeführt wird, wo er nicht paßt, läßt ihn fragwürdig erscheinen. Wenn in einer bestimmten Situation die Verletzung einer moralischen Regel für jemanden, zumindest mit erhöhter Wahrscheinlichkeit, üble Folgen haben kann, dann ist dies ein guter Grund, in dieser Situation die Regel nicht zu verletzen. Es ist aber kein guter Grund, wenn dies nicht der Fall ist, auch wenn man angesichts menschlicher Fehlbarkeit nie sicher sein kann, daß eine bestimmte Regelverletzung keinen Schaden anrichtet.

Angesichts dieser Fehlbarkeit mag es immer richtig sein zu behaupten, daß man mit der Verletzung einer moralischen Regel Schaden anrichten könnte; in bestimmten Fällen ist dieses Risiko aber so gering, daß daraus kein hinreichender Grund erwächst, gegen eigene Interessen zu handeln. Selbstverständlich mag es in einigen dieser Fälle zumindest eine schwache Rechtfertigung dafür geben, eine moralische Regel zu verletzen, aber um diese Fälle geht es mir nicht. Mir geht es um die Beantwortung der Frage „Warum soll ich moralisch sein?", wenn diese Frage sich im Hinblick auf die nicht zu rechtfertigende Verletzung einer moralischen Regel stellt, einer Regel, die zudem gerechtfertigt werden kann, und wenn diese Frage sich nicht hinreichend beantworten läßt mit den Worten: „Dein Handeln kann, zumindest mit erhöhter Wahrscheinlichkeit, für jemanden üble Folgen haben." Wenn diese Frage sich nicht hinreichend beantworten läßt, dann besteht zwischen der Rechtfertigung der Moral und der Möglichkeit, die Frage „Warum soll ich moralisch sein?" immer hinreichend beantworten zu können, eine unüberbrückbare Kluft. In allen wichtigen und eindeutigen Fällen besteht natürlich keine Kluft. Die Rechtfertigung der Moral liefert eine hinreichende Antwort auf die Frage „Warum soll ich moralisch sein?", nämlich: „Dein Handeln kann, zumindest mit erhöhter Wahrscheinlichkeit, für jemanden üble Folgen haben." Diese Antwort beruht weder auf dem Eigeninteresse noch auf einer Religion, sondern auf der Natur der Moral selbst. Sie trägt deshalb passenderweise den Titel „die moralische Antwort". Trotzdem ist es beunruhigend, daß es überhaupt eine Kluft gibt. Wenn sich nicht immer ein hinreichender Grund anführen läßt, sich gegen das eigene Interesse zu stellen, wann immer dies moralisch geboten ist, dann ist es auch nicht immer rational, moralisch zu sein; und das ist eine unannehmbare Schlußfolgerung.

1.3 DIE ROLLE DER TUGENDEN

Die vorliegende Erörterung betrifft eine sehr begrenzte Klasse von Handlungen, nämlich solche Handlungen, die eine nicht zu rechtfertigende Verletzung einer moralischen Regel darstellen, von denen man aber nicht ernsthaft behaupten kann, daß sie für irgend jemanden, auch nicht mit hoher Wahrscheinlichkeit, üble Folgen haben. Bei diesen Regelverletzungen handelt es sich um Verletzungen der zweiten fünf Regeln, insbesondere der letzten drei, bei denen eine einzelne Regelverletzung zwar keinen Schaden anrichtet, aber von einer unparteiischen und rationalen Person nicht öffentlich geduldet werden kann, weil eine öffentliche Duldung überaus schädliche Folgen hätte. Es handelt sich hier um Fälle, in denen die moralischen Tugenden ins Spiel kommen, um die Kluft zwischen der Rechtfertigung der Moral und der Notwendigkeit, einen hinreichenden Grund für das Moralischsein zu liefern, zu überbrücken. Es gibt keine speziellen moralischen Tugenden, die sich den ersten fünf moralischen Regeln zuordnen lassen. Sie werden nicht gebraucht, denn wenn es um die ersten fünf Regeln geht, reicht der moralische Grund aus, um die Frage „Warum soll ich moralisch sein?" zu beantworten. Aber die fünf moralischen Regeln der zweiten Gruppe stehen im engen Zusammenhang mit jeweils einer moralischen Tugend: bei der Regel, die das Hintergehen betrifft, ist es die Wahrhaftigkeit; beim Versprechen ist es die Vertrauenswürdigkeit; beim Betrügen ist es die Fairness; beim Gehorsam gegenüber den Gesetzen ist es die Aufrichtigkeit und bei der Pflicht ist es die Verlässlichkeit. (Für das Folgende wäre es unerheblich, wenn die Zuordnung besagter Regeln zu den entsprechenden Tugenden etwas anders ausfiele.)

Wenn es nicht sehr wahrscheinlich ist, daß eine bestimmte Regelverletzung für irgend jemanden schädliche Folgen hat, dann ist die Antwort auf die Frage „Warum soll ich moralisch sein?" vermittels der Tugenden auf die moralische Antwort bezogen. Wie schon im 11. Kapitel erwähnt, beruhen Tugenden und Laster auf unseren absichtlichen, freien und freiwilligen Handlungen. Die rechtmäßige Befolgung der moralischen Regel macht die Tugend, und ihre nicht zu rechtfertigende Verletzung macht das Laster aus. Der Grund, weshalb man der moralischen Regel auch in jener besonderen Situation, in der niemand durch eine ungerechtfertigte Verletzung der Regel geschädigt würde, folgen sollte, klingt wie ein Klugheitsgrund: es formt den Charakter. Das mag zwar eher nach einem platonischen Grund aus Eigeninteresse statt nach einem moralischen Grund klingen, aber so ist es nicht; denn bei einer tugendhaften Person ist die Wahrscheinlichkeit, daß sie einem anderen schadet, sehr viel geringer. Eine tugendhafte Person neigt weniger dazu, moralische Regeln in nicht zu rechtfertigender Weise zu übertreten, wenn sich dadurch die Wahrscheinlichkeit übler Folgen für jemanden erhöht.

Es sollte nicht überraschen, wenn sich die moralische Antwort auf die Frage „Warum soll ich moralisch sein?" unmittelbar auf die ersten fünf moralischen Regeln und nur mittelbar auf die zweiten fünf Regeln bezieht. Die ersten fünf Regeln beziehen sich unmittelbar auf jene Übel, die alle rationalen Personen gern vermeiden möchten; die zweiten fünf beziehen sich aber nur mittelbar auf diese Übel. Eine Verletzung der ersten fünf Regeln hat immer für jemanden üble Folgen, oder erhöht die Wahrscheinlichkeit dafür. Doch auch wenn eine Verletzung der zweiten fünf Regeln im allgemeinen für jemanden üble Folgen hat, oder die Wahrscheinlichkeit dafür erhöht, gilt dies nicht für jede einzelne Regelverletzung. Daher überrascht es auch nicht, daß die moralische Antwort auf die Frage „Warum soll ich moralisch sein?" im Falle dieser zweiten fünf Regeln manchmal nur vermittelt ist. Und es überrascht auch nicht, daß diese vermittelte Antwort die moralischen Tugenden mit einschließt, denn jede dieser Regeln ist eng mit einer moralischen Tugend verknüpft. Diese moralischen Tugenden führen, wenn man sie richtig zu deuten weiß, notwendigerweise dazu, daß es, anders als bei den entsprechenden Lastern, weniger Übel in der Welt gibt, und daher stehen sie auch in einer recht engen Beziehung zum moralischen Grund.

Schon im 11. Kapitel über die Tugenden habe ich darauf hingewiesen, daß allen moralischen Tugenden die spirituelle Tugend der Demut zugrunde liegt. Man könnte sie auch als intellektuelle Tugend bezeichnen, denn sie beinhaltet, daß man um die eigene Verletzbarkeit, die Begrenztheit des eigenen Wissens und die eigene Fehlbarkeit weiß. Demütigsein beinhaltet anzuerkennen, daß man nicht wissen kann, auf welche Weise der eigene Charakter beeinflußt wird, wenn man eine moralische Regel in nicht zu rechtfertigender Weise verletzt. Es beinhaltet zu erkennen, daß der eigene Charakter auf eine Weise beeinflußt werden kann, die es wahrscheinlicher macht, daß man zukünftig auch dann eine Regel verletzen wird, wenn man damit jemandem schadet. Wer meint, er könne wissen, daß eine unmoralische Handlung keine schlimmen Auswirkungen auf das eigene zukünftige Verhalten haben wird, zeigt nur umso deutlicher seine Arroganz, was im übrigen auch erklärt, warum normalerweise arrogantes Verhalten unmoralisches Verhalten nach sich zieht.[3]

Wenn man darüber redet, wie sich die nicht zu rechtfertigende Verletzung einer moralischen Regel auf den eigenen Charakter auswirken wird, spielt die Fehlbarkeit eine sehr viel größere Rolle, als wenn man sich über die Folgen einer ungerechtfertigten Regelverletzung verständigt. Die Annahme, man könne wissen, daß eine bestimmte ungerechtfertige Regelverletzung keinen Schaden anrichtet, ist ausgesprochen plausibel; daß man weiß, auf welche Weise der eigene Charakter durch die nicht zu rechtfertigende Verletzung einer moralischen Regel beeinflußt wird, ist sehr viel weniger plausibel. Wenn man weiß, daß man eine moralische Regel in nicht zu rechtfertigender Weise verletzt, dann weiß man, daß man auf eine Weise handelt, die man öffentlich nicht zulassen kann. Die daraus resultierende Heuchelei kann ebenfalls schlimme Auswirkungen haben. Die Erkenntnis, daß das eigene Wissen begrenzt und man selbst fehlbar ist, trägt wahrscheinlich nicht nur dazu bei, daß man es vermeidet, anderen zu schaden, sondern vermindert auch das Risiko, daß einem selbst geschadet wird.

---

[3] Es gibt Ausnahmefälle, in denen man möglicherweise weiß, daß eine ungerechtfertigte, aber harmlose Regelverletzung sich nicht auf den eigenen Charakter auswirken wird, etwa wenn man weiß, daß man gleich sterben wird. In solchen Fällen ist man sehr versucht zu behaupten, daß die Verletzung durchaus gerechtfertigt sei, da es keinen hinreichenden Grund gibt, das eigene Interesse zu opfern, damit man die moralische Regel in bezug auf das Täuschen befolgen kann. Es ist nicht abwegig zu behaupten, daß zumindest einige rationale Personen eine harmlose Regelverletzung von jemandem, der sehr bald sterben wird, öffentlich dulden würden. Ob man nun diese Behauptung akzeptiert oder nicht, ist jedoch nicht wichtig, denn wenn man sie akzeptiert, läßt sich die Regelverletzung zumindest schwach rechtfertigen, und wenn man sie nicht akzeptiert, muß es einen Grund geben, weshalb keine rationale und unparteiische Person eine solche Verletzung öffentlich dulden würde, und dieser Grund wäre dann ein hinreichender Grund, die Regel zu befolgen.

1.4 DIE TUGENDANTWORT

Auch wenn die Tugenden dazu dienen sollen, die moralische Antwort
auf die Frage „Warum soll ich moralisch sein?" zu stützen, liefern sie
doch auch eine davon unabhängige Antwort. Die Tugendantwort auf
die Frage „Warum soll ich moralisch sein?" lautet, daß moralisches
Handeln notwendig ist, um die moralischen Tugenden zu besitzen.
Ihre Motivationskraft bezieht diese Antwort aus der Tatsache, daß
einige danach streben, alle Tugenden, die moralischen wie die persönlichen, zu besitzen. Wer einen solchen Charakter anstrebt, muß
moralisch handeln. Denn offensichtlich kann man die moralischen
Tugenden nicht besitzen, ohne moralisch zu handeln. Wer moralisch
handelt, weil er einen guten Charakter anstrebt, braucht sich nicht einmal um andere zu kümmern. Er braucht sich vielmehr nur um das
Erreichen eines selbstgesteckten Ziels zu kümmern. Es ist gewiß ein
lohnendes, ein von allen unparteiischen und rationalen Personen
bevorzugtes Ziel. Und wer eine bestimmte Erziehung genossen hat,
den wird diese Antwort sicherlich überzeugen. Jedoch kann ich nicht
erkennen, warum man irgend jemanden so erziehen sollte, daß zwar
die Tugendantwort eine große Anziehungskraft auf ihn ausübt, nicht
aber auch die moralische Antwort. Auch wenn man keinen Grund
braucht, einen Charakter anzustreben, der die moralischen Tugenden
einschließt, ist es doch sehr unwahrscheinlich, danach zu streben,
wenn man nicht noch einen zusätzlichen Grund hat. Den stärksten
zusätzlichen Grund, einen solchen Charakter zu wollen, liefert die
moralische Antwort.

Wie die moralische Antwort steht auch die Tugendantwort nicht
bloß in einer kontingenten Beziehung zur Natur der Moral; sie ist vielmehr wesentlich auf sie bezogen. Vielleicht überrascht es aber, daß die
Tugendantwort als solche und im Unterschied zur moralischen Antwort immer eine unmittelbare Antwort auf die Frage „Warum moralisch sein?" gibt. Sie liefert sogar immer einen hinreichenden Grund,
moralisch zu sein. Natürlich wird derjenige sich nicht von ihr motivieren lassen, der die moralischen Tugenden gar nicht besitzen möchte; es wurde aber bereits gezeigt, daß nicht alle Gründe allen rationalen Personen als Motive gelten. Obwohl die Tugendantwort durch
keine weiteren Antworten ergänzt werden muß, ist es doch weitaus
wahrscheinlicher, daß sie gerade für jemanden, der auch die moralische Antwort akzeptiert, ein Motiv darstellt. Wie dem auch sei, für
jede angemessen Darstellung der Moral muß gelten, daß es immer
einen hinreichenden Grund gibt, moralisch zu handeln, und daß man

diesen Grund nur dann liefern kann, wenn man die Tugenden ins Spiel bringt. Zusammen mit der Tatsache, daß nach Tugend zu streben, immer einen hinreichenden Grund liefert, moralisch zu sein, läßt sich damit vielleicht auch erklären, warum es der Moral aus herkömmlicher Sicht vor allem um die Tugenden zu tun war.

1.5 DIE ANTWORT UNPARTEIISCHER RATIONALITÄT

Die dritte Antwort auf die Frage „Warum soll ich moralisch sein?", die in einer wesentlichen Beziehung zur Moral steht, ist die von mir so genannte Antwort unparteiischer Rationalität. Diese Antwort greift auf die Tatsache zurück, daß jeder, der rational ist und gegenüber den moralischen Regeln eine Haltung einnimmt, die von allen anderen rationalen Personen akzeptiert werden könnte, die Haltung desjenigen einnehmen muß, der gegenüber allen moralisch Handelnden unparteiisch ist. Da die unparteiische Rationalität verlangt, daß man moralisch handeln soll, kann jemand deshalb motiviert sein, moralisch zu handeln, weil die unparteiische Rationalität dies verlangt. Die Antwort unparteiischer Rationalität gleicht der Tugendantwort insofern, als keine von beiden verlangt, man müsse sich noch um andere kümmern, zugleich können aber beide immer eine unmittelbare Antwort auf die Frage „Warum moralisch sein?" geben. Außerdem braucht man wie bei den moralischen Tugenden keinen Grund, wenn man so handeln will, wie die unparteiische Rationalität es verlangt. Ich glaube aber nicht, daß diejenigen, die sich schon von der moralischen Antwort nicht motivieren ließen, sich von der Antwort unparteiischer Rationalität motivieren lassen.

Die Antwort unparteiischer Rationalität hat vielleicht deshalb eine besondere Motivationskraft, weil hinsichtlich der Rationalität eine verwirrende Situation besteht. Es handelt sich dabei um eine Verwirrung über die Beziehung zwischen den Anforderungen der unparteiischen Rationalität und denen der Rationalität. Es ist irrational, nicht so zu handeln, wie es die Rationalität verlangt; es ist nicht irrational, nicht so zu handeln, wie es die unparteiische Rationalität verlangt. Daß die unparteiische Rationalität verlangt, man müsse moralisch handeln, bedeutet nicht, daß die Rationalität verlangt, man müsse moralisch handeln. Ich habe immer wieder darauf hingewiesen, und werde weiter unten noch einmal darauf eingehen, daß die Rationalität nicht verlangt, man müsse moralisch handeln, obwohl sie dies immer auch zuläßt. Die Rationalität verlangt nicht, daß man genau so handeln soll, wie es die unparteiische Rationalität verlangt; es ist nicht irrational, nicht so unparteiisch zu sein, wie es die Moral verlangt. Wenn man nicht deutlich zwischen den Anforderungen der Rationalität und den Anforderungen der unparteiischen Rationalität unterscheidet, kann das zu der falschen Schlußfolgerung führen, es sei irrational unmoralisch zu handeln. Da niemand irrational handeln möchte, kann diese falsche Schlußfolgerung ein Motiv sein, moralisch zu handeln. Viele Anhänger Kants scheinen in diese Art von Verwirrung geraten zu sein.[4]

Die feministische Moraltheorie hat Recht, wenn sie statt der unparteiischen Rationalität oder des Strebens nach Tugend die Sorge für andere als den eigentlichen Grund anführt, moralisch zu handeln.[5]

---

[4] Es handelt sich hier vor allemum eine Verwirrung über den Begriff der Rationalität. Siehe Alan Gewirth „Can Any Final End Be Rational" *Ethics* 102 (October 1991); Gewirth möchte hier sowohl die Ansicht vertreten, daß Rationalität Unparteilichkeit verlangt, als auch die, daß alle immer rational sein möchten. „Wenn man nämlich zeigen kann, daß ein Endzweck rational ist, dann ist er es wirklich wert, daß man ihm weiter nachgeht oder ihn verfolgt, und das können wir auch wissen" (S. 68). Auf der vorhergehenden Seite behauptet er: „Ich werde ‚Vernunft' hier im ganz herkömmlichen und allgemeinsten Sinn verwenden, nämlich als das Vermögen, die Wahrheit zu ermitteln und festzuhalten." Aber wie in seinem Buch *Reason and Morality* (Chicago: University of Chicago Press, 1978) versucht Gewirth nicht, den Beweis dafür anzutreten, daß die Wahrheit zu ermitteln und festzuhalten, immer ein Zweck ist, der es „wirklich wert ist, daß man ihm weiter nachgeht oder ihn verfolgt", sondern geht, wie fast alle anderen Philosophen, die über Rationalität schreiben, davon aus, daß seine philosophische Definition von „rational" mit der in den vorherigen Kapiteln beschriebenen Standardbedeutung von „rational" übereinstimmt.

[5] Leider ist es häufig so, daß die feministische Moraltheorie als erstes Kohlbergs Behauptung über die Stufen der moralischen Entwicklung angreift, ohne zu erkennen, daß sich in die entsprechenden Beschreibungen der einzelnen Stufen ein folgenschwerer Fehler eingeschlichen hat. Kohlberg schließt Fragen nach der Bestimmung einer Handlung, die als moralisch akzeptabel, begründet oder erforderlich gilt, mit Fragen nach den Gründen oder Motiven für moralisches Handeln zusammen. Daß er dies vermengt, liegt vermutlich daran, daß er eine Kantische Auffassung akzeptiert, derzufolge diese beiden Arten von Fragen miteinander verbunden sind. Auch wenn die Sorge für andere den eigentlichen Grund und das beste Motiv für moralisches Handeln liefert, legt sie doch nicht fest, welche Handlungen moralisch sind.

Jedoch stellt sie nicht das einzige Motiv dar. Obwohl die moralische Antwort grundlegender ist als die Antwort unparteiischer Rationalität oder die Tugendantwort, sind die beiden letztgenannten dennoch wichtig. Manche haben im Laufe ihrer Erziehung vielleicht tugendhafte Personen als Rollenvorbilder gehabt und möchten daher einen Charakter besitzen, der alle moralischen Tugenden einschließt. Andere haben im Laufe ihrer Erziehung vielleicht gelernt, zur Verteidigung der eigenen Handlungen immer Gründe anzuführen, und möchten daher gern so handeln, wie es die unparteiische Rationalität verlangt. Wieder andere haben im Laufe ihrer Erziehung vielleicht gelernt, Heuchelei zu verachten. Selbst wenn sie im Laufe ihrer Erziehung gelernt haben, sich um alle Menschen zu kümmern, und daher die moralische Antwort für die überzeugendste halten, können die Tugendantwort und die Antwort umparteiischer Rationalität doch zusätzliche Motive für moralisches Handeln liefern. Möglicherweise stellt die moralische Antwort als solche, die ja keinen Bezug auf den Handelnden selbst enthält, kein hinreichendes Motiv dar, um diesen oder jenen zu moralischem Handeln zu veranlassen. Die Tugendantwort und die Antwort unparteiischer Rationalität hingegen, die normalerweise in der moralischen Antwort gründen, gehen über diese hinaus und entwickeln ihre eigene Überzeugungskraft. Dafür spricht die Tatsache, daß einige allgemeine Gefühle, die offensichtlich die Macht haben, Menschen zu bewegen, sich auf diese beiden Antworten ebenso beziehen wie auf die moralische Antwort.

2.1 STICHHALTIGE GRÜNDE FÜR MORALISCHES HANDELN LASSEN SICH NICHT ANFÜHREN

Obwohl die moralische Antwort, die Tugendantwort und die Antwort unparteiischer Rationalität immerhin so gute Gründe liefern, daß es für jedermann völlig rational ist, jederzeit moralisch zu handeln, ist es deshalb doch nicht irrational, wenn man sich irgendwann unmoralisch verhält. Daß es aus religiösen Gründen irrational sein kann, unmoralisch zu sein, kann man als Argument dafür nehmen, diese religiösen Gründe zu akzeptieren. Hat man jedoch erst einmal erkannt, daß es angemessener ist, unmoralische, nicht aber irrationale Handlungen zu bestrafen, wird deutlich, daß man ernste Probleme bekommt, wenn man alle unmoralischen Handlungen als irrational ansieht. Auch wenn der moralische Grund mitsamt der ihn stützenden Gründe nicht alle rationalen Personen dazu motivieren wird, moralisch zu handeln, dürfte er doch einige motivieren. Außerdem würden selbst diejenigen, die nicht durch diese Gründe zu moralischem Handeln motiviert sind, rational handeln, wenn sie entsprechend motiviert wären.

Einige könnten dies als Eingeständnis werten, daß es letztlich doch nicht gelungen sei, die Frage „Warum soll ich moralisch sein?" zu beantworten. Ich habe eingeräumt, daß es vollkommen rational ist, unmoralisch zu handeln, auch wenn man weiß, daß man durch das eigene unmoralische Handeln anderen schadet. Dies legt ganz richtig die Vermutung nahe, daß man vernünftigerweise fragen kann „Warum soll ich es vermeiden, anderen zu schaden?" Wenn man aber nach Gründen fragen kann, warum man es vermeiden soll, anderen zu schaden, dann könnte man meinen, die Antwort „Du willst es vermeiden, anderen zu schaden" würde keinen hinreichenden Grund liefern, moralisch zu handeln. Doch nur weil man vernünftigerweise fragen kann „Warum soll ich es vermeiden, anderen zu schaden?" folgt nicht, daß man noch keinen hinreichenden Grund hat, moralisch zu sein, wenn man es vermeidet, anderen zu schaden. Die Behauptung, daß dann, wenn ich vernünftigerweise fragen kann „Warum soll ich X tun?", wobei X der Grund ist, Y zu tun, X kein hinreichender Grund sein kann, Y zu tun, beruht auf einer irrigen Auffassung von Gründen. Der fragliche Irrtum geht auf einen Begriff des Grundes zurück, der sich als falsch erwiesen hat, daß nämlich ein Grund, eine bestimmte Handlung zu vollziehen, dann hinreichend ist, wenn er ein Motiv für alle rationalen Personen liefert.

Der Beliebtheit von Antworten nach zu urteilen, die vom Eigeninteresse her argumentieren, wollen einige die Frage „Warum soll ich moralisch sein?" offenbar so beantwortet wissen, daß gezeigt wird, daß man aus Gründen der Rationalität immer moralisch handeln *müsse*. Eine Antwort, die lediglich zeigt, daß man aus Gründen der Rationalität immer moralisch handeln *dürfe*, befriedigt hier nicht. Ich habe bereits gezeigt, daß die Rationalität nicht verlangt, man soll moralisch handeln. Daß man diese Antwort nur widerstrebend akzeptiert, liegt vielleicht an der Überzeugung, die Rationalität verlange immer eine bestimmte Art von Handlung, nämlich die Handlung im eigenen Interesse. Der rationale Egoismus, den ich im 3. Kapitel erörtert habe, ist die Auffassung, daß es irrational sei, wider das eigene Interesse zu handeln. Diejenigen, die diese Auffassung teilen, glauben, wenn sie zeigen können, daß moralisches Handeln ein Handeln im eigenen

Interesse ist, ebenfalls gezeigt zu haben, daß Rationalität moralisches Handeln verlangt. Die Gleichsetzung von rationaler Handlung und Handlung im eigenen Interesse ist so stark, daß die Frage „Warum soll ich X tun?" häufig für gleichbedeutend gehalten wird mit „Welchen Vorteil habe ich davon, X zu tun?"

Die Antwort „Weil du es vermeiden willst, anderen zu schaden" wird deshalb nicht als befriedigend angesehen, weil sie zwar einen hinreichenden, nicht aber einen stichhaltigen Grund gibt, moralisch zu sein. Sie liefert kein Motiv für alle rationalen Personen, und daher werden auch nicht alle rationalen Personen entsprechend handeln. Die vermutlich einzige Antwort, die ein Motiv für alle rationalen Personen liefert, ist die, die einen eigennützigen Grund anführt, so daß die einzige, für alle rationalen Personen maßgebliche Antwort lautet: „Weil es in deinem eigenen Interesse liegt." Diese Antwort kann man jedoch nicht immer wahrheitsgemäß geben, so daß das Eigeninteresse nicht immer einen stichhaltigen Grund für moralisches Handeln liefern kann. Aber selbst wenn man zeigen könnte, daß es immer im eigenen Interesse liegt, moralisch zu handeln, wäre damit noch nicht gezeigt, daß es stichhaltige Gründe gibt, moralisch zu handeln, das heißt Gründe, die besagen, daß es irrational wäre, nicht moralisch zu handeln.

2.2 DAS EIGENINTERESSE LIEFERT NICHT IMMER STICHHALTIGE GRÜNDE

Ich gebe zu, daß nur eigennützige Gründe Motive für alle rationalen Personen liefern, und daß es sich dabei um stichhaltige Gründe handelt, wenn niemand sonst betroffen ist. Allerdings möchte ich nun zeigen, daß die Antwort „Weil es in deinem eigenen Interesse liegt" für den Fall, daß andere Personen betroffen sind, keine stichhaltigen Gründe liefert, das heißt Gründe, die für alle rationalen Personen maßgeblich sind. Zunächst werde ich eine etwas andere Frage erörtern, damit der Vergleich zur Moral so genau wie möglich ausfällt. Man betrachte die Frage „Warum soll ich vernünftig sein?" Diese Frage wird von vielen gestellt, besonders von Jugendlichen, wenn auch vielleicht nicht gerade in dieser Form. So wie „Warum soll ich es nicht tun, wenn ich es doch möchte?" manchmal der Frage entspricht „Warum soll ich moralisch sein?", so entspricht sie manchmal auch der

Frage „Warum soll ich vernünftig sein?" Im ersten Fall lautet die Antwort: „Du wirst anderen schaden"; im zweiten Fall lautet sie: „Du
wirst dir selbst schaden." Die Gegenfrage: „Warum soll ich anderen
nicht schaden?" für vollkommen rational zu halten, ist ebenso plausibel, wie im zweiten Fall die Antwort: „Warum soll ich mir selbst nicht
schaden?" für irrational zu halten. Daß dies plausibel ist, liegt nicht
nur daran, daß man sich selbst in einem günstigeren Licht sieht als
andere. Die beiden Fragen werden gewöhnlich nicht unter denselben
Umständen gestellt. In der Regel muß die Frage „Warum soll ich
anderen nicht schaden?" ihrem Sinn nach um einen Nebensatz ergänzt
werden, nämlich „wenn es mir Vorteile bringt". Die Frage lautet
eigentlich: „Warum soll ich es unterlassen, anderen zu schaden, wenn
es mir Vorteile bringt?" Ich habe schon erklärt, daß die Rationalität
nicht verlangt, daß man es unterlassen soll, anderen zu schaden, ins-
besonder dann nicht, wenn es einem Vorteile brächte.

Die Frage „Warum soll ich mir selbst nicht schaden?" läßt sich
nicht in dieser Weise verstehen, das heißt, mit dem unausgesprochenen Nebensatz „wenn es mir Vorteile bringt". Bei der Frage „Warum
soll ich mir selbst nicht schaden?" lautet der unausgesprochene
Nebensatz meistens: „wenn ich es doch möchte". Wenn man fragt,
warum man anderen nicht schaden soll, stehen die Interessen der
anderen in einem unausgesprochenen Gegensatz zu den eigenen Interesse. Wenn man fragt, warum man sich selbst nicht schaden soll, steht
das Eigeninteresse im Gegensatz zu irrationalen Wünschen. Wenn
man jemandem, der raucht, trinkt oder andere Drogen nimmt, sagt,
daß ihr exzessiver Genuß ihm schaden werde, dann kann der erwidern: „Na und, ich will es so." Sofern man den Schaden für nicht
unbedeutend hält, kann man sagen, daß die betreffende Person hier
irrational handelt. Wenn es sich also um einen schweren Schaden handelt, würde keine rationale Person die Frage stellen: „Warum soll ich
mir selbst nicht schaden?" Von daher scheint es, als würde die Antwort „Du wirst dir selbst schaden, wenn du es tust" von allen rationalen Personen als eine stichhaltige Antwort akzeptiert, etwas nicht zu
tun, wohingegen „Du wirst jemand anderem schaden, wenn du es
tust" für keine rationale Person, ein stichhaltiger Grund ist.

Die Frage „Warum soll ich anderen nicht schaden?" stellte sich
jedoch, als die Alternative war, sich einen Vorteil zu verschaffen. Der
Gegensatz zu der Frage „Warum soll ich mir selbst nicht schaden?" war
nun aber nicht der, andere vor Schaden zu bewahren, sondern war vielmehr ein irrationaler Wunsch. Es handelt sich nicht darum, daß, jeweils
für sich betrachtet, die Frage „Warum soll ich anderen nicht schaden?"

eine ganz und gar sinnvolle und „Warum soll ich mir selbst nicht schaden?" eine sinnlose Frage ist. Der Sinn solcher Fragen hängt von dem
Nebensatz ab, der unausgesprochen mit ihnen einhergeht. „Warum soll
ich mir selbst nicht schaden?" ist *dann* keine sinnlose Frage, wenn der
unausgesprochene Nebensatz lautet: „wenn ich dadurch andere vor
größerem Schaden bewahren kann". Diese Frage mit ihrem unausgesprochenen Nebensatz wird, wenn vielleicht auch nicht in dieser Form,
von vielen gestellt, insbesondere von idealistisch eingestellten jungen
Menschen. Nicht selten kann man hören, wie Eltern versuchen, ihre
Tochter davon zu überzeugen, sich nicht dem Friedenskorps oder den
Bürgerrechtskämpfern anzuschließen, indem sie geltend machen, sie
könne dabei zu Schaden kommen. Und nicht selten kann man die
Tocher antworten hören, daß dies kein ausreichender Grund sei, und
daß Schaden von sich abzuwenden keinen Vorrang habe vor dem Versuch, anderen zu helfen. Auf diese Weise wird deutlich, daß die Frage
„Warum soll ich mir selbst nicht schaden?" nicht immer sinnlos ist.
Schaden von sich abzuwenden, ist nicht immer für alle rationalen Personen ein stichhaltiger Grund, nämlich ein Grund, der für sie immer
maßgeblich ist noch bevor sie andere vor Schaden bewahren.

Nur eine unzulängliche Erklärung des Begriffs der Rationalität, wie
etwa die des rationalen Egoismus, führt zu der Auffassung, daß es irrational sei, das eigene Interesse um der Interessen anderer willen zu
opfern. Es ist bereits gezeigt worden, daß der rationale Egoismus eine
allzu große Vereinfachung des Begriffs der Rationalität darstellt. Es ist
irrational, sich ohne Grund zu schaden; es ist aber nicht irrational, die
eigenen Interessen um der Interessen anderer willen zu opfern. Wenn
die Interessen anderer mitbetroffen sind, dann ist die Entgegnung „Du
schadest dir selbst, wenn du es tust" nicht für alle rationalen Personen
ein stichhaltiger Grund. Sie liefert einen guten Grund, etwas nicht zu
tun, doch damit tut sie nicht mehr als die Entgegnung „Du schadest
anderen, wenn du es tust." Obwohl es für alle rationalen Personen ein
Motiv darstellt, Schaden von sich abzuwenden, während es nicht für
alle rationalen Personen ein Motiv darstellt, Schaden von anderen
abzuwenden, bedeutet das doch nicht, daß im Konfliktfall das erste
Motiv gegenüber dem letzteren immer das stärkere ist. Tatsächlich gilt,
daß ein Grund besser oder stärker ist als ein anderer, wenn der eine
Grund nicht nur solchen irrationalen Handlungen Rationalität verleihen kann, denen schon ein anderer Grund Rationalität verleihen konnte, sondern darüber hinaus noch anderen Handlungen. Sowohl diejenigen Überzeugungen, bei denen es darum geht, Schaden von sich
abzuwenden, als auch jene, bei denen es darum geht, Schaden von

anderen abzuwenden, sind von der Art, daß man sich, rational betrachtet, bei seinen Handlungen gewöhnlich von den einen ebenso wie von
den anderen leiten lassen kann. Natürlich wird derjenige, der für
gewöhnlich so handelt, daß er andere vor größerem Schaden bewahrt,
aller Wahrscheinlichkeit nach moralisch handeln, während das für denjenigen, der immer aus eigenem Interesse handelt, vermutlich nicht
gilt, aber weder der eine noch der andere handelt irrational.

2.3 RATIONALITÄT, EIGENINTERESSE UND MORAL

Man könnte nun den Eindruck haben, als sei Rationalität als hand-
lungsleitendes Prinzip unbrauchbar. Dem ist natürlich nicht so; wie
bereits im 3. und 4. Kapitel erwähnt, ist die Rationalität mit vielen
Handlungsarten unverträglich. Richtig ist, daß bei den wichtigen Entscheidungen im Hinblick darauf, ob man moralisch handeln soll oder
nicht, die Rationalität nicht handlungsleitend wirkt. Im Fall eines
Konflikts zwischen Moral und Eigeninteresse, ja sogar im Fall eines
Konflikts zwischen der Moral und den Interessen von Freunden oder
der Familie, bleibt die Rationalität neutral. So enttäuschend diese
Schlußfolgerung auf den ersten Blick sein mag, jede andere Schlußfolgerung wäre schlimmer. Würde uns die Rationalität überhaupt verbieten, moralisch zu handeln, wäre man im Konfliktfall gezwungen,
entweder ein irrationales oder ein unmoralisches Verhalten zu befürworten. Und würde die Rationalität immer moralische Handlungen
verlangen, wäre man gezwungen, jede unmoralische Handlung,
einschließlich derjenigen, die eindeutig im eigenen Interesse des Handelnden läge, als irrational anzusehen. Verglichen mit diesen Alternativen, hinterläßt die gezogene Schlußfolgerung einen weit weniger
enttäuschenden Eindruck.
    Ich habe gezeigt, daß man unter Rationalitätsgesichtspunkten im
Konflikt zwischen Moral und Eigeninteresse sowohl moralisch als
auch aus eigenem Interesse handeln darf. Man könnte nun meinen, als
würde die Rationalität Handlungsweisen verbieten, die sowohl unmoralisch als auch dem eigenen Interesse entgegengesetzt sind. Dies ist
nicht gezeigt worden. Es ist sogar falsch. Die Rationalität läßt Handlungen zu, die sowohl unmoralisch als auch dem eigenen Interesse
entgegengesetzt sind, wie etwa die Selbstaufopferung, mit der man

das unmoralische Verhalten von Freunden oder Kollegen unterstützt. Tatsächlich handelt es sich bei den gravierendsten unmoralischen Handlungen um solche, die man um einer Sache willen oder für eine Gruppe, nicht aber aus Eigeninteresse tut. Diese unleugbare Tatsache scheint von Philosophen, die so tun, als ob alle rationalen Handlungen entweder moralische Handlungen oder solche aus Eigeninteresse sind, übersehen zu werden. Außerdem scheinen einige die Ansicht zu vertreten, daß sich die Kategorie der rationalen Handlungen nicht nur in den moralischen und eigennützigen Handlungen erschöpft, sondern auch, daß diese sich gegenseitig ausschließen. Das hat merkwürdigerweise zur Folge, daß das Eigeninteresse niemals einen zusätzlichen Grund oder ein zusätzliches Motiv liefert, moralisch zu handeln, und daß das Wissen, daß man moralisch richtig handelt, niemals einen zusätzlichen Grund oder ein zusätzliches Motiv liefert, aus eigenem Interesse zu handeln.

Man kann nicht so recht glauben, daß jemand, der über diese Dinge nachgedacht hat, meint, zwischen Eigeninteresse und Moral bestünde immer ein Konflikt. Es gibt so viele Handlungen, die nicht in den Bereich der Moral fallen, daß diese Auffassung nicht einmal plausibel ist. Und selbst wenn die eigenen Handlungen durch eine Regel oder ein Ideal bestimmt werden, kann das Eigeninteresse zusätzliche Gründe liefern, moralisch zu handeln. Es liegt im eigenen Interesse, Scham- und Schuldgefühle sowie Gewissensbisse zu vermeiden, und wenn man sie vermeiden will, muß man moralisch handeln. Außerdem können das Risiko, bestraft zu werden, und die feindseligen Reaktionen derer, die von unmoralischen Handlungen betroffen sind, einen ebenfalls dazu veranlassen, moralisch zu handeln. Gute Regierungen verabschieden Gesetze, damit das Eigeninteresse ebenso wie die Moral Gründe für dieselbe Handllung liefern können. Es sollte nun klar geworden sein, daß Eigeninteresse und Moral sich nicht nur nicht gegenseitig ausschließen, sondern daß sie einander häufig verstärken.

2.4 GRÜNDE FÜR UNMORALISCHES HANDELN

Obwohl also Eigeninteresse und Moral häufig Gründe für dieselbe Handllung liefern, stehen sie doch auch häufig miteinander in Kon-

flikt. Es ist aber schon gezeigt worden, daß selbst dann, wenn Eigeninteresse und Moral immer dieselbe Handlung unterstützten, es deshalb nicht irrational wäre, unmoralisch zu handeln. Außer dem Eigeninteresse gibt es noch andere Gründe für unmoralisches Handeln, wie
etwa die Überzeugung, daß man mit seiner Handlung einem Freund
oder denjenigen nützt, die den eigenen Glauben teilen. Da einem an
diesen Menschen gelegen ist, stellen diese Überzeugungen ebenfalls
Motive dar, ihnen zu nützen. Solche Überzeugungen können nicht nur
dazu führen, daß man wissentlich sowohl unmoralisch als auch gegen
die eigenen Interessen handelt, sie können solchen Handlungsweisen
außerdem Rationalität verleihen. Eltern handeln um ihrer Kinder willen oft unmoralisch und gegen ihre eigenen Interessen. An der Moral
oder an sich selbst liegt ihnen nicht so viel wie an ihren Kindern. Liebende opfern nicht nur sich selbst, sonder auch andere um des oder
der Geliebten willen. Eltern und Liebende, die so handeln, handeln
nicht irrational. Es handeln auch jene nicht irrational, die ihr Leben
für ihr Land opfern, selbst wenn ihr Land einen unmoralischen Krieg
führt.

Einige Handlungen jedoch, wie etwa die aus Rache begangenen,
die sowohl gegen das eigene Interesse gerichtet als auch unmoralisch
sind, sind irrational. Vielleicht weil sie sich auf Handlungen dieser Art
konzentrieren, gelangen einige zu der Ansicht, daß alle Handlungen,
die sich sowohl gegen das eigene Interesse als auch gegen die Moral
richten, irrational sind. Die Rache, die sich sowohl gegen das eigene
Interesse als auch gegen die Moral richtet, ist aber deshalb irrational,
weil sie niemandem nützt. Wenn die eigene Handlung jemandem
nützt, sei es einem Freund oder Verwandten, einer ethnischen oder
religiösen Gruppe oder dem eigenen Land, dann kann sie sowohl
gegen die eigenen Interessen wie auch die Moral gerichtet und dennoch rational sein. Wenn es jemandem nützt, dann ist das ein Grund.
Ärzte und Wissenschaftler handeln manchmal sowohl unmoralisch als
auch gegen ihrer eigenen Interessen, um ihre Kollegen zu schützen.
Tatsächlich ist die fehlgeleitete Loyalität nicht nur eine der Hauptur-
sachen für unmoralische Handlungen, sie ist auch eine der Hauptur-
sachen für die Verwirrungen über die Moral. Viele wohlmeinende
Menschen können nicht verstehen, wieso es unmoralisch sein kann,
die eigene Karriere zu riskieren, um die Fehler der Kollegen zu ver-
tuschen. Sie verwechseln Moral mit Altruismus oder Selbstlosigkeit.
Sie vergessen, daß die Moral eine Verletzung moralischer Regeln
nicht duldet, es sei denn, eine unparteiische und rationale Person kann
eine solche Verletzung öffentlich zulassen.

Das mangelnde Bewußtsein dafür, daß eine rationale Handlung sowohl unmoralisch als auch gegen die eigenen Interessen gerichtet sein kann, zusammen mit der Auffasung, alle rationalen Handlungen müssten entweder eigennützig oder moralisch sein, verstärkt die Auffassung, daß eine rationale Person immer dann moralisch handelt, wenn sie sich für andere aufopfert. Ungerechtfertigte und gegen das eigene Interesse gerichtete Verletzungen der moralischen Regeln, die vielleicht sogar verlangen, daß man das eigene Leben opfert, sind alles andere als selten. Selbst wenn man zugibt, daß unmoralische Handlungen, die aus eigennützigen Motiven begangen wurden, ungeheuer viel Unheil angerichtet haben, haben doch unmoralische Handlungen, die gegen das Eigeninteresse des Handelnden gerichtet waren, erheblich mehr Unheil angerichtet. Die Religionen haben den Menschen sowohl Gründe als auch Motive für Handlungen geliefert, die sowohl unmoralisch als auch gegen ihre Interessen gerichtet waren. Viele dieser Handlungen waren rational, weil man glaubte, sie würden Gott gefallen. Es ist unglaublich, wieviel Unheil aus religiösen Gründen durch unmoralische und selbstaufopfernde Handlungen angerichtet worden ist. Bedenkt man, wie viele Menschen nicht nur andere niedergemetzelt, sondern auch ihr eigenes Leben für die Interessen ihrer Religion riskiert haben, dann kann man unmöglich der Ansicht sein, unmoralische Handlungen würden allein oder sogar vorrangig aus Eigeninteresse begangen.

Die Religion ist nur eine von vielen Quellen, aus der Gründe für unmoralisches Handeln entspringen. Die Menschen handeln oft unmoralisch, weil sie die Interessen ihrer sozialen oder ökonomischen Klasse fördern wollen. Und manchmal erfordern diese unmoralischen Handlungen, daß man etwas vom Eigeninteresse opfert. Die Menschen handeln oft unmoralisch und gegen ihre eigenen Interessen, weil sie die Interessen ihrer Rasse oder ethnischen Gruppe fördern wollen. Heutzutage aber stellt vermutlich das eigene Land die größte und gefährlichste Quelle dar, aus der Gründe für unmoralische Handlungen entspringen. Viele sind nicht nur willens, sondern auch versessen darauf, ihr Leben für ihr Land zu opfern, auch wenn dieses Land einen unmoralischen Krieg führt. Vermutlich übertrifft das Unheil, das durch unmoralische, dem Nationalismus entspringende Handlungen verursacht wird, noch jenes Unheil, das durch unmoralische Handlungen verursacht wird, die sich aus allen anderen Gründen zusammen ergeben. Wem am eigenen Land etwas liegt, der braucht deshalb nicht unmoralisch zu handeln. Der Patriot zeichnet sich dadurch aus, daß er gewillt ist, alles zu tun, was im wohlverstandenen

Interesse des eigenen Landes liegt, außer unmoralisch zu handeln. Ein
Nationalist ist jemand, der gewillt ist, die Interessen seines Landes zu
fördern, auch wenn er deshalb unmoralisch handeln muß. Ohne ein
klares Verständnis von Moral läßt sich nicht verhindern, daß der
Patriotismus zum Nationalismus degeneriert.

2.5 SIND GRÜNDE FÜR MORALISCHES HANDELN BESSER ODER STÄRKER ALS EIGENNÜTZIGE GRÜNDE?

Die im 3. Kapitel gegebene Darstellung von stärkeren oder besseren
Gründe könnte den Eindruck erwecken, als würden in allen Konflikten zwischen Moral und Eigeninteresse die stärkeren Gründe immer
moralische Handlungen stützen. Wie in diesem Kapitel ausgeführt
wurde, gilt, daß ein Grund besser oder stärker ist als ein anderer, wenn
der eine Grund nicht nur solchen irrationalen Handlungen Rationalität
verleihen kann, denen schon ein anderer Grund Rationalität verleihen
konnte, sondern darüber hinaus noch anderen Handlungen. Dieser
Darstellung zufolge ist es im Falle eines Konflikts zwischen Moral
und Eigeninteresse oft so, daß es für die moralische Handlung bessere Gründe gibt als für die Handlung im eigenen Interesse, denn häufig fügt man anderen mehr Schaden zu, als man von sich selbst
abwendet. Häufig fügt man sogar anderen großen Schaden zu nur um
geringfügiger Vorteile für sich selbst willen. Für gewöhnlich fragt man
nicht erst, warum man moralisch sein soll, wenn die Gründe, moralisch zu sein, eindeutig besser sind als die, unmoralisch zu handeln.
Am häufigsten stellt sich diese Frage in Situationen, in denen moralisches Handeln verlangt, so zu handeln, daß man letztlich sich selbst
großen Schaden zufügt, wohingegen unmoralisches Handeln sich
offenbar für niemanden besonders schlimm auswirkt.
    Erst wenn es für moralisches Handeln keine eindeutig besseren
Gründe gibt als für unmoralisches Handeln, zum Beispiel wenn man
seine Freunde vor Schaden bewahren kann, indem man andere hinter-
geht, dann stellt sich schon eher die Frage, warum man moralisch sein
soll. Wenn man das Eigeninteresse als den eigentlichen Gegenspieler
der Moral betrachtet, dann bleiben jene besonderen Fälle unverständlich, in denen man durch unmoralisches Handeln den eigenen Freunden oder Kollegen auf Kosten anderer zwar Vorteile verschaffen kann,

der betreffende Gesamtschaden und die entsprechenden Gesamtvorteile sich aber entweder gleichbleiben oder die eigenen Freunde mehr gewinnen als die anderen verlieren. Ich bestreite aber, daß es überhaupt Fälle gibt, in denen die Gründe für unmoralisches Handeln eindeutig besser sind als die für moralisches Handeln. Wenn die besseren Gründe eigennützige Gründe wären, dann würde es irrational sein, moralisch zu handeln, und diese Schlußfolgerung ist offenkundig unannehmbar. Wenn die besseren Gründe für unmoralisches Handeln statt der eigenen die Interessen derjenigen berücksichtigten, an denen einem etwas liegt, dann ist es vielleicht nicht irrational, moralisch zu handeln, aber es wäre unvernünftig. Aus einer angemessenen Darstellung der Moral darf man niemals folgern können, daß es unvernünftig ist, moralisch zu handeln; daß es Situationen gibt, in denen die Gründe für unmoralisches Handeln besser sind als die für moralisches Handeln. Die Gründe für moralisches Handeln müssen zumindest immer so gut sein wie die für unmoralisches Handeln; es müssen aber nicht immer die eindeutig besseren Gründe sein.

Einige könnten nun behaupten, daß die Gründe für moralisches Handeln unter allen Umständen besser sind als die für unmoralisches Handeln, berücksichtigt man nämlich erst einmal die möglichen Auswirkungen unmoralischer Handlungen auf den eigenen Charakter. Ich bestreite nicht, daß die Berücksichtigung der möglichen Auswirkungen unmoralischer Handlungen auf den eigenen Charakter ein gewichtiger Grund ist, moralisch zu handeln. Dieser Grund ist sogar manchmal notwendig, um moralischen Handlungen Rationalität zu verleihen. Es ist jedoch überflüssig zu behaupten, daß die Gründe für moralisches Handeln unter allen Umständen besser sind als die für unmoralisches Handeln. Selbst wenn das stimmen würde, wäre es trotzdem nicht irrational, unmoralisch zu handeln, denn es ist nicht immer irrational, nicht den besseren Gründen zu folgen. Wenn dem so wäre, dann würden alle irrational handeln, die ihr Geld für Luxusgüter ausgeben, statt dieses Geld zu spenden, damit man vielen anderen die lebensnotwendigsten Dinge kaufen kann. Es gibt zwar viele Philosophen, die behaupten, daß jeder, der sein Geld für Luxusgüter ausgibt, statt dieses Geld wohltätigen Stiftungen zukommen zu lassen, unmoralisch handelt, aber ich kenne keinen, der behauptet, solche Leute würden irrational handeln.

3. SCHLUSSBEMERKUNG

Mir ist klar, daß die Frage „Warum soll ich moralisch sein?" von unterschiedlichen rationalen Personen unterschiedlich beantwortet wird. Ich gehe davon aus, daß die meisten Leser dieses Buches es befürworten würden, wenn jeder moralisch wäre, und daß sie jene Frage manchmal oder immer so beantworten würden, wie ich es in diesem Kapitel getan habe. Ich bin mir durchaus bewußt, daß rationale Personen, denen dieser Sinn für die gesamte Menschheit, der für verlässliches moralisches Handeln wesentlich ist, abgeht, möglicherweise jenen, an denen ihnen etwas liegt, nicht raten würden, immer moralisch zu handeln. Es kann sein, daß eine rationale Mutter, die vielleicht mit anderen Personen außerhalb ihrer Familie schlechte Erfahrung gemacht hat, ihrer Tochter rät, sich nur den Anschein von Moral zu geben. Sie könnte ihrer Tochter Gründe liefern, warum sie nicht moralisch sein sollte. Sie behauptet vielleicht, daß sie gegenüber anderen meistens dann besser wegkomme, wenn sie unmoralisch ist, und daß sie ihre eigenen Wünsche und die ihrer Liebsten dann sehr viel umfassender und leichter erfüllen könne. In manchen Situationen mag das überzeugend klingen, aber nicht in allen.

Ebenso vertraut ist einem sicherlich der Vater, der seinem Sohn rät, das eigene Land über alles zu stellen. Auch er kann seinem Sohn starke Gründe für diese Handlungsweise nennen. Sein Leben wird reich an Zielsetzungen und Idealen sein, die demjenigen fehlen, der nur mit sich selbst und einigen wenigen ihm Nahestehenden beschäftigt ist. Jemandem wie ihm können sogar all jene Belohnungen zuteil werden, die man normalerweise mit einem moralischen Leben verbindet, unter anderem großer Respekt und hohe Wertschätzung. Ähnliche Gründe lassen sich unter Umständen anführen, wenn man die eigene Rasse oder Religion über alles stellen will. Man erweist der Moral keinen Dienst, wenn man die Überzeugungskraft dieser Antworten herabsetzt; sie verlieren nicht ihre Überzeugungskraft, wenn man sie ignoriert. Ich glaube jedoch, daß die Menschheitsgeschichte jetzt die Stufe erreicht haben könnte, auf der die moralische Antwort sich für viele, die sie deutlich vor Augen geführt bekommen, als überzeugender erweist. Vielen liegt jetzt etwas an der gesamten Menschheit, und viele Religionen unterstützen jetzt dieses Anliegen. Viele Völker haben inzwischen erkannt, wie klein die Erde ist. Und das Leid, das aus der Trennung der Rassen resultiert, ist für alle offensichtlich geworden.

Die Frage „Warum soll ich moralisch sein?" ist nicht schwieriger überzeugend zu beantworten als die Frage „Warum soll ich unmoralisch sein?". Leider fallen in einigen Gesellschaften oder in einigen Teilen aller Gesellschaften die Antworten auf die Frage „Warum soll ich unmoralisch sein?" möglicherweise überzeugender aus als die Antworten auf die Frage „Warum soll ich moralisch sein?" Vielleicht ist der wichtigste Maßstab für eine Gesellschaft der, welche Antworten für die überwiegende Mehrheit der Bürger die überzeugendsten sind.

Textnachweise

Apel, Karl-Otto: „Zurück zur Normalität? – Oder können wir aus der nationalen Katastrophe etwas Besonderes gelernt haben? Das Problem des (welt-) geschichtlichen Übergangs zur postkonventionellen Moral aus spezifisch deutscher Sicht. In: *Diskurs und Verantwortung. Das Problem des Übergangs zur postkonventionellen Moral*. Frankfurt/M.: Suhrkamp 1988. S. 438-453. In dem hier abgedruckten Abschnitt wurde eine längere Fußnote zu Fichte ausgelassen; Überschrift vom Herausgeber.

Baier, Kurt: „Moral Reasons and Reasons to Be Moral". In: Alvin I. Goldman/ Jaegwon Kim (eds.), *Values and Morals*. Dordrecht: Reidel 1978. S. 231-256. Die ersten beiden Absätze des Orginaltextes wurden in der Übersetzung ausgelassen. Übersetzt von Birger Brinkmeier.

Bradley, F.H.: „Why should I Be moral?" In: *Ethical Studies*. Oxford: Clarendon Press 1876. 2. Auflage 1927 mit mehreren Nachdrucken. S. 58-84. Übersetzt von Birger Brinkmeier.

Gauthier, David: „Why Contractarianism?". In: Peter Vallentyne (ed.), *Contractarianism and Rational Choice. Essays on David Gauthier's Morals by Agreement*. Cambridge: Cambridge UP 1991. S. 15-30. Übersetzt von Birger Brinkmeier.

Gert, Bernard: *Morality, Its Nature and Justification*. Oxford: Oxford UP 1998. [Kap. 13: ‚Why Should I Be Moral?', S. 338-361] Das Kapitel wurde für den hier vorliegenden Druck vom Herausgeber gekürzt; die gekürzte Fassung wurde vom Verfasser durchgesehen und um zwei Fußnoten erweitert. Übersetzt von Birger Brinkmeier.

Hare, Richard M.: *Moralisches Denken: Seine Ebenen, seine Methode, sein Witz*. Frankfurt: Suhrkamp 1992. S. 260-269. Übersetzt von Christoph Fehige und Georg Meggle. Überschrift vom Herausgeber.

Kavka, Gregory S.: „The Reconciliation Project". In: David Copp und David Zimmerman (eds.), *Morality, Reason, and Truth. New Essays on the Foundation of Ethics*. Totowa: Rowman & Allanheld 1985. S. 297-319. Übersetzt von Birger Brinkmeier.

Nielsen, Kai: „Why Should I Be Moral? Revisited." In: Kai Nielsen, *Why Be moral?* Buffallo, N.Y.: Prometheus Books 1989. S. 284-300. Übersetzt von Birger Brinkmeier.

Platon: *Der Staat*. Übersetzt und herausgegeben von Otto Apelt. In: *Sämtliche Dialoge* Bd. V. Hamburg: Felix Meiner 1988. S. 47-61. Überschrift vom Herausgeber.

Prichard, H.A.: „Beruht die Moralphilosophie auf einem Irrtum?" In: Günther Grewendorf und Georg Meggle (Hg.), *Seminar: Sprache und Ethik. Zur Entwicklung der Metaethik*. Frankfurt/M.: Suhrkamp 1974. S. 83-99. Übersetzt von Günther Grewendorf.

Williams, Bernard: *Der Begriff der Moral. Eine Einführung in die Ethik.* Stuttgart: Reclam 1978. S. 9-20. Übersetzt von Eberhard Bubser.

Bibliographie

Almeder, Robert: *Human Happiness and Morality. A Brief Introduction to Ethics*. Buffalo N.Y.: Prometheus Press 2000. [Kap. 2: Why Should I be Moral? Four Responses. S. 119-150]

Anscombe, G. E.M.: „Modern Moral Philosophy." In: *Philosophy* Vol XXXII (1958). S. 1-19. Auch in: Gerald Dworkin und Judith Jarvis Thomson (eds.), *Ethics*. New York: Harper and Row 1968. Sowie in: W.D. Hudson (ed.), *The Is/Ought Question*. London und Basingstoke: Macmillan 1969. Deutsche Übersetzung: „Moderne Moralphilosophie". In: Günther Grewendorf und Georg Meggle (Hg.), *Seminar: Sprache und Ethik. Zur Entwicklung der Metaethik*. Frankfurt/M.: Suhrkamp 1974. S. 217-243.

Apel, Karl-Otto: „Zurück zur Normalität? – Oder können wir aus der nationalen Katastrophe etwas Besonderes gelernt haben? Das Problem des (welt-) geschichtlichen Übergangs zur postkonventionellen Moral aus spezifisch deutscher Sicht. In: *Diskurs und Verantwortung. Das Problem des Übergangs zur postkonventionellen Moral*. Frankfurt/M.: Suhrkamp 1988. S. 370-474. [S. 438-453] Auszüge in diesem Band. S. 131-143.

Audi, Robert: „Moral Judgement and Reason for Action". In: Garrett Cullity and Berys Gaut (eds.), *Ethics and Practical Reason*. Oxford: Clarendon Press 1997. S. 125-159.

Badhwar, Neera Kapur: „Altruism Versus Self-Interest: Sometimes a False Dichotomy". In: Ellen Frankel Paul, Fred D. Miller,Jr., Jeffrey Paul (eds.), *Altruism*. Cambridge: Cambridge UP 1993. S. 90-117.

Baier, Kurt: *The Moral Point of View. A rational Basis of Ethics*. Ithaca/ London: Cornell University Press 1958. [S. 298-321] Deutsche Übersetzung: *Der Standpunkt der Moral. Eine rationale Grundlegung der Ethik*. 1.Aufl. Düsseldorf: Patmos 1974. [Kap. 12: Warum sollen wir moralisch handeln?, S. 277-97]. Neuabdruck des Kapitels in: Gauthier, David P. (ed.), *Morality and Rational Self-Interest*. Englewood Cliffs, N.J.: Prentice-Hall 1970. S. 151-165. Sowie in: Kenneth Pahel und Marvin Schiller (eds.), *Readings in Contemporary Ethical Theory*. Englewood Cliffs: Prentice-Hall 1970. S. 427-441.

Baier, Kurt: „Moral Reasons". In: *Midwest Studies in Philosophy* Vol III (1978). S. 62-74.

Baier, Kurt: „Moral Reasons and Reasons to Be Moral". In: Alvin I. Goldman/ Jaegwon Kim (eds.), *Values and Morals*. Dordrecht: Reidel 1978. S. 231-256. Deutsche Übersetzung in diesem Band. S. 97-129.

Baier, Kurt: „Rationality, Reason, and the Good". In: David Copp und David Zimmermann (eds.), *Morality, Reason and Truth*. Totowa, N.J.: Rowman and Allanheld 1985. S. 193-211.

Baier, Kurt: *The Rational and the Moral Order. The Social Roots of Reason and Morality.* Chicago/La Salle: Open Cout 1995. [Section 7: Why Be Moral?, S. 284-88]

Baier, Kurt: „Comments". In: J.B. Schneewind (ed.), *Reason, Ethics, and Society. Themes From Kurt Baier, With His Responses.* Chicago and La Salle, Illinois: Open Court 1996. S. 210-224.

Bayertz, Kurt: „Begriff und Problem der Solidarität". In: Kurt Bayertz (Hg.), *Solidarität. Begriff und Problem.* Frankfurt/M.: Suhrkamp 1998. S.11-53.

Bayertz, Kurt: Warum überhaupt moralisch sein? München: C. H. Beck 2004.

Batson, C.D.: „Why Act for the Public Good? Four Answers". In: *Personality and Social Psychology Bulletin* Vol 20 (1994). S. 603-610.

Batson, C.D.: „Prosocial Motivation. Why do we Help Others?" In: A. Tesser (ed.), *Advanced Social Psychology.* New York: McGraw-Hill 1995. S. 333-381.

Becker, Lawrence C.: „The Finality of Moral Judgments: A Reply to Mrs. Foot.". In: *Philosophical Review* Vol 82 (1973). S. 364-370.

Becker, Lawrence C.:*On Justificing Moral Judgments*, London 1973. [„Why Be Moral?" S. 123-127].

Beehler, Rodger: „Reasons for Being Moral". In: *Analysis* Vol 33 (1972-73). S. 12-16.

Bierhoff, Hans W. und Beate Küpper: „Sozialpsychologie der Solidarität". In: Kurt Bayertz (Hg.), *Solidarität. Begriff und Problem.* Frankfurt/M.: Suhrkamp 1998. S. 263-296.

Bittner, Rüdiger: *Moralisches Gebot oder Autonomie.* Freiburg/München: Karl Alber 1983.

Böhler, Dietrich: „Warum moralisch sein? Hannah Arendt, Eichmann, Sokrates und die Verbindlichkeit des Dialogprinzips". In: *Handlung, Kultur, Interpretation* 8 (1999). Heft 1. S. 43-63; und Heft 2, S. 59-80.

Boxill, Bernard R.: „How Injustice Pays". In: *Philosophy & Public Affairs* Vol 9, No. 4 (1980). S. 359-371.

Bradley, F.H.: „Why should I Be moral?" In: *Ethical Studies.* Oxford: Clarendon Press 1876. 2. Auflage 1927 mit mehreren Nachdrucken. S. 58-84. Deutsche Übersetzung in diesem Band. S. 69-95.

Brandt, Richard B.: *A Theory of the Good and the Right.* Oxford: Oxford UP 1979. [Kap. XVII: Is it Always Rational to Act Morally?, S. 327-335]

Brandt, Richard B.: *Facts, Values, and Morality.* Cambridge: Cambridge UP 1996. [Kap. 10: Is Being Moral Rational?, S. 282-302]

Brink, David O.: *Moral Realism and the Foundations of Ethics.* Cambridge: Cambridge UP 1989.

Brink, David O.: „Self-Love and Altruism". In: *Social Philosophy & Policy* Vol 14 (1997). S. 122-157.

Brock, Dan W.: „The Justification of Morality." In: *American Philosophical Quarterly* Vol 14 (1977). S. 71-78.

Butchvarov, Panayot: *Skepticism in Ethics*, Bloomington 1989. [„Why Should I Do What I Ought to Do?" S. 48-52]

Butler, Joseph: *Fifteen Sermons. Preached at the Rolls Chapel and A Dissertation Upon the Nature of Virture.* [1726] London: Bell 1969. [Sermon III, V]

Cialdini, Robert B. et. al.: „Empathy-Based Helping: Is it Selflessly or Selfishly Motivated?". In: *Journal of Personality and Social Psychology* Vol. 52 (1987). S. 749-758.

Cicero, Marcus Tullius: *De officiis.*

Copp, David: „Moral Skepticism". In: *Philosophical Studies* Vol 62 (1991). S. 203-233.

Copp, David: „The Ring of Gyges: Overridingness and the Unity of Reason". In: *Social Philosophy and Policy Foundation.* Vol. 14, No. 1 (1997). S. 86-106.

Darwall, Stephen L.: *Impartial Reason.* Ithaca and London: Cornell UP 1983.

DeBruin, Debra A.: „Can One Justify Morality To Fooles?" In: *Canadian Journal of Philosophy.* Vol 25, No. 1 (1995). S. 1-31.

Falk, W.D.: „'Ought' and Motivation." In: *Proceedings of the Aristotelian Society* Vol 48 (1947/48). Auch in: *Ought, Reasons, and Morality.* Ithaca: Cornell University Press 1986. S. 21-41. Sowie in: Wilfrid Sellars und John Hospers (eds.*), Readings in Ethical Theory.* New York: Appleton-Centrury-Crofts 1952. S. 492-510.

Fisher, D.R.: „Why Should I Be Just?". In*: Proceedings of the Aristotelian Society* Vol LXXVII (1976/77). S. 43-61.

Flew, Antony: „Must Morality Pay? or What Socrates Should Have Said to Thrasymachus". In: Curtis L. Carter (ed.), *Skepticism and Moral Principles: Modern Ethics in Review.* Eranston, Illinois: New University Press 1973. S. 109-133.

Foot, Philippa: „Moral Beliefs" In *Proceedings of the Aristotelian Society* Vol 59 (1958-59) S. 83-104. Auch in: Philippa Foot (ed.), *Theories of Ethics.* Oxford: Oxford University Press 1967. S. 83-100. Sowie in: Philippa Foot, *Virtues and Vices and Other Essays in Moral Philosophy.* Oxford: Basil Blackwell 1978. S. 110-131. Deutsche Übersetzung: „Moralische Überzeugungen". In: Philippa Foot, *Die Wirklichkeit des Guten.* Frankfurt: Fischer 1997. S. 47-70.

Foot, Philippa: „Morality as a System of Hypothetical Imperatives.". In: *Philosophical Review* Vol 81 (1972). S. 305-316. Auch in: Philippa Foot, *Virtues and Vices and Other Essays in Moral Philosophy.* Oxford: Basil Blackwell 1978. S.157-173. Deutsche Übersetzung in: Philippa Foot, *Die Wirklichkeit des Guten.* Frankfurt: Fischer 1997. S. 89-101.

Foot, Philippa: „La vertu et le bonheur". In: M. Canto-Sperber (Hg.), *L'actualité de la philosophie morale: Le renouveau britannique.* Paris. S. 133-146. Deutsch in: Philippa Foot, *Die Wirklichkeit des Guten.* Frankfurt: Fischer 1997. S. 214-225.

Foot, Philippa: „Rationality and Virtue". In: Herlinde Pauer-Studer (ed.), *Norms, Values, and Society.* Dordrecht: Kluwer 1994. S. 205-216.

Foot, Philippa: Natural Goodness. Oxford: Clarendon Press 2001. [Kap. 7: Immoralism. S. 99-115]

Forst, Rainer: „Praktische Vernunft und rechtfertigende Gründe. Zur Begründung der Moral". In: Stefan Gosepath (Hg.), *Motive, Gründe, Zwecke. Theorien praktischer Rationalität.* Frankfurt/M.: Fischer 1999. S. 168-205.

Frank, Robert H.: *Passions within Reason. The Strategic Role of the Emotions.* New York und London: W.W. Norton & Company 1988. Deutsche Uberset- zung: *Die Strategie der Emotionen.* München: R. Olbenboug 1992.

Frankena, William K.: *Ethics.* Englewood Ciffs, N. J.: Prentice-Hall 1963. Deutsche Übersetzung: *Analytische Ethik. Eine Einführung.* München: dtv 1972. [S. 138-41].

Frankena, William K.: *Thinking about Morality,* Ann Arbor 1980. [„Why Be Moral?" S. 73-94]

Furmerton, Richard A.: *Reason and Morality. A Defense of the Egocentric Per- spective.* Ithaca and London: Cornell UP 1990. [S. 234-139]

Gauthier, David P.: "Morality and Advantage". In: *Philsophical Review* Vol LXXXVI, 4 (1967). S. 460-75. Auch in: Gauthier, David P.: *Morality and Rational Self-Interest.* Englwood Cliffs, N.J.: Prentice-Hall 1970. S. 166-184.

Gauthier, David P. (ed.): *Morality and Rational Self-Interest.* Englewood Cliffs, N.J.: Prentice-Hall 1970.

Gauthier, David P.: „Bargaining Our Way into Morality: A Do-It-Yourself Pri- mer." In: *Philosophic Exchange* Vol 2 (1979). S. 14-27.

Gauthier, David P.: „Three Against Justice: The Foole, the Sensible Knave, and the Lydian Shepherd". In: *Midwest Studies in Philosophy. Social and Poli- tical Philosophy* Vol VII (1982). S. 11-29.

Gauthier, David P.: *Morals by Agreement.* Oxford: Oxford UP 1986.

Gauthier, David: „Reason to Be Moral?" In: *Synthese* Vol 72, No.1 (1987). S. 5-27.

Gauthier, David: „Why Contractarianism?". In: Peter Vallentyne (ed.), *Con- tractarianism and Rational Choice. Essays on David Gauthier's Morals by Agreement.* Cambridge: Cambridge UP 1991. S. 15-30. Deutsche Übersetz- ung in diesem Band. S. 189-211.

Gert, Bernard: *Morality, Its Nature and Justification.* Oxford: Oxford UP 1998. [Kap. 13: ‚Why Should I Be Moral?', S. 338-361] Auszüge in deut- scher Übersetzung in diesem Band. S. 247-271.

Gert, Bernard: Common Morality. Deciding What to Do. Oxford: Oxford UP 2004 [S. 131-36: Why act morally?]

Gewirth, Alan: „Must One Play the Moral Language Game?" In: *American Phi- losophical Quarterly* Vol 7, No. 2 (1970). S. 107-118.

Gewirth, Alan: *Reason and Morality.* Chicago 1978. S. 82-95; 190-98.

Golding, Martin P.: „From Prudence to Rights: A Critique." In: J. Roland Pen- nock and John W. Chapman (eds.), *Human Rights.* New York and London: New York UP 1981. S. 165-175.

Habermas, Jürgen: *Faktizität und Geltung. Beiträge zur Diskurstheorie des Rechts und des demokratischen Rechtsstaats.* Frankfurt/M.: Suhrkamp 1992.

Habermas, Jürgen: „Eine genealogische Betrachtung zum kognitiven Gehalt der Moral". In: *Die Einbeziehung des Anderen. Studien zur politischen Theorie.* Frankfurt/M.: Suhrkamp 1996. S. 11-64.

Hare, Richard M.: *Freedom and Reason.* Oxford: Oxford UP 1962. Deutsche Übersetzung: *Freiheit und Vernunft.* Frankfurt/M.: Suhrkamp 1983.

Hare, Richard M.: *Moral Thinking: Its Levels, Method, and Point*. Oxford: Clarendon 1981. Deutsche Übersetzung: *Moralisches Denken: Seine Ebenen, seine Methode, sein Witz*. Frankfurt: Suhrkamp 1992. [Kap. 10: „Fanatismus und Amoralismus", sowie Kap. 11: „Klugheit, Moral und Supererogation", S. 237-277]. Auszüge in deutscher Übersetzung in diesem Band. S. 145-153.

Hare, Richard M.: „Repliken". In: Christoph Fehige und Georg Meggle (Hg.), *Zum moralischen Denken*. 2Bde. Frankfurt/M.: Suhrkamp 1995. Bd. 2, S. 293, 297, 303-07, 379, 401.

Haslet, W.D.: *Equal Consideration. A Theory of Moral Justification,* Newark, Del. 1987. [„Why We Should Act Morally" S. 188-200]

Harsanyi, John C.: „Does Reason Tell Us What Moral Code to Follow and, Indeed, to Follow Any Moral Code at All?" In: *Ethics* Vol 96 (1985). S. 42-55.

Hegselmann, Rainer: „Glaucons Herausforderung: Was ist Motiv und Lohn der Tugend?" In: Wolfgang Lenzen (Hg.), *Das Weite Spektrum der Analytischen Philosophie*. (Festschrift für Franz von Kutschera). Berlin, New York: Walter de Gruyter 1997. S. 76-94.

Hegselmann, Rainer: „Was könnte dazu motivieren, moralisch zu sein? Überlegungen zum Verhältnis von Moralität und Klugheit". In: Rainer Hegselmann und Hartmut Kliemt (Hg.), *Moral und Interesse. Zur interdisziplinären Erneuerung der Moralwissenschaft*. München: Oldenbourg 1997. S. 23-45.

Henderson, T.Y.: „In Defense of Thrasymachus". In: *American Philosophical Quarterly* Vol 7 (1970). S. 218-228.

Henrich, Dieter: „Die Deduktion des Sittengesetzes. Über die Gründe der Dunkelheit des letzten Abschnittes von Kants ‚Grundlegung zur Metaphysik der Sitten'". In: A. Schwan (Hg.), *Denken im Schatten des Nihilismus* (Festschrift Wilhelm Weischedel). Darmstadt: Wissenschaftliche Buchgesellschaft 1975. S. 55-112. [Kap. X: Die ‚Wichtigkeit' moralischer Gesetze]

Hooker, Brad: „Does Moral Virtue Constitute a Benefit for the Agent?" In: Roger Crisp (ed.), *How Should One Live? Essays on the Virtues*. Oxford: Clarendon Press 1998. S. 141-155.

Hospers, John: „Why Be Moral?" In: *Human Conduct. An Introduction to the Problems of Ethics*. New York: Harcourt, Brace & World 1961. S. 174-198. Auch in Wilfrid Sellars und John Hospers (eds.), *Readings in Ethical Theory*. New York: Appleton-Centrury-Crofts, 2. Aufl. 1970. S. 730-746.

Hull, Richard T.: Why be Moral? A Retort to a Response to a Reply. In: *Journal of Value Inquiry* 32 (1998), S. 253-56.

Kant, Immanuel: *Grundlegung zur Metaphysik der Sitten*. (Akademie Textausgabe Bd. IV). Berlin: Walter de Gruyter 1968. S. 384-464.

Kaufmann, Matthias: *Aufgeklärte Anarchie. Eine Einführung in die politische Philosophie*. Berlin: Akademie Verlag 1999. [„Warum soll ich moralisch sein?" S. 60-62]

Kavka, Gregory S.: „The Reconciliation Project". In: David Copp und David Zimmerman (eds.), *Morality, Reason, and Truth. New Essays on the Foundation of Ethics*. Totowa: Rowman & Allanheld 1985. S. 297-319. Deutsche Übersetzung in diesem Band. S. 155-188.

Kolnai, Aurel (1977): *Ethics, Value and Reality. Selected Papers of Aurel Kolnai*, London 1977. [„Why Should I be Moral" S. 90-94].

Korsgaard, Christine M.: *The Sources of Normativity*. Cambridge: Cambridge UP 1996.

Krämer, Hans: *Integrative Ethik*. Frankfurt: Suhrkamp 1992.

Kutschera, Franz von: *Grundlagen der Ethik*. Berlin und New York: de Gruyter 1982. [S.56-59, 214-225]

Leist, Anton: *Die gute Handlung. Eine Einführung in die Ethik*. Berlin: Akademie-Verlag 2000. [S. 49-54, 168ff, 303f.]

Lumer, Christoph: „Motive zu moralischem Handeln". In: *Analyse und Kritik* 2002.

Mackie, John L.: *Ethics: Inventing Right and Wrong*. Harmondsworth, Middlesex: Penguin 1977. Deutsche Übersetzung: *Ethik. Die Erfindung des moralisch Richtigen und Falschen*. Stuttgart: Reclam 1983. [Kap. 8, 7: Das Motiv für Moralität, S. 242-247].

Mayberry, Thomas C.: „On ‚Why be Moral'"?. In: *Canadian Journal of Philosophy 8* (1978). S. 361-73.

McClennen, Edward F.: „Constraint Maximization and Resolute Choice." In: *Social Philosophy & Policy* Vol 5 (1988). S. 95-118

McDowell, John: „Are Moral Requirements Hypothetical Imperatives?". In: *The Aristotelian Society*, Supplementary Volume 52 (1978). S. 13-29. Auch in: John MacDowell, *Mind, Value, and Reality*. Cambridge, Mass. 1998. S. 77-94.

Melden, A.I.: „Why Be Moral?" In: *The Journal of Philosophy* Vol XLV, No.17 (1948). S. 449-456.

Mitchell, Dorothy: „Warum soll ich sittlich sein?" In: *Ratio* Bd. 12, Heft 1 (1970). S. 120-124.

Monro, Hector: „Critical Notice". In: *The Australasian Journal of Philosophy* Vol 37 (1959). S.71-78.

Montada, L. and Hans W, Bierhoff (eds.), *Altruism in Social Systems*. Lewiston N.Y.: Hogrefe 1991.

Nagel, Thomas: *The Possibility of Altruism*. Princeton: Princeton UP 1970. Deutsche Übersetzung: *Die Möglichkeit des Altruismus*. Bodenheim: Philo 1998.

Nagel, Thomas: *The View from Nowhere*. New York/ Oxford: Oxford UP 1986. Deutsche Übersetzung: *Der Blick von Nirgendwo*. Frankfurt: Suhrkamp 1992.

Narveson, Jan: „Reason in Ethics – or Reason Versus Ethics?" In: David Copp und David Zimmermann (eds.), *Morality, Reason and Truth*. Totowa, N.J.: Rowman and Allanheld 1985. S. 228-250.

Nelson, William N.: *Morality. What's in it For Me? A Historical Introduction to Ethics*. Boulder/ San Francisco/ Oxford: Westview 1991.

Nida-Rümelin, Julian: „Warum moralisch sein?" In: Jean-Pierre Wils (Hg.), *Orientierung durch Ethik?: Eine Zwischenbilanz*. Paderborn: Schöningh 1993. S. 57-70.

Nida-Rümelin, Julian und Thomas Schmidt: *Rationalität in der praktischen Philosophie. Eine Einführung.* Berlin: Akademie Verlag 2000.

Nielsen, Kai: „Is 'Why should I Be moral?' an Absurdity?" In: *The Australasian Journal of Philosophy* Vol 36 (1958). S. 25-32.

Nielsen, Kai: „Why Should I Be Moral?" In: *Methodos* Vol XV (1963). S. 275-306. Nachdruck in: *Readings in Contemporary Ethical Theory.* Kenneth Pahel und Marvin Schiller (eds.). Englewood Cliffs: Prentice-Hall 1970. S. 454-483. Sowie in: Wilfrid Sellars und John Hospers (eds.), *Readings in Ethical Theory.* New York: Appleton-Centrury-Crofts 2. Aufl., 1970. S. 747-768. Sowie in: Kai Nielsen, *Why Be moral?* Buffallo, N.Y.: Prometheus Books 1989. S. 167-195.

Nielsen, Kai, „On Giving Reasons for Being Moral". In: *Analysis* Vol. 33 (1972-73) S. 17ff.

Nielsen, Kai: „Why Should I Be Moral? Revisited." In: *American Philosophical Quarterly* Vol 21 (1984). S. 81-91. Auch in: Kai Nielsen, *Why Be moral?* Buffallo, N.Y.: Prometheus Books 1989. S. 284-300. Deutsche Übersetzung in diesem Band S. 223-246.

Nielsen, Kai: „Must the Immoralist Act Contrary to Reason?" In: David Copp und David Zimmermann (eds.), *Morality, Reason and Truth.* Totowa, N.J.: Rowman and Allanheld 1985. S. 212-227. Auch in: Nielsen, Kai: *Why Be moral?* Buffallo, N.Y.: Prometheus Books 1989. S. 269-283.

Nozick, Robert: *Philosophical Explanations.* Cambridge, Mass.: The Belknap Press 1981. [S. 399 ff.]

Olafson, Frederick A.: *Principles and Persons: An Ethical Interpretation of Existentialism.* Baltimore: The Johns Hopkins Press. 1967.

Oliner, Samuel P. and Pearl M. Oliner*: The Altruistic Personality. Rescuers of Jews in Nazi Europe.* New York / London 1988.

Overvold, Mark: „Morality, Self-Interset, and Reasons for Being Moral." In: *Philosophy and Phenomenological Research* 44 (1984). S. 493-507.

Parfit, Derek: „Prudence, Morality, and the Prisoner's Dilemma". In*: Proceedings of the British Academy* 1979. S. 539-564.

Phillips, D.Z.: „Does it Pay to be Good?" In: *Proceedings of the Aristotelian Society.* New Series Vol. LXV (1965). S. 45-60.

Phillips, D.Z.: „On Morality's Having a Point". In: *Philosophy* (1965).

Phillips, D.Z.: „In Search of the Moral 'Must': Mrs Foot's Fugitive Thought." In: *The Philosophical Quarterly* Vol 27 (1977). S. 140-157.

Platon: *Gorigas.* In: *Sämtliche Dialoge* Bd. I. Hrsgg. und übersetzt von Otto Apelt. Hamburg: Felix Meiner 1988.

Platon: *Der Staat.* In: *Sämtliche Dialoge* Bd. V. Hrsgg. und übersetzt von Otto Apelt. Hamburg: Felix Meiner 1988. Auszüge in diesem Band S. 35-47.

Pojman, Louis.: *Ethics. Discovering Right and Wrong,* Belmont, Cal. 1990 [„Morality and Self-Interset: Glaucon's Question" S. 166-179].

Postema, Gerald J.: „Hume's Reply to the Sensible Knave". In: *History of Philosophy Quarterly* Vol 5, No.1 (1988). S. 23-40.

Prichard, H.A.: „Does Moral Philosophy Rest on a Mistake?" In: *Mind* Vol XXI, No.81 (1912). Nachdruck in: *Moral Obligation.* Oxford 1968. S. 1-17.

Auch in: Kenneth Pahel und Marvin Schiller (eds.), *Readings in Contemporary Ethical Theory*. Englewood Cliffs: Prentice-Hall 1970. S. 402-416. Sowie in: Wilfrid Sellars und John Hospers (eds.*), Readings in Ethical Theory*. New York: Appleton-Centrury-Crofts 2. Aufl., 1970. S. 86-96. Deutsche Übersetzung: „Beruht die Moralphilosophie auf einem Irrtum?" In: Günther Grewendorf und Georg Meggle (Hg.), *Seminar: Sprache und Ethik. Zur Entwicklung der Metaethik*. Frankfurt/M.: Suhrkamp 1974. S. 83-99. Auch in diesem Band. S. 49-68.

Prichard, H.A.: „Duty and Interest.". In: *Moral Obligation: Essays and Lectures*. Oxford: Clarendon Press 1949. Gekürzt in: Wilfrid Sellars und John Hospers (eds.*), Readings in Ethical Theory*. New York: Appleton-Centrury-Crofts 2. Aufl., 1970. S. 469-486. Sowie gekürzt in: David P. Gauthier (ed.): *Morality and Rational Self-Interest*. Englewood Cliffs, N.J.: Prentice-Hall 1970. S. 111-30. Sowie in: Kenneth Pahel und Marvin Schiller (eds.), *Readings in Contemporary Ethical Theory*. Englewood Cliffs: Prentice-Hall 1970. S. 402-415.

Railton, Peter: „Alienation, Consequentialism, and the Demands of Morality". In: *Philosophy and Public Affairs* Vol 13 (1984). S. 134-171. Auch in: James Rachels (ed), *Ethical Theory 2. Theories about how We Should Live*. Oxford: Oxford UP 1998. S. 222-255.

Raz, Joseph: „The Amoralist". In: Garrett Cullity und Berys Gaut (eds.), *Ethics and Practical Reason*. Oxford: Clarendon 1997. S. 369-398. Auch in: Joseph Raz: *Engaging Reason*. Oxford: Oxford UP 1999. S. 273- 302.

Raz, Joseph: „The Central Conflict: Morality and Self-Interest." In: Roger Crisp und Brad Hooker (eds.), *Well Being and Morality. Essays in Honour of James Griffin*. Oxford: Oxford UP 1999. Sowie in: Josef Raz, *Engaging Reason*. Oxford: Oxford UP 1999. S. 303-332.

Reibenschuh, Gernot: „Warum moralisch sein? Zur Kritik soziologischer Moralbegründung." In: Manfred Riedel (Hg.), *Rehabilitierung der praktischen Philosophie*. Bd. II: *Rezeption, Argumentation, Diskussion*. Freiburg: Rombach 1974. S. 85-119.

Rescher, Nicholas: *Unselfishness. The Role of the Vicarious Affects in Moral Philosophy and Social Theory*. Pittsburgh: Pittsburgh UP 1975.

Rescher, Nicholas: *A System of Pragmatic Idealism* Vol. II: *The Validity of Values,* Princeton 1993. [„Moral Rationality: Why Be Moral?" S. 206-229].

Rescher, Nicholas: „Rationality and Moral Obligation". In: *Synthese* Vol. 72 (1987). S. 29-43.

Richards, David A.: *A Theory of Reasons for Action*. Oxford: Clarendon Press 1971. [Kap. 14: Why Should I Be Moral?]

Richards, David A.: „Moral Rationality". In: *Synthese* Vol. 72 (1987). S.91-101.

Sayre-McCord, Geoffrey: „Deception and Reasons to Be Moral". In: *American Philosophical Quarterly* Vol 26 (1989). S. 113-122. Auch in: Peter Vallentyne (ed.), *Contractarianism and Rational Choice. Essays on David Gauthiers Morals by Agreement*. Cambridge: Cambridge UP 1991. S. 181-195.

Scanlon, T.M.: „Self-Anchored Morality". In: J.B. Schneewind (ed.), *Reason, Ethics, and Society. Themes from Kurt Baier, with His Responses*. Chicago and La Salle, Illinois: Open Court 1996. S.197-209.

Schmidtz, David: „Reasons for Altruism". In: Ellen Frankel Paul, Fred D. Miller,Jr., Jeffrey Paul (eds.), *Altruism*. Cambridge: Cambridge UP 1993. S.52-68.

Schmidtz, David: *Rational Choice and Moral Agency*. Princeton: Princeton UP 1995.

Schmidtz, David: „Self-Interest: What`s in it for Me?" In: *Social Philosophy and Policy Foundation* Vol 14 (1997). S. 107-121.

Schröder, Winfried: Moralischer Nihilismus. Typen radikaler Moralkritik von den Sophisten bei Nietzsche. Stuttgart – Bad Cannstadt: Grommann-holzboog 2002.

Schönecker, Dieter: *Kant:* Grundlegung *III. Die Deduktion des kategorischen Imperativs*. Freiburg/München: Alber 1999. [S. 74-83, 318ff]

Seel, Martin: *Versuch über die Form des Glücks. Studien zur Ethik*. Frankfurt/M.: Suhrkamp 1995. S. 191-255.

Shaftesbury, Anthony Ashley Cooper, Third Earl of: *Sensus Communis; An Essay on the Freedom of Wit and Humour*. 1711. In: Wolfram Benda, Wolfgang Lottes, Friedrich A. Uehlein und Erwin Wolff (Hg.), *Complete Works, Selected Letters and Posthumous Writings. Standard Edition* Bd. I, 3. Stuttgart- Bad Cannstatt: frommann-holzboog 1992. S. 14-129. Dort auch deutsche Übersetzung. – Außerdem in: *Der gesellige Enthusiast. Philosophische Essays* (hrsgg. von Karl-Heinz Schwabe) München: C. H. Beck und Leipzig/ Weimar: Gustav Kiepenheuer 1990. S. 321-378.

Sidgwick, Henry: *The Methods of Ethics*. 1. Auflage 1874. Nachdruck der 7. Auflage [1907] Indianapolis 1981.

Simmel, Georg: *Einleitung in die Moralwissenschaft. Eine Kritik der ethischen Grundbegriffe*. Zwei Bände. 1. Auflage 1892. Nachdruck als Band 3 und 4 der *Georg Simmel Gesamtausgabe*. Frankfurt: Suhrkamp 1989.

Singer, Marcus George: *Generalization in Ethics: An Essay in the Logic of Ethics, With the Rudiments of a System of Moral Philosophy*. College ed. New York: Atheneum 1961. Deutsche Übersetzung: *Verallgemeinerung in der Ethik. Zur Logik Moralischen Argumentierens*. Frankfurt/M.: Suhrkamp 1975 [Kap. X: „Die Grundlage der Moral". S. 363-373].

Singer, Peter: *Practical Ethics*. Cambridge: Cambridge UP 1979. 2nd ed. Cambridge: Cambridge UP 1993. Deutsche Übersetzung: *Praktische Ethik*. 1. Aufl. Stuttgart: Reclam 1984. [Kap.: 10 „Warum moralisch handeln?" S. 273-98]. 2. rev. und erw. Aufl. Stuttgart: Reclam 1994. [Kap. 12: S. 397-423].

Singer, Peter: *How Are We to Live? Ethics in an Age of Self-Intrset*, Amherst, New York 1995.

Smith, Tara: *Viable Values. A Study of Life as the Root and Reward of Morality*. Lanham: Rowman & Littlefield 2000.

Sober, Elliott und Wilson, David Sloan: *Onto Others. The Evolution and Psychology of Unselfish Behavior*. Cambride, Mass. and London, Engl.: Harvard UP 1998.

Stemmer, Peter: „Der Grundriß der Platonischen Ethik". In: *Zeitschrift für philosophische Forschung* Bd. 42 (1988). S. 529-469.

Stephen, James Fitzjames: *Liberty, Equality, Fraternity*. London: Smith, Elder & Co. 1873. Neuausgabe, hsgg. von Stuart D. Warner, Indianapolis: Liberty Fund 1993.

Stocker, Michael: „The Schizophrenia of Modern Ethical Theories". In: *The Journal of Philosophy* 73 (1976). S. 453-466. Deutsch in: Klaus Peter Rippe und Peter Schaber (Hg.); *Tugendethik*. Stuttgart: Reclam 1998. S. 19-41.

Superson, Anita M.: „The Self-Interest Based Contractarian Response to the Why-Be-Moral Skeptic" In: *Southern Journal of Philosophy* 28 (1990). S. 427-47.

Taylor, Paul W.: *Principles of Ethics, An Introduction*. Encino/ Belmont, Calif.: Dickenson 1975. [Kap. 9: „The Ultimate Question"]. Nachdruck des Kap. 9 in: Joel Feinberg (ed.), *Reason and Responsibility*. Wadsworth: Belmont/California 1993. S. 587-595.

Thomas, D. A. Lloyd: „Why Should I Be moral?" In: *Philosophy* Vol. 45, Nr. 172 (1970). S. 128-139.

Thornton, J. C., „Can the Moral Point of View Be Justified?" In: Australasian Journal of Philosophy Vol. 42 (1964). Nachdruck in: Kenneth Pahel und Marvin Schiller, (eds.), *Readings in Contemporary Ethical Theory*. Englewood Cliffs: Prentice-Hall 1970. S. 442-53.

Toulmin, Stephen: *An Examination of the Place of Reason in Ethics*. Cambridge 1961. Auszugsweise nachgedruckt in: Kenneth Pahel und Marvin Schiller (eds.), *Readings in Contemporary Ethical Theory*. Englewood Cliffs: Prentice-Hall 1970. S. 416-427.

Tugendhat, Ernst: *Probleme der Ethik*. Stuttgart: Reclam 1984.

Tugendhat, Ernst: *Vorlesungen über Ethik*. Frankfurt/M.: Suhrkamp 1993.

Tugendhat, Ernst: *Dialog in Leticia*. Frankfurt/M.: Suhrkamp 1997.

Vallentyne, Peter (ed.): *Contractarianism and Rational Choice. Essays on David Gauthiers Morals by Agreement*. Cambridge: Cambridge UP 1991.

van Ingen, John: *Why be Moral? The Egoistic Challenge*. New York etc.: Peter Lang 1994.

Wadia, P.S.: „Why Should I Be Moral?" In: *Australasian Journal of Philosophy* Vol 42, No. 1, (1964). S. 216-226.

Walhout, Donald: „Why Should I Be Moral? – A Reconsideration." In: *The Review of Metaphysics* Vol XII, No. 48 (1959). S. 570-588.

Warnock, G.J: *The Object of Morality*. London: Methuen 1971. S. 39-43, 152-166.

Walsh, W.H.: „Scepticism about Morals and Scepticism about Knowledge". In: *Philosophy* Vol 35 (1960). S. 218-233.

Williams, Bernard: *Morality: An Introduction to Ethics*. Cambridge: Cambridge UP 1972. Neuauflage 1976. Deutsche Übersetzung: *Der Begriff der Moral. Eine Einführung in die Ethik*. Stuttgart: Reclam 1978. [Kap. I: Der Amoralist, S. 9-20]. Auch in diesem Band. S. 213-221.

Williams, Bernard: „Egoism and Altruism. In: *The Problems of the Self*. Cambridge: Cambridge UP 1973. Deutsche Übersetzung: „Egoismus und Altruismus". In: *Probleme des Selbst*. Stuttgart: Reclam 1978. S. 398-423.

Williams, Bernard: *Ethics and the Limits of Philosophy*. London: Fontana Press 1985. [S. 22-29]. Deutsche Übersetzung: *Ethik und die Grenzen der Philosophie*. Hamburg: Rotbuch 1999. [Kap. 2: Der Archimedische Punkt, S. 39-49]

Williams, Bernard: „Plato against the Immoralist". In: Otfried Höffe (Hg.), *Platon, Politeia*. Berlin: Akademie-Verlag 1997. S. 55-67.

Wolf, Ursula: *Das Problem des moralischen Sollens*. Berlin, New York: Walter de Gruyter 1984.

Wolf, Jean-Claude: „Warum moralisch sein gegenüber Tieren?". In: *Zeitschrift für philosophische Forschung* 46 (1992). S. 429-438.

Zimmerling, Ruth: „Gauthiers Antwort auf die Frage des Toren." In: Oscar W. Gabriel, Ulrich Sarcinelli, Bernhard Sutor und Bernhard Vogel (Hg.*), Der demokratische Verfassungsstaat*. [FS Hans Buchheim]. München: Oldenbourg 1992. S. 57-78.